Die Vereinbarkeit von vertiefter (regionaler) wirtschaftlicher Integration mit dem Welthandelsrecht am Beispiel des EG-Binnenmarktes

Europäische Hochschulschriften
Publications Universitaires Européennes
European University Studies

Reihe II
Rechtswissenschaft

Série II Series II
Droit
Law

Bd./Vol. 4384

PETER LANG
Frankfurt am Main · Berlin · Bern · Bruxelles · New York · Oxford · Wien

Stephan Bobe

Die Vereinbarkeit von vertiefter (regionaler) wirtschaftlicher Integration mit dem Welthandelsrecht am Beispiel des EG-Binnenmarktes

PETER LANG
Europäischer Verlag der Wissenschaften

Bibliografische Information Der Deutschen Bibliothek
Die Deutsche Bibliothek verzeichnet diese Publikation in der Deutschen Nationalbibliografie; detaillierte bibliografische Daten sind im Internet über <http://dnb.ddb.de> abrufbar.

Zugl.: Bayreuth, Univ., Diss., 2006

D 703
ISSN 0531-7312
ISBN 3-631-55037-5

www.peterlang.de

Meinen Eltern

Vorwort

Diese Arbeit lag der Juristischen Fakultät der Universität Bayreuth im Sommersemester 2005 als Dissertation vor. Rechtsprechung und Literatur wurden bis August 2005 berücksichtigt. Zur Vorbereitung der Drucklegung wurden wenige Textpassagen leicht überarbeitet und aktualisiert. Die Erstellung der Arbeit wurde durch ein Doktorandenstipendium der Hanns-Seidel-Stiftung gefördert.

An erster Stelle möchte ich meinem verehrten Doktorvater, Herrn Prof. Dr. Rudolf Streinz, für die verständnisvolle Betreuung der Dissertation und die Erstellung des Erstgutachtens ganz herzlich danken. Er hat die Dissertation in dieser Form angeregt und mich während der Bearbeitungszeit auf vielfältige Weise unterstützt. Besonderer Dank gilt auch Herrn Prof. Dr. Jörg Gundel für die Erstellung des Zweitgutachtens. Herrn Prof. Dr. Karl-Georg Loritz danke ich sehr für die Übernahme des Vorsitzes im Prüfungsausschuß.

Besonders verbunden bin ich Herrn Dr. Christoph Herrmann, dem ich den Anstoß verdanke, mich mit welthandelsrechtlichen Fragen zu beschäftigen. Er hat die Entstehung der Arbeit mit sehr großem Interesse verfolgt und mit wissenschaftlich wertvollen Anregungen begleitet. Seine fachliche und persönliche Betreuung haben mich in hohem Maße unterstützt und gefördert. Herrn Dr. Hagen Häuber danke ich sehr für das sorgfältige Korrekturlesen der Arbeit. Ganz besonders dankbar bin ich auch Wiebke für das Verständnis und die Unterstützung beim Entstehen der Arbeit.

Den größten Dank aber schulde ich meinen lieben Eltern, die mir das Studium der Rechtswissenschaft und diese Promotion erst ermöglicht und mich stets nach besten Kräften gefördert haben. In alter und guter akademischer Tradition ist ihnen diese Arbeit gewidmet.

Wassertrüdingen, im Februar 2006 *Stephan Bobe*

Inhaltsverzeichnis

Zweiter Teil

Vereinbarkeit (regionaler) Integrationsgemeinschaften mit dem GATT

Dritter Teil

Technische Handelshemmnisse im Weltwirtschaftssystem

Vierter Teil

Technische Handelshemmnisse im Binnenmarkt der EG

Fünfter Teil

Die Vereinbarkeit der präferenziellen Beseitigung technischer Handelshemmnisse mit dem Welthandelsrecht

Abkürzungsverzeichnis

a.A.	anderer Ansicht
AB	Appellate Body
ABl.	Amtsblatt der Europäischen Gemeinschaften
Abs.	Absatz
a.F.	alte Fassung
AKP-Staaten	afrikanische, karibische und pazifische Staaten
Alt.	Alternative
AöR	Archiv des öffentlichen Rechts
Art.	Artikel
ASEAN	Association of Southeast Asian Nations Countries
Aufl.	Auflage
AVR	Archiv des Völkerrechts
Bd., Bde.	Band, Bände
BGBl.	Bundesgesetzblatt
BISD	Basic Instruments and Selected Documents (GATT)
BullEG	Bulletin der Europäischen Gemeinschaften
bzw.	beziehungsweise
CAK	Codex Alimentarius Kommission
CEN	Comité Européen de Normalisation
CENELEC	Comité Européen de Coordination des Normes Electriques
CMLR	Common Market Law Review
ders.	derselbe
d.h.	das heißt
dies.	dieselbe
Dok. KOM	Dokumente der Kommission der Europäischen Gemeinschaften
DSB	Dispute Settlement Body
DSU	Dispute Settlement Understanding
DVBl.	Deutsches Verwaltungsblatt
EA	Europaarchiv
EAG	Europäische Atomgemeinschaft
EAGV	Vertrag zur Gründung der Europäischen Atomgemeinschaft

EEA	Einheitliche Europäische Akte
EFAR	European Foreign Affairs Review
EFTA	European Free Trade Association
EG	Europäische Gemeinschaft(en)
EGKS	Europäische Gemeinschaft für Kohle und Stahl
EGKSV	Vertrag zur Gründung der Europäischen Gemeinschaft für Kohle und Stahl
EGV	Vertrag zur Gründung der Europäischen Gemeinschaft
EJIL	European Journal of International Law
ELRev.	European Law Review
endg.	endgültig (Zusatz zu Dok. KOM)
ETSI	European Telecommunication Standards Institute
EU	Europäische Union
EuGH	Europäischer Gerichtshof
EuGRZ	Europäische Grundrechte-Zeitschrift
EuR	Europarecht (Zeitschrift)
Euratom	Europäische Atomgemeinschaft
EUV	Vertrag über die Europäische Union
EuZW	Europäische Zeitschrift für Wirtschaftsrecht
EWF	Europäischer Währungsfonds
EWG	Europäische Wirtschaftsgemeinschaft
EWGV	Vertrag zur Gründung der Europäischen Wirtschaftsgemeinschaft
EWR	Europäischer Wirtschaftsraum
EWS	Europäisches Wirtschafts- und Steuerrecht
f., ff.	folgende
FAO	Food and Agricultural Organization
FS	Festschrift
GASP	Gemeinsame Außen- und Sicherheitspolitik
GATS	General Agreement on Trade in Services
GATT	General Agreement of Tariffs and Trade (Allgemeines Zoll- und Handelsabkommen)
h.M.	herrschende Meinung
Hrsg.	Herausgeber
Hs.	Halbsatz
IBRD	International Bank for Reconstruction and Development
ICITO	Interim Commission for the International Trade Organization
i.d.R.	in der Regel
i.d.S.	in diesem Sinne

IEC	International Electrotechnical Commission
IGH	Internationaler Gerichtshof
ILC	International Law Commission
I.L.M.	International Legal Materials
IMF	International Monetary Fund
i.S.d.	im Sinne des/der
ISO	International Organization for Standardization
IStR	Internationales Steuerrecht
i.S.v.	im Sinne von
ITLR	International Trade Law and Regulation
ITO	International Trade Organization
i.V.m.	In Verbindung mit
IWF	Internationaler Währungsfonds
JA	Juristische Arbeitsblätter
JBl.	Juristische Blätter
JCMS	Journal of Common Market Studies
JIEL	Journal of International Economic Law
Jura	Juristische Ausbildung (Zeitschrift)
JuS	Juristische Schulung (Zeitschrift)
JWT	Journal of World Trade
JWTL	Journal of World Trade Law
JZ	Juristenzeitung
LAFTA	Latin American Free Trade Agreement
LIEI	Legal Issues of Economic Integration
lit.	Buchstabe
MERCOSUR	Mercado del Cono Sur
MFN	Most-Favoured National Treatment
MRA	Mutual Recognition Agreement
MTN	Multilateral Trade Negotiations
m.w.N.	mit weiteren Nachweisen
NAFTA	North American Free Trade Agreement
n.F.	neue Fassung
NJW	Neue Juristische Wochenschrift
Nr.	Nummer
OECD	Organization for Economic Cooperation and Development
ÖZöR	Österreichische Zeitschrift für öffentliches Recht
RabelsZ	Rabels Zeitschrift für ausländisches und internationales Privatrecht
Rdn.	Randnummer
RGBl.	Reichsgesetzblatt
RIW	Recht der internationalen Wirtschaft

RL	Richtlinie
Rs.	Rechtssache
s.	siehe
S.	Seite
s.a.	siehe auch
Sart. II	Sartorius II
Slg	Sammlung der Rechtsprechung des Europäischen Gerichtshofs
sog.	sogenannte(n/r/s)
SPS	Sanitary and Phytosanitary Measures
TBT	Technical Barriers to Trade
TPRM	Trade Policy Rewiew Body
TRIMS	Trade-Related Investment Measures
TRIPS	Trade-Related Aspects of Intellectual Property Rights
Uabs.	Unterabsatz
UN	United Nations
UNCTAD	United Nations Conference on Trade and Development
UNO	United Nations Organization
USA	United States of America
ÜSPS	Übereinkommen über die Anwendung gesundheitspolizeilicher und pflanzenschutzrechtlicher Maßnahmen
ÜTBT	Übereinkommen über technische Handelshemmnisse
ÜWTO	Übereinkommen zur Errichtung der Welthandelsorganisation
verb. Rs.	verbundene Rechtssachen
vgl.	vergleiche
VN	Vereinte Nationen
VO	Verordnung
Vol.	Volume
WHO	World Health Organization
WTO	World Trade Organization (Welthandelsorganisation)
WTR	World Trade Review
WuW	Wirtschaft und Wettbewerb
WVRK	Wiener Vertragsrechtskonvention
ZaöRV	Zeitschrift für ausländisches öffentliches Recht und Völkerrecht
z.B.	zum Beispiel
ZEuS	Zeitschrift für Europarechtliche Studien

ZfRV	Zeitschrift für Rechtsvergleichung
ZfZ	Zeitschrift für Zölle und Verbrauchsteuern
ZHR	Zeitschrift für das gesamte Handelsrecht und Wirtschaftsrecht
Ziff.	Ziffer
ZLR	Zeitschrift für das gesamte Lebensmittelrecht
ZÖR	Zeitschrift für öffentliches Recht
ZRP	Zeitschrift für Rechtspolitik
ZVglRWiss	Zeitschrift für Vergleichende Rechtswissenschaft
z.Zt.	zur Zeit

Einführung

Problemstellung und Zielsetzung

„Das GATT ist tot, der Regionalismus ist König“: Dies ist das Fazit vieler Abhandlungen, die sich mit dem Spannungsverhältnis zwischen dem Welthandelsrecht und der stetig zunehmenden Anzahl präferenzieller Integrationsabkommen beschäftigen.[1]
Ziel des Welthandelsrechts und damit auch des GATT (General Agreement on Tariffs and Trade) ist die Schaffung eines Weltwirtschaftssystems, das sich durch einen überwiegend freien und globalen Wirtschaftsverkehr auszeichnet. Freier Handel hat nicht nur eine zentrale Bedeutung für den weltweiten Wohlstand, er ist auch eine wichtige Grundlage für Sicherheit und Frieden in der Welt.[2] In dieser Überzeugung wurde nach den beiden Weltkriegen mit dem GATT-1947 und später mit der Welthandelsorganisation (WTO) ein Ordnungsrahmen geschaffen, der sich an marktwirtschaftlichen Prinzipien orientiert.[3]
Dieser Zielsetzung des Welthandelsrechts steht ein Phänomen der internationalen Handelspolitik gegenüber, das sich seit dem Inkrafttreten des GATT im Januar 1948 beobachten läßt: Große Wirtschaftsräume der Erde schließen sich zu Handelsblöcken zusammen, in deren Rahmen sie sich untereinander Handelspräferenzen einräumen. Formen einer verstärkten wirtschaftlichen Zusammenarbeit sind vor allem Zollunionen und Freihandelszonen, wobei letztere deutlich häufiger (ca. 90%) gewählt werden.[4] Bis zum 31.10.2004 wurden 300 derartige Integrationsabkommen notifiziert, wovon noch 150 in Kraft sind. Fast alle der 148 WTO-Mitgliedstaaten sind Vertragsparteien solcher wirtschaftlicher Zusammenschlüsse. Die wichtigsten Integrationsräume sind die Europäische Gemeinschaft (EG), das Nordamerikanische Freihandelsabkommen (NAFTA), der Gemeinsame Markt Südamerikas (MERCOSUR) sowie die Asiatische Freihandelszone (AFTA). Innerhalb dieser vier Integrationsgemeinschaften spielen sich etwa 40 % des gesamten Welthandels ab[5], was das Ausmaß des bereits erreichten Integrationsstandes deutlich werden läßt. Das aktuellste Beispiel eines regionalen Wirtschaftsabkommens ist das Freihandelsabkommen zwischen der Association of Southeast Asian Nations (ASEAN) und China, das am 29.11.2004 in der laotischen

---

[1] Beispielsweise *Hilpold*, Max Planck Yearbook of United Nations Law 2003, S. 219 (S. 219 ff.).
[2] Vgl. *Siebold*, Die Welthandelsorganisation, S. 23.
[3] *Senti*, GATT, S. 30.
[4] *Zimmermann*, Regionale Integration und multilaterale Handelsordnung, S. 231.
[5] Diese Zahlen beziehen sich allein auf den Güterhandel; vgl. die Übersicht bei *Senti*, WTO, Rdn. 982.

Hauptstadt Vientiane unterzeichnet wurde.[6] Mit diesem Abkommen soll bis zum Jahr 2010 in Südostasien der größte zollfreie Wirtschaftsraum der Erde entstehen.
Der Zweck solcher Zusammenschlüsse ist zumeist eine vertiefte wirtschaftliche Integration. Im kleineren Kreis räumen sich die teilnehmenden Staaten Handelspräferenzen ein, um im internen Handel ein erhöhtes Maß an Handelsliberalisierung zu schaffen und den Marktzugang zu vereinfachen.[7] Durch den Abbau von Zöllen und anderer Handelsschranken soll eine Steigerung des Binnenhandels erreicht werden, was zu einem Wirtschaftswachstum in den teilnehmenden Staaten führt. Man bezeichnet diese Art der Integration als „vertieft", da innerhalb des Zusammenschlusses ein weitaus höheres Maß an Handelsliberalisierung erreicht wird, als dies im Rahmen des GATT/WTO-Regimes auf weltweiter Ebene erfolgt ist. Häufig wird statt von „vertiefter wirtschaftlicher Integration" aber auch nur von „regionaler Integration" oder nur von „Regionalismus" gesprochen.
Dabei ist das Schlagwort „Regionalismus" in zweierlei Hinsicht mißverständlich. Zum einen wird der Begriff „Region" unterschiedlich verwendet; eine kleine Einheit unterhalb der Staatsebene wird ebenso als „Region" bezeichnet wie eine Gruppe von benachbarten Staaten.[8] Unter „Regionalismus" versteht man daher auch das Bemühen einzelner Regionen eines Mitgliedstaates, Kompetenzen auf unterster Ebene auszuüben und nicht den zentralen Regierungen zu überlassen. Auf europäischer Ebene entspricht dies den Anstrengungen der Länder und Regionen, einen „Brüssler Zentralismus" zu verhindern.[9] Regionalismus im welthandelsrechtlichen Kontext beschreibt dagegen ein transnationales Phänomen. Einzelne benachbarte Staaten übertragen nationale Kompetenzen auf supranationale Institutionen, um eine vertiefte wirtschaftliche Integration untereinander zu erreichen.
Zum anderen darf der Ausdruck „Regionalismus" nicht im Sinne einer ausnahmslos eine räumliche Kontiguität voraussetzenden geographischen Nachbarschaft verstanden werden.[10] Der Gebrauch dieses Begriffes läßt sich nur auf Grundlage historischer Gegebenheiten erklären.[11] In der Praxis schlossen sich in der Regel Staatengruppen zusammen, die auch eine regionale Nähebeziehung aufwiesen. Beispiele für eine solche nachbarschaftliche Integration sind die EG oder Freihandelszonen in Lateinamerika, Nordamerika, Afrika und dem südlichen Pazifik. Eine regionale Komponente ist zwar häufig, jedoch nicht conditio sine qua non für eine verstärkte wirtschaftliche Integration. Zahlreiche Beispiele, wie etwa Handelsvereinbarungen der EG mit Ländern aus

[6] Vgl. Süddeutsche Zeitung vom 30.11.2004, S. 20.
[7] Dazu *Cremona*, CMLR 2001, S. 359 (S. 360 f.).
[8] So *Thiel*, Aussenpolitik 1997, S. 58 (S. 58).
[9] Vg. dazu *Streinz*, Europarecht, Rdn. 149.
[10] *Hilpold*, RIW 1993, S. 657 (S. 659).
[11] Der Schaffung des Art. XXIV GATT gingen intensive Bemühungen voraus, für derselben geographischen oder wirtschaftlichen Region angehörende Entwicklungsländer Sonderbedingungen für die Einrichtung einer wirtschaftlichen Integrationszone zu erreichen. Im Laufe der Verhandlungen zur Havanna-Charta wurde die Zugehörigkeit zu derselben geographischen oder wirtschaftlichen Region schließlich zum konstitutiven Element für den Abschluß von Präferenzabkommen mit entwicklungspolitischer Zielsetzung. Von diesem geographisch verstandenen Konzept der regionalen Integration wurde mit der Zeit jedoch immer mehr abgewichen. Vgl. ausführlich zu dieser Thematik *Hilpold*, RIW 1993, S. 657 (S. 659).

Lateinamerika[12] oder aus dem südlichen Afrika[13], belegen, daß auch Präferenzabkommen ohne räumliche Nähebeziehung durchaus üblich sind. Auf die Zugehörigkeit zu einer geographischen oder wirtschaftlichen Region kommt es also für die Bildung einer Integrationszone nicht an. Da sie aber in den meisten Fällen der Ausgangspunkt wirtschaftlicher Integrationsbestrebungen ist, wird im Rahmen dieser Arbeit häufig auch von regionalen Integrationsabkommen die Rede sein.
Gemeinsam ist allen Integrationsabkommen, daß sie in ihrer Mitgliederzahl begrenzt sind, was zu Konflikten mit dem Welthandelsrecht führt. Ziel der WTO sind offene Märkte, die sich gegenseitig nicht diskriminieren und in- und ausländischen Gütern und ihren Anbietern die gleiche Behandlung zusichern. Zölle und andere Handelsschranken sollen nicht nur innerhalb weniger Staaten abgebaut werden, sondern innerhalb der gesamten WTO-Staatengemeinschaft.[14] Aus ökonomischer Sicht ist ein multilateraler Freihandel die beste Lösung, da für alle Vertragsparteien eine Handelssteigerung geschaffen wird.
Regionale Präferenzzonen sind grundsätzlich nicht mit diesen Prinzipien des freien Welthandels zu vereinbaren, denn sie zielen gerade nicht auf eine weltweite Gleichbehandlung der Handelspartner ab. Vielmehr räumen sich die Vertragsparteien Handelsvergünstigungen nur in einem kleinen (regionalen) Staatenkreis ein, ohne diese Vorteile an Drittstaaten weiterzugeben. Integrationsabsprachen wirken damit stets diskriminierend gegenüber Nichtmitgliedern. Aus ökonomischer Sicht bewirkt eine Liberalisierung im kleinen Kreis zwar Wohlstandsgewinne in den teilnehmenden Staaten, weltwirtschaftlich gesehen ist sie jedoch nur die zweitbeste Lösung.
Die GATT-Vertragsparteien haben das Spannungsverhältnis zwischen regionalen Integrationsabkommen und dem Welthandelsrecht schon 1947 gesehen und in Art. XXIV GATT regionale Präferenzzonen zugelassen. Danach steht das GATT der Errichtung von Zollunionen und Freihandelszonen nicht entgegen, solange die in Art. XXIV GATT aufgelisteten Voraussetzungen erfüllt sind. Gerade mit Hinblick auf die vielen unbestimmten Rechtsbegriffe des Art. XXIV GATT wird jedoch der Frage nachzugehen sein, ob Art. XXIV GATT tatsächlich in der Lage ist, das Spannungsverhältnis zwischen Regionalismus und Multilateralismus zu lösen.
Eine noch komplexere Problematik tritt auf, wenn regionale Präferenzzonen eine Integrationstiefe anstreben, die über eine Zollunion oder Freihandelszone hinausgeht. Art. XXIV GATT wurde zu einer Zeit geschaffen, als insbesondere Zölle und andere tarifäre Maßnahmen den internationalen Handel beschränkten. Vor diesem Hintergrund sollte Art. XXIV GATT für Zollunionen und Freihandelszonen eine eng begrenzte Ausnahmemöglichkeit bereitstellen.[15] Zu Beginn des 21. Jahrhunderts steht aber nicht mehr der Abbau von Zöllen und mengenmäßigen Beschränkungen im Fokus

---

[12] Vgl. das Rahmenabkommen mit Chile, ABl. 1999 Nr. L 42, S. 47 ff.; das Interimsabkommen mit Mexiko, ABl. 1998 Nr. L 226, S. 24 ff.; das Kooperationsabkommen der EG mit dem Andenpakt, ABl. 1998 Nr. L 127, S. 11 ff.; das Interregionale Rahmenabkommen mit dem MERCOSUR, ABl. 1996 Nr. L 69, S. 4 ff.

[13] Siehe das Abkommen über die vorläufige Anwendung des Freihandelsabkommens der EG mit der Republik Südafrika, ABl. 1999 Nr. L 311, S. 2.

[14] So auch *v.Bogdandy/Makatsch*, EuZW 2000, S. 261 (S. 263).

[15] *Abbott*, Law and Policy, S. 44; *Eeckhout*, The European Internal Market, S. 359.

der Liberalisierungsbestrebungen, sondern der Abbau nicht-tarifärer Handelshemmnisse. Vor allem technische Handelshemmnisse, wie etwa Produktions- und Vermarktungsregeln, werden beseitigt, weil sie den zwischenstaatlichen Warenhandel in erheblichem Maße behindern. Ihre handelshemmende Wirkung liegt darin, daß sie in jedem Land unterschiedlich ausgestaltet sind und von ausländischen Waren zumeist nicht erfüllt werden.

Durch die Beseitigung technischer Handelshemmnisse innerhalb eines regionalen Zusammenschlusses schaffen die Vertragsparteien einen Wirtschaftsraum, dessen Integrationsniveau das von Zollunionen und Freihandelszonen übersteigt. Eine derart vertiefte wirtschaftliche Integration wirft eine Reihe welthandelsrechtlicher Fragen auf. Unter anderem wird zu klären sein, ob Art. XXIV GATT trotz seines auf Zollunionen und Freihandelszonen begrenzten Wortlautes auch für tiefergehende Integrationsformen eine Ausnahme zu begründen vermag.

Es bietet sich an, dieser Problematik an einem konkreten Beispiel nachzugehen. Die weltweit intensivste Form einer staatenübergreifenden wirtschaftlichen Integration findet sich in der Europäischen Gemeinschaft. Ursprünglich als Zollunion ins Leben gerufen, hat sich die EG mit der Errichtung eines Binnenmarktes weit über das Integrationsniveau einer Zollunion hinausentwickelt. Nach der Legaldefinition des Art. 14 Abs. 2 EGV umfaßt der Binnenmarkt einen Raum ohne Binnengrenzen, in dem der freie Verkehr von Waren, Personen, Dienstleistungen und Kapital gemäß den Bestimmungen des Vertrages gewährleistet ist. Um einen freien Güteraustausch in der Gemeinschaft sicherzustellen, werden vor allem technische Handelshemmnisse im zwischenstaatlichen Handelsverkehr beseitigt.

Auch der Integrationsverbund der EG ist in seiner Mitgliederzahl begrenzt. Die Einräumung von Präferenzen durch den Abbau technischer Handelhemmnisse ist nur innerhalb des EG-Binnenmarktes vorgesehen. Die gewährten Vergünstigungen sollen gerade nicht, wie eigentlich vom Welthandelsrecht gefordert, unmittelbar an Drittstaaten weitergegeben werden. Die WTO-Konformität dieser vertieften, regional begrenzten Handelsliberalisierung zu untersuchen, stellt das primäre Ziel der Arbeit dar.

Stand der Diskussion

Zu den Grundlagen des Welthandelsrechts sowie zu Art. XXIV GATT, der das Spannungsverhältnis zwischen regionaler Integration und dem Welthandelsrecht für Zollunionen und Freihandelszonen auflöst, gibt es umfangreiche Fachliteratur.[16] Von herausragender Bedeutung für das Verständnis des Art. XXIV GATT waren die Entscheidungen der WTO-Streitbeilegungsorgane in der Streitsache „*Turkey – Restrictions on*

[16] Beispielsweise *Senti*, WTO, Rdn. 364 ff.; *Prieß/Berrisch*, WTO-Handbuch, *Berrisch*, S. 82 ff.; *Stoll/Schorkopf*, WTO, Rdn. 58 ff.; *Hilpold*, Max Planck Yearbook of United Nations Law 2003, S. 219 (S. 232 ff.); *Matsushita/Schoenbaum/Mavroidis*, The World Trade Organization, S. 1 ff.; *Langer*, Grundlagen einer internationalen Wirtschaftsverfassung, S. 85 ff.; *Mathis*, Regional Trade Agreements, S. 193 ff.; *Siebold*, Die Welthandelsorganisation, S. 79 ff.

Imports of Textile and Clothing Products"[17], die einige Unklarheiten beseitigten. Die WTO-Konformität von Zusammenschlüssen, die über die traditionellen und im GATT ausdrücklich geregelten Integrationsformen hinausgehen, ist in der welthandelsrechtlichen Literatur hingegen nur kursorisch behandelt worden. Soweit ersichtlich, liegen zu dieser Frage weder monographische Bearbeitungen noch Entscheidungen der WTO-Streitbeilegungsorgane vor. Wird die einer vertieften wirtschaftlichen Integration innewohnende Problematik überhaupt erwähnt, bleibt es meist bei einer schlichten Darstellung des Problems.[18] *Ott* spricht beispielsweise von den „entscheidenden Problemen", die sich aus dem gesteigerten Integrationsniveau der EG ergeben. Anschließend begnügt sie sich aber mit der Feststellung, daß Art. XXIV GATT für die Beurteilung der EG unbrauchbar sei.[19] Vorschläge zur Auflösung des Spannungsverhältnisses zwischen tiefergehenden Integrationsgemeinschaften und dem Welthandelsrecht finden sich nur in wenigen Publikationen.[20] Ihnen ist gemeinsam, daß sie sich entweder auf Teilaspekte beschränken oder nur wenig überzeugen. Nur *Herrmann* und *Cremona* machen in ihren Veröffentlichungen das Problem deutlich und bieten Lösungsmöglichkeiten an.[21] Allerdings erörtern auch diese Autoren die Problematik nur am Rande. Die Vereinbarkeit von vertiefter wirtschaftlicher Integration mit dem Welthandelsrecht bedarf deshalb einer eingehenden und differenzierenden Untersuchung.

Gang der Untersuchung

Im ersten Teil der Arbeit werden die Grundzüge der Welthandelsordnung dargestellt. Rückgrat der Welthandelsordnung ist die Welthandelsorganisation (WTO). Sie umfaßt beinahe alle Staaten und bildet das Dach, unter dem weitere Abkommen zu verschiedenen Bereichen des Welthandels geregelt werden. Ein vorangestellter Blick auf die „Vorgängerorganisation", das Allgemeine Zoll- und Handelsabkommen (GATT-1947), ist geboten, da die WTO zwar auf das GATT aufbaute, jedoch nicht seine rechtliche Nachfolge antrat. Nach einer kurzen Darstellung der Grundsätze des Welthandelsrechts soll schließlich auf das Streitbeilegungsverfahren eingegangen werden. Im Rahmen der WTO hat die Streitschlichtung eine beträchtliche Stärkung gegenüber der im GATT-1947 erarbeiteten Ordnung erfahren und leistet nun einen brauchbareren Beitrag zur Lösung von Handelskonflikten.

---

[17] Panel, *Turkey – Restrictions on Imports of Textile and Clothing Products*, WT/DS34/R und Appellate Body, *Turkey – Restrictions on Imports of Textile and Clothing Products*, WT/DS34/AB/R.

[18] *Abbott*, Law and Policy, S. 42 ff.; *Hauser/Schanz*, Das neue GATT, S. 257; *Marceau/Reiman*, LIEI 2001, S. 297 (S. 303 ff.); *Lawrence*, Regionalism, S. 6 ff.; *Búrca*, in: *Barnard/Scott* (Hrsg.), The Law of the Single European Market, S. 181 (S. 185); *Freytag*, Parallelimporte, S. 249 ff.

[19] *Ott*, GATT und WTO, S. 41 ff.

[20] *Senti*, FS für Zäch, S. 115 (S. 122 ff.); *Hilpold*, RIW 1993, S. 657 (S. 662); *Steinberger*, GATT und regionale Wirtschaftszusammenschlüsse, S. 121 ff.; *Mathis*, JWT 1998, S. 5 (S. 12 ff.); *Dunker*, Regionale Integration, S. 283 ff.; *Eeckhout*, The European Internal Market, S. 275 ff.; *Trachtmann*, JIEL 2003, S. 459 (S. 477 ff.).

[21] *Herrmann*, in: *Bauschke* (Hrsg.), Pluralität des Rechts, S. 139 (S. 151 ff.); derselbe in *Weiß/Herrmann*, Welthandelsrecht, Rdn. 625 ff.; *Cremona*, CMLR 2001, S. 359 (S. 388 ff.).

Der zweite Teil stellt zunächst die einzelnen Ausprägungen regionaler Integrationsabkommen dar, um anschließend das die gesamte Arbeit beherrschende Spannungsverhältnis zwischen Regionalismus und Multilateralismus aufzuzeigen. Zur Lösung des Konfliktes zwischen dem Welthandelsrecht und regionalen Integrationsabkommen hält das GATT die Vorschrift des Art. XXIV bereit. Darin ist für Zollunionen und Freihandelszonen eine ausdrückliche Ausnahme zu Verpflichtungen des GATT vorgesehen. Bedingung ist aber, daß entsprechende Zollunionen und Freihandelszonen die in Art. XXIV aufgestellten Voraussetzungen erfüllen, wobei der unpräzise Wortlaut der Vorschrift einige Probleme bereitet. Unter Punkt C wird daher die Frage erörtert, wie die unbestimmten Rechtsbegriffe des Art. XXIV GATT sinngerecht konkretisiert werden können, um einen tauglichen Prüfungsmaßstab vorzugeben. Zurückgegriffen wird auch auf die Rechtsprechung in der Streitsache *„Turkey – Restrictions on Imports of Textile and Clothing Products"* aus dem Jahr 1999, in der sich die WTO-Streitbeilegungsorgane mehr oder weniger sinnvoll um eine Präzisierung einzelner Rechtsbegriffe bemüht haben. Art. XXIV GATT muß ausführlich dargestellt werden, weil er für die spätere Frage nach der Vereinbarkeit tiefergehender Integrationsgemeinschaften mit dem Welthandelrecht von erheblicher Bedeutung ist.
Aufbauend darauf wendet sich die Arbeit den technischen Handelhemmnissen zu. Aus dem Bündel der nicht-tarifären Handelshemmnisse werden die technischen Handelshemmnisse herausgegriffen, denn vor allem ihr Abbau bewirkt eine vertiefte wirtschaftliche Integration. Auch im Binnenmarkt der EG steht die Beseitigung technischer Handelshemmnisse im Mittelpunkt der Liberalisierungsbestrebungen. Im dritten Teil der Arbeit wird eingehend dargelegt, wie technische Handelshemmnisse anhand des Welthandelrechts zu beurteilen sind. Unter Punkt D wird die Vereinbarkeit technischer Handelshemmnisse mit dem GATT – insbesondere mit dessen Art. I, III, XI und XX – näher beleuchtet. Daran schließt sich ein Überblick über die Bestimmungen des SPS- und TBT-Abkommens an, die bei der Anwendung technischer Handelshemmnisse häufig ausschlaggebend sind.
Im vierten Teil rückt der EG-Binnenmarkt in den Mittelpunkt. Es interessiert nun nicht mehr die welthandelsrechtliche Beurteilung technischer Handelshemmnisse, sondern allein der Maßstab des Gemeinschaftsrechts. Um Hindernisse für den Binnenmarkt zu beseitigen, bedient sich die EG zwei Strategien: Technische Schranken werden zum einen durch die Grundfreiheiten, zum anderen durch Rechtsangleichung (Harmonisierung) auf EG-Ebene beseitigt. Beide Instrumente zum Abbau technischer Handelshemmnisse werden unter Punkt C ausführlich dargestellt. In diesem Rahmen erfolgt auch eine eingehende Auseinandersetzung mit der Rechtsprechung des EuGH zur Warenverkehrsfreiheit. Insbesondere soll das Cassis-de-Dijon-Urteil des EuGH näher behandelt werden, das faktisch eine Pflicht der EG-Mitgliedstaaten zur gegenseitigen Anerkennung nationaler Produktstandards begründete und damit den entscheidenden methodischen Ansatz für die Beseitigung technischer Handelshemmnisse lieferte.
Im fünften Teil wird dann die zentrale Problematik der Vereinbarkeit vertiefter wirtschaftlicher Integration mit dem Welthandelsrecht entwickelt und untersucht. Der in den ersten drei Teilen aufgezeigte normative Rahmen wird dazu auf das Beispiel des EG-Binnenmarktes übertragen. Es soll der Frage nachgegangen werden, wie sich der Abbau technischer Handelhemmnisse zur Verwirklichung des Binnenmarktes mit dem

universellen Ordnungsrahmen der Welthandelsorganisation vereinbaren läßt. Um die einzelnen Konfliktfelder systematisch darstellen zu können, orientiert sich die Untersuchung an den im vierten Teil dargestellten Instrumenten zur Beseitigung technischer Handelshemmnisse (gegenseitige Anerkennung bzw. Harmonisierung). Es wird zu erörtern sein, ob und wie Verletzungen welthandelsrechtlicher Verpflichtungen gerechtfertigt werden können. Als Ausgangspunkt der Betrachtung wird Art. XXIV GATT gewählt, der aber zumindest seinem Wortlaut nach auf Zollunionen und Freihandelszonen beschränkt ist. Schließlich soll der Frage nachgegangen werden, ob sich nicht aus anderen Überlegungen eine WTO-Konformität des EG-Binnenmarktes ergibt.
Den Abschluß der Untersuchung bildet eine kurze Zusammenfassung der wesentlichen Ergebnisse.

Erster Teil

Grundzüge der Welthandelsordnung

A. Entwicklung des Welthandelssystems

I. Die Anfänge des Welthandelssystems

Von grenzüberschreitenden Handelsbeziehungen zwischen Kaufleuten wird seit den Anfängen der Geschichtsschreibung berichtet.[22] Im Altertum und im Mittelalter verdankten viele Staaten ihre Macht dem Handel.[23] Athen, das ptolemäische Ägypten, die Hanse und die italienischen Stadtstaaten Venedig, Florenz und Genua sind Beispiele für die schon damals zentrale Stellung des Handels. Im 17. und 18. Jahrhundert waren sog. Freundschafts-, Handels- und Schiffahrtsverträge bilaterale Instrumente zur Regelung von Handelsbeziehungen.[24] Im 19. Jahrhundert begann man, Zollangelegenheiten auf multilateraler Ebene zu regeln. Diese Versuche fanden in der Internationalen Konferenz über Zollformalitäten 1923 unter der Schirmherrschaft des Völkerbundes ihren vorläufigen Abschluß.

Gegen Ende des zweiten Weltkrieges vertraten insbesondere die USA und Großbritannien die Meinung, das Fehlen eines offenen Welthandelssystems in den dreißiger Jahren sei unter anderem ein Grund für die damals ausgebrochenen Feindseligkeiten gewesen;[25] zur Sicherung des Weltfriedens müsse deshalb ein freiheitliches Außenhandelssystem errichtet werden, nicht zuletzt auch zur Unterstützung der westlichen Staaten im Kampf gegen den Kommunismus. Zugleich setzte sich bei Wirtschaftswissenschaftlern die Überzeugung durch, daß ein freier Welthandel die Wohlfahrt aller steigere und den Niedergang der nationalen Wirtschaften beenden werde.[26] Diese Überlegungen führten im Jahre 1944 auf der Konferenz von Bretton Woods zur Gründung

---

[22] Ausführlich zur Geschichte des Welthandelsrechts *Weiß/Herrmann*, Welthandelsrecht, Rdn. 78 ff.

[23] *Trebilcock/Howse*, Regulation of International Trade, S. 17; *Herrmann*, ZEuS 2001, S. 453 (S. 456); *Ipsen*, Völkerrecht, *Gloria*, S. 674.

[24] *Jackson*, The World Trading System, S. 35; *Herrmann*, ZEuS 2001, S. 453 (S. 456).

[25] *Weiß/Herrmann*, Welthandelsrecht, Rdn. 90; *Senti*, WTO, Rdn. 14; *Herdegen*, Internationales Wirtschaftsrecht § 3, Rdn. 3; *Jackson*, in: Steward (Hrsg,), The World Trade Organization, S. 1 (S. 5); *Bhala/Kennedy*, World Trade Law, *Kennedy*, S. 1; ausführlich zu den Hintergründen *Jackson*, World Trade and the Law of GATT, S. 36 f.; *Hauser/Schanz*, Das neue GATT, S. 7; *Beise*, WTO, S. 34 ff.

[26] *Hailbronner/Bierwagen*, JA 1988, S. 318 (S. 319); *Stobbe*, ZfZ 2000, S. 223 (S. 223); *Benedek*, Rechtsordnung des GATT, S. 28.

des Internationalen Währungsfonds (IWF[27]), sowie der Internationalen Bank für Wiederaufbau und Entwicklung (IBRD[28]), auch Weltbank genannt.[29] Parallel dazu begannen im Jahre 1945 Verhandlungen über die Schaffung einer Internationalen Handelsorganisation (ITO[30]). Ihr Ziel sollte es sein, durch Abbau von Protektionismen den internationalen Warenverkehr zu liberalisieren.[31]
Da die bestehenden Handelshemmnisse so rasch wie möglich abgebaut werden sollten, die Aushandlung einer breit angelegten Welthandelsordnung aber sehr viel Zeit in Anspruch nahm, kamen die Teilnehmerstaaten bei der ersten Vorkonferenz in London 1946 überein, den Abbau von Zöllen und nicht-tarifären Handelshemmnissen vorrangig zu regeln.[32] Am 31.10.1947 unterzeichneten in Genf 23 Staaten das Allgemeine Zoll- und Handelsabkommen (GATT-1947) zur Herabsetzung der Zolltarife und Handelsschranken.[33] Das GATT beruhte auf der Vorstellung, eine Erhöhung des Lebensstandards, Vollbeschäftigung, eine wirksame Nachfrage und die Erschließung der Rohstoffe seien nur durch einen möglichst unbehinderten Wettbewerb auf dem Weltmarkt zu verwirklichen.[34] Aufgrund eines Protokolls über seine vorläufige Anwendung trat das GATT-1947 zum 1.1.1948 in Kraft. Ursprünglich war das GATT als Teilordnung über die Liberalisierung von Zöllen und sonstigen handelspolitischen Maßnahmen konzipiert und sollte in der „Havanna-Charta" als dem umfassenden Vertragswerk über eine neue Welthandelsordnung aufgehen.[35]
Auf der Konferenz der Vereinten Nationen für Handel und Beschäftigung in Havanna nahmen am 24. März 1948 von den 63 teilnehmenden Nationen 54 Staaten die sog. Havanna-Charta an.[36] Sie enthielt Grundsätze für eine internationale Handelsorganisation und für den internationalen Handelsverkehr, wie beispielsweise eine Senkung der Zölle und eine allgemeine Meistbegünstigungsklausel. Das Abkommen wurde jedoch nie in Kraft gesetzt, weil vor allem der amerikanische Kongreß die Ratifizierung der Charta verweigerte.[37] Die Gründung der ITO war gescheitert.

---

[27] IMF – International Monetary Fund (www.imf.org). Zu den wichtigsten Aufgaben des IMF zählen die Förderung der internationalen Zusammenarbeit bei internationalen Währungsfragen und die Förderung des Welthandels und des zwischenstaatlichen Handels durch den Abbau von Devisenverkehrskontrollen. Zu weiteren Aufgaben des IMF siehe *Hanel*, ZfZ 1996, S. 104 (S. 105).

[28] International Bank for Reconstruction and Development (www.worldbank.org). Die Weltbank wurde gegründet, um den Wiederaufbau der durch den Krieg gezeichneten Wirtschaft zu beschleunigen. Sie widmete sich seit ca. Mitte der siebziger Jahre hauptsächlich der finanziellen und technischen Hilfe für Entwicklungsländer. Vgl. allgemein zu IMF und Weltbank *Ahn*, JWT 2000, S. 1 (S. 1 ff.).

[29] Die Konferenz von Bretton Woods (1. bis 22. Juli 1944) setzte sich aus 44 Staaten zusammen. Vgl. dazu näher *Herdegen*, Internationales Wirtschaftsrecht, § 20, Rdn. 6 ff.; *Hanel*, ZfZ 1996, S. 104 (S. 105); *Jackson*, World Trade and the Law of GATT, S. 40 f.

[30] International Trade Organization.

[31] *Stobbe*, ZfZ 2000, S. 223 (S. 223); *Beise*, WTO, S. 34 ff.

[32] *Ott*, GATT und WTO, S. 7; *Benedek*, Rechtsordnung des GATT, S. 29; *Weber*, Geschichte der internationalen Wirtschaftsorganisationen, S. 73; *Jackson*, The World Trading System, S. 37 f.

[33] *Prieß/Berrisch*, WTO-Handbuch, *Krenzler*, S. 3.

[34] *Hanel*, ZfZ 1996, S. 104 (S. 105).

[35] *Herdegen*, Internationales Wirtschaftsrecht, § 7, Rdn. 2; *Senti*, WTO, Rdn. 1.

[36] Vgl. dazu ausführlich *Weiß/Herrmann*, Welthandelsrecht, Rdn. 93 f.

[37] Eingehend zu den Gründen für die ablehnende Haltung des amerikanischen Kongresses *Ott*, GATT und WTO, S. 7; *Herdegen*, Internationales Wirtschaftsrecht, § 7, Rdn. 3; *Senti*, WTO, Rdn. 42 ff.

Bis zur Unterzeichnung des Abschlußdokuments der Uruguay-Runde beruhte das Welthandelssystem somit im Kern auf einem völkerrechtlichen Vertrag, der als „schlichtes Provisorium“ selbst nie in Kraft trat[38] und kein eigenes institutionelles Gefüge vorsah.[39] Die Verwaltung und Koordination des GATT wurde von der 1948 errichteten Interimskommission für die ITO (ICITO[40]) übernommen. In der Folgezeit wurden immer wieder - vergeblich - Versuche unternommen, sowohl das GATT tatsächlich in Kraft treten zu lassen als auch einen institutionellen Rahmen für dessen Anwendung ins Leben zu rufen. Trotz der gescheiterten Bemühungen kann das GATT von seiner inneren „Verfassung“ her als eine *„de facto“* internationale Organisation bezeichnet werden.[41] Um das Ziel eines freien Warenhandels weiter voranzutreiben, führten die Vertragsparteien in den Folgejahren in periodischen Abständen Handelsrunden durch.[42] Dabei verhandelten sie sowohl über weitere Zollsenkungen als auch über Ergänzungen der sonstigen Regelungen des GATT, denen jedoch jeweils nur einige Vertragsparteien beitraten (sog. *„GATT à la carte“*).[43]
In den acht Handelsrunden war eine Akzentverschiebung in der Themenpalette zu beobachten. Wo zuvor vornehmlich Zollsenkungen eine Rolle spielten, wurden seit der Kennedy-Runde nicht-tarifäre Handelshemmnisse neben der Öffnung des Agrarhandels und der Vorzugsbehandlung der Entwicklungsländer in die Diskussion einbezogen.[44] Mit der Tokio-Runde rückten die Verhandlungen über nicht-tarifäre Handelshemmnisse schließlich völlig in den Vordergrund. Der Durchbruch zu einer entscheidenden Weiterentwicklung des Welthandelssystems gelang jedoch erst im Rahmen der Uruguay-Runde.

---

[38] Der provisorische Charakter des Allgemeinen Zoll- und Handelsabkommens kommt auch dadurch zum Ausdruck, daß es nur von einem einzigen Staat (Haiti) ratifiziert wurde, so *Ipsen*, Völkerrecht, *Gloria*, S. 704 f.; trotz seines provisorischen Charakters war das GATT-1947 ein Meilenstein in der Wirtschaftsgeschichte. Es ist bezüglich des GATT-1947 sogar von einer „kopernikanischen Wende“ der Wirtschaftsgeschichte die Rede, vgl. *Petersmann*, RabelsZ 1983, S. 478 (S. 487).

[39] *Ott*, GATT und WTO, S. 8; *Hanel*, ZFZ 1996, S. 104 (S. 105); *Jackson*, The World Trading System, S. 42; *Hilpold*, ZVglRWiss 1994, S. 419 (S. 430).

[40] Interim Commission for the International Trade Organization; vgl. hierzu *Herrmann*, ZEuS 2001, S. 453 (S. 458); *Benedek*, Rechtsordnung des GATT, S. 211; *Ott*, GATT und WTO, S. 8.

[41] Die rechtliche Qualifikation des GATT-1947 war lange Zeit umstritten. In den ersten Jahren seines Bestehens war es zweifellos als bloßes Vertragsgebilde einzustufen. Seit geraumer Zeit wird das GATT jetzt aber in der Lehre überwiegend als internationale Organisation qualifiziert, ausführlich dazu *Berrisch*, Der völkerrechtliche Status der Europäischen Wirtschaftsgemeinschaft im GATT, S. 85 ff.; vgl. auch *Ott*, GATT und WTO, S. 8; *Hailbronner/Bierwagen*, JA 1988, S. 318 (S. 318); *Jackson*, The World Trading System, S. 42; *Stobbe*, ZfZ 2000, S. 223 (S. 224); *Ipsen/Haltern*, RIW 1994, S. 717 (S. 718); *Hilpold*, ZVglRWiss 1994, S. 419 (S. 430); *Beise*, WTO, S. 53 f.; *Prieß/Berrisch*, WTO-Handbuch, *Berrisch*, S. 76 ff.

[42] Die Handelsrunden im einzelnen: Genf (1947), Annecy (1949), Torquay (1950/51), Genf (1956), Dillon (1960/61), Kennedy (1964-67), Tokio (1973-76) und die achte Welthandelsrunde in Uruguay (1986-1994). Vgl. dazu *Hanel*, ZfZ 1996, S. 104 (S. 106); *Jackson*, The World Trading System, S. 74; *Bhala/Kennedy*, World Trade Law, *Kennedy*, S. 5 f; *Ott*, GATT und WTO, S. 13 ff.; *Stobbe*, ZfZ 2000, S. 223 (S. 224 ff.); *Senti*, WTO, Rdn. 106 ff.; *Ipsen*, Völkerrecht, *Gloria*, S. 707 ff.

[43] *Weiß/Herrmann*, Welthandelsrecht, Rdn. 95; *Matsushita/Schoenbaum/Mavroidis*, The World Trade Organization, S. 6 f.; *Heselhaus*, JA 1999, S. 76 (S. 76).

[44] *Stobbe*, ZfZ 2000, S. 223 (S. 225); *Ott*, GATT und WTO, S. 12; *Senti*, WTO, Rdn. 78.

II. Die Uruguay-Runde

1. Notwendigkeit und Ziele der Uruguay-Runde

Der Uruguay-Handelsrunde ging in den achziger Jahren eine Zunahme protektionistischer Tendenzen wegen der allgemeinen krisenhaften Verhältnisse der nationalen Wirtschaften voraus. Es wurden vermehrt Exportselbstbeschränkungsabkommen[45] außerhalb des GATT-Rahmens zum Schutz der einheimischen Wirtschaft abgeschlossen.[46] Zudem brachte die Tokio-Runde mit ihren Sonderabkommen eine Zersplitterung des Rechts des internationalen Handels.[47]
In der Folge wurde im September 1986 in Punta del Este (Uruguay) durch die Ministerkonferenz der GATT-Vertragsparteien die größte aller bisherigen Welthandelsrunden eingeleitet.[48] Die Uruguay-Runde machte es sich zur Aufgabe, das Recht des internationalen Handels zu erweitern und die Kohärenz dieser Rechtsmaterie wiederherzustellen.[49] Neben den „klassischen" Bereichen der Handelsliberalisierung – Abbau von Zöllen und nicht-tarifären Handelshemmnissen – sollten neue Handelsgebiete, insbesondere der Handel mit Dienstleistungen und der Schutz geistigen Eigentums in den GATT-Kontext einbezogen werden.[50] Daneben standen die besonders umstrittenen Bereiche wie Landwirtschaft, Textilien und Subventionen auf dem Arbeitsplan.
Zudem beabsichtigte man eine Reform des Streitbeilegungsmechanismus. Die Erweiterung auf neue Themenbereiche war auch wegen des Bedeutungswandels dringend notwendig, den die nationale und internationale Wirtschaft in den letzten Jahrzehnten erfahren hatte. Stand 1947 noch der Warenhandel im Mittelpunkt, so wuchs während des GATT die Bedeutung des Dienstleistungshandels. Heute macht der Anteil des Dienstleistungshandels bei den hochentwickelten Industrienationen die Hälfte bis zu zwei Drittel des gesamten Handels aus.[51]
Obwohl sich auch eine Arbeitsgruppe mit der Zukunft des Welthandelssystems befaßte, war von der Errichtung einer neuen internationalen Organisation zunächst keine Rede.[52]

---

[45] Sog. Grauzonenmaßnahmen, siehe dazu *Hauser/Schanz*, Das neue GATT, S. 45; *Stoll*, ZaöRV 1994, S. 241 (S. 246); *Beise*, WTO, S. 58.
[46] *Prieß/Berrisch*, WTO-Handbuch, *Krenzler*, S. 5; *Ott*, GATT und WTO, S. 12 f.; *Hanel*, ZfZ 1996, S. 104 (S. 106).
[47] *Hilpold*, ZVglRWiss 1994, S. 419 (S. 420 f.); *Hauser/Schanz*, Das neue GATT, S. 46; *Beise*, WTO, S. 41; das Phänomen der Zersplitterung durch die Sonderabkommen wird in der Literatur auch als die „Balkanisierung des GATT" bezeichnet, *Stoll*, ZaöRV 1994, S. 241 (S. 245); *Eckert*, ZLR 1995, S. 263 (S. 263).
[48] Zur Uruguay-Runde in aller Ausführlichkeit *Weiß/Herrmann*, Welthandelsrecht, Rdn. 100 ff.
[49] *Hanel*, ZfZ 1996, S. 104 (S. 106); *Stobbe*, ZfZ 2000, S. 223 (S. 226); eine Übersicht über alle Ziele der Uruguay-Runde findet sich bei *Hilpold*, ZVglRWiss 1994, S. 419 (S. 422 f.); *Beise*, WTO, S. 65 f.
[50] Zum Auftrag des von der Ministerrunde initiierten Kommitees für Handelsfragen (Trade Negotiations Committee – TNC) eingehend *Jansen*, EuZW 1994, S. 333 (S. 334); *Ipsen/Halter*, RIW 1994, S. 717 (S. 717).
[51] *Ott*, GATT und WTO, S. 16; *Stadtler*, Liberalisierung des Dienstleistungshandels, S. 22.
[52] *Herrmann*, ZEuS 2001, S. 453 (S. 459); *Hanel*, ZfZ 1996, S. 138 (S. 138).

Erst nach einem Stillstand der Verhandlungen im Jahr 1990[53] – nach einer vorbereitender Initiative der EG – wurde durch die kanadische Regierung ein formeller Vorschlag über die Schaffung einer Welthandelsorganisation (*World Trade Organization – WTO*) unterbreitet.[54] Die EG nahm diesen Vorschlag gegen Ende des Jahres 1990 wieder auf, schlug jedoch „Multilateral Trade Organization - MTO" als Namen für die Organisation vor. Dieser Name wurde zunächst beibehalten und erst in letzter Verhandlungsminute wieder in WTO geändert.[55] Die Verhandlungen dauerten bis zum Dezember 1993 und erbrachten für die meisten Beobachter überraschende Ergebnisse und Vereinbarungen.[56]

2. Die Ergebnisse der Uruguay-Runde

Enthalten sind die Ergebnisse, die nunmehr den Kern des Welthandelsrechts bilden, in dem Abschlußdokument der Uruguay-Runde, das am 15. April 1994 in Marrakesch, Marokko, im Rahmen einer Ministerkonferenz der Vertragsparteien des GATT unterzeichnet wurde. Es handelt sich dabei um einen völkerrechtlichen Vertrag mit einer Vielzahl von Anhängen und Protokollen.[57]

Das Rückgrat der Vereinbarungen im Rahmen der Uruguay-Runde stellt das Übereinkommen über die Gründung der Welthandelsorganisation (ÜWTO) dar.[58] Es verankert nunmehr den Welthandel institutionell in der WTO. Die WTO wird vereinzelt als Nachfolgeorganisation der in der gescheiterten Havanna-Charta vorgesehenen ITO angesehen.[59] Jedoch ist eine Parallele zwischen WTO und ITO bei den Verhandlungen

---

[53] Vgl. zu den Hintergründen des Stillstandes, der in der Öffentlichkeit einen Rückfall in neue Formen des Protektionismus und eine stärkere Regionalisierung durch die Herausbildung neuer Wirtschaftsblöcke befürchten ließ, *May*, EA 1994, S. 33 (S. 33 ff.); *Bail*, EuZW 1991, S. 33 (S. 33); *Stoll*, ZaöRV 1994, S. 241 (S. 250 f.).

[54] *Tietje*, Normative Grundstrukturen, S. 88.

[55] *Croome*, Reshaping the World Trading System, S. 377f.

[56] *Jackson*, The World Trading System, S. 46; zum Aufbau der Verhandlungsrunde siehe ausführlich *Benedek*, Rechtsordnung des GATT, S. 510; *Hanel*, ZfZ 1996, S. 138 (S. 138 ff.); *Ipsen/Halter*, RIW 1994, S. 717 (S. 717 ff.); *Hilpold*, ZVlgWiss 1994, S. 419 (S. 425 ff.); *Stoll*, ZaöRV 1994, S. 241 (S. 250 ff.); *Beise*, WTO, S. 64 ff.

[57] Das Organisationsabkommen und die weiteren Übereinkommen der Uruguay-Runde sind in der von der WTO herausgegebenen amtlichen Sammlung „The Results of the Uruguay Round of Multilateral Trade Negotiation, The Legal Texts (1995)" enthalten. Der Volltext all dieser Dokumente kann auf Englisch, Französisch und Spanisch auf der Internetseite der WTO unter www.wto.org heruntergeladen werden. Nur in diesen Sprachen sind die Verträge authentisch, Art. XIV ÜWTO und Art. XXVI GATT. Zur Bedeutung der Vertragssprachen vgl. *Seidl-Hohenveldern/Stein*, Völkerrecht, Rdn. 367 ff.

[58] Die Errichtung einer Welthandelsorganisation gehörte nicht zu den ursprünglichen Zielen der Uruguay-Runde. Sie ist vielmehr auf die Schwierigkeiten zurückzuführen, die einen Abschluß der Uruguay-Runde in dem ursprünglich vorgesehenen Zeitraum von vier Jahren verhinderte, vgl. dazu *Stobbe*, ZfZ 2000, S. 223 (S. 226). Siehe eingehend zu den einzelnen Ergebnissen der Uruguay-Runde *Weiß/Herrmann*, Welthandelsrecht, Rdn. 104 ff.; *Hilpold*, ZVglRWiss 1994, S. 419 (S. 429 ff.), *Prieß/Berrisch*, WTO-Handbuch, *Krenzler*, S. 7 f.

[59] *Zeller*, in: *Thürer/Kux* (Hrsg.), GATT 94 und die Welthandelsorganisation, S. 35 (S. 37); *Stoll*, ZaöRV 1994, S. 241 (S. 257).

im Rahmen der Uruguay-Runde ganz bewußt vermieden worden, um die neue WTO nicht mit dem historischen Mißerfolg der ITO zu belasten.[60]
Auch die Struktur der WTO-Satzung unterscheidet sich von der der damaligen ITO. Während die ITO-Satzung neben institutionellen Regelungen umfangreiche materiell-rechtliche Verpflichtungen enthielt, ist die WTO-Satzung bewußt als *„mini-charter"* konzipiert.[61] Sie ist auf institutionelle und verfahrensrechtliche Fragen beschränkt und enthält keine materiell-rechtlichen Verpflichtungen. Die materiell-rechtlichen Verpflichtungen aus den übrigen Abkommen der Schlußakte werden nur durch Art. II Abs. 2 ÜWTO als integraler Bestandteil der Satzung inkorporiert.

Ziel der WTO ist es, den institutionellen Rahmen für die Leitung und Verwaltung der Handelsbeziehungen zwischen den Mitgliedstaaten im Hinblick auf die verschiedenen Abkommen der Uruguay-Runde zu gewährleisten, Art. II Abs. 1 ÜWTO. Sie bildet gleichsam das Dach, unter dem weitere Abkommen zu verschiedenen Bereichen des Welthandels geregelt werden. Die verschiedenen Abkommen, für welche die WTO verantwortlich ist, sind in den Anhängen zum ÜWTO aufgeführt.

Dabei ist nach Art. II ÜWTO zwischen den multilateralen Handelsübereinkünften der Anhänge 1, 2 und 3 ÜWTO und den plurilateralen Handelsübereinkünften des Anhangs 4 ÜWTO zu unterscheiden.
Die *multilateralen Handelsübereinkommen* sind grundsätzlich für alle Mitglieder der WTO verbindlich (Art. II Abs. 2 ÜWTO).[62] Diese Pflicht zur vollständigen Übernahme aller multilateralen Handelsübereinkommen ist einer der wesentlichen Fortschritte der Uruguay-Runde (sog. *„single undertaking approach"*).[63] Zu ihnen gehören das GATT-1994 samt 12 Zusatzübereinkünften[64] (Anhang 1 A), das Allgemeine Übereinkommen über den Handel mit Dienstleistungen (GATS, Anhang 1 B), das Übereinkommen über handelsbezogene Aspekte des Rechts des geistigen Eigentums (TRIPS, Anhang 1 C), die Vereinbarung über Regeln und Verfahren zur Beilegung von Streitigkeiten (DSU, Anhang 2) sowie der Mechanismus zur Überprüfung der Handelspolitik (TPRM, Anhang 3).
Die *plurilateralen Handelsabkommen* des Anhangs 4 ÜWTO gelten hingegen nur für solche WTO-Mitglieder, die sie gesondert annehmen, Art. II Abs. 3 ÜWTO. Bei ihnen handelt es sich um Vereinbarungen über spezielle Sektoren[65], die freiwillig unterzeichnet werden können.[66]

---

[60] *Tietje*, Normative Grundstrukturen, S. 92.
[61] So *Jackson*, in: Cottier (Hrsg.), GATT-Uruguay-Round, S. 29 (S. 35); *Jackson*, in: Kenen (Hrsg.), Managing the World Economy, S. 131 (S. 135).
[62] Damit verfolgt das WTO-Abkommen das Prinzip eines Einheitsabkommens, vgl. *Oppermann*, RIW 1995, S. 919 (S. 922); *Heselhaus*, JA 1999, S. 76 (S. 77); *Beise*, WTO, S. 91 f.
[63] *Herrmann*, ZEuS 2001, S. 453 (S. 459); *Stoll*, ZaöRV 1994, S. 241 (S. 249); *Beise*, WTO, S. 91.
[64] So z.B. über den Agrarhandel, Textilien, Subventionen, technische Handelshemmnisse oder Anti-Dumping.
[65] Bei diesen Sektoren handelt es sich um den Handel mit Zivilluftfahrzeugen und das öffentliche Beschaffungswesen. Die beim Inkrafttreten der WTO am 1.1.1995 noch bestehenden plurilateralen Milch- und Rindfleischabkommen sind mit Ende 1997 aufgehoben worden.
[66] Vgl. dazu ausführlich *Weiß/Herrmann*, Welthandelsrecht, Rdn. 107.

3. Das Verhältnis zwischen GATT-1947 und GATT-1994

Mit Inkrafttreten des Abschlußdokuments zum 1. Januar 1995 endete auch die eigenartige Quasiverbindlichkeit des alten GATT. Das GATT-1947 war aus seiner geschichtlichen Entwicklung ein institutionalisierter Kompromiß.[67] Es war ursprünglich nur als Zwischenschritt zur geplanten internationalen Handelsorganisation vorgesehen. Folglich enthielt das GATT-1947 nur rudimentäre Vorschriften, aus denen sich mit der Zeit eine institutionelle Ordnung herausbildete. Auf diesen tatsächlich entwickelten Strukturen des GATT-1947 wurde schließlich bei Errichtung der WTO aufgebaut.[68]
Mit der vollständigen Neuorganisation durch die Schaffung der WTO ist das GATT nunmehr lediglich ein Bestandteil der materiellen Abkommen der Organisation. Das ursprüngliche GATT ist als sog. GATT-1947 (einschließlich der in diesem Rahmen getroffenen Entscheidungen der Vertragsparteien) durch das in Anhang 1 A ÜWTO aufgeführte GATT-1994 in das Gesamtpaket WTO integriert.[69] Das GATT-1994 fügt einige Verständigungen der WTO-Mitglieder über die Auslegung und Bedeutung einzelner Artikel des GATT-1947 hinzu.[70] Folgerichtig legt das ÜWTO in Art. II Abs. 4 fest, daß sich das GATT-1994 vom GATT-1947 rechtlich unterscheidet. Das modifizierte GATT ist „*legally distinct*", d.h. juristisch selbständig gegenüber dem bisherigen GATT.[71] Das ÜWTO und das GATT-1947 bestehen unabhängig voneinander.[72] Die WTO hat nicht die Rechtsnachfolge des alten GATT als Vertrag und de facto-Organisation angetreten.[73]
Dennoch führt die WTO die Traditionen des alten GATT fort.[74] In Art. XVI Abs. 1 ÜWTO ist die Beibehaltung der überkommenen GATT-Praxis ausdrücklich vorgesehen.
Für den Konfliktfall ist allerdings geregelt, daß die Vorschriften des ÜWTO vorgehen (vgl. Art. XVI Abs. 3 ÜWTO). Eine Parallelgeltung kann jedoch auch dadurch vermieden werden, daß Erklärungen des Inhalts abgegeben werden, daß das GATT-1947 nicht mehr angewendet werde.[75] Dies ist beispielsweise seitens der USA und der Europäischen Gemeinschaft, die das GATT-1947 nicht unterzeichnet hatten, geschehen.[76]

---

[67] *Stobbe*, ZfZ 2000, S. 223 (S. 226).
[68] *Jansen*, EuZW 1994, S. 333 (S. 334); *Ott*, GATT und WTO, S. 16.
[69] Art. 1 lit. a) und b) GATT-1994.
[70] Im einzelnen sind dies Art. II Abs. 1, lit. b), Art. VII, XXIV, XXVIII, XXXV GATT und die Zahlungsbilanzbestimmungen, vgl. Art. 1 lit. c) GATT-1994; hinzu kommt noch gem. Art. 1 lit. d) GATT-1994 das Marrakesch-Protokoll.
[71] *Eckert*, ZLR 1995, S. 263 (S. 264); *Hanel*, ZfZ 1996, S. 138 (S. 140); *Ipsen/Haltern*, RIW 1994, S. 717 (S. 718); zu den Gründen für diese rechtliche Unabhängigkeit vgl. *Beise*, WTO, S. 138.
[72] In der Praxis erfolgte die Ablösung des GATT durch die WTO mit einer Übergangsfrist von einem Jahr. 1995 fungierten beide Organisationen in ihren vergleichbaren organisatorischen Strukturen nebeneinander, um die noch anhängigen Streitfälle zu erledigen, vgl. dazu *Ott*, GATT und WTO, S. 19.
[73] *Ipsen*, Völkerrecht, *Gloria*, S. 709; *Jansen*, EuZW 1994, S. 333 (S. 334); eine umfassende Darstellung der vertragsrechtlichen Lösung des Übergangs vom GATT-1947 zur WTO findet sich bei *Marceau*, JWT 1995, S. 147 (S. 147 ff.).
[74] *Jansen*, EuZW 1994, S. 333 (S. 334).
[75] *Siebold*, Die Welthandelsorganisation, S. 95.
[76] *Ipsen/Haltern*, RIW 1994, S. 717 (S. 719); *Ipsen*, Völkerrecht, *Gloria*, S. 709; *Beise*, WTO, S. 138.

B. Aufgaben und Funktionsweise der Welthandelsorganisation

Der Aufgabenbereich der Welthandelsorganisation ist in Art III ÜWTO formuliert. Überschrieben mit „Aufgaben der WTO“ wird von Art. III ÜWTO auch häufig als den Funktionen der Welthandelsorganisation gesprochen, da im englischen Originaltext von „*functions of the WTO*“ die Rede ist. Mit den in Art. III ÜWTO aufgezählten Hauptaufgaben wurde die institutionelle Schwäche des bisherigen GATT überwunden.[77]

Die wichtigste Aufgabe der WTO liegt darin, die verschiedenen multilateralen und plurilateralen Abkommen der Uruguay-Runde mit einer gemeinsamen organisatorischen Struktur zu umfassen. Nach Art. III Abs. 1 ÜWTO soll die WTO die Umsetzung, Verwaltung und Durchführung aller mit dem Abkommen vereinbarten Übereinkommen erleichtern sowie der Verwirklichung der darin enthaltenen Zielen dienen.

Damit untrennbar verbunden ist Art. II Abs. 1 ÜWTO, der mit „Wirkungsbereich der WTO“ überschrieben ist. In Art. II Abs. 1 ÜWTO wird die einheitliche Zuständigkeit der WTO begründet, indem die Welthandelsordnung den gemeinsamen institutionellen Rahmen für die Handelsbeziehungen der Mitgliedstaaten schaffen soll. Dies stellt eine wichtige Voraussetzung für die in Art. III ÜWTO formulierten Aufgaben dar.[78]

Nach Art. III Abs. 2 S. 1 ÜWTO dient die WTO auch als Forum für weitere Verhandlungen über multilaterale Handelsbeziehungen zwischen ihren Mitgliedern in den bereits erfaßten Bereichen. Auf der Grundlage eines Beschlusses der Ministerkonferenz der WTO können im Rahmen der Organisation auch weitergehende, über den Sachbereich der bisherigen Regelungen hinausgehende Themen diskutiert, verhandelt und die entsprechenden Ergebnisse umgesetzt werden.[79] Mit dieser Regelung ist ein Schritt zur Weiterentwicklung der WTO, beispielsweise auf den in der Präambel angesprochenen Gebieten Umwelt und Entwicklungsländer, bereits im ÜWTO angelegt.[80]

Wie ausdrücklich in Art. III Abs. 3 und 4 ÜWTO geregelt, verwaltet die WTO auch die Durchführung der Vereinbarung über die Streitbeilegung und des Verfahrens zur Überprüfung der Handelspolitiken. Alle Abkommen, sowohl die multilateralen als auch die plurilateralen, sollen mit einer gemeinsamen organisatorischen Struktur versehen werden. Dadurch soll erreicht werden, daß alle Abkommen von gemeinsamen Organen verwaltet werden[81] und der innere Zusammenhang zwischen allen Texten gewahrt bleibt.[82] Die Notwendigkeit einer einheitlichen Verwaltung und eines einheitlichen Streitbeilegungssystems ergab sich vor allem aus den Erfahrungen mit den Abkommen (sog. „*Kodizes*“) der vorangegangenen Tokio-Runde. Die Abkommen hatten

---

[77] *Stoll*, ZaöRV 1994, S. 241 (S. 258), *Benedek*, Rechtsordnung des GATT, S. 210.

[78] *Siebold*, Die Welthandelsorganisation, S. 82.

[79] Daher wird diese Regelung auch teilweise als „Öffnungsklausel“ bezeichnet, so *Stoll*, ZaöRV 1994, S. 241 (S. 258).

[80] *Siebold*, Die Welthandelsorganisation, S. 82.

[81] Zu den gemeinsamen Institutionen der WTO vgl. ausführlich *Senti*, WTO, Rdn. 284 ff.; *Herrmann*, ZEuS 2001, S. 453 (S. 460 ff.); Abbildung 2.1 bei *Jackson*, The World Trading System, S. 66 f.; *Hanel*, ZfZ 1996, S. 174 (S. 174 ff.); *Stoll*, ZaöRV 1994, S. 241 (S. 258 ff.); *Ipsen*, Völkerrecht, *Gloria*, S. 705 ff.

[82] *Jansen*, EuZW 1994, S. 333 (S. 334).

nicht nur zur Errichtung von Organen geführt, die keine organisierte Zusammenarbeit kannten, sondern auch ein zersplittertes Streitbeilegungsverfahren geschaffen.[83] Schließlich arbeitet die WTO gem. Art III Abs. 5 ÜWTO mit dem IWF und der Weltbank im Interesse einer kohärenteren Gestaltung der weltweiten Handelspolitik zusammen. Um die gem. Art. III Abs. 5 und Art. V ÜWTO erforderlichen Beziehungen mit anderen internationalen Organisationen aufzubauen, erhielt die Welthandelsorganisation eine eigene Rechtspersönlichkeit als internationale Organisation[84] (vgl. Art. VIII Abs. 1 ÜWTO), was sie vom alten GATT unterscheidet.[85]

C. Wirtschaftstheoretischer Hintergrund des GATT

Zum besseren Verständnis des GATT-Abkommens bedarf es einer kurzen Darstellung des wirtschaftstheoretischen Hintergrundes, auf dem die rechtliche Struktur des GATT-Rechtssystems aufbaut.

Dem GATT liegt die Idee eines möglichst freien Welthandels zugrunde. Doch was ist unter Freihandel zu verstehen? Freihandel ist ein Leitbild der Außenwirtschaftspolitik, dessen Tradition durch die klassischen Nationalökonomen des späten 18. und des beginnenden 19. Jahrhunderts – Adam Smith (1723-1790), David Ricardo (1772-1823), John Stuart Mill (1806-1873) – begründet wurde.[86] Freihandel steht generell für offene Märkte, der Außenhandel soll sich im Regelfall frei von staatlichen Eingriffen vollziehen.[87] Unter der Annahme, daß die Maximierung des Inlandproduktes als Kriterium für die Bewertung und Beurteilung handelspolitischer Maßnahmen gilt, erbringen die Verfechter des Freihandels den Beweis,

„daß zumindest unter den von der allgemeinen Theorie gewöhnlich gemachten Voraussetzungen (Gewinnstreben, freie Konkurrenz, Abwesenheit von Reibungswiderständen usw.) der ungehinderte internationale Warenaustausch zu einer Verbesserung der Güterversorgung aller beteiligten Länder führt"[88].

Nach der Freihandelstheorie hat der preisbedingte Konkurrenzkampf zur Folge, daß sich ein Land auf die Fertigung jener Güter spezialisiert, die es mit den vergleichsweise geringsten Kosten produzieren kann, weil es dazu aus irgendwelchen Gründen[89]

---

[83] *Hanel*, ZfZ 1996, S. 174 (S. 177); *Jansen*, EuZW 1994, S. 333 (S. 334).

[84] Allgemein zum Begriff der internationalen Organisation *Ipsen*, Völkerrecht, *Epping*, S. 84 ff. und S. 445 ff.; *Schweitzer*, Staatsrecht III, Rdn. 684 ff.; *Seidl-Hohenveldern/Stein*, Völkerrecht, Rdn. 799 ff.

[85] *Ahn*, JWT 2000, S. 1 (S. 1 ff.); *Herrmann*, ZEuS 2001, S. 453 (S. 460); *Petersmann*, AVR 1980, S. 23 (S. 50 f.); *Roessler*, JWTL 1987, S. 73 (S. 73 ff.).

[86] Siehe eingehend zu der wirtschaftspolitischen Konzeption des klassischen Liberalismus *Bhagwati*, The Economic Journal 1994, S. 231 (S. 231 ff.); *Berg*, in: *Berg/Meissner/Schünemann* (Hrsg.), Märkte in Europa, S. 1 (S. 5 f.).

[87] *Berg*, in: *Berg/Meissner/Schünemann* (Hrsg.), Märkte in Europa, S. 1 (S. 6).

[88] *Haberler*, Der internationale Handel, S. 162.

[89] So z.B. wegen der Verfügbarkeit örtlicher Ressourcen, wegen des Standortvorteils oder wegen eines Technologievorsprungs.

besonders geeignet ist.[90] Freihandel basiert somit auf einer internationalen Arbeitsteilung, wobei jedes Land nur die Güter importiert, die im Ausland günstiger eingekauft als im eigenen Land hergestellt werden können. Der sonstige Bedarf an Gütern soll im Wege des Tausches befriedigt werden. Diese Arbeitsteilung führt zu einem Anstieg der Güterproduktion, was insgesamt den Wohlstand vermehrt.[91]
David Ricardos Theorie der komparativen Kostenvorteile („*comparative advantage*") ergänzt die Freihandelstheorie dahingehend, daß auch der Austausch von Gütern, deren Erzeugung in mehreren Ländern gleichzeitig möglich ist, zu einer Wohlstandsmehrung führt, wenn sich die handelnden Länder auf die Produkte spezialisieren, die sie in Relation zu anderen Produkten am günstigsten herstellen können.[92] Ausschlaggebend für einen solchen komparativen Vorteil ist also nicht, daß ein Produkt in einem Land absolut billiger hergestellt werden kann, sondern daß die Kostenrelation zu anderen Produkten günstiger ist als in einem anderen Land.[93]
Auch in der Praxis hat sich der Freihandel nach fast einhelliger Ansicht als die beste wohlstandsfördernde Wirtschaftspolitik durchgesetzt. Handelsrestriktionen zum Schutz der eigenen Wirtschaft erweisen sich letztlich als teurer und weniger effektiv als eine Modernisierung der nationalen Wirtschaft und eine längerfristige Anpassung an die ausländische Konkurrenz.[94] Ökonomisch wurde nachgewiesen, daß protektionistische Maßnahmen gesamtwirtschaftlich schädliche Auswirkungen zeigen. Nach empirischen Untersuchungen sind Staaten mit einer liberalen Außenhandelspolitik in einem schnelleren Entwicklungsprozeß begriffen als Staaten, die durch außenwirtschaftliche Beschränkungen in den Markt eingreifen.[95]

D. Kernbereich der GATT/WTO-Rechtsordnung

I. Funktion und Prinzipien des Welthandelsrechts

Das GATT stellt das bedeutsamste Abkommen zur Förderung und Liberalisierung des Welthandels dar, gleichsam die Magna Charta der Handelspolitik auf multilateraler Basis.[96] Es ist auf die Schaffung eines Weltwirtschaftssystems gerichtet, das sich an marktwirtschaftlichen Prinzipien orientiert.[97] Außerdem bezweckt es den Abbau von

---

[90] *Smith*, The Inquiry into the Nature, S. 216; kommentierend *Behrens*, RabelsZ 1981, S. 8 (S. 8 ff.); *Berg*, in: *Berg/Meissner/Schünemann* (Hrsg.), Märkte in Europa, S. 1 (S. 5).
[91] *Bhagwati*, The Economic Journal 1994, S. 231 (S. 231 ff.).
[92] *Ricardo*, Grundsätze der politischen Ökonomie und der Besteuerung, S. 114; siehe auch *Krugmann/Obstfeld*, International Economics, S. 11 ff.
[93] Diese ursprüngliche Theorie der komparativen Kostenvorteile ist mittlerweile in vielfacher Weise weiterentwickelt, andererseits aber auch kritisiert worden. Ungeachtet dieser Kritik dominiert sie aber nach wie vor die Bestrebungen, den Welthandel weiter zu liberalisieren. Siehe dazu eingehend *Trebilcock/Howse*, Regulation of International Trade, S. 5 ff.; *Herrmann*, ZEuS 2001, S. 453 (S. 472).
[94] *Petersmann*, JWTL 1988, S. 23 (S. 23 ff.); *Ott*, GATT und WTO, S. 10.
[95] *Haltern*, ZVglRWiss 1992, S. 1 (S. 40); *Petersmann*, RabelsZ 1983, S. 478 (S. 480 f.).
[96] *Stobbe*, ZfZ 2000, S. 223 (S. 224); *Hailbronner/Bierwagen*, JA 1988, S. 318 (S. 318).
[97] *Senti*, GATT, S. 30; *Hailbronner/Bierwagen*, JA 1988, S. 318 (S. 320); *Köpernik*, JuS 1976, S. 779 (S. 782 f.).

Handelshemmnissen tarifärer und nicht-tarifärer Art und soll protektionistischen Eingriffen in den Wettbewerb auf dem Weltmarkt entgegenwirken.[98] Zur Verwirklichung dieser Ziele statuiert das GATT mehrere grundlegende Prinzipien.[99] Diese grundsätzlichen Elemente der internationalen Handelspolitik kommen bereits in der Präambel zum Ausdruck, die nicht nur die unterschiedlichen Ziele, Wünsche und Interessen der Vertragsparteien aufführt, sondern auch davon spricht, „die fundamentalen Grundsätze dieses multilateralen Handelssystems zu wahren [...]".
Uneinheitlich beantwortet wird jedoch die Frage, wie viele Grundsätze das GATT bzw. die WTO kennt. Die Darstellungen in der Literatur gehen von drei bis hin zu sieben Grundprinzipien aus.[100] Sie unterscheiden sich in erster Linie dadurch, daß sie einzelne Rechtsprinzipien mehr oder weniger detailliert unterteilen.

Unabhängig von der Systematik der Darstellung gehören alle Grundprinzipien zu den sog. gemeinsamen Abkommensinhalten, d.h. sie gelten vertragsübergreifend für alle multilateralen und teilweise auch für die plurilateralen Vereinbarungen.[101] Gemeinsame Abkommensinhalte sind die in der Präambel der WTO-Vereinbarung erklärte gemeinsame Zielsetzung, die Prinzipien der Meistbegünstigung und der Inländerbehandlung, die Verbesserung der Transparenz[102], der Grundsatz der Reziprozität, der Abbau von Handelshemmnissen, die Begünstigung der Entwicklungsländer und der Umweltschutz.[103] Den gemeinsamen Abkommensinhalten stehen die sog. Sonderbestimmungen gegenüber. Sie sind vertragsspezifisch und beziehen sich allein auf den Handel mit Waren oder Dienstleistungen, auf die Dumpingbestimmungen, die Investitionsmaßnahmen, die Versandkontrolle, die Ursprungsregeln, die Einfuhrlizenzen usw.[104]
Auf die vier wichtigsten gemeinsamen Abkommensinhalte soll genauer eingegangen werden. Nach der hier gewählten Systematik der Darstellung sind das die in der Präambel der ÜWTO erklärte gemeinsame Zielsetzung, der Grundsatz der handelspolitischen Nichtdiskriminierung[105], das Tariffs only-Prinzip, verbunden mit dem Grundsatz

[98] *Herdegen*, Internationales Wirtschaftsrecht, § 7, Rdn. 19; *Wolfrum*, in: Schmidt, (Hrsg.), Öffentliches Wirtschaftsrecht, S. 535 (S. 570); *Köpernik*, JuS 1976, S. 779 (S. 782).
[99] Zur Rechtsnatur von Prinzipien bzw. Rechtsgrundsätzen und ihrer Abgrenzung zu Rechtsregeln siehe ausführlich *Benedek*, Rechtsordnung des GATT, S. 49 ff.
[100] Vgl. dazu näher *Roessler*, World Economy 1985, S. 187 (S. 187 ff.); *Senti*, GATT, S. 99; *Petersmann*, Handbuch des Europäischen Rechts, S. 8; *Benedek*, Rechtsordnung des GATT, S. 51 ff.; *Hailbronner/Bierwagen*, JA 1988, S. 318 (S. 321); *Herdegen*, Internationales Wirtschaftsrecht, § 7, Rdn. 20; *Köpernik*, JuS 1976, S. 779 (S. 782 ff.); *Mestmäcker*, RabelsZ 1990, S. 409 (S. 425 ff.).
[101] *Siebold*, Die Welthandelsorganisation, S. 83.
[102] Eine störungsfreie Welthandelsordnung setzt Transparenz auf zwei Ebenen voraus: Einerseits muß ein wechselseitiger Informationsfluß zwischen den Vertragsparteien bestehen. Andererseits ist auch eine gegenseitige Zusammenarbeit zwischen den Mitgliedstaaten und der WTO als Organisation eine unabdingbare Voraussetzung für den Ausbau der internationalen Welthandelsordnung. Durch das Gebot der Transparenz sind GATT-Mitglieder verpflichtet, alle außenhandelsrelevanten Vorschriften und Gerichtsurteile zu veröffentlichen und ausländischen Regierungen und Wirtschaftssubjekte zugänglich zu machen, *Hauser/Schanz*, Das neue GATT, S. 26; *Heselhaus*, JA 1999, S. 76 (S. 78); *Benedek*, Rechtsordnung des GATT, S. 63; *Senti*, WTO, Rdn. 451 ff.
[103] *Senti*, WTO, Rdn. 365.
[104] Siehe dazu ausführlich die Übersicht bei *Senti*, WTO, Rdn. 366 f.
[105] Dieser setzt sich aus zwei Komponenten zusammen und zwar aus dem Kernstück des GATT/WTO-Systems, dem Grundsatz der Meistbegünstigung, und aus dem Prinzip der Inländergleichbehandlung.

des Abbaus von Zöllen und schließlich der Grundsatz der Reziprozität. Diese vier in der Präambel der WTO-Vereinbarung und im GATT normierten Grundsätze bilden zugleich die wesentlichen Grundprinzipien der WTO.[106]

II. Die Grundprinzipien im einzelnen

1. Die Zielsetzung nach der Präambel

Im allgemeinen setzt eine Präambel Ziele für ein Gesetz oder Übereinkommen fest. Sie enthält zusammengefaßt die Intention des Normgebers, legt seinen Willen offen und drückt die Hoffnung aus, die mit und durch das Gesetz bzw. Übereinkommen erfüllt werden soll.[107]

Die in einer Präambel aufgeführten Ziele sind zwar nicht bindendes Recht, dennoch sollte die Bedeutung dieser zum Vertragstext gehörenden einleitenden Bemerkungen nicht unterschätzt werden. Sie geben die Grundhaltung und Grundausrichtung des nachfolgenden Vertragswerkes vor und müssen für die Interpretation der Vertragsbestimmungen in konkreten Sachverhalten herangezogen werden.[108] Dies erkennt auch Art. 31 Abs. 1 i.V.m. Abs. 2 des Wiener Übereinkommens über das Recht der Verträge ausdrücklich an.[109] Dort jedoch, wo die genannten Zielsetzungen einen ausdrücklichen Niederschlag im Vertragstext finden, werden sie zu materiellem Recht.[110]

In einem Vergleich der Präambeln von ÜWTO und dem klassischen GATT-1947 fällt eine Veränderung der allgemeinen Zielsetzung auf, die nicht (nur) redaktionell zu erklären ist.[111] Statt des Zieles „volle Erschließung der Hilfsquellen der Welt" im Vorspruch des GATT-1947 werden nun in der Präambel des ÜWTO die klassischen Wachstumsziele an die Bedingung einer „optimalen Nutzung der Hilfsquellen der Welt im Einklang mit dem Ziel einer nachhaltigen Entwicklung" gekoppelt.[112]

Mit dieser und anderen Formulierungen hat ein deutlicher Umweltbezug in das WTO-Abkommen Einzug gehalten.[113] Die Präambel erkennt nun auch an, daß es „positiver

[106] Für das Verfahren sind im GATT/WTO-System die aus dem GATT-1947 bekannten Verfahrensgrundsätze (Verhältnismäßigkeit, Transparenz, friedliche Streitbeilegung) übernommen und auf GATS und TRIPS erweitert worden.

[107] *Münch/Kunig*, Grundgesetz-Kommentar, *Kunig*, Präambel, Rdn. 11.

[108] So auch der Appellate Body im Zusammenhang mit der Bedeutung der Präambel des WTO-Übereinkommens für die multilateralen Abkommen und insbesondere für das GATT, Appellate Body, *US – Import Prohibition of Certain Shrimp and Shrimp Products*, WT/DS58/AB/R, Rdn. 153 und 155.

[109] Wiener Übereinkommen über das Recht der Verträge vom 23.5.1969, BGBl. 1985 II, S. 926.

[110] Im GATT trifft dies beispielsweise für die Art. XV Abs. 7 (Zahlungsverkehr), Art. XVIII Abs. 1 (staatliche Unterstützung und wirtschaftliche Entwicklung), Art. XXIII Abs. 1 (Schutz der Zugeständnisse) sowie Art. XXXVI Abs. 1 und XXXVII Abs. 2 lit. b) (iii) GATT (Handel und Entwicklung) zu.

[111] *Beise*, Die Welthandelsorganisation, S. 96; *Benedek*, Rechtsordnung des GATT, S. 44 f.

[112] „Nachhaltige Entwicklung" ist die übliche Übersetzung des englischen Begriffs „sustainable development". In der Literatur wird bei dem deutschen Ausdruck zum Teil von einer unglücklichen Übersetzung gesprochen, da in Wahrheit eine umweltverträgliche Entwicklung gemeint sei, vgl. hierzu *Oppermann*, RIW 1995, S. 919 (S. 921).

[113] Zur Entwicklung der Neuausrichtung auf den Umweltschutz *Senti*, WTO, Rdn. 369 ff.

Bemühungen bedarf", damit sich die Entwicklungsländer, insbesondere die am wenigsten entwickelten, einen Anteil am Wachstum des internationalen Handels sichern, „der den Erfordernissen ihrer wirtschaftlichen Entwicklung entspricht".[114]
Im übrigen ist es im ÜWTO bei der Zielsetzung einer Öffnung der Märkte mit Hilfe der bekannten Prinzipien wie Nichtdiskriminierung etc. geblieben. Termini wie „Erhöhung des Lebensstandards", „Vollbeschäftigung" und „Produktionssteigerung" wurden übernommen.[115] Erreicht werden sollen diese Ziele über eine „wesentliche Verringerung der Handelsschranken" innerhalb der WTO-Staatengemeinschaft. Obwohl so nicht ausdrücklich formuliert, bedeutet dies konsequent zu Ende gedacht einen globalen Freihandel. Das Ziel, Handels- und Wirtschaftsbeziehungen zur Steigerung des wirtschaftlichen Wachstums zu nutzen, ist aber mit dem Anspruch verbunden, die sozialen und umweltpolitischen Gegebenheiten zu berücksichtigen.[116]
Charakteristisch für das GATT-1994 ist, daß es sich nicht um einen statischen Vertrag handelt, sondern bestehende Handelshemmnisse, gewissen Regeln folgend, stufenweise abgebaut werden sollen. Das GATT und die WTO als 1995 in der „Uruguay-Runde" neu gegründete Dachorganisation verfolgen damit einen gradualistischen Liberalisierungsansatz[117].

2. Das Prinzip der Nichtdiskriminierung

Ziel des WTO-Übereinkommens ist ein „wesentlicher Abbau der Zölle und anderer Handelsschranken sowie die Beseitigung der Diskriminierung in den internationalen Handelsbeziehungen".[118] Diskriminierung ist allgemein zu definieren als die ungleiche Behandlung vergleichbarer Objekte oder Sachverhalte und ein hieraus folgender Nachteil für den Betroffenen.[119]
Der Grundsatz der Nichtdiskriminierung stellt für die Welthandelsorganisation ebenso wie für das GATT einen zentralen Ordnungsgedanken, einen Grundpfeiler des Handelssystems dar.[120] Seine Ausprägung erhält die Nichtdiskriminierungsverpflichtung in zwei Prinzipien – der Meistbegünstigungsverpflichtung (Art. I Abs. 1 GATT) und dem Grundsatz der Inländergleichbehandlung (Art. III Abs. 1 GATT).[121]

---

[114] Zur besseren Wahrung der Interessen der ärmeren Länder der WTO wird der seit dem Jahr 1966 bestehende Ausschuß für Handel und Entwicklung fortgeführt. Eine der Aufgaben dieses Ausschusses besteht darin, die Tätigkeit der WTO aus der Sicht der wirtschaftlich schwächeren Vertragspartner zu überprüfen und dem WTO-Rat in regelmäßigen Abständen Bericht zu erstatten sowie Vorschläge zur Verbesserung der Lage dieser Länder zu unterbreiten, *Senti*, WTO, Rdn. 371.
[115] Vgl. ausführlich zur Präambel *Siebold*, Die Welthandelsorganisation, S. 80 ff.
[116] *Siebold*, Die Welthandelsorganisation, S. 81.
[117] *Zimmermann*, Regionale Integration und multilaterale Handelsordnung, S. 229; in diesem Sinne auch *Bail*, EuZW 1990, S. 433 (S. 433 f.); *Hauser/Schanz*, Das neue GATT, S. 20.
[118] Siehe Absatz 3 der Präambel des ÜWTO.
[119] *Kewenig*, Der Grundsatz der Nichtdiskriminierung, S. 196; zu den Ursprüngen des Nichtdiskriminierungsprinzips vgl. *Búrca*, in: *Barnard/Scott* (Hrsg.), The Law of the Single European Market, S. 181 (S. 186 ff.).
[120] *Benedek*, Rechtsordnung des GATT, S. 53; *Siebold*, Die Welthandelsorganisation, S. 85.
[121] *Jackson*, The World Trading System, S. 157; *Herdegen*, Internationales Wirtschaftsrecht, § 7, Rdn. 20; *Heselhaus*, JA 1999, S. 76 (S. 77).

a) Die Meistbegünstigungsverpflichtung, Art. I Abs. 1 GATT

Nach dem Prinzip der Meistbegünstigung *(„Most-Favoured Nation Treatment – MFN")* müssen alle Vorteile, die Einfuhren aus irgendeinem Land gewährt werden, „unverzüglich und bedingungslos"[122] allen anderen WTO-Vertragsparteien bezüglich gleichartiger Produkte eingeräumt werden, Art. I Abs. 1 GATT.[123] Ein Mitgliedstaat darf „die übrigen Mitgliedstaaten nicht unterschiedlich behandeln, noch gegenüber Dritten schlechter stellen."[124] Er muß jedes andere WTO-Mitglied so behandeln, wie er den Staat behandelt, den er hinsichtlich der Zölle und zollgleichen Belastungen und der Ein- und Ausfuhrförmlichkeiten am besten behandelt.[125] Das Meistbegünstigungsprinzip führt also zu einer Beseitigung von Sonderstellungen.[126]
Die Meistbegünstigungsklausel des Art. I Abs. 1 GATT stellt sich als vertragliche Fortentwicklung der souveränen Gleichheit der Staaten gemäß Art. 2 Abs. 1 UN-Charta zu einem materiellen Gleichbehandlungsgrundsatz dar.[127] Durch sie soll ganz allgemein eine Diskriminierung der Mitgliedstaaten untereinander und gegenüber WTO-Nichtmitgliedern verhindert werden.

Meistbegünstigung bedeutet aber nicht unmittelbar einen Anspruch auf die Gewährung von Vergünstigungen.[128] Primär beinhaltet sie einen Abwehranspruch gegenüber einer Behandlung, die schlechter ist als gegenüber dem Staat, dem die weitreichendste Vergünstigung eingeräumt wurde. Erst als mittelbare Wirkung des Abwehranspruches kommt es zu einem faktischen Anspruch auf die Gewährung von Leistungen.[129]
Das Gebot der Gleichbehandlung nach Art. I Abs. 1 GATT bezieht sich auf Zölle, Ein- und Ausfuhrabgaben, Ein- und Ausfuhrverfahren sowie auf die Anwendung innerer Abgaben auf Ein- und Ausfuhrgüter. Aufgrund der Verweisung auf Art. III Abs. 2 und Abs. 4 GATT erfaßt der Grundsatz der Meistbegünstigung nach Art. I Abs. 1 des GATT jedoch darüber hinaus jede Begünstigung, die ein einzelner Mitgliedstaat von einem anderen Staat erhält.[130] Für zulässige mengenmäßige Beschränkungen wiederholt Art. XIII Abs. 1 GATT den Meistbegünstigungsgrundsatz. Danach darf eine Vertragspartei bei der Einfuhr einer Ware aus dem Gebiet einer anderen Vertragspartei

---

[122] Unverzüglich und bedingungslos bedeutet, daß die Gewährung von Handelsvorteilen ohne zeitlichen Verzug zu geschehen hat und nicht von Gegenleistungen einer Vertragspartei abhängig gemacht werden darf. Damit erhalten die begünstigten Länder auch Zugeständnisse, die anderen Ländern nur für bestimmte Gegenleistungen gemacht worden sind; vgl. dazu *Senti*, GATT, S. 106; *Jackson*, The World Trading System, S. 133 ff.; *Benedek*, Rechtsordnung des GATT, S. 447 f.; *Matsushita/Schoenbaum/Mavroidis*, The World Trade Organization, S. 145.

[123] Zur Geschichte der Meistbegünstigung siehe *Matsushita/Schoenbaum/Mavroidis*, The World Trade Organization, S. 143 f.; *Steinberger*, GATT und regionale Wirtschaftszusammenschlüsse, S. 45 ff.; *Hyder*, Equality of Treatment, S. 22 ff.

[124] So die Definition der International Law Commission – ILC, vgl. *Yüksel*, WTO, S. 36.

[125] *Langer*, Grundlagen einer internationalen Wirtschaftsverfassung, S. 108.

[126] *Weiß/Herrmann*, Welthandelsrecht, Rdn. 381; *Richter*, Assoziierung osteuropäischer Staaten durch die EG, S. 215.

[127] *Kewenig*, Der Grundsatz der Nichtdiskriminierung, S. 45; *Gros Espiell*, JWTL 1971, S. 29 (S. 34).

[128] *Prieß/Berrisch*, WTO-Handbuch, *Berrisch*, S. 97.

[129] So *Tietje*, Normative Grundstrukturen, S. 194 f.

[130] *Cremona*, in: *Búrca/Scott* (Hrsg.), The EU and the WTO, S. 151 (S. 152).

oder bei der Ausfuhr einer für das Gebiet einer anderen Vertragspartei bestimmten Ware keine Verbote oder Beschränkungen anwenden, es sei denn, daß die Ein- oder Ausfuhr gleichartiger Waren aus bzw. nach dritten Ländern entsprechend verboten oder beschränkt wird.[131]

Neben Art. I Abs. 1 GATT wird das Prinzip der Meistbegünstigung als Kardinalprinzip des Welthandelsrechts auch in Art. II und XVI GATS und in Art. 4 TRIPS zum Ausdruck gebracht.[132] Spezifische Ausprägungen des Meistbegünstigungsprinzips finden sich auch in zahlreichen Normen des Welthandelsrechts, so in Art. III Abs. 7, IV lit. b), V Abs. 2, 5 u. 6, IX Abs. 1, XVII lit. a) und XVIII Abs. 20 GATT sowie in den Sonderübereinkommen.[133]

Das Prinzip der Meistbegünstigung wird jedoch von einer Reihe von Ausnahmen durchbrochen.[134] Von besonderer Bedeutung ist die Ausnahme zugunsten von Zollunionen und Freihandelszonen gem. Art. XXIV GATT bzw. der entsprechenden Vorschrift in Art. V GATS. Eine weitere wichtige Durchbrechung des Grundsatzes der Meistbegünstigung ermöglicht die Verzichtsklausel („*waiver clause*") des Art. XXV Abs. 5 GATT. Schließlich erlaubte die Erweiterung des GATT um einen Teil IV (Handel und Entwicklung) im Jahre 1965 Ausnahmen vom MFN-Grundsatz zugunsten der Entwicklungsländer. Entsprechend den darin enthaltenen Vorgaben wurde im GATT seit den 70er Jahren ein Allgemeines Präferenzsystem zugunsten der Entwicklungsländer installiert.[135] Dieses Präferenzsystem wurde durch die Ermächtigungsklausel („*enabling clause*") in die Form eines allgemeinen Waivers gegossen, so daß nunmehr die Beantragung eines Waivers für jeden Einzelfall entfällt.[136]
Die verschiedenen Ausnahmeregeln zum Gebot der Meistbegünstigung sind ein Element der Flexibilisierung der Verpflichtungen unter dieser Regel.[137] Mit ihnen wird dem Umstand Rechnung getragen, daß es den Vertragsparteien des GATT nicht zugemutet werden kann, unter allen Umständen und bedingungslos an der Meistbegünstigungsverpflichtung festzuhalten.

---

[131] Vgl. ausführlich zu Art. XIII GATT *Weiß/Herrmann*, Welthandelsrecht, Rdn. 487 ff.

[132] Eine Aufzählung aller Normen, in denen der Meistbegünstigungsgrundsatz sinngemäß wiederholt oder auf einen spezifischen Sachverhalt angewandt wird, findet sich bei *Senti*, WTO, Rdn. 383; *Bhala/Kennedy*, World Trade Law, *Kennedy*, S. 68 f.

[133] *Weiß/Herrmann*, Welthandelsrecht, Rdn. 387.

[134] Zu dem System von Einschränkungen und Ausnahmen des allgemeinen Meistbegünstigungsgrundsatz vgl. im einzelnen *Weiß/Herrmann*, Welthandelsrecht, Rdn. 396 ff.; *Ipsen*, Völkerrecht, *Gloria*, S. 619 f; *Herdegen*, Internationales Wirtschaftsrecht, § 7, Rdn. 23; *Senti*, WTO, Rdn. 393 ff.; *Jackson*, The World Trading System, S. 139 f.; *Stoll/Schorkopf*, WTO, Rdn. 125 ff.

[135] Generalized System of Preferences – GSP, vgl. Art. XXXVI ff. GATT; ausführlich zum allgemeinen Präferenzsystem für Entwicklungsländer *Senti*, WTO, Rdn. 597 ff.; *Beise*, WTO, S. 101; *Benedek*, Rechtsordnung des GATT, S. 69 ff.; *Hauser/Schanz*, Das neue GATT, S. 26 ff.; in der Literatur wird die Ansicht vertreten, dieses allgemeine Präferenzsystem sei nicht gerechtfertigt, da es zu neuen Diskriminierungen führe, so *Senti*, Aussenwirtschaft 1968, S. 416 (S. 419 ff.); *Hailbronner /Bierwagen*, JA 1988, S. 318 (S. 323).

[136] *Weiß/Herrmann*, Welthandelsrecht, Rdn. 400.

[137] *Wolfrum*, in: *Schmidt* (Hrsg.), Öffentliches Wirtschaftsrecht, S. 535 (S. 573 f.).

b) Der Grundsatz der Inländergleichbehandlung, Art. III GATT

Dem Prinzip der Meistbegünstigung stellt Art. III GATT den Grundsatz der Inländergleichbehandlung[138] als zweite Ausprägung des Nichtdiskriminierungsprinzips zur Seite. Nach Art. III Abs. 1 GATT erkennen die Vertragsparteien grundsätzlich an, daß auch innere Abgaben, sonstige Belastungen und Rechtsvorschriften auf eingeführte oder inländische Waren nicht derart angewandt werden sollen, daß die inländische Produktion geschützt wird. Art. III GATT bewirkt also, daß ausländische Produkte gegenüber inländischen Produkten in den Genuß einer diskriminierungsfreien Behandlung gelangen.[139] Dazu erlegt das Gebot der Inländergleichbehandlung den Mitgliedstaaten die Verpflichtung auf, ausländische Produkte mit einheimischen gleich zu behandeln, um nicht nach der Einfuhr in ein Land die Wirkungen der Meistbegünstigung umgehen und die einheimische Wirtschaft durch unterschiedliche Abgaben auf Import- und Inlandprodukte oder durch sonstige Vorschriften schützen zu können.[140]
Während die Meistbegünstigung eine Gleichbehandlung unter den ausländischen Waren an der Staatsgrenze schafft, hat das Gebot der Inländergleichbehandlung die interne Gleichstellung der aus- und inländischen Waren zum Ziel.[141] Unfaire Wettbewerbsbedingungen können nämlich nicht nur durch Regeln bezüglich der Ein- und Ausfuhr von Waren entstehen, sondern auch durch innerstaatliche Angebotsbedingungen und Steuern.[142]
Außer in Art. III GATT findet sich das Inländergleichbehandlungsprinzip auch in den Art. IV GATT, XVII GATS, 3 TRIPS und in den Sonderübereinkommen.[143]

c) Das Verhältnis zwischen Meistbegünstigungsklausel und Inländergleichbehandlungsgrundsatz

Das Prinzip der Nichtdiskriminierung hat augenscheinlich eine nach außen und eine nach innen gerichtete Komponente; beide dürfen jedoch nicht zusammenhangslos nebeneinander gesehen werden.
Die Meistbegünstigungsklausel nach Art. I Abs. 1 GATT verlangt eine Gleichbehandlung vergleichbarer Sachverhalte auf der Ebene der zwischenstaatlichen Beziehungen, d.h. bei der Zugänglichmachung des eigenen Territoriums für ausländische Beteiligte.[144] Ausländische Waren sind untereinander an der Staatsgrenze gleichzustellen. Bevorzugungen inländischer Waren sind dagegen kein Verstoß gegen Art. I Abs. 1 GATT.[145] Insofern kann von einem nach außen gerichteten Diskriminierungsverbot gesprochen werden.

---

[138] Dieser Grundsatz wird mitunter auch nur als Inländerbehandlungsgrundsatz bezeichnet.
[139] Ergänzend zu Art. III GATT fordert Art. VIII GATT, auch Gebühren und Förmlichkeiten im Zusammenhang mit der Einfuhr und der Ausfuhr nicht-diskriminierend anzuwenden.
[140] *Jackson*, The World Trading System, S. 189.
[141] *Bhala/Kennedy*, World Trade Law, *Kennedy*, S. 90; *Trebilcock/Howse*, Regulation of International Trade, S. 29; *Senti*, WTO, Rdn. 423; *Ott*, GATT und WTO, S. 90.
[142] *Jackson*, World Trade and the Law of GATT, S. 273 ff.; *Köpernik*, JuS 1976, S. 779 (S. 784).
[143] Eine genaue Aufzählung findet sich bei *Senti*, WTO, Rdn. 429 ff.
[144] *Fikentscher*, Wirtschaftsrecht, S. 258.
[145] *Weiß/Herrmann*, Welthandelsrecht, Rdn. 385.

Dagegen ist das GATT-Prinzip der Inländergleichbehandlung nach innen gerichtet.[146] Es greift bei Diskriminierungen innerhalb des Herrschaftsgebiets eines Staates. Möchte etwa ein ausländischer Importeur in den Genuß einer liberaleren inländischen Regelung gelangen, nutzt es ihm nichts, sich auf die Meistbegünstigungsklausel zu berufen. Diese bewirkt nur eine Gleichstellung mit Produkten anderen ausländischen Ursprungs, stellt aber nicht die gleichen Angebotsbedingungen zur Verfügung, wie sie Inländer besitzen.[147] Genau für diese Konstellation ist der Grundsatz der Inländerbehandlung des Art. III GATT von überragender Bedeutung: Er verlangt auch eine Gleichstellung ausländischer Produkte mit ihrer inländischen Konkurrenz und verbietet damit – über das Prinzip der Meistbegünstigung hinaus – jegliche diskriminierende Behandlung im internationalen Handel. Das Prinzip der Inländerbehandlung stellt eine notwendige Ergänzung zum Meistbegünstigungsprinzip dar, indem es verhindert, daß die „nach außen" gewährte Gleichbehandlung durch innerstaatliche Differenzierungen konterkariert wird.[148]

Eine direkte Verbindung beider Prinzipien findet sich in Art. I Abs. 1 GATT: Indem die Meistbegünstigungsverpflichtung auch „bei allen in Art. III Absätze 2 und 4 behandelten Angelegenheiten" gilt, wird das nach außen wirkenden Meistbegünstigungsgebot mit der nach innen wirkenden Inländergleichbehandlungsregel verknüpft.

3. Das Tariffs only-Prinzip

Neben dem Meistbegünstigungsgrundsatz und dem Diskriminierungsverbot, die beide gleiche Wettbewerbschancen beim Zugang zu den Märkten sicherstellen sollen, enthält das GATT ein anderes Leitprinzip, das unmittelbar die globale Liberalisierung des Wirtschaftsverkehrs durch die Beseitigung von Handelshemmnissen zum Gegenstand hat. Es handelt sich um das Prinzip der Begrenzung handelspolitischer Schutzmaßnahmen auf Zölle (sog. „*Tariffs only-Prinzip*"), verbunden mit dem fortschreitenden Abbau der Zölle.[149]

Hinter diesem Prinzip steckt die Intention des GATT, nicht-tarifäre Handelshemmnisse abzuschaffen bzw. in tarifäre Hemmnisse, vor allem in Zölle, umzuwandeln.[150] Die Zölle werden dann gebunden, d.h. sie dürfen nicht einseitig erhöht werden (Art. II GATT) und werden zum Gegenstand von Verhandlungen über Zollsenkungen gemacht.[151] Die im GATT angelegte Asymmetrie, Zölle lediglich zu reduzieren, nicht-tarifäre Handelshemmnisse dagegen völlig zu beseitigen, läßt sich damit erklären, daß nicht-tarifäre Handelshemmnisse als suspekte Hindernisse angesehen werden, deren Vermeidung angestrebt wird. Unter den Begriff der nicht-tarifären Handelshemmnisse fallen Beschränkungen, die nicht in einem Zolltarif oder in einer zollgleichen Abgabe

---

[146] So auch *Drexl*, Entwicklungsmöglichkeiten des Urheberrechts, S. 260 f.; *Petersmann*, Constitutional Functions and Constitutional Problems, S. 227 f.; *Hoekman/Kostecki*, The Political Economy of the World Trading System, S. 26; *Fikentscher*, in: FS für Lukes, S. 375 (S. 380).

[147] *Sacerdoti*, in: *Demaret/Bellis/Jiménez* (Hrsg.), Regionalism and Multilateralism, S. 613 (S. 615).

[148] *Langer*, Grundlagen einer internationalen Wirtschaftsverfassung, S. 108.

[149] *Herdegen*, Internationales Wirtschaftsrecht, § 7, Rdn. 25.

[150] *Herrmann*, ZEuS 2001, S. 453 (S. 473); *Hanel*, ZfZ 1996, S. 104 (S. 107).

[151] Vgl. Art. XXVIII, XXVIIIbis GATT.

bestehen[152], z.B. Beschränkungen des Benzinverbrauchs von Automobilen, Quoten für die Einfuhr ausländischer Produkte oder Standards der Produktsicherheit.[153]
Das Tariffs only-Prinzip findet seine Hauptausprägung in Art. XI Abs. 1 GATT. Danach soll sich die Handelspolitik auf die Form von Zöllen und zollgleichen Abgaben beschränken. Mengenmäßige Beschränkungen (sog. *„Kontingente“*) von Ein- und Ausfuhr sind generell verboten. Erlaubt sind Zölle, Steuern und sonstige Gebühren, die bei Grenzübertritt erhoben werden, weil diese unter dem Aspekt der Handelsliberalisierung gegenüber mengenmäßigen Beschränkungen erhebliche Vorteile aufweisen.[154]
Allerdings ist dieses grundsätzliche Verbot in mancherlei Hinsicht durchbrochen, da eine Vielzahl von Staaten aus nationalen Interessen einem gänzlichen Verbot mengenmäßiger Ein- oder Ausfuhrbeschränkungen nicht zustimmte. Die wichtigsten, vertraglich festgehaltenen Ausnahmen sind der Schutz der Zahlungsbilanz[155], der wirtschaftlichen Entwicklung von Drittweltländern[156] und der Schutz der inländischen Versorgung mit Lebensmitteln, der inländischen Landwirtschaft und Fischerei.[157] Die vorgenannten Ausnahmen sind aber in Verbindung mit Art. XIII GATT zu sehen, der für zulässige mengenmäßige Beschränkungen ein Diskriminierungsverbot festlegt.[158]
Neben Art. XI Abs. 1 GATT sind die Art. I Abs. 1 und III Abs. 4 GATT wichtige Vorschriften im Zusammenhang mit dem Tariffs only-Prinzip.

4. Der Grundsatz der Reziprozität

Alle Pflichten und Zugeständnisse der Vertragsparteien stehen unter dem allgemeinen völkerrechtlichen Grundsatz der Gegenseitigkeit bzw. Reziprozität[159], nach dem alle Staaten, denen im GATT Zugeständnisse eingeräumt werden, gleichwertige Gegenleistungen erbringen müssen.[160] Die Reziprozität bezieht sich nicht auf das allgemeine

---

[152] *Quambusch*, Nicht-tarifäre Handelshemmnisse, S. 5; *Ohlinger*, Die Relevanz nicht-tarifärer Handelshemmnisse, S. 108 f.; *Petersmann*, RabelsZ 1983, S. 478 (S. 478 ff.).

[153] *Herdegen*, Völkerrecht, § 55, Rdn. 4; *Hailbronner/Bierwagen*, JA 1988, S. 318 (S. 321).

[154] *Herrmann*, ZEuS 2001, S. 453 (S. 473); *Hanel*, ZfZ 1996, S. 104 (S. 107); *Heselhaus*, JA 1999, S. 76 (S. 77); *Ipsen*, Völkerrecht, *Gloria*, S. 621.

[155] Art. Art. XII bis XV GATT; gem. Art. XV GATT arbeiten bei dieser Ausnahme GATT und der Internationale Währungsfond zusammen, um die Voraussetzungen des Art. XII GATT zu klären und die entsprechenden Maßnahmen zu treffen, ausführlich dazu *Roessler*, JWTL 1975, S. 629 (S. 629 ff.).

[156] Art. XVIII GATT.

[157] Art. XI Abs. 2 GATT; vgl. ausführlich zu den Ausnahmetatbeständen *Stoll/Schorkopf*, WTO, Rdn. 224 ff.; *Weiß/Herrmann*, Welthandelsrecht, Rdn. 478 ff.; *Senti*, WTO, Rdn. 551 ff.; *Jackson*, World Trade and the Law of GATT, S. 316 ff.; zur Bedeutung der allgemeinen Ausnahme des Art. XX GATT in diesem Zusammenhang vgl. *Wolfrum*, in: *Schmidt* (Hrsg.), Öffentliches Wirtschaftsrecht, S. 535 (S. 635 ff.); *Tietje*, Normative Grundstrukturen, S. 310 ff.; *Bhala/Kennedy*, World Trade Law, *Kennedy*, S. 124.

[158] Vgl. ausführlich zu Art. XIII GATT *Jaenicke*, AVR 1958/59, S. 371 (S. 384 f.); *Jackson*, World Trade and the Law of GATT, S. 321 ff.; *Weiß/Herrmann*, Welthandelsrecht, Rdn. 487 ff.; *Prieß/Berrisch*, WTO-Handbuch, *Berrisch*, S. 103 ff.; *Hanel*, ZfZ 1996, S. 104 (S. 107); *Ipsen*, Völkerrecht, *Gloria*, S. 621.

[159] Dazu *Siebold*, Die Welthandelsorganisation, S. 91; *Benedek*, Rechtsordnung des GATT, S. 51 ff.

[160] *Jäger*, Streitbeilegung, S. 62; *Herdegen*, Internationales Wirtschaftsrecht, § 7, Rdn. 21; *Wolfrum*, in: *Schmidt* (Hrsg.), Öffentliches Wirtschaftsrecht, S. 535 (S. 570).

Schutzniveau der Staaten, sondern ist nach traditionellem GATT-Verständnis restriktiv einzig auf die gegenseitig gleichwertigen Zugeständnisse der jeweiligen Verhandlungen anzuwenden („*mutually balanced lists*“, „*equivalent concessions*“).[161] Es ist folglich nicht möglich, einen anderen Staat zur Herabsetzung seines Schutzniveaus zu zwingen, indem man von ihm unter Berufung auf die Gegenseitigkeit die Öffnung bestimmter Märkte in genau jenem Umfang fordert, wie man dies selbst getan hat oder zu tun gedenkt.[162] Dieses Ergebnis ist zwingend, denn sollte allgemein eine Angleichung des Schutzniveaus bezweckt sein, verlöre das Prinzip der Meistbegünstigung seinen Sinn.[163] Jedoch soll nicht die Meistbegünstigung durch die Reziprozität aufgehoben werden, sondern im Gegenteil die politische Reziprozität, also der Verhandlungspoker um gegenseitigen Marktzugang, durch die Meistbegünstigung.[164]
Vertraglich ist der Reziprozitätsgrundsatz in den WTO-Abkommen nicht als eigenständiges Prinzip normiert, jedoch verweisen die Abkommen an verschiedenen Stellen auf diesen Grundsatz. In Absatz 3 der Präambel zum ÜWTO kommt der Wunsch der Vertragsparteien zum Ausdruck, „zur Verwirklichung dieser Ziele durch den Abschluß von Übereinkünften beizutragen, die auf der Grundlage der Gegenseitigkeit und zum gemeinsamen Nutzen auf einen wesentlichen Abbau der Zölle und anderer Handelsschranken sowie auf die Beseitigung der Diskriminierung abzielen [...]“. Die Gegenseitigkeit findet auch in Art. XXVIII*bis* Abs. 1 GATT und in Art. XXVIII Abs. 2 GATT Erwähnung.[165] Die Reziprozität hat jedoch nicht nur an mehreren Stellen des GATT Niederschlag gefunden, sondern auch im GATS (Art. XIX) und TRIPS-Abkommen (Art. 7). Eine Ausnahme vom Grundsatz der Gegenseitigkeit gilt zugunsten der Entwicklungsländer; von ihnen werden gem. Art. XXXVI Abs. 8 GATT keine Zugeständnisse erwartet, die mit ihren besonderen Bedürfnissen unvereinbar sind.

III. Allgemeine Ausnahmen

Neben speziellen Ausnahmen für einzelne Grundsätze enthält das GATT eine Reihe von Ausnahmebestimmungen, die sich allgemein auf die vertraglichen Verpflichtungen beziehen. Am weitesten reichen dabei die allgemeinen Ausnahmen des Art. XX GATT. Danach hindern die GATT-Bestimmungen die Vertragsparteien nicht daran, bestimmte Handelsbeschränkungen, etwa Maßnahmen zum Schutz der öffentlichen Sittlichkeit, des Lebens oder des Kulturgutes, zu beschließen oder durchzuführen; solche Maßnahmen dürfen jedoch nicht zu einer willkürlichen ungerechtfertigten Diskriminierung oder zu verschleierten Handelsbeschränkungen führen.[166]

---

[161] *Beise*, WTO, S. 99; *Senti*, Aussenwirtschaft 1994, S. 131 (S. 136).
[162] Das Phänomen, daß sich Regierungen bei Handelsstreitigkeiten immer häufiger auf die Reziprozität berufen, wenn sie eine Öffnung des Marktes rivalisierender Staaten erreichen wollen, wird unter dem Stichwort der „aggressiven Reziprozität“ diskutiert, vgl. *Senti*, WTO, Rdn. 476 ff.
[163] Vgl. zum wirtschaftlichen Sinn des Reziprozitätsprinzips *Stoll/Schorkopf*, WTO, Rdn. 98 ff.
[164] *Beise*, WTO, S. 98 f.
[165] Vgl. dazu und zu weiteren Stellen *Siebold*, Die Welthandelsorganisation, S. 93.
[166] Ausführlich zur allgemeinen Ausnahme des Art. XX GATT mit Beispielen *Senti*, WTO, Rdn. 433 ff.; *Herrmann*, ZEuS 2001, S. 453 (S. 477); *Herdegen*, Internationales Wirtschaftsrecht, § 7, Rdn. 36 f.

Die Schutzklausel („*escape clause*") des Art. XIX GATT erlaubt den Vertragsparteien, bei einem unvorhergesehenen und raschen Anstieg der Importe bestimmter Güter, Maßnahmen zum Schutz heimischer Wirtschaftszweige zu treffen, wenn aus dem Importanstieg die Zufügung eines ernsthaften Schadens zumindest droht. In der Sache geht es um die Abwehr „fairer" Importe in Härtefällen, was ein breites Einfallstor für nationalen Protektionismus schafft.[167]
Von großer praktischer Relevanz in der bisherigen Geschichte des GATT war die Verzichtsklausel („*waiver clause*"), nach der eine Zweidrittelmehrheit gem. Art. XXV Abs. 5 GATT von den im Vertrag enthaltenen Pflichten dispensieren konnte.[168] Der großzügige Gebrauch dieser Ausnahme führte zu einer beträchtlichen Schwächung des GATT-1947. Das GATT-1994 behielt diese Klausel bei, jedoch bedarf es seither einer Dreiviertelmehrheit und einer besonderen Rechtfertigung.[169] Alle bestehenden Waiver müssen innerhalb von zwei Jahren erneuert werden.[170]

E. Streitbeilegung

I. Das alte Streitbeilegungsverfahren

Bereits das GATT-1947 enthielt ein Streitschlichtungsverfahren.[171] Es wies jedoch viele Probleme auf und wurde deshalb nicht ernst genommen.[172] Beispielsweise konnten die Einsetzung eines Expertengremiums (sog. „*Panel*") und die Annahme seines

---

[167] Zu den weiteren Voraussetzungen dieser Ermächtigung und ihren Problemen siehe *Weiß/Herrmann*, Welthandelsrecht, Rdn. 641 ff.; *Heselhaus*, JA 1999, S. 76 (S. 78 f.); auch *Hilpold*, ZVglRWiss 1994, S. 419 (S. 461 ff.); *Senti*, WTO, Rdn. 398 und 911 ff.; *Hauser/Schanz*, Das neue GATT, S. 32 f.

[168] Beispielsweise hat die EG 1990 im Zusammenhang mit der Eingliederung der ehemaligen DDR in die EG von der Möglichkeit eines Waivers Gebrauch gemacht, vgl. *Yüksel*, WTO, S. 150. Auch wurde ein Waiver 1952 bei der Errichtung der Europäischen Gemeinschaft für Kohle und Stahl erteilt, da sie aufgrund der sektoralen Begrenztheit ihrer Regelungen nicht als Zollunion angesehen werden konnte, siehe dazu *Jackson*, The World Trading System, S. 164; *Dam*, GATT, S. 290; eine Übersicht der bisher erteilten Waiver findet sich in WT/L/3, abrufbar unter www.docsonline.wto.org.

[169] Art. IX Abs. 3 und Abs. 4 ÜWTO.

[170] Vgl. ausführlich zu der Möglichkeit des Erlasses eines Waivers *Weiß/Herrmann*, Welthandelsrecht, Rdn. 743 ff.; *Senti*, WTO, Rdn. 401 ff.; *Cremona*, CMLR 2001, S. 359 (S. 389 ff.); *Haller*, MERCOSUR, S. 308 ff.

[171] Geregelt war dieses in den Art. XXII und XXIII. Danach sollten die Beteiligten in Streitfällen über die Anwendung des GATT zunächst wohlgesonnene Konsultationen miteinander führen. Kamen solche nicht zu einem für alle Beteiligten zufriedenstellenden Ergebnis, so wurde die Partei aufgefordert, in multilateralen Konsultationen einen Ausweg zu suchen. Bis 1952 waren zur Konfliktbewältigung besondere Arbeitsgruppen zuständig. Danach entwickelte sich die Praxis, für jedes Verfahren eine Sachverständigengruppe einzusetzen. Vgl. eingehend zur „alten" Streitschlichtung *Bast/Schmidt*, RIW 1991, S. 929 (S. 929 ff.); *Senti*, WTO, Rdn. 339 f.; *Eckert*, ZLR 1995, S. 363 (S. 366 ff.); *Stoll*, ZaöRV 1994, S. 241 (S. 267 ff.).

[172] *Heselhaus*, JA 1999, S. 76 (S. 79); *Cottier/Evtimov*, ZEuS 2000, S. 477 (S. 495).

abschließenden Berichts nur einstimmig erfolgen[173], wodurch die beschuldigten Mitgliedstaaten auf jeder Stufe des Verfahrens ein faktisches Vetorecht besaßen, das sie regelmäßig dann ausübten, wenn sie ein für sie ungünstiges Ergebnis erwarteten.[174] Daneben existierten für unterschiedliche Bereiche (Subventionen, Antidumping u.a.) nicht weniger als acht verschiedene Verfahren der Streitbeilegung mit zum Teil abweichenden Vorschriften.[175] Nicht zuletzt wegen dieser zersplitterten und unübersichtlichen Streitschlichtung kann man sagen, daß bis zur Gründung der WTO die Beurteilung von regionalen Integrationsabkommen dem eigentlichen Streitbeilegungsverfahren entzogen war. Die einzige Möglichkeit einer Prüfung bestand im Rahmen handelspolitisch ausgerichteter Arbeitsgruppen (sog. *„working parties"*) nach Abschluß eines Abkommens.[176] Allerdings konnte man sich nur bei sechs von insgesamt 98 bis zur Gründung der WTO abgeschlossenen und untersuchten Regionalabkommen auf eine GATT-Verträglichkeit einigen.[177] In den übrigen Fällen gelangte man in den Arbeitsgruppen zu keinem Ergebnis, so daß selbst äußerst umstrittene Abkommen nicht als regelwidrig beurteilt wurden.[178] Ein bedeutendes Beispiel war die Gründung der Europäischen Wirtschaftsgemeinschaft. Die GATT-Mitglieder wollten die EWG nicht offen als regelwidrig beurteilen, da dies das GATT in eine schwere Krise gestürzt hätte. Die Folge war eine pragmatische Herangehensweise, die kennzeichnend für viele Beurteilungen in Streitfällen wurde.[179]

II. Das neue Verfahren

In der Uruguay-Runde wurde eine umfassende Vereinbarung über die Streitbeilegung (DSU[180]) getroffen, die nach Art. 3 Abs. 1 DSU ausdrücklich an die bestehenden gewohnheitsrechtlichen Streitbeilegungsstrukturen des GATT-1947 anknüpft und nun auch für alle WTO-Mitglieder verpflichtend ist.[181] Damit sollten die wesentlichen Schwächen des alten Verfahrens behoben werden.[182]

---

[173] Dies erfolgte nach dem sog. Konsensprinzip mit Zustimmung der betroffenen Streitpartei, vgl. *Bast/Schmidt*, RIW 1991, S. 929 (S. 932); *Ott*, GATT und WTO, S. 21; *Benedek*, Rechtsordnung des GATT, S. 321; *Hauser/Schanz*, Das neue GATT, S. 244.

[174] So hat beispielweise die EU im Jahr 1992 den Panelbericht zum Airbus-Zwist und im Jahr 1994 jenen zum Bananenstreit blockiert, *Senti*, WTO, Rdn. 352.

[175] *Backes*, RIW 1995, S. 916 (S. 916 f.).

[176] *Jäger*, Streitbeilegung, S. 220 ff.; *Hudec*, The GATT legal system, S. 69.

[177] *Zimmermann*, Regionale Integration und multilaterale Handelsordnung, S. 241.

[178] *Jackson*, World Economy 1993, S. 121 (S. 127); *Ott*, GATT und WTO, S. 37.

[179] *Zimmermann*, Regionale Integration und multilaterale Handelsordnung, S. 241.

[180] Understanding on Rules and Procedures Governing the Settlement of Disputes bzw. Vereinbarung über Regeln und Verfahren zur Beilegung von Streitigkeiten, Annex 2 zum ÜWTO, BGBl. 1994 II S. 1749; ABl. 1994 Nr. L 336, S. 234.

[181] Siehe *Herrmann*, ZEuS 2001, S. 453 (S. 494); *Esser*, ZVglRWiss 1992, S. 365 (S. 365 ff.); *Petersmann*, CMLR 1994, S. 1157 (S. 1157 ff.).

[182] Die getroffene Vereinbarung enthält inhaltlich so viele signifikante Änderungen, daß darin einer der wesentlichsten Fortschritte des Welthandelssystems gesehen werden muß, so *Senti*, WTO, Rdn. 340; *Herrmann*, ZEuS 2001, S. 453 (S. 494); einen Überblick über die Unterschiede zwischen altem und neuem Streitbeilegungsverfahren bietet *Speyer*, Aussenwirtschaft 1998, S. 129 (S. 130 ff.).

Die zuvor zersplitterten Verfahren wurden vereinheitlicht.[183] Es existiert nur noch ein zentrales Streitbeilegungsverfahren, in dessen Rahmen alle Abkommen zur Anwendung gelangen.[184]
Mit dem Dispute Settlement Body (DSB) wurde ein zentrales Streitschlichtungsorgan geschaffen[185], das dem bereits zuvor bestehenden GATT-Rat bzw. nun dem Allgemeinen Rat entspricht.[186] Der DSB ist für alle handelspolitischen Streitfälle zwischen WTO-Mitgliedern allein zuständig, er setzt nunmehr die Panels auf Antrag der Mitgliedsstaaten ein.[187] Zentrale Änderung des Verfahrens ist eine Umkehrung des Konsensprinzips (sog. *„negatives Konsensprinzip“*): Anträge auf Einrichtung eines Panels, die Annahme seines Abschlußberichtes sowie Sanktionsmaßnahmen bedürfen nicht mehr einer einstimmigen Annahme, sie können jetzt nur noch einstimmig abgelehnt werden. Die Zustimmung wird damit automatisiert, das Vetorecht der Mitglieder entfällt.[188] Die Belastung durch diese wohl automatisierte Annahme der Panel-Berichte wird durch die Einrichtung einer Berufungsinstanz gemildert.[189]

Hingegen wird die Tradition des GATT-1947 insoweit fortgesetzt, als die WTO eine „öffentliche Klage“ nicht kennt. Verstöße gegen die in den multilateralen und plurilateralen Handelsabkommen niedergelegten Regeln können jeweils nur auf Antrag eines Mitgliedes im Rahmen des Streitbeilegungsverfahrens festgestellt werden. Das gilt auch für die Gestattung von Maßnahmen (insbesondere Vergeltungsmaßnahmen), die festgestellte Verstöße abstellen sollen. In beiden Fällen kann die WTO nicht von Amts wegen tätig werden. Nach wie vor ist es der Initiative und dem politischen Urteil der Mitglieder der Organisation überlassen, ob es zur Feststellung eines Verstoßes bzw. zur Anwendung von Vergeltungsmaßnahmen kommt.[190]

Ein Verfahren vor dem Panel dauert nach Art. 12 Abs. 8 u. 9 DSU höchstens sechs bis neun Monate, zuzüglich 60 – 90 Tagen für die Berufung.[191] Durch diese Bestimmungen werden zeitliche Verschleppungen vermieden. Als Sanktionen kommen neben der

---

[183] Vgl. ausführlich zum neuen Streitbeilegungsverfahren *Sittmann*, RIW 1997, S. 749 (S. 749 ff.); *Leier*, EuZW 1999, S. 204 (S. 204 ff.); *Matsushita/Schoenbaum/Mavroidis*, The World Trade Organization, S. 17 ff.; *Hanel*, ZfZ 1996, S. 138 (S. 141 f.); *Senti*, WTO, Rdn. 347 ff.; *Stoll*, ZaöRV 1994, S. 241 (S. 269 ff.); *Wolfrum*, in: *Schmidt* (Hrsg.), Öffentliches Wirtschaftsrecht, S. 535 (S. 622 ff.).
[184] So auch bei Streitigkeiten im Rahmen des GATS und des TRIPS, Art. 1 Abs. 1 DSU; jedoch sind in einigen dieser Abkommen besondere Regelungen für Streitfälle getroffen, die, soweit sie im Anhang zum DSU aufgelistet sind, den Vorschriften des DSU vorgehen.
[185] Art. 2 DSU.
[186] Art. IV Abs. 3 ÜWTO.
[187] *Heselhaus*, JA 1999, S. 76 (S. 80); *Blackhurst*, in: *Krueger* (Hrsg.), The WTO as an International Organisation, S. 31 (S. 33 f); *Ott*, GATT und WTO, S. 21.
[188] Hierin liegt die entscheidende Stärkung des Streitschlichtungsverfahrens gegenüber dem Zustand vor Gründung der WTO; siehe dazu *Herrmann*, ZEuS 2001, S. 453 (S. 495); *Hanel*, ZfZ 1996, S. 138 (S. 143); *Heselhaus*, JA 1999, S. 76 (S. 80); *Leier*, EuZW 1999, S. 204 (S. 205); *Hauser/Schanz*, Das neue GATT, S. 244 f.
[189] *Hauser/Schanz*, Das neue GATT, S. 245; *Senti*, WTO, Rdn. 352.
[190] So spricht der Appellate Body von einem weiten Ermessen der Vertragsparteien, ein Verfahren gegen einen anderen WTO-Mitgliedstaat anzustrengen, vgl. Appellate Body, *EC – Regime for the Importation, Sale and Distribution of Bananas*, WT/DS27/AB/R, Rdn. 135.
[191] Art. 17 Abs. 5 DSU.

Beseitigung angegriffener Maßnahmen auch die Gewährung von Kompensation oder die Hinnahme von Vergeltungsmaßnahmen in Betracht.[192]
Eine weitere wesentliche Neuerung durch das DSU ist die schon erwähnte Möglichkeit der Berufung gegen die Entscheidung eines Panels. Dafür wurde ein ständiges Berufungsgremium („*Standing Appellate Body*") eingerichtet, das aus sieben hochangesehenen Persönlichkeiten des Welthandels besteht.[193] Dessen Bericht, der Appellate Body Report, wird ebenfalls nach dem negativen Konsensprinzip angenommen.[194] Die unterliegende Partei hat dem DSB mitzuteilen, in welcher Form sie den Empfehlungen nachzukommen gedenkt.

---

[192] Art. 22 DSU; Diese Maßnahmen sollen möglichst Sektoren des Abkommens umfassen, welche im Streit stehen. Es können jedoch auch sog. „cross retaliation"-Regelungen in Gang gesetzt werden, wonach sogar Maßnahmen auf dem Gebiet eines anderen Abkommens getroffen werden können. So z.B. können Vergeltungsmaßnahmen auf dem Gebiet der Dienstleitungen verhängt werden, auch wenn die Beschwerde den Warenhandel betrifft, vorausgesetzt, daß das Streitschlichtungsgremium dies für die einzige Möglichkeit zur Verhängung von Gegenmaßnahmen ansieht; dazu ausführlich *Stobbe*, ZfZ 2000, S. 223 (S. 228); *Hanel*, ZfZ 1996, S. 138 (S. 141); *Herrmann*, ZEuS 2001, S. 453 (S. 495 f.); *Hilpold*, ZVglRWiss 1994, S. 419 (S. 474); *Hauser/Schanz*, Das neue GATT, S. 38 und 241; *Stoll*, ZaöRV 1994, S. 241 (S. 275 f.); *Senti*, WTO, Rdn. 355 ff. beschäftigt sich auch mit der Frage, ob die Empfehlungen des Panels und der Berufungsinstanz völkerrechtlich bindend sind.
[193] Art. 17 Abs. 1 und Abs. 3 DSU.
[194] Art. 17 Abs. 14 DSU.

Zweiter Teil

Vereinbarkeit (regionaler) Integrationsgemeinschaften mit dem GATT

A. Politische und ökonomische Grundlagen

I. Charakter und Bedeutung regionaler Integrationsgemeinschaften

Vertiefte (regionale) wirtschaftliche Integration beschreibt ein immer bedeutender werdendes Phänomen der internationalen Handelspolitik. Große Wirtschaftsräume der Erde verstärken ihre Anstrengungen, sich zu Handelsblöcken zusammenzuschließen und so eine vertiefte wirtschaftliche Integration untereinander zu schaffen. Außenwirtschaftlich ist von Integration die Rede, wenn zwei oder mehrere Länder ihre zwischenstaatlichen Handelshemmnisse in Form von Zöllen und nicht-tarifären Handelshemmnissen reduzieren oder beseitigen und ihre binnenwirtschafts- und außenhandelspolitischen Tätigkeiten aufeinander abstimmen oder vereinheitlichen.[195] Globale Integration liegt vor, wenn davon alle Länder erfaßt sind, regionale, wenn sich die Integration nur auf eine Gruppe von Ländern erstreckt.[196] Die Einräumung von Zugeständnissen kann dabei produktweise erfolgen, auf Einseitigkeit oder Gegenseitigkeit beruhen und zwischen zwei oder mehreren Ländern abgeschlossen werden („*bilaterale oder multilaterale Abkommen*").

Eine vertiefte wirtschaftliche Integration wird durch den Abschluß von Abkommen erreicht, in denen ausschließlich den teilnehmenden Staaten Handelspräferenzen eingeräumt werden, um so ein erhöhtes Maß an Handelsliberalisierung „im kleinen Kreis" zu schaffen und den Marktzugang zu vereinfachen.[197] Die präferenzielle Behandlung erfolgt dabei hauptsächlich durch die Beseitigung aller Zölle und mengenmäßigen Beschränkungen sowie anderer nicht-tarifärer Hemmnisse unter den Vertragsparteien bei unveränderten Handelsschranken nach außen.[198] Das Ergebnis solcher regionalen Zusammenschlüsse ist wegen der kleineren Mitgliederzahl ein weitaus höheres Maß an Handelsliberalisierung, als dies im Rahmen des GATT/WTO-Regimes erfolgt ist.

---

[195] *Senti*, Aussenwirtschaft 1994, S. 131 (S. 137); vgl. ausführlichst zum Begriff der wirtschaftlichen Integration *Dunker*, Regionale Integration, S. 36 ff., m.w.N.

[196] *Vahlens Großes Wirtschaftslexikon*, S. 1003.

[197] *Cremona*, CMLR 2001, S. 359 (S. 360 f.).

[198] *Beise*, WTO, S. 152; *Cottier/Evtimov*, ZEuS 2000, S. 477 (S. 489).

Formen einer verstärkten wirtschaftlichen Integration sind vor allem Zollunionen und Freihandelszonen, wobei letztere deutlich häufiger (ca. 90 %) gewählt werden.[199]

II. Ausprägungen regionaler Integrationsabkommen

Regionale Handelsabkommen zeichnen sich dadurch aus, daß sich ihre Mitglieder untereinander eine günstigere Behandlung in Handelsangelegenheiten gewähren als dem Rest der Staatengemeinschaft.[200] Je nach Tiefe der wirtschaftlichen Integration wird üblicherweise zwischen Präferenzzonen, Freihandelszonen, Zollunionen, Gemeinsamen Märkten und Wirtschaftsunionen unterschieden.[201] Die einzelnen Typen sind dabei nicht im Sinne einer zwangsläufigen Evolutionskette aneinanderzureihen; vielmehr ist auch ein Stagnieren auf einer bestimmten Stufe oder sogar ein Rückschritt denkbar.[202]

Von den Integrationsvorgängen, die auf völkerrechtlichen Verträgen beruhen[203], kann nur der Handel mit Gütern umfaßt sein oder auch der Handel mit Dienstleistungen mit einbezogen werden. In der Realität treten oft Mischformen der einzelnen Integrationstypen auf, zudem überlappen sich die einzelnen Integrationsräume vielfach.[204]

Unter Präferenzabkommen oder Präferenzzonen versteht man wechselseitige Verträge, die eine Einräumung von Zollpräferenzen und Zollerleichterungen in bestimmten Wirtschaftszweigen zum Inhalt haben.[205]

Mit Freihandelszonen wird das weitergehende Ziel verfolgt, die bestehenden Zölle und mengenmäßigen Beschränkungen des gesamten Handelsverkehrs zwischen den einzelnen Mitgliedstaaten zu beseitigen, so daß die entsprechenden Staatsgebiete für bestimmte Waren einen einzigen Wirtschaftsraum bilden.[206] Die Mitglieder der Freihandelszone behalten aber das Recht, eine autonome Zollpolitik gegenüber Drittländern

---

199 *Zimmermann*, Regionale Integration und multilaterale Handelsordnung, S. 231.

200 *Marceau/Reiman*, LIEI 2001, S. 297 (S. 302).

201 *Zacker/Wernicke*, Europarecht, S. 1 f.; *Herdegen*, Internationales Wirtschaftsrecht, § 9, Rdn. 1 ff.; *Haller*, MERCOSUR, S. 300; *Behrens*, RabelsZ 1981, S. 8 (S. 30 ff.); eine ausführliche Definition der einzelnen Begriffe einschließlich der wirtschaftswissenschaftlichen Hintergründe findet sich bei *Hilpold*, Max Planck Yearbook of United Nations Law 2003, S. 219 (S. 224 ff.); *Robson*, Economics of International Integration, S. 17 ff.; *Jovanovic*, International Economic Integration, S. 13 ff; *Borchert*, Außenwirtschaftslehre, S. 476 ff.

202 *Beise*, WTO, S. 152; *Marceau/Reiman*, LIEI 2001, S. 297 (S. 303).

203 Grundlage einer Integration können Handelsverträge (mit abschließend festgelegten Rechten und Pflichten), Assoziationsverträge (mit einem gemeinsamen Assoziationsrat mit Entscheidungsbefugnis über die Weiterentwicklung des Vertrags) oder Unionsverträge (mit einem zentralen Entscheidungsorgan für die Durchführung und Weiterentwicklung des Vertrags) sein; Einteilung nach *Senti*, Aussenwirtschaft 1994, S. 131 (S. 137).

204 *Weiß/Herrmann*, Welthandelsrecht, Rdn. 602.

205 *Marceau/Reiman*, LIEI 2001, S. 297 (S. 302).

206 *Zacker/Wernicke*, Europarecht, S. 1; Beispiele für Freihandelszonen sind die inzwischen lange aufgelöste EFTA (European Free Trade Association) und die NAFTA (North American Free Trade Association), dazu ausführlich *Herdegen*, Internationales Wirtschaftsrecht, § 9, Rdn. 5 ff.; eine Übersicht der bekanntesten Freihandelszonen bietet *Borchert*, Außenwirtschaftslehre, S. 506 ff.

zu verfolgen.[207] So wird der politischen Eigenständigkeit der beteiligten Gebiete ein weiter Raum gelassen.[208]
Sofern eine Freihandelszone einheitliche Außenzölle gegenüber Drittstaaten einführt, kann von einer Zollunion gesprochen werden.[209] Hier geben die Mitgliedsländer einen Teil ihrer Souveränität in der Außenwirtschaft zugunsten einer einheitlichen Politik auf. Aufgrund des einheitlichen Außenzolls können Waren in einer Zollunion frei zirkulieren, womit für den Binnenwarenverkehr die Notwendigkeit von Ursprungsregeln entfällt.[210]
Charakteristisch für einen Gemeinsamen Markt ist neben der Beseitigung noch bestehender nicht-tarifärer Handelshemmnisse (durch Harmonisierung und/oder gegenseitige Anerkennung) der freie Verkehr von Produktionsfaktoren.[211] Sowohl Dienstleistungen als auch Kapital müssen ohne Beschränkungen handelbar und die Freizügigkeit der arbeitenden Personen muß sichergestellt sein. Die genannten Produktionsfaktoren sollen ohne jede Diskriminierung und Benachteiligung frei in jedem Mitgliedstaat eingesetzt werden können, so daß je nach Standort die beste Allokation für die Produktion und den Vertrieb von Waren und Dienstleistungen ermöglicht wird.[212]
Eine Wirtschaftsunion zeichnet sich als höchste wirtschaftliche Integrationsstufe darüber hinaus durch eine einheitliche Wirtschaftspolitik aus.[213] Geld-, Zins- und Währungspolitik[214] werden koordiniert oder harmonisiert und Steuersysteme werden angeglichen. Ferner wird eine einheitliche Subventionspolitik verfolgt. Nach der Vereinheitlichung aller ökonomischen Institutionen bleibt als letzter Schritt noch die politische Vereinigung zu einem neuen Staatenbund. Währungsunion und politische Union bringen jedoch hinsichtlich außenwirtschaftlicher Beziehungen keine neuen Aspekte gegenüber einem Gemeinsamen Markt.[215]

---

[207] Durch die unterschiedlichen Außenzölle entsteht das große Problem aller Freihandelszonen, daß Güter aus Drittländern über das Land mit dem niedrigsten Außenzolltarif in den Wirtschaftsblock eingeführt werden, was nur durch eine strenge und umständliche Ursprungskontrolle verhindert werden kann. Wenn demnach durch die Vorlage eines Ursprungszeugnisses der blockinterne Ursprung nachgewiesen werden kann, gewährt das Mitgliedsland Zollfreiheit, anderenfalls erfolgt eine Zollnachbelastung. Dabei liegt das Problem in der Definition des Ursprungs, vgl. dazu *Jackson*, The World Trading System, S. 167 ff.; *Senti*, WTO, Rdn. 989.

[208] Freilich kann aber auch eine Freihandelszone in aller Regel nicht ohne gewisse Rahmenverpflichtungen zur Harmonisierung der Außenhandelspolitik auskommen, um Handelsverzerrungen innerhalb der Zone zu vermeiden, die als Folge etwa der Zollpolitik eines Mitgliedes auftreten könnten, *Steinberger*, GATT und regionale Wirtschaftszusammenschlüsse, S. 115.

[209] *Hilpold*, RIW 1993, S. 657 (S. 662); *Senti*, Aussenwirtschaft 1994, S. 131 (S. 137); Beispiele für Zollunionen finden sich bei *Borchert*, Außenwirtschaftslehre, S. 508.

[210] *Herrmann*, ZEuS 2001, S. 453 (S. 481); *Nicolaysen*, Europarecht II, S. 479.

[211] *Behrens*, RabelsZ 1981, S. 8 (S. 33); *Borchert*, Außenwirtschaftslehre, S. 476; *Hauser/Schanz*, Das neue GATT, S. 250.

[212] Zu den Organisationsformen gesteigerter Wirtschaftsintegration gehören neben der EG, die sich aus der EWG fortentwickelte, etwa der Gemeinsame Markt der Staaten des Andenpaktes, der Zentralamerikanische Gemeinsame Markt und die Wirtschaftsgemeinschaft der Westafrikanischen Staaten (ECOWAS).

[213] *Marceau/Reiman*, LIEI 2001, S. 297 (S. 303) ; *Hilpold*, RIW 1993, S. 657 (S. 662).

[214] Sofern auch eine gemeinsame Währung eingeführt wird, kann eine Wirtschaftsunion auch als Währungsunion bezeichnet werden.

[215] *Borchert*, Außenwirtschaftslehre, S. 477.

III. Die Proliferation präferenzieller Abkommen und ihre Gründe

In den letzten Jahren hat die Anzahl der abgeschlossenen präferenziellen Abkommen drastisch zugenommen.[216] Während in der Zeit von 1948 bis 1994 insgesamt 124 regionale Abkommen notifiziert wurden, stieg die Zahl der Abkommen bis 31.10.2004 auf 300 an, wovon noch 150 Abkommen in Kraft sind.[217] Heute sind fast alle der 148 WTO-Mitgliedstaaten, verteilt über alle Kontinente, Vertragsparteien solcher regionalen, präferenziellen Handelsabkommen. Manche sind sogar in bis zu zehn Abkommen engagiert.[218] Man spricht in diesem Zusammenhang auch von der *„Proliferation präferenzieller Abkommen"*.

Besonders in Westeuropa entwickelte sich seit der Anwendung des GATT-1947 ein starkes Bestreben hin zu regionalen Präferenzabkommen.[219] So ließen die Gründungsverträge der europäischen Gemeinschaften in den Jahren 1951 und 1957 das erste große regionale Handelsabkommen nach dem zweiten Weltkrieg entstehen. Diese Verträge waren der Startschuß für eine Verstärkung des präferenziellen Handels[220], die ihren Höhepunkt mit dem Zerfall des Ostblocks erfuhr.[221] Auch die EG nahm im Rahmen von präferenziellen Abkommen (Assoziierungsabkommen), namentlich der Europaabkommen, Handels- und Wirtschaftsbeziehungen mit den mittel- und osteuropäischen Ländern (MOEL) auf. Doch die Proliferation präferenzieller Integrationsabkommen ist nicht auf den europäischen Raum beschränkt. Die verschiedenen Freihandelszonen in Lateinamerika[222], Nordamerika[223] und im südlichen Pazifik[224] haben zum Ergebnis,

---

[216] Plakativ ist teilweise von einem „neuen Regionalismus" die Rede, vgl. *Beise*, WTO, S. 149; gegen diese Figur des „neuen Regionalismus" *Bhagwati*, The World Trading System at Risk, S. 58 ff. Statt dessen sei wegen des sich zuspitzenden Gegensatzes von Regionalismus und Multilateralismus von „Second Regionalism" zu sprechen, *Bhagwati*, Regionalism versus Multilateralism, S. 535.

[217] *WTO*, Report (2004), S. 1; den ständig aktuellen Stand der notifizierten Abkommen findet man im Internet unter www.wto.org/english/tratop_e/region_e/region_e.htm; zur Geschichte der Wirtschaftsintegration vor 1947 vgl. *Senti*, FS für *Zäch*, S. 115 (S. 116).

[218] *Lawrence*, Regionalism, S. 1; *Roberts/Wehrheim*, Intereconomics 2001, S. 313 (S. 315); *Haller*, MERCOSUR, S. 300; *Cottier*, EFAR 1996, S. 149 (S. 150); *Cottier/Evtimov*, ZEuS 2000, S. 477 (S. 480); eine Übersicht über die wichtigsten Regionalabkommen seit dem zweiten Weltkrieg findet sich bei *Dunker*, Regionale Integration, S. 50 ff.; *Steinberger*, GATT und regionale Zusammenschlüsse, S. 24 ff.; *Lawrence*, Regionalism, S. 125 ff.

[219] Zu den historischen Vorläufern dieser Abkommen vgl. *Dunker*, Regionale Integration, S. 50 ff.

[220] Eine Übersicht über die weltweite Verteilung präferenzieller Handelsabkommen findet sich bei *WTO*, Mapping, Rdn. 6 ff.; die präferenziellen Handelsverflechtungen der EG sind im Internet unter http://www.europa.eu.int/comm/trade/index_en.htm einsehbar.

[221] Ursache für den Regionalisierungsboom in den fünfziger und sechziger Jahren waren unter anderem die hohen Zölle nach dem Krieg. Sie machten in Industriestaaten auf gewerblichen und industriellen Produkten durchschnittlich 40 Prozent des jeweiligen Handelswerts aus, im Gegensatz zu 3 bis 4 Prozent heute, *Senti*, FS für Zäch, S. 115 (S. 117).

[222] LAFTA *(Associación Latino-Americano de Libre Comercio – ALALC)*; MERCOSUR (*Asunción Agreement*); LAIA (*Latin American Integration Association*); CACM (*Central American Common Market*); CARICOM (*Caribbean Community and Common Market*).

[223] CUSFTA (*Canada-United States FTA*); NAFTA (*North American Free Trade Agreement*).

[224] ANZCERTA (*Australian and New Zealand Closer Economic Relations Trade Agreement*); AFTA (*ASEAN Free Trade Area).*

daß sich ein großer Teil des Welthandels – in der Literatur divergieren die Angaben zwischen 50% und 80%[225] – im Rahmen präferenzieller Regelungen abspielt.

Für den Regionalisierungsboom gibt es eine Reihe von Gründen.[226] Zum einen sind ökonomische Interessen kausal für den Abschluß regionaler Integrationsabkommen.[227] Jedoch können mit regionalen Wirtschaftszusammenschlüssen regelmäßig auch weitergehende politische Ziele nicht-wirtschaftlicher Natur (Annäherung der Rechtssysteme, Umweltschutz, Menschenrechte, Demokratisierung, Entwicklung) verfolgt werden.[228]
Es finden sich sogar Stimmen in der Literatur, die in politischen Motiven die Hauptursache für die Gründung regionaler Präferenzzonen sehen.[229] Ein Beispiel für ein vor allem sicherheitspolitisch determiniertes Regionalabkommen war die Bildung und Entwicklung der EWG, die als Bollwerk gegen die Sowjetunion errichtet und von den USA entsprechend unterstützt wurde[230], gleichzeitig aber auch einem weiteren Konflikt zwischen Deutschland und Frankreich vorbeugen sollte.[231]

Auch der Verlauf der Uruguay-Runde selbst ist an der Proliferation regionaler Integrationsabkommen nicht unbeteiligt. Als während der Uruguay-Runde die Verhandlungen stagnierten, konzentrierten sich zahlreiche Staaten auf die Schaffung bzw. Vertiefung eigener Wirtschaftszonen.[232] Regionalismus erlaubt Staaten mit ähnlichen politischen und kulturellen Interessen, sich zusammenzuschließen und so die seit jeher bestehenden nachbarschaftlichen Beziehungen auf eine neue Stufe zu stellen.[233] Schließlich sind Handelsbarrieren auf regionaler und vielleicht auch homogenerer Ebene leichter

---

[225] Vgl. dazu *Borchert*, Außenwirtschaftslehre, S. 506 ff.; *Cottier/Evtimov*, ZEuS 2000, S. 477 (S. 480); *Beise*, WTO, S. 151; *Senti*, Aussenwirtschaft 1994, S. 131 (S. 134 f.).
[226] Vgl. dazu ausführlich *Bhagwati*, Regionalism versus Multilateralism, S. 550 ff.; *Hilpold*, Max Planck Yearbook of United Nations Law 2003, S. 219 (S. 221 f.).
[227] Vgl. hierzu sogleich näher unter IV.
[228] *Zimmermann*, Regionale Integration und multilaterale Handelsordnung, S. 233; *Jackson*, The World Trading System, S.173; *Hilpold*, Die EU im GATT/WTO-System, S. 25.
[229] So beispielsweise *Viner*, The Customs Union Issue, 1983, S. 69 ff., nach dessen Ansicht wirtschaftlich starke Länder hauptsächlich aus politischen Gründen Mitglieder eines Integrationsverbandes werden, während sich kleinere Staaten in erster Linie aus wirtschaftlichen Gründen zusammenschließen; *El-Agraa*, International Economic Integration, S. 7.
[230] *Haight*, JWTL 1972, S. 391 (S. 392); *Marceau/Reiman*, LIEI 2001, S. 297 (S. 299); *Cottier/Evtimov*, ZEuS 2000, S. 477 (S. 483); umstritten ist dabei, ob die EWG bei ihrer Gründung als GATT-konform angesehen werden kann. Probleme ergeben sich vor allem aus den Regelungen zur Agrarpolitik und zur Assoziierung der Überseegebiete. Während die h.M. die GATT-Konformität der EWG bejaht – vgl. *Petersmann*, in: *Hilf/Petersmann* (Hrsg.), GATT und Europäische Gemeinschaft, S. 119 (S. 125); ausführlich *Ott*, GATT und WTO, S. 34 ff.; *Jaenicke*, AVR 1958/59, S. 371 (S. 398 ff.) – gibt es auch Stimmen in der Literatur, welche die EWG von Anfang an als einen Fremdkörper im GATT-System sehen, der aus politischen Gründen hingenommen wurde, so *Beise*, WTO, S. 152.
[231] *Jackson*, Jurisprudence of GATT, S. 100.
[232] *Senti*, Aussenwirtschaft 1994, S. 131 (S. 132); *Beise*, WTO, S. 153; ähnlich *Jackson*, Jurisprudence of GATT, S. 105.
[233] *Marceau/Reiman*, LIEI 2001, S. 297 (S. 299); *Trebilcock/Howse*, Regulation of International Trade, S. 132; Teilweise liegt ein Motiv auch in dem Bestreben, mit ehemaligen Kolonien besondere Beziehungen fortzuführen, *Huber*, EJIL 2000, S. 427 (S. 427 ff.).

abzubauen als im weltweiten Raum. Auch erhöht sich durch regionale Zusammenschlüsse das Gewicht kleinerer Handelsnationen gegenüber den großen Blöcken.[234]

IV. Grundlegende ökonomische Aspekte

Grundsätzlich ist ein multilateraler Freihandel ökonomisch die beste aller Alternativen, umfassend neuen Handel und damit Wohlstandsgewinne für alle zu schaffen. Entgegen dieser Maxime setzt sich der Trend zu regionalen Handelsblöcken weiter fort, obwohl das gesamtwirtschaftlich gesehen nur die zweitbeste Lösung ist („*Theory of the Second Best*")[235]. Für die teilnehmenden Staaten ist die Bildung einer Präferenzzone jedoch wirtschaftlich sinnvoll.

Das Verhältnis der multilateralen Ordnung zu präferenziellen Abkommen ist Gegenstand eingehender wirtschaftswissenschaftlicher Diskussion.[236] Grundlage bildet das Spannungsverhältnis zwischen der durch Präferenzregelungen zu erwartenden Handelsförderung („*trade creation*") einerseits und den stets mit Integrationsabkommen verbundenen Handelsumlenkungen bzw. –verzerrungen („*trade diversion*") andererseits, die zu einer suboptimalen Allokation von Ressourcen führen können.[237]

Der Wegfall der Beschränkungen im Binnenverkehr der an einer Integrationsgemeinschaft beteiligten Staaten erweitert den Austausch von Waren zwischen diesen Ländern.[238] Durch den Abbau von Handelsbarrieren auf einem überschaubaren Raum wird eine Spezialisierung und kostengünstige Massenfertigung mit der Folge eines höheren Wirtschaftswachstums ermöglicht.[239]

Jedoch kann der Abschluß regionaler Integrationsabkommen auch zu neuen Diskriminierungen führen.[240] Ein eigentlich besseres und kostengünstigeres Produkt aus einem Drittstaat ist unter Umständen auf den Märkten der beteiligten Staaten nicht mehr konkurrenzfähig. Wirtschaftswissenschaftlich gesehen bedeutet dies einen Rückschritt für den weltweiten Wohlstandsgewinn. Um diesen Nachteil unerwünschter Handelsumleitungen so weit wie möglich zu vermeiden, hat das WTO-Recht einschränkende und flankierende Kriterien entwickelt, mit denen sich die Zulässigkeit präferenzieller Abkommen sowie ihrer einzelnen Bestimmungen beurteilen läßt.

---

[234] So haben die vier MERCOSUR-Staaten durch den Zusammenschluß eine deutliche Aufwertung erfahren, wie sich an den Offerten von NAFTA und EU zeigt, die beide in Verhandlungen über die Bildung einer Freihandelszone mit den MERCOSUR-Mitgliedern stehen, *Beise*, WTO, S. 151.

[235] Entwickelt wurde die „Theory of the Second Best" vor allem von *Lipsey*, Economic Journal 1960, S. 496 (S.496 ff.).

[236] *Steinberger*, GATT und regionale Wirtschaftszusammenschlüsse, S. 99 f.; *Nagarajan*, Economic Papers 1998, S.1 (S. 8). *Cremona*, CMLR 2001, S. 359 (S. 363).

[237] *Trebilcock/Howse*, Regulation of International Trade, S. 519; *Jackson*, WTO – Constitution and Jurisprudence, S. 54; *Cottier/Evtimov*, ZEuS 2000, S. 477 (S. 482 f.); vgl. dazu grundlegend *Viner*, The Customs Union Issue 1950, S. 1 ff.

[238] *Weiß/Herrmann*, Welthandelsrecht, Rdn. 607.

[239] So erwies sich NAFTA bereits nach wenigen Monaten als Wachstumsmotor, der nicht nur der US-amerikanischen Exportindustrie, sondern auch der mexikanischen Exportindustrie zugute kam, *Beise*, WTO, S. 151.

[240] Vgl. hierzu mit einem anschaulichen Beispiel *Weiß/Herrmann*, Welthandelsrecht, Rdn. 607.

B. Spannungsverhältnis zwischen GATT und regionalen Integrationsgemeinschaften und die Auflösung: Art. XXIV GATT

I. Regionalismus versus Multilateralismus

Die seit einigen Jahren auftretende Tendenz, sich innerhalb großer Wirtschaftsräume zu regionalen Handelsblöcken zusammenzuschließen, um unter den teilnehmenden Staaten ein erhöhtes Maß an Handelsliberalisierung zu erreichen, ist welthandelsrechtlich nicht unproblematisch. Nach dem Konzept eines über die WTO zu erneuernden und zu vertiefenden Multilateralismus soll der internationale Handel zwar weiter liberalisiert werden, jedoch nicht nur innerhalb einer kleinen Staatengemeinschaft, sondern auf weltweiter Ebene. Die Errichtung eines globalen Freihandels ist das ausgemachte Ziel des GATT und der WTO.

Diese Zielrichtung des GATT steht aber auf den ersten Blick in Widerspruch zu der erhöhten Anzahl regionaler Integrationsabkommen. Gleichbehandlung im internationalen Handelsverkehr, so lautet das materielle Grundprinzip des WTO-Rechts. Zölle und andere Handelsschranken sollen nicht nur zwischen wenigen Staaten abgebaut werden, sondern innerhalb der gesamten WTO-Staatengemeinschaft.[241] Dadurch soll der Lebensstandard in den Mitgliedstaaten insgesamt erhöht werden.

Regionale Integrationsabkommen hingegen schaffen eine Handelsliberalisierung im kleinen (regionalen) Staatenkreis. Alle Integrationsformen haben gemeinsam, daß sie einzelne Länder begünstigen, ohne diese Vorteile anderen Staaten weiterzugeben. Durch die Gewährung von Handelsvergünstigungen innerhalb der Integrationsgemeinschaft soll ein Wohlfahrtsgewinn nur in den teilnehmenden Staaten erreicht werden.

Im Bereich der Handelsliberalisierung lassen sich also zwei Strömungen ausmachen: die eine mit der Zielrichtung *„Multilateralismus"*, die andere mit der Zielrichtung *„Regionalismus"*. Daher wird die Frage, ob eine vertiefte wirtschaftliche Integration wünschenswert ist oder eher das multilaterale Welthandelssystem gefährdet, häufig auch unter der Überschrift *„Regionalismus versus Multilateralismus"* diskutiert.[242]

Probleme mit dem GATT ergeben sich deshalb, weil Integrationsabsprachen grundsätzlich diskriminierend gegenüber Nichtmitgliedern wirken und definitionsgemäß eine Abkehr vom Meistbegünstigungsgrundsatz – dem Kernprinzip des GATT – darstellen.[243] Sinn der präferenziellen Sonderabkommen ist eben gerade keine bedingungslose und unverzügliche Gleichbehandlung von Drittstaaten.[244] Aus diesem Grund sind

---

[241] *v. Bogdandy/Makatsch*, EuZW 2000, S. 261 (S. 263).

[242] *Eeckhout*, The European Internal Market, S. 358.

[243] *Beise*, WTO, S. 152; *Herrmann*, ZEuS 2001, S. 453 (S. 481).

[244] Der soeben beschriebene Interessenkonflikt zwischen Multilateralismus und Regionalismus spiegelt sich auch ganz anschaulich in den Handelsstrategien der Staaten wieder. Auf der einen Seite ist man versucht, auf einem weltweiten Niveau zu Handelserleichterungen zu gelangen, was nur durch umfassende multilaterale Verpflichtungen zur Handelsliberalisierung erreicht werden kann. Auf der anderen Seite steht jedoch die im Ansatz gegensätzliche Handelsstrategie, Handelserleichterungen auf einem regionalen Niveau zu schaffen und die gewährten Vorteile gerade nicht auf die anderen WTO-Mitglieder auszudehnen, vgl. dazu *Haller*, MERCOSUR, S. 301.

Freihandelszonen und Zollunionen eigentlich nicht mit den Prinzipien des freien Welthandels zu vereinbaren.
Wegen dieser grundsätzlichen Unvereinbarkeit regionaler Wirtschaftszusammenschlüsse mit dem Konzept der offenen Märkte nach den Grundsätzen der Meistbegünstigung und Gleichbehandlung mehren sich in der Literatur die Befürchtungen, die momentane Proliferation regionaler Integrationsabkommen könnte zu einer Existenzfrage für das GATT werden.[245] Bereits die Gründung der EWG wurde als reale Bedrohung des GATT angesehen, da sie eine Alternative zur multilateralen Lösungen darzustellen drohte.[246] In der Tat sinkt die Notwendigkeit für einen liberalen Außenhandel mit Drittstaaten umso mehr, je größer ein zollfreier Integrationsraum ist.[247]

II. Lösung des Konfliktes: Art. XXIV GATT

Das GATT hat den grundsätzlichen Konflikt zwischen Regionalismus und dem Welthandelssystem erkannt und versucht, das Spannungsverhältnis über die Vorschrift des Art. XXIV GATT zu lösen. Weil eine weltweite Integration aus institutionellen und wirtschaftlichen Erwägungen weder realistisch noch sinnvoll ist, normiert Art. XXIV GATT für Zollunionen und Freihandelszonen eine Ausnahme. Abs. 4 des Art. XXIV GATT bezeichnet es sogar als „wünschenswert", daß Abkommen mit dem Ziel einer vertieften wirtschaftlichen Integration eingegangen werden. Bedingung ist aber, daß entsprechende Zollunionen und Freihandelszonen die in Art. XXIV GATT aufgestellten Voraussetzungen erfüllen. Ist dies der Fall, kennt das GATT trotz des beschriebenen Konfliktes so etwas wie *„zugelassenen Regionalismus"*.
Neben der Möglichkeit über Art. XXIV GATT gibt es drei weitere Wege, eine WTO-Kompatibilität regionaler Integrationsabkommen zu erreichen. Zunächst können solche Formen der wirtschaftlichen Kooperation gewählt werden, die nicht im Konflikt mit dem MFN-Prinzip stehen. Weiterhin sieht die im Rahmen der Tokyo-Runde beschlossene *„Enabling Clause"* eine Nichtanwendung der Meistbegünstigungsklausel zugunsten von Entwicklungsländern vor.[248] Schließlich kann durch die Beantragung eines sog. *„waivers"* gem. Art. XXV Abs. 5 GATT eine Entbindung von der strikten Einhaltung der MFN-Regeln erreicht werden.[249] Letztere Möglichkeit erstreckt sich allerdings nicht auf Zusammenschlüsse, die auf die Bildung einer Zollunion oder Freihandelszone abzielen.[250] Erteilt wurde ein „waiver" etwa 1952 bei der Errichtung der Europäischen Gemeinschaft für Kohle und Stahl, da sie aufgrund der sektoralen Begrenztheit ihrer Regelungen nicht als Zollunion angesehen werden konnte.[251]

---

[245] *Senti*, Aussenwirtschaft 1994, S. 131 (S. 132); *Senti*, WTO, S. 132; *Beise*, WTO, S. 153.
[246] *Petersmann*, in: *Hilf/Petersmann* (Hrsg.), GATT und Europäische Gemeinschaft, S. 119 (S. 142 ff.); *Hudec*, The GATT legal system, S. 195 ff.
[247] *Weiß/Herrmann*, Welthandelsrecht, Rdn. 608.
[248] Vgl. zu dieser Möglichkeit *Weiß/Herrmann*, Welthandelsrecht, Rdn. 989.
[249] Dazu ausführlich *Cremona*, CMLR 2001, S. 359 (S. 389 ff.); *Haller*, MERCOSUR, S. 308 ff.
[250] *Steinberger*, GATT und regionale Wirtschaftszusammenschlüsse, S. 199.
[251] Vgl. dazu *Jackson*, The World Trading System, S. 164; *Dam*, GATT, S. 290.

III. Geschichte des Art. XXIV GATT

Wirtschaftlicher Regionalismus ist nicht erst eine Erscheinung der Zeit nach dem zweiten Weltkrieg. Der deutsche Zollverein, die Entwicklung der britischen Commonwealth-Präferenzen und die frühen lateinamerikanischen Integrationsbemühungen sind Beispiele dafür, daß aus unterschiedlichsten Beweggründen (geographische Zusammengehörigkeit, ethnische Nähebeziehungen, historische Bindungen) schon im 19. Jahrhundert eine regionale Kooperation existierte.[252] Eng mit der wirtschaftlichen Zusammenarbeit war die politische Kooperation verbunden. Noch während des zweiten Weltkrieges war unklar, ob eine internationale Zusammenarbeit auf politischer und wirtschaftlicher Ebene in der Nachkriegszeit eine regionale oder eher eine multilaterale, universelle Struktur haben sollte.[253] Man entschied sich für eine universelle Idealvorstellung, mußte jedoch das Fortbestehen einer starken regionalistischen Komponente hinnehmen.

Die Vorschrift des Art. XXIV GATT als Rechtsgrundlage für die Schaffung regionaler Integrationszonen wurde schon in den Jahren 1947/48 in das GATT aufgenommen. Bereits in den ersten Nachkriegsjahren war absehbar, daß wirtschaftlicher Regionalismus eine Tatsache darstellte, die von keiner multilateralen Ordnung ignoriert werden konnte.[254] Eine Aufnahme dieses Phänomens in das allgemeine System sollte eine Regelungsmöglichkeit dafür schaffen.

Hinzu kam, daß die GATT-Begründer an der Beibehaltung bestehender überregionaler Zollabkommen interessiert waren. So wollten die Kolonialmächte bei Gründung des GATT ihre besonderen Beziehungen zu den Kolonialgebieten aufrechterhalten.[255] Insbesondere Großbritannien drängte bei den vorbereitenden Verhandlungen zur UN-Konferenz für Handel und Beschäftigung auf eine Vorschrift, die die Erhaltung der Commonwealth–Präferenzen ermöglichte. Auch die USA wollten als ein Zugeständnis an die Europäer die Möglichkeit der Gründung von Zollunionen befürworten.[256] Dementsprechend hielten die US-Proposals zu der Internationalen Konferenz über Handel und Beschäftigung von 1945 fest, daß die vorgeschlagene Regelung über allgemeine Handelspolitik die Vertragsstaaten nicht davon abhalten solle, Zollunionen zu bilden.[257] Vor diesem Hintergrund wird auch verständlich, warum die Vertragsparteien in

---

[252] Vgl. ausführlich zur Entwicklung vor 1947 *Senti*, FS für *Zäch*, S. 115 (S. 116 f.); *Hilpold*, RIW 1993, S. 657 (S. 658); *Dunker*, Regionale Integration, S. 50 ff.
[253] *Steinberger*, GATT und regionale Wirtschaftszusammenschlüsse, S. 20.
[254] *Hilpold*, Integration 1996, S. 224 (S. 225).
[255] *Hilpold*, ZVglRWiss 1994, S. 419 (S. 435); *Senti*, Aussenwirtschaft 1994, S. 131 (S. 138); *Hailbronner/Bierwagen*, JA 1988, S. 318 (S. 322); *Senti*, FS für *Zäch*, S. 115 (S. 119), sehr detailliert *Senti*, WTO, Rdn. 977 ff.; *Jaenicke*, AVR 1958/59, S. 371 (S. 393 ff.); *Jackson*, World Trade and the law of GATT, S. 264 ff.; *Steinberger*, GATT und regionale Wirtschaftszusammenschlüsse, S. 48 ff.
[256] Eine solche Ausnahme kam auch den USA sehr gelegen, da sie so ihre besonderen Beziehungen zu Kuba und den Philippinen aufrechterhalten konnten, *Senti*, Aussenwirtschaft 1994, S. 131 (S. 138); dazu ausführlich *Mathis*, Regional Trade Agreements, S. 25 ff.
[257] Vgl. dazu ausführlichst *Imhoff*, GATT, Art. XXIV GATT, S. 196 ff.; *Senti*, Aussenwirtschaft 1994, S. 131 (S. 138); *Hilpold*, RIW 1993, S. 657 (S. 658); *Steinberger*, GATT und regionale Wirtschaftszusammenschlüsse, S. 94 ff.

Art. XXIV Abs. 4 S.1 GATT von der *„Wünschbarkeit engerer Integration“* durch Zollunionen und Freihandelszonen sprechen.[258]
Die Festsetzung der Voraussetzungen für zugelassenen Regionalismus erfolgte 1946 im Statutenentwurf der Internationalen Handelsorganisation: Die Bildung einer Zollunion durfte danach nicht mit einer Zollerhöhung für Drittstaaten verbunden sein. Eine Zollunion hatte grundsätzlich annähernd den gesamten Handel zu erfassen, eine Beschränkung auf einzelne Produkte oder Produktgruppen war nicht erlaubt. Dieser Vorschlag ging in seiner ursprünglichen Form als Art. 44 in die Havanna-Charta und als Art. XXIV in das GATT ein.[259]

IV. Ratio des Art. XXIV GATT

Ebenso wie Art. I GATT – die allgemeine Meistbegünstigungsklausel – beruht auch Art. XXIV GATT auf einer wirtschaftswissenschaftlichen Einsicht. Diese gründet sich auf die Unterscheidung zwischen handelsschaffenden und handelsumlenkenden Wirkungen einer regionalen Integration.[260]
Handelsschaffung *(„trade creation“)* entsteht dadurch, daß die heimische Nachfrage infolge des Zollabbaus verstärkt von billigeren Anbietern aus den Partnerländern befriedigt werden kann.[261] Handelsumlenkung *(„trade diversion“)* tritt hingegen auf, wenn bisherige Importe aus Drittländern durch Einfuhren aus präferenziell behandelten Teilnehmerstaaten ersetzt werden, auch wenn sie dort zu höheren Kosten produziert werden als außerhalb des Integrationsraumes.
Die wohlfahrtsökonomische Bewertung von Integrationsräumen hängt in der Theorie von der relativen Bedeutung der beiden geschilderten Handelseffekte ab.[262] Nur wenn die handelsschaffenden Wirkungen die handelsumlenkenden überwiegen, fördert eine regionale Integrationszone die progressive Liberalisierung des multilateralen Handelssystems.[263]
Das GATT verwendet zwar nicht exakt die wirtschaftswissenschaftlichen Begriffe „Handelsschaffung“ und „Handelsumlenkung“, die Intention ist jedoch dieselbe: Regionalzusammenschlüsse sollen im Ergebnis keine negativen Auswirkungen auf das Welthandelssystem haben.

---

[258] Wolfgang Benedek spricht in diesem Zusammenhang von einer im Vertrag zum Ausdruck gebrachten “positiven Grundhaltung” der USA gegenüber den europäischen Integrationsvorhaben, *Benedek*, Rechtsordnung des GATT, S. 64.
[259] *Senti*, WTO, Rdn. 977.
[260] *Viner*, The Customs Union Issue, 1950, S. 44; ausführlich dargestellt auch bei *Huber*, Präferenzielle Abkommen, S. 43 ff.; *Mathis*, Regional Trade Agreements, S. 103 f.
[261] *Behrens*, RabelsZ 1981, S. 8 (S. 29); *Lloyd*, OECD Economic Studies 1992, S. 7 (S. 23); ausführlich dazu und zu den wirtschaftswissenschaftlichen Hintergründen *Borchert*, Außenwirtschaftslehre, S. 477 ff.; *Marceau/Reiman*, LIEI 2001, S. 297 (S. 303 ff.).
[262] *Hine*, in: *Greenaway* (Hrsg.), Surveys in international Trade, S. 234 (S. 237).
[263] Auch hinter dieser Theorie stecken die Hauptargumente von Adam Smith, nämlich: Je mehr Handel, desto größer die Arbeitsteilung, desto größer die Arbeitsproduktivität, desto höher der Wohlstand der Nationen. Im einzelnen umstritten, vgl. dazu ausführlich *Borchert*, Außenwirtschaftslehre, S. 501 f.; *Hilpold*, ZVglRWiss 1994, S. 419 (S. 435); *Hilpold*, RIW 1993, S. 657 (S. 661).

Das GATT geht dabei von der Annahme aus, daß ein regionaler Wirtschaftszusammenschluß immer dann einen positiven Einfluß auf den Welthandel ausübt, sobald alle in Art. XXIV GATT normierten Voraussetzungen erfüllt sind.[264] Art. XXIV GATT liegt die Überlegung zugrunde, daß der Abbau aller Zölle zwischen zwei oder mehr Wirtschaftseinheiten zu einer effektiveren Nutzung der Standortvorteile und damit zu einem Handelszuwachs führt.[265] Dieser wiederum resultiert in einer Nachfragesteigerung und zwar auch gegenüber Drittstaaten, die etwaige Handelsverzerrungen gegenüber diesen Staaten grundsätzlich überwiegen, so daß insgesamt ein Wohlstandsgewinn zu verzeichnen ist.[266]

In Art. XXIV GATT kommt also eine Art Entscheidung zu Gunsten des kleineren Übels zum Ausdruck. Die mit präferenziellen Abkommen stets einhergehenden, welthandelsrechtlich unerwünschten Handelsverzerrungen werden billigend in Kauf genommen, wenn dafür durch die weitergehende Liberalisierung ein „Mehr" an Handel geschaffen wird.[267]

V. Rechtswirkung eines Verstoßes gegen Art. XXIV GATT

Es stellt sich die Frage nach den Auswirkungen, wenn ein Regionalabkommen die Voraussetzung des Art. XXIV GATT nicht erfüllt.

Da das WTO-Recht als globales Recht zwar in einem gewissen Sinn als übergeordnet angesehen werden kann, jedoch nicht rechtlich verbindlich höher steht, führt ein Verstoß gegen die MFN-Verpflichtungen nicht zur Ungültigkeit entsprechender Verträge.[268] Statt dessen können auch Drittstaaten unverzüglich und bedingungslos die Einhaltung der Meistbegünstigung verlangen und so die im präferenziellen Abkommen gewährten Vergünstigungen beanspruchen, ohne dafür eine Gegenleistung erbringen zu müssen.

Eine anderweitige Kompensation der Vertragsverletzung, z.B. durch Hinnahme von Vergeltungsmaßnahmen wie etwa Strafzöllen, ist nur vorübergehend möglich und kann die grundlegende Verpflichtung auf Befolgung der WTO-Regeln nicht ersetzen.[269] Auf lange Sicht bleiben dem verletzenden Staat also nur zwei Möglichkeiten:

---

[264] Gerade um diese Frage, ob die Bestimmung des Art. XXIV dem GATT-System tatsächlich förderlich ist und wie trade creation und trade diversion zu bestimmen sind, wird in der einschlägigen GATT-Literatur heftig gestritten. Vgl. dazu *Lortie*, Economic Integration, S. 161 ff.; *Pomfret*, Weltwirtschaftliches Archiv 1986, S. 439 (S. 439 ff.); *Borchert*, Außenwirtschaftslehre, S. 501 f.; *Hilpold*, ZVglRWiss 1994, S. 419 (S. 435); *Marceau/Reiman*, LIEI 2001, S. 297 (S. 303 f.).

[265] In der Theorie führt ein Zollabbau zur relativen Preissenkung der Importe aus den beteiligten Staaten. Die Inlandsproduktion wird deshalb durch die kostengünstigeren Produkte des Partnerlandes ersetzt. Im Inland werden dadurch Produktionsfaktoren freigesetzt, die effizienter in anderen Sektoren eingesetzt werden können. Auch die Verbraucher fragen verstärkt die billigeren Produkte nach, statt teure Inlandsprodukte zu erwerben. Hieraus resultieren wohlfahrtssteigernde Effekte.

[266] *Cremona*, CMLR 2001, S. 359 (S. 363); *Jackson*, WTO – Constitution and Jurisprudence, S. 54; *Cottier/Evtimov*, ZEuS 2000, S. 477 (S. 482); *Nagarajan*, Economic Papers 1998, S. 1 (S. 8).

[267] *Haller*, MERCOSUR, S. 370.

[268] *Huber*, Präferenzielle Abkommen, S. 41; *Cottier*, EFAR 1996, S. 159 (S. 162).

[269] *Cottier/Evtimov*, ZEuS 2000, S. 477 (S. 496).

Entweder dehnt er die gewährten Privilegien auf Grundlage der MFN-Verpflichtung auch auf Dritte aus, was aber zu einer unvorhergesehenen und ungewollten Marktöffnung führt, oder er modifiziert das präferenzielle Abkommen in der Weise, daß es mit dem GATT in Einklang steht. Ist eine WTO-konforme Anpassung wegen des Vertragszieles nicht möglich, bleibt nur die Aufhebung der Privilegien durch Kündigung des Abkommens.

Ergreift der den Meistbegünstigungsgrundsatz verletzende Staat keine der soeben genannten Möglichkeiten, können interessierte WTO-Drittstaaten den Weg des Streitschlichtungsverfahrens nach dem DSU einschlagen und eine adäquate Kompensation verlangen. Hervorzuheben ist in diesem Zusammenhang die Möglichkeit, Sanktionen auch in anderen Wirtschaftssektoren zu verhängen (sog. „*cross-sanctions*").[270]

C. Zulässigkeit von Freihandelszonen, Zollunionen und Interimsabkommen nach Art. XXIV GATT

I. Überblick

Das GATT adressiert in den Absätzen 4 bis 8 des Art. XXIV GATT Freihandelszonen, Zollunionen und zu deren Errichtung abgeschlossene Interimsabkommen. Nach Art. XXIV Abs. 4 GATT ist die Bildung von Freihandelszonen und Zollunionen grundsätzlich wünschenswert. Zugleich kommt in dieser Vorschrift zum Ausdruck, daß regionale Integrationsabkommen lediglich darauf abzielen sollen, den Warenhandel zwischen den teilnehmenden Zollgebieten zu erleichtern, nicht jedoch dem Handel mit anderen Gebieten Schranken zu setzen.

In Art. XXIV Abs. 5 GATT kommt zum Ausdruck, daß die Bestimmungen des GATT der Bildung von Zollunionen und Freihandelszonen zwischen Vertragsparteien sowie der auf Zollunionen und Freihandelszonen hinführenden Übergangsabkommen nicht entgegenstehen. Anschließend sind die Voraussetzungen für die Bildung einer GATT-konformen Präferenzzone normiert. Noch in Art. XXIV Abs. 5 GATT finden sich die Anforderungen an den Außenhandel einer Zollunion oder Freihandelszone. Für Zollunionen enthält Abs. 8 lit. a) (ii) des Art. XXIV GATT eine weitere Bestimmung für den Außenhandel.

Art. XXIV Abs. 8 GATT enthält die für die Anwendung des GATT maßgeblichen Definitionen von Zollunion und Freihandelszone. Durch diese Definitionen werden aber zugleich gemeinsame Zulässigkeitsvoraussetzungen bezüglich der Ausgestaltung des Binnenhandels aufgestellt.

Präferenzzonen sind gemäß Art. XXIV Abs. 7 GATT zu notifizieren. Soweit die Vorschläge zur Bildung regionaler Integrationszonen nicht völlig mit den Erfordernissen der Absätze 5 bis 9 des Art. XXIV GATT im Einklang stehen, kann dennoch eine

---

[270] Vgl. Art. 22 DSU und im weiteren ausführlich *Stobbe*, ZfZ 2000, S. 223 (S. 228); *Hanel*, ZfZ 1996, S. 138 (S. 141); *Hilpold*, ZVglRWiss 1994, S. 419 (S. 474); *Stoll*, ZaöRV 1994, S. 241 (S. 275 f.); *Cottier/Evtimov*, ZEuS 2000, S. 477 (S. 494).

Zweidrittelmehrheit der Vertragsparteien im Rahmen eines Waivers den Antrag annehmen. Dies hat jedoch immer unter der Voraussetzung zu geschehen, daß das fragliche Vorhaben schließlich zu einer Zollunion oder Freihandelszone führt, Art. XXIV Abs. 10 GATT.[271]
Schließlich ist auch stets die Vereinbarung zur Auslegung des Art. XXIV des Allgemeinen Zoll- und Handelsabkommens 1994[272] zu berücksichtigen, die in ihren Ziffern 2 bis 6 Konkretisierungen der Absätze 5 bis 8 des Art. XXIV GATT enthält.

II. Territorialer Anwendungsbereich

Der territoriale Anwendungsbereich des Abkommens ergibt sich aus Art. XXIV Abs. 1 und 2 GATT. Umfaßt sind danach das Zollgebiet des Mutterlandes jeder Vertragspartei und jedes andere Zollgebiet, für welches das Abkommen nach Art. XXVI GATT angenommen wurde oder nach Art. XXXIII GATT oder aufgrund des Protokolls über die vorläufige Anwendung des GATT angewendet wird. Als Zollgebiet im Sinne des GATT gilt jedes Gebiet, in dem für einen wesentlichen Teil seines Handels mit anderen Gebieten ein eigener Zolltarif oder sonstige eigene Handelsvorschriften bestehen, Art. XXIV Abs. 2 GATT.

III. Begriffliche Abgrenzung

Das GATT enthält nur Regelungen in Bezug auf Freihandelszonen und Zollunionen bzw. auf entsprechende vorläufige Vereinbarungen – sog. Interimsabkommen. Eine Legaldefinition der Begriffe „Zollunion" und „Freihandelszone" enthält Art. XXIV Abs. 8 GATT.
In einer *Zollunion* nach Art. XXIV Abs. 8 lit. a) (i) GATT werden zwei oder mehrere Zollgebiete durch ein einziges ersetzt, indem die Zölle und sonstigen beschränkenden Handelsvorschriften – ausgenommen die im GATT selbst genannten Ausnahmen wie in Art. XI oder XX GATT[273] – für annähernd den gesamten Handel oder wenigstens für annähernd den gesamten Handel mit den aus den teilnehmenden Gebieten der Union stammenden Waren beseitigt werden.
Bei einer *Freihandelszone* handelt es sich um eine Gruppe von zwei oder mehr Zollgebieten, zwischen denen Zölle und andere beschränkende Handelsvorschriften für

---

[271] Die Entscheidung, durch welche die Befreiung ausgesprochen wird, hat insoweit konstitutive Wirkung, als sie eine Abweichung von Art. XXIV GATT gestattet: Sie befreit die GATT-Parteien des Zusammenschlusses insoweit von den Erfordernissen des Art. XXIV GATT und verpflichtet die anderen GATT-Mitgliedstaaten, die Rechtslage als verbindlich anzuerkennen; vgl. hierzu und zu den Folgen einer negativen Entscheidung in aller Ausführlichkeit *Steinberger*, GATT und regionale Wirtschaftszusammenschlüsse, S. 197.
[272] ABl. 1994 Nr. L 336, S. 16.
[273] Vgl. zu den erlaubten Beschränkungen *WTO*, Compendium, S. 19 f.; *Matsushita/Schoenbaum/Mavroidis*, The World Trade Organization, S. 360 ff.; *Steinberger*, GATT und regionale Wirtschaftszusammenschlüsse, S. 152 ff.

annähernd den gesamten Handel mit den aus den teilnehmenden Gebieten der Zone stammenden Waren beseitigt werden, ohne daß es zu einer Verschmelzung der Zollgebiete kommt, Art. XXIV Abs. 8 lit. b) GATT.
Gemeinsames Merkmal von Zollunionen und Freihandelszonen ist damit die vollständige Liberalisierung des Binnenmarktes. Alle Handelsbeschränkungen sind vollständig aufzuheben. Bei Freihandelszonen verbleibt den betroffenen Staaten jedoch das Recht, den Zolltarif gegenüber Drittstaaten unabhängig voneinander festzulegen, während Zollunionen ein gemeinsames Außenhandelsregime (Zölle und sonstige Bestimmungen) besitzen, Art. XXIV Abs. 8 lit a) (ii) GATT.[274]
Interimsabkommen sind vorläufige Abkommen, die zur Bildung einer Zollunion oder einer Freihandelszone abgeschlossen werden, Art. XXIV Abs. 5 lit. c) GATT.

IV. Art. XXIV Abs. 4 GATT und sein Verhältnis zu anderen Vorschriften des Art. XXIV GATT

In Art. XXIV Abs. 4 S.1 GATT kommt die Intention der WTO-Vertragsparteien zum Ausdruck, über die Förderung der wirtschaftlichen Integration „eine größere Freiheit des Handels herbeizuführen". Während im ersten Satz des Abs. 4 regionale Integrationszonen grundsätzlich befürwortet werden, erfolgt im zweiten Satz eine Beschränkung. Zwar sei es Zweck von Zollunionen und Freihandelszonen, den Handel zwischen den an einem Integrationsraum teilnehmenden Gebieten zu erleichtern, jedoch ohne den Handel der übrigen WTO-Vertragspartner einzuschränken. Art. XXIV Abs. 4 S.2 GATT nimmt eine zentrale Position bei der Überprüfung neuer Regionalzusammenschlüsse auf ihre GATT-Konformität ein. Die darin enthaltene Zweckdefinition ist das Einfallstor für die Unterscheidung zwischen „trade creating"- und „trade diverting effects", welche entscheidend für die Bestimmung der GATT-Konformität von Zollunionen und Freihandelszonen ist.
Umstritten ist, in welchem Verhältnis Art. XXIV Abs. 4 GATT zu seinen folgenden Absätzen (Absätze 5 bis 9) steht. Der Streit dreht sich um die Frage, ob Absatz 4 neben den folgenden Absätzen eine selbständige Bedeutung für die Frage der Zulässigkeit einer geplanten Zollunion oder Freihandelszone hat oder nicht.[275]
Aufhänger der Meinungsverschiedenheiten ist der Ausdruck *„demgemäß"* (*„accordingly"*), mit dem Absatz 5 eingeleitet wird und der sich insoweit auf Absatz 4 bezieht. Eine Interpretationsmöglichkeit besteht darin, ein die Vorgaben des Absatzes 4 erfüllendes Regionalabkommen gleichzeitig und automatisch in Übereinstimmung mit den folgenden Absätzen zu sehen.[276] Für die Beurteilung der GATT-Konformität einer regionalen Integrationszone käme es dann allein auf den wirtschaftlichen Test des Art. XXIV Abs. 4 GATT an.

---

[274] Ausführlich dazu *Huber*, Präferenzielle Abkommen, S. 28; *Hilpold*, RIW 1993, S. 657 (S. 662).
[275] Siehe zur Haltung einzelner Staaten in dieser Frage *Mathis*, Regional Trade Agreements, S. 231 ff.; *WTO*, Synopsis, S. 16 f.
[276] Nach dieser Ansicht wird Abs. 4 als das Kernstück der in Art. XXIV GATT normierten Ausnahme zum Meistbegünstigungsprinzip angesehen, so daß die folgenden Absätze lediglich als eine Anwendung der in Abs. 4 enthaltenen Regelung zu sehen sind, so *Dam*, GATT, S. 276; *Senti*, GATT, S. 120.

Es könnte sich aber auch umgekehrt verhalten, so daß mit Erfüllung der Kriterien nach den Absätzen 5 bis 9 gleichzeitig auch den Erfordernissen des Absatzes 4 Genüge getan wird.[277] Nach dieser Ansicht wird Art. XXIV Abs. 4 GATT eine völlig untergeordnete Rolle beigemessen.
Eine dritte Interpretationsmöglichkeit liegt zwischen den beiden extremen Ansichten. Nach ihr sind regionale Integrationsabkommen sowohl am Maßstab des Art. XXIV Abs. 4 GATT als auch an dem der Absätze 5 bis 9 des Art. XXIV GATT zu überprüfen.[278] Die in Absatz 4 angesprochenen Grundsätze sollten dabei als generelle Interpretationshilfen bei der Auslegung der nachstehenden Bestimmungen verwendet werden.[279]

Für die Bestimmung des Verhältnisses zwischen Art. XXIV Abs. 4 GATT und den Abs. 5 bis 9 muß auf den Gesamtzusammenhang des Art. XXIV GATT abgestellt werden.[280] Die konkreten Erfordernisse der Absätze 5 bis 9 sollen gewährleisten, daß ein Zusammenschluß den Zielen des Absatzes 4 entspricht, nämlich den Handel zwischen den beteiligten Gebieten zu erleichtern und dem Handel mit anderen GATT-Parteien keine neuen Schranken zu setzen. Während die Absätze 5 bis 9 also Konkretisierungen enthalten, stellt Absatz 4 in erster Linie auf die wirtschaftlichen Aspekte der Integration ab. Gerade wirtschaftliche Gesichtspunkte waren aber von zentraler Bedeutung für die welthandelsrechtliche Zulassung von Zollunion und Freihandelszonen. Bei Schaffung des Art. XXIV GATT ging man davon aus, daß diese beiden Integrationsformen nicht nur auf die Volkswirtschaften der beteiligten Länder, sondern auch auf die Weltwirtschaft insgesamt positive Auswirkungen haben würden.[281]
Nicht zuletzt deshalb ist ein Zusammenschluß, der zwar den Erfordernissen der Absätze 5 bis 9 formell genügt, dessen wirtschaftliche Auswirkungen aber den Grundsätzen und Zielen des Absatzes 4 widersprechen, insgesamt nicht mit Art. XXIV GATT vereinbar.
Dies bedeutet jedoch nicht, daß Art. XXIV Abs. 4 GATT den alleinigen Maßstab für die Beurteilung der GATT-Konformität regionaler Integrationsabkommen bildet. Wollte man die Zulässigkeit eines präferenziellen Abkommens allein nach Art. XXIV Abs. 4 GATT bemessen, verlören die Absätze 5 bis 9 des Art. XXIV GATT jegliche Bedeutung. Alle Anstrengungen bei der Auslegung der unbestimmten Rechtsbegriffe des Art. XXIV GATT wären überflüssig, käme es im Ergebnis nur auf den wirtschaftlichen Test des Art. XXIV Abs. 4 GATT an. Ein solches Systemverständnis, bei dem ein großer Teil des Art. XXIV GATT in der Bedeutungslosigkeit untergeht, ist jedoch keine ernstzunehmende Lösung.[282]

---

277 Diese These, die vor allem von der EWG vertreten wurde, kommt einer Leugnung einer eigenständigen Bedeutung des Abs. 4 gleich, vgl. hierzu ausführlich *Jaenicke*, AVR 1958/59, S. 371 (S. 400 f.).

278 Dieser Ansicht sind z.B. *Jaeger*, GATT, EWG und EFTA, S. 214; *Steinberger*, GATT und regionale Wirtschaftszusammenschlüsse, S. 139 f.

279 *Hilpold*, RIW 1993, S. 657 (S. 661).

280 *Steinberger*, GATT und regionale Wirtschaftszusammenschlüsse, S. 139.

281 *Huber*, Präferenzielle Abkommen, S. 34.

282 Dazu, daß Art. XXIV Abs. 4 GATT keine selbständige Verpflichtung bzw. keinen separaten Test zur Überprüfung regionaler präferenzieller Abkommen enthält, vgl. auch *Mathis*, Regional Trade Agreements, S. 193 f.

Art. XXIV Abs. 4 GATT muß zwar bei der Beurteilung regionaler Integrationsabkommen eine zentrale Rolle spielen, dies jedoch nicht losgelöst, sondern eingebettet in die Normstruktur des Art. XXIV GATT. Der richtige Ansatz berücksichtigt die Grundsatzbestimmung des Art. XXIV Abs. 4 GATT im Rahmen einer systematisch-teleologischen Auslegung der Zulässigkeitsvoraussetzungen des Art. XXIV Abs. 5 bis 8 GATT.[283] Dem folgt wohl auch der Appellate Body im Türkei-Textilfall, wenn er zum Ausdruck bringt, daß

„*Paragraph 4 contains purposive, and not operative, language. It does not set forth a separate obligation itself but, rather, sets forth the overriding and pervasive purpose for Article XXIV which is manifested in operative language in the specific obligations that are found elsewhere in Article XXIV.*"[284]

V. Zulässigkeitsvoraussetzungen des Art. XXIV GATT im einzelnen

Für den Warenhandel stellen die Absätze 5 bis 8 des Art. XXIV GATT zwei bzw. drei Voraussetzungen auf, die ein GATT-konformes Regionalabkommen zu erfüllen hat. Mit ihnen soll nach Vorstellung des GATT sichergestellt werden, daß in Umsetzung der Zielsetzung des Art. XXIV Abs. 4 GATT tatsächlich die handelsschaffenden Effekte eines präferenziellen Abkommens überwiegen.[285]
Die Zahl der Voraussetzungen hängt davon ab, ob eine Zollunion oder eine Freihandelszone errichtet werden soll. Gemeinsam ist beiden Ausprägungen zunächst das Erfordernis, „annähernd den gesamten Handel" („substantially all the trade") des Binnenhandels, also den Handel zwischen den an einer Zollunion oder Freihandelszone teilnehmenden Staaten, abzudecken, Art. XXIV Abs. 8 lit. a) (i) und lit. b) GATT. Gemeinsame Anforderungen werden auch an den Außenhandel gestellt: Gemäß Art. XXIV Abs. 5 lit. a) und b) GATT darf die Errichtung der Integrationszone nicht zu einem „Mehr" an Handelsschranken im Verhältnis zu Drittstaaten führen. Nur für Zollunionen stellt Art. XXIV Abs. 8 lit. a) (ii) GATT eine weitere Voraussetzung den Außenhandel betreffend auf. Für den Fall, daß eine Zollunion oder Freihandelszone stufenweise errichtet wird, enthält Art. XXIV Abs. 5 lit. c) GATT Anforderungen an die entsprechenden Interimsabkommen.
Die Anforderungen an den Binnen- und Außenhandel kommen auch in der Präambel der Vereinbarung zur Auslegung des Art. XXIV GATT deutlich zum Ausdruck. Dort heißt es:

„*in Anerkennung dessen, daß dieser Beitrag* (zur Ausweitung des Welthandels) *sich verstärkt, wenn die Beseitigung der Zölle und beschränkenden Handelsvorschriften*

---

[283] So auch *Weiß/Herrmann*, Welthandelsrecht, Rdn. 610; *Bratschi*, GATT, S. 86; *Jackson*, World Trade and the Law of GATT, S. 600; *Hilpold*, RIW 1993, S. 657 (S. 661).
[284] Appellate Body, *Turkey – Restrictions on Imports of Textile and Clothing Products*, WT/DS34/AB/R, Rdn. 57 – sämtliche Entscheidungen des Panels und des Appellate Body finden sich im Internet unter www.wto.org/english/tratop_e/dispu_e/dispu_e.htm.
[285] *Cremona*, CMLR 2001, S. 359 (S. 363).

zwischen den teilnehmenden Gebieten auf den gesamten Handel ausgedehnt wird, sich dagegen verringert, wenn ein wesentlicher Handelssektor ausgeschlossen wird; unter erneuter Bekräftigung der Tatsache, daß es Zweck solcher Übereinkünfte sein soll, den Handel zwischen den teilnehmenden Gebieten zu erleichtern, nicht aber dem Handel anderer Mitglieder mit diesen Gebieten Schranken zu setzen".

1. Gemeinsame Anforderungen an den Binnenhandel, Art. XXIV Abs. 8 lit. a) (i) und b) GATT

Es handelt sich bei einem Zusammenschluß von zwei oder mehr Wirtschaftseinheiten dann nicht um einen unerlaubten Integrationsverbund, wenn er sich auf *„annähernd den gesamten Handel" („substantially all the trade")*, d.h. den Hauptteil des Handels untereinander, bezieht, zumindest soweit er seinen Ursprung in den Mitgliedstaaten hat.[286] Art. XXIV Abs. 8 lit. a) (i) bzw. lit. b) GATT normiert also die Voraussetzungen an den Binnenhandel der an einem Regionalblock beteiligten Staaten.[287]
Im internen Handel darf die Beseitigung von Zöllen[288] und anderen beschränkenden Handelsvorschriften[289] nicht auf einzelne Warenbereiche oder auf eine bloße Zollreduzierung beschränkt bleiben.[290] Den WTO-Mitgliedern soll damit die Möglichkeit genommen werden, durch die Einräumung von Einzelpräferenzen für die Produktgruppen, an denen sie ein besonderes Interesse haben, das Meistbegünstigungsgebot zu umgehen.[291] Eine selektive Präferenzierung würde regelmäßig nur die Bevorzugung der am Zusammenschluß beteiligten Märkte und somit „trade diversion" für andere Staaten bedeuten.[292] Erforderlich ist vielmehr, daß zwischen den Vertragsstaaten „annähernd der gesamte Handel" von Zöllen und sonstigen Handelsbeschränkungen befreit ist. Allein eine umfassende Handelsliberalisierung ist grundsätzlich geeignet, „trade creating"-Wirkungen auch für Drittstaaten herbeizuführen.

---

[286] Letzteres wird in Art. XXIV Abs. 8 lit. a) (i) GATT nur für die Zollunion ausdrücklich festgelegt; für die Freihandelszone ergibt sich dies von selbst aus ihrer Struktur.
[287] Das Erfordernis einer grundsätzlich umfassenden Liberalisierung des Binnenhandels einer Zollunion oder Freihandelszone unterscheidet diese Art von Regionalzusammenschlüssen von bloßen Präferenzräumen, *Steinberger*, GATT und regionale Wirtschaftszusammenschlüsse, S. 147.
[288] Der Zollbegriff des GATT ist dabei weit gefaßt. Zu den Zöllen zählen alle öffentlich-rechtlichen Abgaben, die auf den grenzüberschreitenden Handelsverkehr von Waren erhoben werden. Gemeint sind nicht nur Eingangs-, Ausfuhr- und Durchgangszölle, sondern auch Abgaben wie Ein- oder Ausfuhrsteuern, die eine den Zöllen gleiche Wirkung besitzen, *Haller*, MERCOSUR, S. 323.
[289] Zu der Frage, was unter den anderen Handelsbeschränkungen zu verstehen ist, vgl. *Trachtmann*, JIEL 2003, S. 459 (S. 482 ff.); *Mathis*, Regional Trade Agreements, S. 250 ff.
[290] *Weiß/Herrmann*, Welthandelsrecht, Rdn. 612.
[291] Beispiele für Abkommen, die sich auf bestimmte Warenbereiche beschränkten und deshalb nicht nach Art. XXIV GATT sondern nur gem. Art. XXV Abs. 5 GATT gerechtfertigt werden konnten, sind die bereits erwähnte Gründung der EGKS (sie umfasste nur die Bereiche Kohle und Stahl) und der USA-Kanada Auto Pakt, vgl. dazu näher *Haller*, MERCOSUR, S. 309 f.; *Cottier/Evtimov*, ZEuS 2000, S. 477 (S. 501 ff.); *Jackson*, World Economy 1993, S. 121 (S. 125).
[292] *Steinberger*, GATT und regionale Wirtschaftszusammenschlüsse, S. 150 f.; *Richter*, Assoziierung osteuropäischer Staaten durch die EG, S. 241.

Eine Ausnahme von der Liberalisierungsverpflichtung besteht für die durch Art. XI, XII, XIII, XIV, XV und XX GATT erlaubten Handelsschranken. Hierbei handelt es sich vor allem um mengenmäßige Beschränkungen zum Schutz der Zahlungsbilanz und anderer national bedeutender Faktoren.[293]
Zur Frage, was unter dem Tatbestandsmerkmal „annähernd der gesamte Handel" zu verstehen ist, läßt sich dem GATT selbst nichts entnehmen. Die Auslegung dieses Begriffes bzw. seines englischen Pendants „substantially all the trade" bereitet schon seit Einführung des GATT Probleme.[294]

a) Die Bedeutung von „substantially all the trade" unter dem GATT-1947

Während des GATT-1947 konnte man grundsätzlich zwischen zwei Interpretationsansätzen unterscheiden. In der GATT-Praxis und im Schrifttum stritt man darüber, ob an den Begriff „substantially all the trade" ein quantitativer oder qualitativer Maßstab anzulegen sei.[295] Einig war man sich allein darin, daß der Begriff „substantially" nicht erfordere, daß alle Bereiche vollständig zu liberalisieren seien. Ein „unwesentlicher" Teil dürfe schon dem Wortlaut nach ausgeklammert werden.[296]
Darüber hinaus forderten die Verfechter der qualitativen Betrachtung, daß kein Wirtschaftszweig – zumindest kein wichtiger – von vornherein von der regionalen Liberalisierung ausgeklammert werden dürfe. Die Vertreter der anderen Auffassung stellten auf das Handelsvolumen ab und wollten den Begriff mittels der Festlegung von prozentualen Anteilen definieren, wobei wiederum die Interpretationen divergierten.[297]
Die Vorschläge zur prozentualen Deutung reichten von 51%[298] des Warenaustausches über 80%[299], 90%[300] bis hin zu 99%[301].
Eine quantitative Sichtweise wurde beispielsweise im Rahmen des Freihandelsabkommens zwischen der EWG und der Schweiz aus dem Jahr 1972 gewählt und so der Primärsektor (Landwirtschaft) als ganzer ausgenommen. Die EG und die Schweiz

---

[293] Vgl. dazu ausführlich *WTO*, Compendium, S. 19 f.; *Matsushita/Schoenbaum/Mavroidis*, The World Trade Organization, S. 360 ff.

[294] Nach Ansicht mancher Autoren ist überhaupt schon die Aufnahme der Formulierung „annähernd der gesamte Handel" in das GATT nicht nachvollziehbar. Das ganze Integrationskonzept des GATT sei unlogisch. Es sei absurd, daß das GATT von der Schädlichkeit einer partiellen Präferenzierung ausgehe, eine Ausnahme aber dann zuließe, wenn die Präferenzierung annähernd allumfassend sei, so *Haight*, JWTL 1972, S. 391 (S. 398); *Dam*, GATT, S. 289; dagegen zur Rechtfertigung der Formulierung *Roessler*, Relationship between RIAs and the multilateral trade order, S. 5 f.; *Hilpold*, RIW 1993, S. 657 (S. 663).

[295] Vgl. ausführlich *WTO*, Synopsis, S. 21; *Richter*, Die Assoziierung osteuropäischer Staaten durch die EG, S. 242 f.; *Steinberger*, GATT und regionale Wirtschaftszusammenschlüsse, S. 152; *Cottier*, EFAR 1996, S. 149 (S. 158), Huber möchte beide Kriterien zur Anwendung kommen lassen und läßt zu der quantitativen Komponente noch ein qualitatives Element treten, *Huber*, Präferenzielle Abkommen, S. 29 f.

[296] *Hilpold*, Die EU im GATT/WTO-System, S. 20.

[297] Dazu grundsätzlich *Hilpold*, Max Planck Yearbook of United Nations Law 2003, S. 219 (S. 235).

[298] *Roselieb*, ÖZöR 1961, S. 27 (S. 45).

[299] *Dam*, GATT, S. 279.

[300] *Jaeger*, GATT, EWG und EFTA, S. 273.

[301] *Haight*, JWTL 1972, S. 391 (S. 392).

standen auf dem Standpunkt, es genüge für „substantially all the trade", wenn ein hoher Grad des gesamten bestehenden Handels (ca. 80%), ganz egal aus welchem Sektor, vom Abkommen abgedeckt ist.[302] Die Agrarexportstaaten hingegen vertraten eine qualitative Betrachtungsweise, wonach der Löwenanteil des Primärsektors nicht komplett ausgeklammert werden dürfe.
Die unterschiedlichen Auffassungen führten dazu, daß im Rahmen des GATT-1947 – abgesehen von einer Ausnahme[303] – keines der vorgelegten und nach Art. XXIV GATT geprüften Abkommen genehmigt bzw. ausdrücklich mißbilligt wurde.[304] Es konnte unter den Parteien keine Einigung dahingehend erzielt werden, wann ein Abkommen mit dem GATT-1947 vereinbar ist. Streitigkeiten unter den Vertragsparteien wurden vielmehr pragmatisch in politischen Verfahren gelöst. Stellungnahmen der justiziellen GATT-Organe über die rechtliche Vereinbarkeit des E(W)G-Vertrages oder der EG-Assoziationspolitik mit Art. XXIV GATT fehlten völlig.[305]

b) Die Bedeutung von „substantially all the trade" nach dem Türkei-Textilfall

Etwas mehr Klarheit brachten die Entscheidungen der WTO-Streitbeilegungsorgane aus dem Jahr 1999 in der Streitsache "*Turkey - Restrictions on Imports of Textile and Clothing Products*"[306]. Es ging dabei um ein im Jahre 1961 zwischen der EWG und der Türkei geschlossenes Assoziierungsabkommen zur Bildung einer Zollunion.[307] 1995 erging durch den EG-Türkei-Assoziierungsrat ein Beschluß, der in Art. 12 Abs. 2 festlegte, daß die Türkei ab dessen Inkrafttreten in Übereinstimmung mit Art. XXIV GATT auf dem Textilsektor im wesentlichen die gleiche Handelspolitik wie die Gemeinschaft betreiben werde. Die Handelspolitik der EG auf dem Textilsektor war zu dieser Zeit von einer Reihe WTO-konformer Kontingente bestimmt. In Ausführung des getroffenen Beschlusses erließ die Türkei 1996 schließlich verschiedene mengenmäßige Importbeschränkungen für Textil- und Kleidungsprodukte aus Indien, die denen der EG entsprachen.[308] Indien beantragte daraufhin ein WTO-Panel, das in seinem Bericht feststellte, daß die von der Türkei eingeführten mengenmäßigen Beschränkungen gegen die in Art. XI und XIII GATT sowie Art. 2 Abs. 4 des Übereinkommens über Textilwaren und Bekleidung (ÜTC)[309] niedergelegten Pflichten verstießen.[310] Zu

---

[302] *Senti*, WTO, Rdn. 993; *Cottier/Evtimov*, ZEuS 2000, S. 477 (S. 490).
[303] Diese war das Abkommen über die Zollunion zwischen der Tschechischen und der Slowakischen Republik von 1993, vgl. *WTO*, Synopsis, S. 10.
[304] *Jackson*, The World Trading System, S. 166; *Benedek*, Textsammlung der WTO, S. 13; *Abbott*, Law and Policy, S. 40 f.
[305] *v. Bogdandy/Makatsch*, EuZW 2000, S. 261 (S. 263).
[306] Panel, *Turkey – Restrictions on Imports of Textile and Clothing Products*, WT/DS34/R und Appellate Body, *Turkey – Restrictions on Imports of Textile and Clothing Products*, WT/DS34/AB/R.
[307] Vgl. näher zu dem Abkommen *Hartler/Laird*, Journal of World Trade 3/1999, S. 147 (S. 147 ff.); *Mathis*, Regional Trade Agreements, S. 195 f.
[308] Panel, *Turkey – Restrictions on Imports of Textile and Clothing Products*, WT/DS34/R, Rdn. 2.2-2.46 und 4.1-4.3; vgl. hierzu auch *Marceau/Reiman*, LIEI 2001, S. 297 (S. 312); *Cremona*, CMLR 2001, S. 359 (S. 364 f.); *Mathis*, Regional Trade Agreements, S. 195 ff.
[309] ABl. 1994 Nr. L 336, S. 50.
[310] Panel, *Turkey – Restrictions on Imports of Textile and Clothing Products*, WT/DS34/R, Rdn. 9.86.

rechtfertigen wäre ein solcher Verstoß nur über Art. XXIV GATT gewesen, welchen die Türkei auch zu ihrer Verteidigung anführte. Sie trug vor, gemäß Art. XXIV Abs. 8 lit. a) (ii) GATT zu einer Harmonisierung ihres Außenhandelsregimes mit dem der EG gezwungen gewesen zu sein.[311]
Im Rahmen dieser Rechtssache nahmen die Streitbeilegungsorgane zu einigen interessanten Fragen Stellung. Einig war man sich, daß in dem Ausdruck *„substantially“* sowohl eine qualitative als auch eine quantitative Komponente läge.[312] Hinsichtlich des genauen Umfangs kam es jedoch zu Meinungsverschiedenheiten zwischen dem Panel und dem Berufungsgremium. Nach Ansicht des Appellate Body bedeutet „substantially“ nicht, wie das Panel meinte, daß ein Abkommen in umfassender Weise den gesamten Handel erfassen müsse; es müsse jedoch mehr als nur einen Teil des Handels abdecken.[313]
Danach dürfen Mitglieder der Zollunion im internen Handel gewisse Beschränkungen aufrechterhalten, die nach den Art. XI-XV GATT und Art. XX GATT erlaubt sind. Diese Auslegung durch den Appellate Body eröffnet einige Flexibilität bei der Liberalisierung des internen Handels und macht so eine Anpassung an die jeweiligen Umstände möglich.[314] Daraus folgt die Notwendigkeit einer am Einzelfall ausgerichteten Ausfüllung des Begriffs „substantially“.[315] Wie genau aber „annähernd der gesamte Handel“ zu bestimmen ist, wo die Grenzwerte liegen, und ob – wie heute in vielen Integrationsabkommen der EG üblich – ein Ausschluß landwirtschaftlicher Produkte zulässig ist, bleibt auch nach dieser Rechtsprechung ungeklärt.

c) Systematisch-teleologische Auslegung des Begriffs „substantially all the trade“

Da also auch die Rechtsprechung keine genaue Auslegungshilfe vorzugeben versteht, müssen anderweitig brauchbare Kriterien zur Ausfüllung dieses Tatbestandsmerkmals entwickelt werden. Der richtige Ansatzpunkt ist dabei eine systematisch-teleologische Auslegung des Begriffs „substantially all the trade“. In diese Richtung bewegte sich zunächst auch der Appellate Body, jedoch ohne im weiteren Verlauf ein brauchbares Ergebnis zu finden. Er befand, daß Art. XXIV Abs. 4 GATT zwar keine eigenständige Verpflichtung enthalte, aber den übergeordneten und alles beherrschenden Zweck des Art. XXIV GATT wiedergäbe, der in den weiteren Anforderungen des Art. XXIV

---

[311] Art. XXIV Abs. 8 lit. a) (ii) GATT verweist auf die Verpflichtung der Mitglieder einer Zollunion, im Handel mit nicht teilnehmenden Gebieten im wesentlichen dieselben Zölle und Handelsvorschriften anzuwenden.
[312] Panel, *Turkey – Restrictions on Imports of Textile and Clothing Products*, WT/DS34/R, Rdn. 9.148; Appellate Body, *Turkey – Restrictions on Imports of Textile and Clothing Products*, WT/DS34/AB/R, Rdn. 49; so auch die überwiegende Ansicht in der Literatur *Ott*, GATT und WTO, S. 31; *Hilpold*, RIW 1993, S. 657 (S. 663).
[313] „It is clear, though, that “substantially all the trade” is not the same as all the trade, and also that “substantially all the trade” is something considerably more than merely some of the trade.“; Appellate Body, *Turkey – Restrictions on Imports of Textile and Clothing Products*, WT/DS34/AB/R, Rdn. 48.
[314] Appellate Body, *Turkey – Restrictions on Imports of Textile and Clothing Products*, WT/DS34/AB/R, Rdn. 48; *v. Bogdandy/Makatsch*, EuZW 2000, S. 261 (S. 264); *Cottier/Evtimov*, ZEuS 2000, S. 477 (S. 500).
[315] *Weiß/Herrmann*, Welthandelsrecht, Rdn. 613.

GATT seine Ausgestaltung erhalte. Daher durchdränge der Zweck des Art. XXIV Abs. 4 GATT die anderen Absätze des Art. XXIV GATT.[316]

Schon aus dieser Aussage des Appellate Body wird deutlich, daß das Tatbestandsmerkmal „annähernd den gesamten Handel" vor dem Hintergrund des Art. XXIV Abs. 4 GATT gesehen werden muß, der den Sinn und Zweck von Zollunionen und Freihandelszonen umschreibt. Sie sollen eine die Weltwirtschaft fördernde Handelserleichterung zwischen den teilnehmenden Staaten herbeiführen und dem Handel mit dritten Staaten keine neuen Schranken setzen.

Nimmt man diesen Zweck ernst, muß jeder Einzelfall gesondert betrachtet und herausgefunden werden, ob der zur Debatte stehende regionale Zusammenschluß per saldo mehr „trade creating"- oder „trade diverting"-Wirkungen hervorruft.[317] Ausschlaggebend ist also eine wirtschaftliche Betrachtungsweise.

Es ist in jedem konkreten Fall die Wirtschaftsstruktur der beteiligten Staaten zu durchleuchten und zu ermitteln, wie groß der Umfang des eingeschlossenen Handels sein muß, damit die handelsschaffenden die handelverzerrenden Effekte übersteigen.[318] Eine abstrakte und generelle Festsetzung bestimmter Prozentsätze des Handelsvolumens ist hingegen nicht geeignet, den geforderten Umfang der Liberalisierung zu bestimmen.[319]

In der praktischen Umsetzung hat daher eine einzelfallbezogene Beurteilung zu erfolgen, inwieweit eine wirtschaftlich sinnvolle Allokation von Produktionsfaktoren durch den geplanten Zusammenschluß gefördert wird oder bestimmte Wirtschaftszweige gegeneinander abgeschottet werden.[320] Dabei ist auch die besondere Lage einzelner Mitgliedstaaten zu berücksichtigen. So muß der Liberalisierungssatz nicht in jedem Gebiet gleich hoch sein. Es müssen auch nicht die gleichen Waren oder Warenarten in allen teilnehmenden Ländern liberalisiert sein.[321] Dieser an der konkreten Situation orientierte Ansatz gibt im Gegensatz zur Rechtsprechung ein brauchbares Instrument zur Überprüfung, ob „substantially all the trade" im Innenhandel eines regionalen Zusammenschlusses umfaßt ist oder nicht.

Diese Vorgehensweise entspricht auch der Funktion des Begriffs „substantially all the trade". Eingefügt wurde dieses Tatbestandsmerkmal in Art. XXIV GATT, um der

---

[316] „Paragraph 4 contains purposive, and not operative, language. It does not set forth a separate obligation itself but, rather, sets forth the overriding and pervasive purpose for Article XXIV which is manifested in operative language in the specific obligations that are found elsewhere in Article XXIV. Thus, the purpose set forth in paragraph 4 informs the other relevant paragraphs of Article XXIV [...]", Appellate Body, *Turkey – Restrictions on Imports of Textile and Clothing Products*, WT/DS34/AB/R, Rdn. 57.

[317] So im Ergebnis auch *Langer*, Grundlagen einer internationalen Wirtschaftsverfassung, S. 133; *Benedek*, Rechtsordnung des GATT, S. 64.

[318] Eine ausführliche wirtschaftswissenschaftliche Darstellung, wie die wirtschaftlichen Auswirkungen einer Integrationszone praktisch gemessen werden können und inwieweit ex ante konkrete Voraussagen über die zu erwartenden Auswirkungen möglich sind, findet sich bei *Huber*, Präferenzielle Abkommen, S. 43 ff.

[319] So auch *Steinberger*, GATT und regionale Wirtschaftszusammenschlüsse, S. 151.

[320] Ein praktisches Beispiel einer solchen Überprüfung findet sich für den Fall des MERCOSUR bei *Haller*, MERCOSUR, S. 272 ff.

[321] Vgl. hierzu und zur Vereinbarkeit der EG mit Art. XXIV Abs. 8 GATT in aller Ausführlichkeit *Langer*, Grundlagen einer internationalen Wirtschaftsverfassung, S. 133 ff.

allgemeinen Zielbestimmung des Art. XXIV Abs. 4 GATT gerecht zu werden. Bei der Schaffung des Art. XXIV GATT ging man davon aus, daß mit diesem Erfordernis an den Binnenhandel sichergestellt sei, daß tatsächlich ein „Mehr“ an handelsschaffenden Effekten von einem präferenziellen Abkommen ausgeht.[322]

2. Gemeinsame Anforderungen an den Außenhandel, Art. XXIV Abs. 5 lit. a) und b) GATT

Zollunionen und Freihandelszonen müssen für den Nachweis der GATT-Konformität neben den Anforderungen an die interne Ausgestaltung des Zusammenschlusses auch verschiedene Voraussetzungen im Verhältnis zu dritten GATT-Vertragsstaaten erfüllen. So darf die Bildung einer Zollunion oder Freihandelszone für Drittstaaten der WTO nicht mit Zöllen oder Handelsschranken[323] verbunden sein, die *„in ihrer Gesamtheit“* (*„on the whole“*) höher oder einschränkender sind als *„die allgemeine Belastung“* (*„general incidence“*) vor der Schaffung der Zollunion oder Freihandelszone, Art. XXIV Abs. 5 lit. a) und b) GATT. Durch die Schaffung der Integrationszone ist der Handel mit nicht teilnehmenden Staaten nicht durch neue Zölle und Handelsvorschriften insgesamt mehr als vor ihrer Schaffung zu belasten.[324] Es ist also eine Art „wirtschaftliche Prüfung“ vorzunehmen, die insbesondere die Zollbelastung vor und nach Errichtung des Zusammenschlusses vergleicht.[325]
Auch bei der Auslegung des Art. XXIV Abs. 5 lit. a) und b) GATT traten ähnlich wie bei Art. XXIV Abs. 8 GATT Probleme auf.[326] So war man sich in der Literatur etwa uneinig, ob unter „Gesamtheit“ und „allgemeine Belastung“ der arithmetische Durchschnitt aller Zollpositionen oder die Zollbelastung eines einzelnen Produktes zu verstehen sei.[327]

---

[322] *Cremona*, CMLR 2001, S. 359 (S. 363).

[323] Vgl. zum Umfang der dieser Vorschrift unterfallenden Handelsschranken *WTO*, Synopsis, S. 27 ff.; *WTO*, Compendium, S. 20 f.; *Eeckhout*, The European Internal Market, S. 360; *Trachtmann*, JIEL 2003, S. 459 (S. 482 ff.); *Mathis*, Regional Trade Agreements, S. 250 ff.; *Marceau/Reiman*, LIEI 2001, S. 297 (S. 322 ff.).

[324] *Hilpold*, Die EU im GATT/WTO-System, S. 16; *Jackson*, The World Trading System, S. 166.

[325] So Panel, *Turkey – Restrictions on Imports of Textile and Clothing Products*, WT/DS34/R, Rdn. 9.120; Appellate Body, *Turkey – Restrictions on Imports of Textile and Clothing Products*, WT/DS34/AB/R, Rdn. 55; vgl. ausführlich zu diesem wirtschaftlichen Test *Marceau/Reiman*, LIEI 2001, S. 297 (S. 319 ff.).

[326] Eine Übersicht der offenen Fragen bieten *Haller*, MERCOSUR, S. 332 ff.; *Steinberger*, GATT und regionale Wirtschaftszusammenschlüsse, S. 169 ff.; *Devos*, in: *Demaret/Bellis/Jiménez* (Hrsg.), Regionalism and Multilateralism, S. 725 (S. 731 f.).

[327] Vgl. ausführlich zu diesem Streit *Hilpold*, Max Planck Yearbook of United Nations Law 2003, S. 219 (S. 234); *Dam*, GATT, S. 277 ff.; *Jackson*, World Trade and the Law of GATT, S. 612; *Ott*, GATT und WTO, S. 30 f.; *Jaenicke*, AVR 1958/59, S. 371 (S. 402 ff.); erstmals relevant wurde der Streit um die Auslegung des Abs. 5 lit. a.) bei Gründung der EWG. Eine Antwort auf die Frage nach der Vereinbarkeit der EWG mit dieser Bestimmung konnte aufgrund der gegensätzlichen Positionen nicht gefunden werden, vgl. dazu *Hilpold*, RIW 1993, S. 657 (S. 662); *Huber*, Präferenzielle Abkommen, S. 35 f.; *Haller*, MERCOSUR, S. 336.

Die Problematik um Art. XXIV Abs. 5 lit. a) und b) GATT wurde durch die Vereinbarung zur Auslegung des Art. XXIV GATT im Rahmen der Uruguay-Runde etwas entschärft. Danach findet keine rein rechnerische Durchschnittsbildung statt. Vielmehr ist nun in Ziffer 2 der Vereinbarung normiert, daß im Rahmen des Art. XXIV Abs. 5 lit. a) GATT die Zölle und Belastungen anhand einer „Gesamtbewertung der gewogenen durchschnittlichen Zollsätze und der tatsächlich erhobenen Zölle" zu bestimmen sind. Diese Bewertung muß auf Einfuhrstatistiken abstellen, die für einen „vorangegangenen repräsentativen Zeitraum" auf der Grundlage von Tariflinien mit Werten und Mengen erhoben werden. Der Gradmesser der gesamten Zollbelastung ist also das Verhältnis zwischen dem gesamten Importwert und den tatsächlichen Zolleinnahmen.[328]

Jedoch erkennt Ziffer 2 der Vereinbarung zur Auslegung des Art. XXIV GATT im letzten Satz an, daß eine Gesamtbelastung des Handels durch nicht-tarifäre Handelshemmnisse wie beispielsweise mengenmäßige Handelsschranken nur schwer zu berechnen sei und daher die Prüfung individueller Maßnahmen erfordere.

Wegen dieser – sogar gesetzlich anerkannten – Berechnungsschwierigkeiten und der generellen Komplexität des Verfahrens bietet sich noch ein anderer Weg an. Auch das Erfordernis der niedrigeren Gesamtbelastung durch Zölle und sonstige Maßnahmen muß im Lichte der allgemeinen Zielbestimmung des Art. XXIV Abs. 4 GATT gesehen werden, wonach die Bildung eines Regionalzusammenschlusses den Handel zwischen den Vertragsstaaten erleichtern soll, ohne dabei den Handel mit dritten Staaten zu erschweren. Im Zusammenhang mit Art. XXIV Abs. 5 GATT muß also grundsätzlich geprüft werden, ob der Zolltarif und die anderen Belastungen keine größeren Behinderungen bei der Einfuhr von Waren darstellen, als dies vor dem Zusammenschluß der Fall war. Es muß dabei nicht unbedingt jede einzelne Zollposition miteinander verglichen werden. Mit Blick auf Art. XXIV Abs. 4 GATT genügt eine Art Bilanzierung der außenwirtschaftlichen Folgen des neuen gemeinsamen Zolltarifs.[329] Stellen diese generell keine größeren Behinderungen dar, so ist von einer GATT-Konformität des Zusammenschlusses auszugehen, zumindest was das Erfordernis des Art. XXIV Abs. 5 lit. a) und b) GATT angeht.

3. Weitere Anforderung an den Außenhandel bei Zollunionen, Art. XXIV Abs. 8 lit. a) (ii) GATT

Nur für Zollunionen stellt Art. XXIV Abs. 8 lit. a) (ii) GATT eine weitere Voraussetzung bezüglich des Außenhandels auf. Was den Handel der teilnehmenden Staaten mit Drittstaaten anbelangt, liegt eine GATT-konforme Zollunion nur dann vor, wenn die Mitglieder im Handel mit nicht teilnehmenden Gebieten *„substantially the same duties and other regulations of commerce" („im wesentlichen dieselben Zölle und Handelsvorschriften")* anwenden, d.h. ein einheitlicher Außenzolltarif besteht.[330] Generell

---

[328] *Senti*, WTO, Rdn. 992; vgl. ausführlich zu dem Verfahren und seinen Problemen *Marceau/Reiman*, LIEI 2001, S. 297 (S. 322 ff.).

[329] *Jaenicke*, AVR 1958/59, S. 371 (S. 404).

[330] *Senti*, WTO, Rdn. 989.

spricht man davon, daß die Mitgliedstaaten einer Zollunion ihre Handelspolitiken „harmonisieren“ müssen.
Dabei dürfen nach Art. XXIV Abs. 5 lit. a) GATT diese gemeinsamen Bestimmungen für den Außenhandel nicht höher oder einschränkender sein als die allgemeine Belastung durch die vor dem Zusammenschluß in den einzelnen Mitgliedstaaten bestehenden Handelsvorschriften. Art. XXIV Abs. 8 lit. a) (ii) GATT nimmt dabei bewußt nicht nur Zölle, sondern auch sonstige Handelsvorschriften in Bezug. Durch die Ausdehnung der Anforderungen auf nicht-tarifäre Handelsbestimmungen soll vermieden werden, daß Zollunionen trotz eines gemeinsamen GATT-konformen Zolltarifs Maßnahmen anwenden, die eine quasi-tarifäre Wirkung entfalten und auf diese Weise den Handel mit anderen GATT-Vertragsstaaten behindern.[331] Zu den „Handelsvorschriften“ i.S.d. Art. XXIV Abs. 8 lit. a) (ii) GATT zählen vor allem mengenmäßige Beschränkungen.[332] Auch sind alle Maßnahmen umfaßt, die neben dem gemeinsamen Außenzoll maßgeblich zur Verwirklichung einer Zollunion beitragen und zu einer gemeinsamen Zoll- und Außenhandelspolitik führen.[333]
In dem Ausdruck „substantially“ im Rahmen des Art. XXIV Abs. 8 lit. a) (ii) GATT liegt nach Auffassung des Panels und des Berufungsgremiums sowohl eine qualitative als auch eine quantitative Komponente.[334] Im Außenhandel sei ein weitgehend einheitliches Regime sowohl bezüglich Zöllen als auch anderer Handelsbeschränkungen erforderlich, was nicht bedeute, daß stets dieselben Zölle und Handelsvorschriften anzuwenden seien. Es bestehe eine gewisse Flexibilität bei der Gestaltung der gemeinsamen Handelspolitik, wobei hinsichtlich des Maßes der Flexibilität die Meinungen zwischen Panel und Berufungsgremium auseinandergehen.
Das Berufungsgremium vertritt eine strengere Linie und fordert, daß im wesentlichen die gleichen Maßnahmen (ein gewisses *„sameness“*) Anwendung finden müßten. Wörtlich statuiert es:

„It must not be forgotten that the word "substantially" qualifies the words "the same". Therefore, in our view, something closely approximating "sameness" is required by Article XXIV:8(a)(ii).“[335]

Das Panel hingegen vertritt eine weitere Auffassung und verlangt nur *„comparable trade regulations having similar effects“*.[336] Ein Vergleich der Worte „comparable“ und „similar“ mit den Begriffen „the same“ und „sameness“ zeigt sehr deutlich, daß

[331] *Haller*, MERCOSUR, S. 340.
[332] *Steinberger*, GATT und regionale Wirtschaftszusammenschlüsse, S. 177; ausführlich zum Umfang dieser Vorschrift *WTO*, Synopsis, S. 26 ff.; *Mathis*, Regional Trade Agreements, S. 250 ff; *Trachtmann*, JIEL 2003, S. 459 (S. 482 ff.).
[333] Dies sind beispielsweise Bestimmungen über eine gemeinsame Zollnomenklatur oder über eine Vereinheitlichung von Grenzformalitäten, Ursprungsregelungen und die Anwendung gemeinsamer Schutzklauseln.
[334] Panel, *Turkey – Restrictions on Imports of Textile and Clothing Products*, WT/DS34/R, Rdn. 9.148; Appellate Body, *Turkey – Restrictions on Imports of Textile and Clothing Products*, WT/DS34/AB/R, Rdn. 49; vgl. zu dem sonstigen Meinungsstand *WTO*, Synopsis, S. 24 f.
[335] Appellate Body, *Turkey – Restrictions on Imports of Textile and Clothing Products*, WT/DS34/ AB/R, Rdn. 50.
[336] Panel, *Turkey – Restrictions on Imports of Textile and Clothing Products*, WT/DS34/R, Rdn. 9.151.

das Berufungsgremium ein „Mehr“ an Gemeinsamkeit des Außenhandelsregimes fordert als das Panel, jedoch auch eine gewisse Flexibilität in bezug auf Drittstaatbeziehungen zuläßt.[337] Dennoch bleibt festzuhalten, daß die Errichtung einer Zollunion immer ein im wesentlichen einheitliches Außenhandelssystem erfordert.
An der Rechtsprechung von Panel und Appellate Body fällt auf, daß im Gegensatz zum Außenhandel im internen Handel noch keine genauere Spezifizierung des erforderlichen Geltungsbereiches einer Zollunion in quantitativer und qualitativer Hinsicht erfolgte. In Drittlandbeziehungen besteht nach der Rechtsprechung nur ein geringer Spielraum für unterschiedliche Regelungen. Das Außenhandelsregime der Zollunion muß im wesentlichen einheitlich sein. Der Umfang des Handels zwischen den Mitgliedern einer Zollunion hingegen ist durch die Floskel der Rechtsprechung nur vage bestimmt und muß durch eine wirtschaftliche Betrachtung ergänzt werden.

4. Anforderungen an Interimsabkommen: Art. XXIV Abs. 5 lit. c) GATT

Der Zusammenschluß mehrerer Staaten zu einer Zollunion oder Freihandelszone erfolgt aus praktischen Erwägungen in der Regel nicht schlagartig, sondern in kleinen Schritten. Eine gegenseitige Öffnung der Märkte durch den Abbau aller Zölle und mengenmäßigen Beschränkungen erfordert realwirtschaftliche Anpassungsprozesse und damit eine gewisse Zeit.[338] Auch diesem Umstand trägt das GATT Rechnung: Für die Übergangszeit bis zum tatsächlichen Zusammenschluß sieht Art. XXIV Abs. 5 lit. a) und b) GATT die Zulässigkeit von Interimsabkommen vor, die erst später zu einer Zollunion oder Freihandelszone führen.[339] Um aber zu verhindern, daß auf diese Weise unter dem Deckmantel der angeblich geplanten Zollunion unzulässige, dauerhafte Präferenzräume geschaffen werden, stellt Art. XXIV GATT auch für Übergangsabkommen eine Reihe von Voraussetzungen auf. Sie müssen die endgültige Errichtung einer Zollunion oder Freihandelszone im Sinne der Legaldefinition des Art. XXIV Abs. 8 lit. a) und b) GATT zum Ziel haben (Art. XXIV Abs. 5 lit. a) und b) GATT), einen Plan und ein Programm *(„a plan and schedule“)* für die Bildung des Integrationsraumes enthalten (Art. XXIV Abs. 5 lit. c) GATT) und in diesem Programm die Vollendung der Zollunion oder Freihandelszone in einer angemessenen Zeitspanne (*„reasonable length of time“*) vorsehen (Art. XXIV Abs. 5 lit. c) GATT).[340]

---

[337] So wörtlich auch der Appellate Body, wenn er statuiert: „A higher degree of "sameness" is required by the terms of sub-paragraph 8(a)(ii)“, Appellate Body, *Turkey – Restrictions on Imports of Textile and Clothing Products*, WT/DS34/AB/R, Rdn. 50.

[338] *Jackson*, The Jurisprudence of GATT, S. 103; *Richter*, Assoziierung osteuropäischer Staaten durch die EG, S. 249.

[339] Dabei muß die Beseitigung der Zölle und Handelsvorschriften im Binnenverkehr und die Harmonisierung im Außenverkehr nicht unbedingt symmetrisch erfolgen. Es ist ohne weiteres zulässig, daß eine Vertragspartei ihre Zölle und Handelsvorschriften zeitlich schneller als ein anderes Mitglied abbaut, vgl. *Weiß/Herrmann*, Welthandelsrecht, Rdn. 616.

[340] Die Bezeichnung Interimsabkommen bedeutet also nicht, daß es sich hierbei um nichtdefinitive oder unvollständige Abkommen handelt, sondern daß die Integration innerhalb einer Übergangsfrist vervollständigt werden kann. Im wesentlichen handelt es sich dabei um das „substantially all the trade“-Kriterium, das bei Inkrafttreten des Abkommens noch nicht erfüllt sein muß.

Die Vorschrift des Art. XXIV Abs. 5 lit. c) GATT sorgte bis zur Verabschiedung der Vereinbarung zur Auslegung des Art. XXIV GATT im Jahre 1994 wegen ihrer Unbestimmtheit für große Diskussionen.[341] Seither ist in Ziffer 3 dieser Vereinbarung festgelegt, daß „within a reasonable length of time" einen Zeitraum von zehn Jahren nicht überschreiten sollte.[342] Nur in gut begründeten Fällen sind hiervon Ausnahmen zulässig. Zudem gilt für Interimsabkommen ebenfalls das Verbot der Erhöhung der Außenhandelszölle bzw. das Verbot der Anhebung sonstiger Handelsbeschränkungen.

VI. Umfang der Ausnahme des Art. XXIV GATT

In der Streitsache „*Turkey – Restrictions on Imports of Textile and Clothing Products*" kam es neben den Unstimmigkeiten bezüglich der einzelnen Voraussetzungen des Art. XXIV GATT auch zu Meinungsverschiedenheiten zwischen Panel und Appellate Body, was den Umfang der Ausnahmeregelung des Art. XXIV GATT anbelangt.[343]

1. Das Problem und der bisherige Streitstand

Schon vor den Entscheidungen in dieser Rechtssache gab es zweierlei Ansichten zu der Reichweite des Art. XXIV GATT.[344] Während die Einen Art. XXIV GATT lediglich als Ausnahmevorschrift zu der Meistbegünstigungsverpflichtung des Art. I Abs. 1 GATT ansahen, rechtfertigte die andere Ansicht auch Verstöße gegen andere GATT-Vorschriften über Art. XXIV GATT.
Aufhänger dieser Diskussion war und ist der „*chapeau*" (Anfangsteil) des Art. XXIV Abs. 5 GATT. Danach „schließt dieses Abkommen nicht aus, daß Gebiete von Vertragsparteien zu Zollunionen und Freihandelszonen zusammengeschlossen [...] werden". In der englischen Fassung läßt sich das Problem etwas besser erkennen. Die entsprechende Textstelle lautet dort: „[...] the provisions of this Agreement shall not prevent [...]". Fraglich ist, welche „provisions" hiermit gemeint sind, d.h. von welchen Vorschriften Art. XXIV GATT eine Ausnahme zu begründen in der Lage ist. Zwingend ergibt sich, daß zumindest die Meistbegünstigungsverpflichtung (Art. I GATT) auf Zollsenkungen zwischen den an solchen regionalen Zusammenschlüssen beteiligten Wirtschaftseinheiten nicht anwendbar sein soll.[345] Andernfalls würde gerade eines

---

[341] Als angemessene Zeitspanne wurde von fünf bis zu 50 Jahren fast alles vertreten. Auch die Bedeutung des „plan and schedule" war nicht klar, vgl. hierzu ausführlich *Hilpold*, RIW 1993, S. 657 (S. 664); *Huber*, Präferenzielle Abkommen, S. 31 f.; zu weiter offenen Fragen in diesem Zusammenhang vgl. *WTO*, Synopsis, S. 18 f.

[342] Damit reagierten die Mitglieder auf jahrzehntelange Übergangsphasen wie zum Beispiel den Assoziierungsvertrag der EWG mit Griechenland, der auf 22 Jahre angelegt war, *Senti*, Aussenwirtschaft 1994, S. 131 (S. 143).

[343] Vgl. zu dem Streit um den Umfang des Art. XXIV GATT auch *WTO*, Synopsis, S. 12 ff.; *Huber*, Präferenzielle Abkommen, S. 37 f.; *Steinberger*, GATT und regionale Wirtschaftszusammenschlüsse, S. 179; *Dam*, GATT, S. 281 f.

[344] Vgl. *WTO*, Synopsis, S. 12; *Mathis*, Regional Trade Agreements, S. 229 f.

[345] *Richter*, Assoziierung osteuropäischer Staaten durch die EG, S. 214.

der wesentlichen Merkmale von Zollunionen und Freihandelszonen, nämlich der (vollständige) Zollabbau für Produkte der beteiligten Wirtschaftseinheiten, dazu führen, daß die von Art. XXIV Abs. 5 lit. a) und b) GATT vorausgesetzte Aufrechterhaltung oder gemeinsame Bildung von Außenzöllen nicht erfolgen dürfte.
Offen ist aber, ob durch Art. XXIV GATT auch Abweichungen von anderen Vorschriften des GATT gerechtfertigt werden können, insbesondere ob mengenmäßige Beschränkungen, die ansonsten gegen Art. XI GATT verstoßen würden, zulässig sind.

2. Die Entscheidung des Panels im Türkei-Textilfall

Das Panel legte die einschlägigen Bestimmungen des Art. XXIV Abs. 5 lit. a) und Abs. 8 lit. a) GATT nun so aus, daß Art. XXIV GATT im Zuge der Bildung einer Zollunion oder Freihandelszone ausschließlich einen Verstoß gegen den Grundsatz der Meistbegünstigung des Art. I GATT erlaube.[346] Ein regionaler Zusammenschluß dürfe nur in engen Grenzen, nämlich nur den Grundsatz der Meistbegünstigung betreffend, von den allgemeinen WTO-Pflichten abweichen.[347] Zur Rechtfertigung der Abweichung von anderen Bestimmungen des GATT, wie etwa der streitigen türkischen mengenmäßigen Beschränkungen[348], könne Art. XXIV GATT grundsätzlich nicht herangezogen werden; auftretende Handelsumlenkungen müßten auf anderem Wege verhindert werden.
Die Entscheidung des Panels impliziert, daß Zollunionen nur dann nach Art. XXIV GATT gerechtfertigt werden können, wenn im Außenhandel ausschließlich auf Zölle als Instrument der Handelsbeschränkung zurückgegriffen wird. Vor Errichtung oder Vergrößerung der Zollunion ausnahmsweise zulässige mengenmäßige Beschränkungen können dagegen nicht aufrechterhalten werden.[349] Hintergrund dieser engen Auslegung durch das Panel ist ein Verständnis, das regionale Wirtschaftsabkommen eng in die Systemlogik der WTO eingebunden wissen will.[350] Mit der begrenzten Ausnahme vom Prinzip der Meistbegünstigung sollen die WTO-Pflichten stets dem Interesse an der Bildung und Weiterentwicklung regionaler Zusammenschlüsse vorrangig sein.[351]

3. Die Entscheidung des Appellate Body im Türkei-Textilfall

Von dieser engen Auslegung der Bestimmung des Art. XXIV GATT durch das Panel weicht der Appellate Body in seinem Bericht ab. Er erweitert den Anwendungsbereich

---

[346] „We found that the provisions of paragraphs 5 and 8 of Article XXIV did not authorize any violation of the WTO obligations, other than the MFN obligation. [...] We have therefore concluded that Article XXIV did not authorize the violation of Articles XI and XIII of GATT or Article 2.4 of the ATC." Panel, *Turkey – Restrictions on Imports of Textile and Clothing Products*, Rdn. 9.208.
[347] Diese Ansicht findet sich auch bei Korea, WT/REG/M/14, Rdn. 10; HKC and India, WT/REG/M/15, Rdn. 48 und 61; Japan, WT/REG/M/16, Rdn. 64.
[348] Panel, *Turkey – Restrictions on Imports of Textile and Clothing Products*, WT/DS34/R, Rdn. 9.134.
[349] *Herrmann*, ZEuS 2001, S. 453 (S. 481 f.), ähnlich *Mathis*, Regional Trade Agreements, S. 217.
[350] Panel, *Turkey – Restrictions on Imports of Textile and Clothing Products*, Rdn. 9.157 ff.
[351] So auch *v. Bogdandy/Makatsch*, EuZW 2000, S. 261 (S. 264).

des Rechtfertigungsgrundes des Art. XXIV GATT über Art. I GATT hinaus. Aus der Schlüsselvorschrift des Art. XXIV Abs. 5 GATT, den das Panel bei der Auslegung der Ausnahmen von Art. XXIV GATT nicht hinreichend berücksichtigt habe[352] und dem teleologisch zu berücksichtigenden Art. XXIV Abs. 4 GATT[353] leitet der Appellate Body ab, daß auch Verstöße gegen andere Normen als Art. I GATT nach Art. XXIV Abs. 5 GATT zu rechtfertigen seien.[354] Dies soll aber nur gelten, wenn kumulativ zwei Voraussetzungen erfüllt sind.[355]
Die Vertragspartei, die sich auf den Rechtfertigungstatbestand des Art. XXIV GATT beruft, muß erstens darlegen, daß die in Frage stehende Maßnahme anläßlich der Errichtung einer Zollunion eingeführt wird, die alle Voraussetzungen der Abs. 8 lit. a) und Abs. 5 lit. a) des Art. XXIV GATT erfüllt. Zweitens muß die Vertragspartei beweisen, daß die Errichtung der Zollunion verhindert werden würde, wenn ihr nicht die in Frage stehende Maßnahme erlaubt wird.[356]
Der Appellate Body gesteht aber auch ein, daß es nicht immer leicht sein wird, die beiden Voraussetzungen strikt zu trennen. So wird manchmal nicht herauszufinden sein, ob das Ergreifen einer Maßnahme zur Errichtung einer Zollunion notwendig ist, ohne vorher festzustellen, ob es sich überhaupt um eine Zollunion handelt.[357] Es besteht also faktisch eine Prüfungsreihenfolge dergestalt, daß die Einhaltung der ersten vor der zweiten Voraussetzung darzulegen ist.[358] Jedenfalls bewirkt die Entscheidung des Berufungsgremiums eine Umkehr der Beweislast.[359] Während früher Drittstaaten

---

[352] „We note that, in its findings, the Panel referred to the chapeau of the paragraph 5 of Article XXIV only in a passing and perfunctory way. The chapeau of paragraph 5 is not central to the Panels's analysis, which focuses paragraph 8(a). However, we believe that the chapeau of paragraph 5 of Article XXIV is the key provision for resolving the issue before us in this appeal", Appellate Body, *Turkey – Restrictions on Imports of Textile and Clothing Products*, WT/DS34/AB/R, Rdn. 43.

[353] Appellate Body, *Turkey – Restrictions on Imports of Textile and Clothing Products*, WT/DS34/AB/R, Rdn. 44 ff.

[354] „Accordingly, on the basis of this analysis of the text and the context of the chapeau of paragraph 5 of Article XXIV, we are of the view that Article XXIV may justify a measure which is inconsistent with certain other GATT provisions", Appellate Body, *Turkey – Restrictions on Imports of Textile and Clothing Products*, WT/DS34/AB/R, Rdn. 58.

[355] Teilweise ist in der Literatur auch von drei Voraussetzungen die Rede, was daran liegt, daß die erste Voraussetzungen nochmals unterteilt wird, so *Hilpold*, Max Planck Yearbook of United Nations Law 2003, S. 219 (S. 247 f.); *Marceau/Reiman*, LIEI 2001, S. 297 (S. 313).

[356] „[...] this "defence" is available only when two conditions are fullfilled. First, the party claiming the benefit of this defence must demonstrate that the measure at issue is introduced upon the formation of a cusoms union that fully meets the requirements of sub-paragraphs 8(a) and 5(a) of Article XXIV. And, second, that party must demonstratre that the formation of that cusoms union would be prevented if it were not allowed to introduce the measure at issue. Again, both these conditions must be met to have the benefit of the defence under Article XXIV.", Appellate Body, *Turkey – Restrictions on Imports of Textile and Clothing Products*, WT/DS34/AB/R, Rdn. 58.

[357] „It may not always be possible to determine whether the second of the two conditions has been fulfilled without initially determining whether the first condition has been fulfilled. In other words, it may not always be possible to determine whether not applying a measure would prevent the formation of a customs union without first determining whether there is a customs union", Appellate Body, *Turkey – Restrictions on Imports of Textile and Clothing Products*, WT/DS34/AB/R, Rdn. 59.

[358] So auch *Mathis*, Regional Trade Agreements, S. 214.

[359] So *Hilpold*, Max Planck Yearbook of United Nations Law 2003, S. 219 (S. 248).

die GATT-Widrigkeit einer Präferenzzone beweisen mußten, tragen nun deren Mitglieder die Beweislast dafür, daß ohne die entsprechenden Maßnahmen das Vorhaben scheitern würde.[360]
Hat der Appellate Body auf der einen Seite den Anwendungsbereich des Art. XXIV GATT über Art. I GATT ausgedehnt, verhindert er mittels der zweiten Voraussetzung, daß Art. XXIV GATT zu einer generellen Ausnahme hinsichtlich aller WTO-Vorschriften gerät. Zwar bestimmt Art. XXIV Abs. 5 GATT in seinem „chapeau", daß das GATT einen Zusammenschluß zu Zollunionen oder Freihandelszonen nicht ausschließt. Der Appellate Body benutzt diese Formulierung auch zur Begründung der Ausweitung der Rechtfertigungswirkung über den Meistbegünstigungsgrundsatz hinaus. Jedoch legt er in einem zweiten Schritt Art. XXIV Abs. 5 GATT restriktiv aus und verhindert somit, daß der „chapeau" zur Generalermächtigung für jegliche Form der regionalen Integration wird. Art. XXIV GATT kann danach nur dann als Ausnahmebestimmung zu einer Vorschrift des GATT – auch zu der Meistbegünstigungsverpflichtung nach Art. I Abs. 1 GATT[361] – herangezogen werden, wenn dargelegt werden kann, daß die Einführung der in Frage stehenden Maßnahme zur Errichtung der Zollunion unerläßlich bzw. notwendig ist.[362]

Der Appellate Body fordert mit seiner zweiten Voraussetzung einen Notwendigkeitstest im Einzelfall. Fraglich ist jedoch, wie ein solcher Test auszusehen hat.[363] Auch auf diese Frage läßt sich dem Berufungsbericht zwischen den Zeilen eine Antwort entnehmen. Um festzulegen, was zur Bildung einer Zollunion notwendig ist, stellt das Berufungsgremium eine Gesamtschau aller in Art. XXIV GATT niedergelegten Voraussetzungen an. Aus dem grundsätzlichen Konzept, das das GATT zur Überprüfung von Integrationsabkommen bereitstellt, entwickelt der Appellate Body sein Notwendigkeitskriterium.[364] Von besonderer Bedeutung ist dabei die Flexibilität der Vertragsparteien bei der Errichtung einer regionalen Integrationszone, die sich nach Ansicht des Appellate Body aus der Unbestimmtheit der Rechtsbegriffe des Art. XXIV GATT (insbesondere aus dem „substantially all the trade"-Kriterium des Art. XXIX Abs. 8 lit. a) (i) GATT) ergibt.[365] Diese Flexibilität legt der Appellate Body im Lichte des Art. XXIV Abs. 4 GATT bzw. der Präambel der Vereinbarung zur Auslegung des Art. XXIV aus, die seiner Ansicht nach den übergeordneten und alles beherrschenden Zweck des Art. XXIV GATT enthalten. Danach hätten Zollunionen und Freihandelszonen so weitgehend wie möglich nachteilige Auswirkungen auf den Handel anderer

---

[360] Appellate Body, *Turkey – Restrictions on Imports of Textile and Clothing Products*, WT/DS34/AB/R, Rdn. 58; dazu auch *WTO*, Compendium, S. 10; *Trachtmann*, JIEL 2003, S. 459 (S. 474); *Mathis*, Regional Trade Agreements, S. 230.
[361] So ausdrücklich *Mathis*, Regional Trade Agreements, S. 252.
[362] Von einem „Notwendigkeitserfordernis" sprechen auch *Cremona*, CMLR 2001, S. 359 (S. 366); *Trachtmann*, JIEL 2003, S. 459 (S. 474).
[363] Manche Stimmen in der Literatur diskutieren hier einen Gleichlauf mit dem Notwendigkeitstest des Art. XX GATT; vgl. hierzu *Trachtmann*, JIEL 2003, S. 459 (S. 476 ff.).
[364] So auch *Cremona*, CMLR 2001, S. 359 (S. 366 f.).
[365] Appellate Body, *Turkey – Restrictions on Imports of Textile and Clothing Products*, WT/DS34/AB/R, Rdn. 48.

Mitglieder zu vermeiden.[366] Notwendig sei eine Maßnahme also nur dann, wenn den Vertragsparteien keine anderen Alternativen zur Verfügung stünden, um mögliche Handelsnachteile für Drittstaaten auszuschließen.[367]
Der Notwendigkeitstest des Appellate Body entspricht damit einer Art Erforderlichkeitsprüfung.[368] Das Berufungsgremium sucht nach der realisierbaren Lösung, die noch die Voraussetzungen des Art. XXIV GATT erfüllt, aber gleichzeitig eine Abwägung zwischen „trade creating"- und „trade diverting"-Wirkungen am positivsten ausgehen läßt. Es ist nur diejenige Ausgestaltung eines Regionalabkommens zulässig, die nachteilige Auswirkungen auf den Handel anderer Mitglieder so weit wie möglich vermeidet. Sofern eine Zollunion (oder Freihandelszone) auch ohne die angegriffene Maßnahme oder mit einer weniger GATT-widrigen Maßnahme errichtet werden kann, muß auf diese zurückgegriffen werden.[369]

Deutlich wird die Funktionsweise des Erforderlichkeitstests im Türkei-Textilfall. Die im Streit stehenden Textilprodukte machten nach eigenen Angaben der Türkei 40% ihres Gesamtexportes in die EU aus. Die Türkei argumentierte, daß die EG bei Nichteinführung der mengenmäßigen Beschränkungen gegen Indien die entsprechenden Produkte vom Freihandel innerhalb der Zollunion zwischen Türkei und EG ausgeschlossen hätte, um Handelsumlenkungen zu verhindern.[370] Wären jedoch 40% des türkischen Gesamtexportvolumens in die EU ausgeschlossen, könne man nicht davon sprechen, daß die Voraussetzung des Art. XXIV Abs. 8 lit. a) (i) GATT erfüllt sei, wonach Zölle und beschränkende Handelsvorschriften für „substantially all the trade" zwischen der EG und der Türkei beseitigt werden müßten. Ohne die Erlaubnis, mengenmäßige Beschränkungen für Textilien und Bekleidung aus Indien zu erlassen, wäre es der Türkei also nicht möglich gewesen, die Voraussetzung des Art. XXIV Abs. 8 lit. a) (i) GATT zu erfüllen. Der Türkei wäre die Bildung einer Zollunion mit der EG insgesamt verschlossen gewesen.
Der Appellate Body folgte dieser Argumentation nicht. Wegen der in den unbestimmten Rechtsbegriffen des Art. XXIV GATT enthaltenen Flexibilität seien die teilnehmenden Staaten, soweit ihnen bei der Liberalisierung des Binnenhandels alternative Mittel zur Verfügung stünden, zur Wahl derjenigen Alternative verpflichtet, die am wenigsten nachteilige Auswirkungen auf den Handel anderer Mitglieder mit sich brächte.[371] Die Türkei hätte danach etwa, statt mengenmäßige Einfuhrbeschränkungen zu erlassen, Vorschriften über die Herkunft von Textilwaren und Bekleidung einführen können und müssen.[372] Diese hätten es der EU ermöglicht, zwischen Textilwaren aus der Türkei – die gemäß den Bedingungen der Zollunion freien Zugang zu der EG haben – und solchen Textilwaren zu unterscheiden, die aus Drittländern wie Indien stammen. Da es also eine Alternative gab, die in einer Abwägung der „trade creating"-

---

[366] Appellate Body, *Turkey – Restrictions on Imports of Textile and Clothing Products*, Rdn. 57.
[367] So der Appellate Body ausdrücklich bei *Turkey – Restrictions on Imports of Textile and Clothing Products*, WT/DS34/AB/R, Rdn. 62.
[368] Im Ergebnis auch *Herrmann*, EuR 2004, Beiheft 3, S. 175 (S. 182).
[369] So *Weiß/Herrmann*, Welthandelsrecht, Rdn. 618.
[370] Appellate Body, *Turkey – Restrictions on Imports of Textile and Clothing Products*, Rdn. 61.
[371] Appellate Body, *Turkey – Restrictions on Imports of Textile and Clothing Products*, Rdn. 62.
[372] Appellate Body, *Turkey – Restrictions on Imports of Textile and Clothing Products*, Rdn. 62.

und „trade diverting"-Wirkungen ein „Weniger" an Handelsverzerrungen geschaffen hätte, waren die türkischen mengenmäßigen Beschränkungen nicht erforderlich und daher nicht notwendig zur Schaffung einer Zollunion mit der EG. Die zweite Voraussetzung für die Anwendbarkeit des Art. XXIV GATT war nicht erfüllt.
Bei all den Ausführungen zu Art. XXIV GATT sah der Appellate Body jedoch von einer Auflistung ab, welche WTO-Vorschriften im Zusammenhang mit Art. XXIV GATT verletzt werden könnten. Ausdrücklich ließen die Richter offen, ob Art. XXIV GATT tatsächlich in der Lage gewesen wäre, einen Verstoß gegen die in Frage stehenden Pflichten aus Art. XI und XIII GATT zu rechtfertigen.[373]

VII. Notifizierungsverfahren, Kompensationsabkommen und Streitbeilegung

1. Notifizierung regionaler Integrationsabkommen und Überprüfung durch das CRTA

Gem. Art. XXIV Abs. 7 lit. a) GATT muß jede Vertragspartei, die beschließt, einer Zollunion, Freihandelszone oder einem entsprechenden Interimsabkommen beizutreten, den geplanten Zusammenschluß unverzüglich[374] den Vertragsparteien notifizieren.[375] Die Verpflichtung, alle erforderlichen Auskünfte[376] über die Zone zu erteilen, soll eine größtmögliche Transparenz nach außen gewährleisten und die anderen Staaten überhaupt erst in die Lage versetzen, das beabsichtigte Vorhaben zu prüfen und anschließend von ihrem Recht zu Änderungsempfehlungen Gebrauch zu machen.[377] Art. XXIV Abs. 7 lit. b) und c) GATT enthalten Regelungen zur Notifikation des in Art. XXIV Abs. 5 lit. c) GATT genannten Plans und Programms zur Errichtung eines Integrationsraumes.
Während früher eine Prüfung in Arbeitsgruppen erfolgte, ist nunmehr seit 1996 ein regelrechtes Überprüfungsverfahren installiert. Gemäß Ziffer 7 ff. der Vereinbarung über die Auslegung des Art. XXIV GATT haben die Vertragsparteien den geplanten Zusammenschluß dem Ausschuß über regionale Handelsvereinbarungen (CRTA[378])

---

[373] „We wish to point out that we make no finding on the issue of whether quantitative restrictions found to be inconsistent with Article XI and Article XIII of the GATT 1994 will ever be justified by Article XXIV", Appellate Body, *Turkey – Restrictions on Imports of Textile and Clothing Products*, WT/DS34/AB/R, Rdn. 65.

[374] Zu den Meinungsverschiedenheiten, was unter „unverzüglich" zu verstehen ist, vgl. *WTO*, Synopsis, S. 8 f.; *WTO*, Compendium, S. 5.

[375] Ausführlich zu den einzelnen Schritten der Notifikation und anschließenden Überprüfung *WTO*, Compendium, S. 30 f.; *Marceau/Reiman*, LIEI 2001, S. 297 (S. 310 f.); *Devos*, in: *Demaret/Bellis/Jiménez* (Hrsg.), Regionalism and Multilateralism after the Uruguay Round, S. 725 (S. 733).

[376] Vgl. zum Umfang der Auskünfte, TN/RL/W/8/Rev.1, S. 5 f.

[377] *Dunker*, Regionale Integration, S. 265.

[378] Committee on Regional Trade Agreements, vgl. Rules of Procedure for Meetings of the Committee on Regional Trade Agreements, WT/REG/1.

zur Überprüfung vorzulegen.[379] Einer Genehmigung durch den CRTA bedürfen die Parteien eines präferenziellen Abkommens allerdings nicht.[380]
Gegenstand der Untersuchung durch den CRTA ist die Einhaltung der GATT-Vorschriften.[381] Der Regionalausschuß legt dem GATT-Rat sodann einen Bericht über seine Feststellungen vor, der auch Einschätzungen über die GATT-Konformität des Zusammenschlusses enthalten kann. Der GATT-Rat hat das Recht, auf Grundlage des Berichtes des CRTA Änderungsempfehlungen an die Mitglieder zu richten, sofern bei der Prüfung festgestellt wird, daß das notifizierte Abkommen den Anforderungen des Art. XXIV GATT nicht entspricht, vgl. Ziffer 7 der Vereinbarung über die Auslegung des Art. XXIV GATT. Da diese Empfehlungen jedoch einstimmig beschlossen werden müssen, kommt es in der Praxis dazu genauso wenig wie zur förmlichen Feststellung der welthandelsrechtlichen Unbedenklichkeit von Integrationsabkommen.[382] Faktisch besteht damit eine Ausgangsvermutung zu Gunsten des jeweils notifizierten Abkommens.[383]
Für Interimsabkommen gilt gemäß Art. XXIV Abs. 7 lit. b) und c) GATT und Ziffer 8 ff. der Vereinbarung über die Auslegung des Art. XXIV GATT eine Sonderbestimmung. Bereits installierte Zollunionen und Freihandelszonen müssen dem GATT-Rat in regelmäßigen Abständen von der Durchführung der Handelsvereinbarungen berichten und Änderungen anzeigen, Ziffer 11 der Vereinbarung zur Auslegung des Art. XXIV GATT.[384]

2. Kompensationsabkommen

Die Errichtung eines einheitlichen Zolltarifs für eine Zollunion bringt es mit sich, daß die Zölle einiger Mitglieder erhöht werden müssen. Anderenfalls könnte eine Zollunion nur Zölle bis zur Höhe der jeweils niedrigsten Zollbindung eines ihrer Mitglieder auswerfen.[385] Dies steht auch nicht im Wiederspruch mit Art. XXIV Abs. 5 lit. a) GATT, da dieser nur verlangt, daß die Zölle in ihrer Gesamtheit nicht höher sein dürfen als vor Errichtung der Zollunion. In den Fällen, in denen der gemeinsame Zolltarif der Integrationszone die bisherigen Zollbindungen mancher Mitglieder überschreitet, müssen vor der Einführung des gemeinsamen Außenzolls[386] Ausgleichsverhandlungen mit dem Ziel geführt werden, Kompensationen für die erlittenen Nachteile zu gewähren, Art. XXIV Abs. 6 GATT i.V.m. Ziffer 4 bis 6 der Vereinbarung über die Auslegung des Art. XXIV GATT.[387] Die lange Zeit bestehenden Auslegungsschwierigkeiten

---

379 WT/L/127.
380 Vgl. *Jackson*, Jurisprudence of GATT, S. 104.
381 Vgl. ausführlichst zum CRTA *Mathis*, Regional Trade Agreements, S. 228 ff.
382 *Weiß/Herrmann*, Welthandelsrecht, Rdn. 619; *Jackson*, World Economy 1993, S. 121 (S. 126).
383 *Jackson*, Jurisprudence of GATT, S. 104.
384 Vgl. dazu auch *Devos*, in: *Demaret/Bellis/Jiménez* (Hrsg.), Regionalism and Multilateralism after the Uruguay Round, S. 725 (S. 734b).
385 *Weiß/Herrmann*, Welthandelsrecht, Rdn. 620.
386 Ziff. 4 der Vereinbarung über die Auslegung des Art. XXIV GATT.
387 Ausführlich zu diesem Verfahren *Haller*, MERCOSUR, S. 304, 307 und 339; *Weiß/Herrmann*, Welthandelsrecht, Rdn. 619; *WTO*, Synopsis, S. 29.

– vor allem was die Aufrechnung von Erhöhungen und Senkungen einzelner Zollpositionen anbelangte[388] –, erledigten sich im Rahmen der Uruguay-Runde. Gem. Ziffer 5 der Vereinbarung über die Auslegung des Art. XXIV GATT können Guthaben für Zollsenkungen bei anderen Gütern auf Ausgleichsverpflichtungen bei Zollerhöhungen angerechnet werden.

3. Streitbeilegung im Zusammenhang mit regionalen Integrationsabkommen

Bis zur Gründung der WTO war die rechtliche Beurteilung von Integrationsabkommen wegen der zersplitterten und unübersichtlichen Streitschlichtung dem eigentlichen Streitbeilegungsverfahren entzogen. Der Versuch einer rechtlichen Überprüfung im Wege eines Streitschlichtungsverfahrens endete stets mit der Nichtannahme des betreffenden Berichtes im GATT-Rat.[389] Die einzige Möglichkeit einer Prüfung bestand im Rahmen handelspolitisch ausgerichteter Arbeitsgruppen (sog. *„working parties"*) nach Abschluß eines Abkommens.[390] Das Problem der Arbeitsgruppen war jedoch, daß eine Erklärung der Gruppe über die vorliegende oder fehlende Vereinbarkeit des Integrationsraumes mit den Regelungen des GATT nur im Konsensverfahren zustande kommen konnte.[391] Die am Integrationszusammenschluß beteiligten Staaten besaßen folglich ein faktisches Vetorecht, was dazu führte, daß man in den Arbeitsgruppen nur selten zu einem eindeutigen Ergebnis gelangte. Selbst äußerst umstrittene Abkommen wurden nicht als regelwidrig beurteilt.[392] Auf eine GATT-Verträglichkeit konnte man sich nur bei sechs von insgesamt 98 Regionalabkommen, die bis zur Gründung der WTO abgeschlossen und untersucht wurden, einigen.

Ein bedeutendes Beispiel für eine ohne Ergebnis beendete Arbeitsgruppe war die Gründung der Europäischen Wirtschaftsgemeinschaft. Die GATT-Mitglieder wollten die EWG nicht offen als regelwidrig beurteilen, da dies das GATT in eine schwere Krise gestürzt hätte. Die Folge war eine pragmatische Herangehensweise, die kennzeichnend für viele Beurteilungen in Streitfällen wurde.[393] Eigentliche Rechtsgrundlage vieler Integrationsabkommen war und ist somit die Toleranz der Vertragsparteien.[394]

In der Uruguay-Runde wurde beschlossen, Verletzungen des Art. XXIV GATT ebenfalls zum Gegenstand der multilateralen Streitschlichtung zu machen und somit einer

---

[388] Vgl. hierzu *Hilpold*, RIW 1993, S. 657 (S. 664 f.).

[389] *Benedek*, Rechtsordnung des GATT, S. 67.

[390] *Marceau/Reiman*, LIEI 2001, S. 297 (S. 311); *Jäger*, Streitbeilegung, S. 220 ff.; *Zimmermann*, Regionale Integration und multilaterale Handelsordnung, S. 241.

[391] *Haller*, MERCOSUR, S. 368.

[392] Dies lag vor allem daran, daß bei der Abstimmung in den Arbeitsgruppen generell das Konsensprinzip angewendet wurde. Da für einen Konsens dann jedoch auch immer die Zustimmung des Betroffenen erforderlich ist, kann keine Empfehlung gegen eine GATT-Vertragspartei zustande kommen, vgl. dazu *Benedek*, Rechtsordnung des GATT, S. 67; *Jackson*, World Economy 1993, S. 121 (S. 127); *Ott*, GATT und WTO, S. 37.

[393] *Zimmermann*, Regionale Integration und multilaterale Handelsordnung, S. 241.

[394] *Benedek*, Rechtsordnung des GATT, S. 67.

richterlichen Beurteilung zuzuführen. Seither bestimmt Ziffer 12 des Zusatzabkommens zur Auslegung von Art. XXIV GATT[395]:

„Die Mitglieder können sich in bezug auf alle Angelegenheiten, die sich aus der Anwendung der Bestimmungen des Art. XXIV betreffend Zollunionen, Freizonen oder vorläufige Übereinkünfte zur Bildung einer Zollunion oder Freizone ergeben, auf die Art. XXII und XXIII des GATT-1994, ergänzt und ausgelegt durch die Streitbeilegungsvereinbarung, berufen."

Nach der Gründung der WTO im Februar 1996 wurde die Prüfung der GATT-Konformität auf den ständigen Ausschuß für regionale Integrationszonen (CRTA) übertragen, der nach den Vorgaben des Vertrages eine Prüfung der notifizierten Integrationszonen vornimmt.[396]
Jedoch ist auch nach dem Einfügen der Ziffer 12 des Zusatzabkommens zur Auslegung von Art. XXIV GATT weiterhin unklar, ob im Verfahren der Streitbeilegung ein regionaler Zusammenschluß insgesamt in Frage gestellt werden kann oder ob nur Einzelmaßnahmen an Art. XXIV GATT gemessen werden können. Fraglich ist, ob ein regionales Integrationsabkommen wegen seiner Komplexität und der Tragweite einer rechtlichen Entscheidung überhaupt durch ein Panel oder den Appellate Body justiziabel ist.[397]

a) Die Entscheidung des Panels im Türkei-Textilfall

Das Panel äußerte sich im Verfahren *„Turkey – Restrictions on Imports of Textile and Clothing Products"* hinsichtlich des zulässigen Prüfungsumfangs ambivalent und ließ die Frage im Ergebnis offen. Es nahm in seinem Bericht eine grundsätzliche Unterscheidung zwischen der Anwendung des Art. XXIV GATT auf ein gesamtes Abkommen und der Anwendung auf einzelne Maßnahmen vor.[398] Einzelne spezifische Maßnahmen, die bei der Errichtung einer Zollunion oder Freihandelszone eingeführt würden, könnten gem. Ziffer 12 des Zusatzabkommens zur Auslegung von Art. XXIV GATT unzweifelhaft vor einem Panel auf ihre GATT-Kompatibilität untersucht werden.[399] Ginge es aber um die generelle Vereinbarkeit eines Integrationsabkommens mit

---

[395] Vereinbarung zur Auslegung der Artikels XXIV des Allgemeinen Zoll- und Handelsabkommens 1994, vom 15. April 1994, ABl. 1994 Nr. L 336, S. 16.

[396] Jedoch konnte man sich auch nach Gründung dieses Ausschusses ähnlich wie in den vorhergegangenen Arbeitsgruppen noch in keinem Fall auf eine Vereinbarkeit eines Abkommens mit Art. XXIV GATT einigen, *WTO*, Compendium, S. 8.

[397] Darunter versteht man die Eignung des Streitgegenstandes, nach Maßgabe seiner Komplexität, aber vor allem auch der Tragweite der Entscheidung, durch ein Panel und den Appellate Body aufgrund rechtlicher Auslegungskriterien entschieden zu werden, *Cottier/Evtimov*, ZEuS 2000, S. 477 (S. 497).

[398] Bis zu der Streitsache zwischen der Türkei und Indien gab es keinerlei Rechtsprechung des Panels oder Appellate Body zu Art. XXIV GATT und seinen Voraussetzungen.

[399] „Thus, we consider that a panel can assess the WTO compatibility of any specific measure adopted by WTO Members at any time and we cannot find anything in the DSU, Article XXIV or the 1994 GATT Understanding on Article XXIV that would suspend or condition the right of Members to challenge measures adopted on the occasion of the formation of a custom union", Panel, *Turkey – Restrictions on Imports of Textile and Clothing Products*, WT/DS34/R, Rdn. 9.51.

dem GATT, so sei nicht ein Panel, sondern der ständige Ausschuß für regionale Integrationszonen das geeignetere Gremium.[400]
Grund dafür sei zum einen, daß die Überprüfung eines Regionalabkommens in seiner Gesamtheit ein sehr komplexes Vorhaben darstellt und daher eher einer politischen Einschätzung bedarf.[401] Nur der ständige Ausschuß könne alle Facetten eines regionalen Abkommens beleuchten, d.h. auf alle wirtschaftlichen, gesetzlichen und politischen Perspektiven der verschiedenen Vertragsstaaten im einzelnen eingehen.
Zum zweiten, so das Panel, spreche auch ein Wortlautargument dafür, nur Einzelmaßnahmen dem Streitschlichtungsverfahren zu unterwerfen. Ziffer 12 des Zusatzabkommens zur Auslegung von Art. XXIV GATT halte fest, daß die Streitbeilegungsorgane für „alle Angelegenheiten, die sich aus der Anwendung der Bestimmung des Art. XXIV betreffend Zollunionen, Freizonen oder vorläufige Übereinkünfte zur Bildung einer Zollunion oder Freizone ergeben", zuständig sein sollen. Der Ausdruck „alle Angelegenheiten", so das Panel, umfasse ganz klar spezifische Maßnahmen, die bei Schaffung einer Zollunion oder im Rahmen einer bereits bestehenden Zollunion ergriffen würden.[402] Man könnte nun aber der Ansicht sein, daß eine Zollunion (bzw. Freihandelszone) in ihrer Gesamtheit nicht unter die Bezeichnung „alle Angelegenheiten" subsumierbar sei, da sie logischerweise mehr als nur eine spezifische Maßnahme darstellt.[403] Obwohl das Panel dies nicht ausdrücklich ausspricht, scheint es der Ansicht zu sein, daß die Prüfung der GATT-Kompatibilität eines Regionalabkommens insgesamt nicht unter die Streitbeilegung nach dem DSU falle.

b) Die Entscheidung des Appellate Body im Türkei-Textilfall

Die Ansicht des Panels teilte der Appellate Body nicht in jeder Hinsicht. Zwar bejaht auch er eine Jurisdiktion des Panels, wenn es um die Überprüfung einzelner spezifischer Maßnahmen bei der Errichtung einer Zollunion geht, weicht aber bezüglich gesamter Integrationszonen von der Auffassung des Panels ab. Mit Verweis auf die justizielle Kontrollkompetenz, wie sie das Gremium im Verfahren *„India – Quantitative*

---

[400] „It appears to us that the issue regarding the GATT/WTO compatibility of a customs union, as such, is generally a matter for the CRTA […]", Panel, *Turkey – Restrictions on Imports of Textile and Clothing Products*, WT/DS34/R, Rdn. 9.52.
[401] „[…] we note that the Committee on Regional Trade Agreements (CRTA) has been established, inter alia, to assess the GATT/WTO compatibility of regional trade agreements entered into by Members, a very complex undertaking which involves consideration by the CRTA, from the economic, legal and political perspectives of different Members, of the numerous facets of a regional trade agreement in relation to the provisions of the WTO", Panel, *Turkey – Restrictions on Imports of Textile and Clothing Products*, WT/DS34/R, Rdn. 9.52.
[402] „For us, the term "any matters" clearly includes specific measures adopted on the occasion of the formation of a customs union or in the ambit of a customs union", Panel, *Turkey – Restrictions on Imports of Textile and Clothing Products*, WT/DS34/R, Rdn. 9.50.
[403] „We consider that regional trade agreements may contain numerous measures, all of which could potentially be examined by panels, before, during or after the CRTA examination, if the requirements laid down in the DSU are met. However, it is arguable that a customs union (or a free-trade area) as a whole would logically not be a "measure" as such, subject to challenge under the DSU", Panel, *Turkey – Restrictions on Imports of Textile and Clothing Products*, WT/DS34/R, Rdn. 9.53.

Restrictions on Imports of Agricultural, Textile and Industrial Products"[404] entwickelte, stellt es in zukünftigen Verfahren auch eine rechtliche Prüfung gesamter regionaler Zusammenschlüsse in Aussicht.[405] So fordert das Berufungsgremium als eine Voraussetzung dafür, daß sich eine Partei überhaupt auf Art. XXIV GATT berufen kann, daß die streitanhängige Maßnahme anläßlich der Errichtung einer Zollunion eingeführt wurde, die ihrerseits alle Anforderungen des Art. XXIV Abs. 8 lit. a) und 5 lit. a) GATT erfüllt. Durch diese Voraussetzung impliziert das Berufungsgremium – wenn auch obiter dictum –, daß auch ein kompletter Zusammenschluß Streitgegenstand vor einem Panel sein kann.[406]

c) Bewertung

In der Literatur werden erhebliche Bedenken gegen die vom Berufungsgremium angenommene Justiziabilität der Streitbeilegungsorgane hinsichtlich der grundsätzlichen Vereinbarkeit eines regionalen Zusammenschlusses mit dem WTO-Recht erhoben.[407] Es wird eingewandt, daß bei einem Regionalzusammenschluß vitale Belange einer ganzen Region auf dem Spiel stünden.[408] Man könne sich angesichts dieser politischen Dimension nur schwer vorstellen, über den Weg eines Streitbeilegungsverfahrens einen für alle Seiten befriedigenden Ausgleich zu erreichen. Auch habe der Beschluß, ein so fundamentales Vorhaben wie eine regionale Integration als rechtswidrig zu erklären, nichts mit Streitschlichtung zu tun und könne innenpolitisch zu großen Schwierigkeiten führen. Derartige Probleme und ihre Lösung sollten, wie auch das Panel zum Ausdruck bringt, den politisch Verantwortlichen z.B. im Rahmen von Ausschüssen vorbehalten bleiben.[409] Die politischen Verfahren böten, anders als die rechtlichen, auch die attraktive Lösung, sich als Verfahrensabschluß darauf zu verständigen, zu keiner Verständigung zu kommen *(„agreement to disagree")*. Gerichtsentscheidungen, auch in Form von Gutachten, hinterließen in der Regel Sieger und Besiegte; sie wirkten eher korrigierend als integrierend.[410] Gerade dies gelte es aber dort, wo vitale

---

[404] Appellate Body, *India – Quantitative Restrictions on Imports of Agricultural, Textile and Industrial Products*, WT/DS90/AB/R, Rdn. 80-109.

[405] Appellate Body, *Turkey – Restrictions on Imports of Textile and Clothing Products,* WT/DS34/AB/R, Rdn. 60; *Cremona*, CMLR 2001, S. 59 (S. 366); Panel und Berufungsgremium bestätigten ihre unterschiedlichen Auffassungen im Fall Panel, *Canada – Certain Measures Affecting the Automotive Industry,* WT/DS139/R und WT/DS142/R, Rdn. 6.119 und 10.55, 10.56; Appellate Body, *Canada – Certain Measures Affecting the Automotive Industry*, WT/DS139/R und WT/DS142/R, Rdn. 185.

[406] So interpretiert zumindest die Mehrzahl der welthandelsrechtlichen Autoren dieses Urteil, vgl. *Hilpold*, Max Planck Yearbook of United Nations Law 2003, S. 219 (S. 245); *Marceau/Reiman*, LIEI 2001, S. 297 (S. 313); *Cremona*, CMLR 2001, S. 359 (S. 366); *v. Bogdandy/Makatsch*, EuZW 2000, S. 261 (S. 263).

[407] *Cottier/Evtimov*, ZEuS 2000, S. 477 (S. 498); *v. Bogdandy/Makatsch*, EuZW 2000, S. 261 (S. 263 f.); lesenswert auch der kritische Gedanke bei *Weiß/Herrmann*, Welthandelsrecht, Rdn. 622.

[408] *Steinberger*, GATT und regionale Wirtschaftszusammenschlüsse, S. 225.

[409] Vgl. *Cremona*, CMLR 2001, S. 359 (S. 365); Herrmann spricht in diesem Zusammenhang von einer "Beurteilungsprärogative" seitens des CRTA, *Weiß/Herrmann*, Welthandelsrecht, Rdn. 623.

[410] *Erler*, Grundprobleme des internationalen Wirtschaftsrechts, S. 149.

Staatsinteressen berührt werden, zu vermeiden. Die Streitbeilegungsorgane sollten auf implementierende Entscheidungen beschränkt bleiben.[411]
Die geäußerten Bedenken gegen die Praxis des Appellate Body klingen nachvollziehbar und überzeugend. Es darf aber nicht vergessen werden, daß heute mit Ziffer 12 des Zusatzabkommens zur Auslegung von Art. XXIV GATT eine klare Zuständigkeit von Panels und Appellate Body zur Beurteilung dieser Fragen besteht. Diese ausdrückliche Zuständigkeit wurde geschaffen, weil gerade die politische Beurteilung (im Rahmen der Arbeitsgruppen) über Jahre keine hinreichend klare Praxis zu entwickeln vermochte. Auch mit dem neu gegründeten CRTA hat sich an dieser ergebnislosen Überprüfungspraxis nichts verändert, da immer noch an der Konsensregel festgehalten wird. Wären nun die Voraussetzungen eines Integrationsabkommens auch noch vollständig aus dem Streitschlichtungsverfahren ausgeklammert, gäbe es überhaupt keine Möglichkeit, WTO-Vertragsparteien zur Einhaltung der welthandelsrechtlichen Vorgaben zu disziplinieren.[412] Hinzu kommt, daß auch andere, dem Streitbeilegungsverfahren unterliegende Materien, eine ähnlich hohe politische Bedeutung haben.[413] Die Justiziabilität von präferenziellen Bestimmungen kann daher nicht, auch nicht in ihrer Gesamtheit, von vornherein ausgeschlossen werden.

D. Zulässigkeit der Integration von Dienstleistungsmärkten

Mit dem Abschluß des GATS, welches in Art. II ebenfalls eine umfassende Meistbegünstigungspflicht enthält, entstand die Notwendigkeit, auch im GATS Ausnahmevorschriften für regionale Integrationsabkommen vorzusehen, die nicht allein ihre Warenmärkte integrieren, sondern darüber hinaus auch die Liberalisierung des grenzüberschreitenden Dienstleistungsverkehrs vorsehen.[414] Die zentrale Vorschrift bezüglich regionaler Integrationsverbände ist Art. V GATS. Art. V GATS ist im wesentlichen Art. XXIV GATT nachgebildet, nimmt aber auch Anpassungen an die Besonderheiten des grenzüberschreitenden Dienstleistungshandels vor.[415] Anders als Art. XXIV GATT knüpft die Ausnahmevorschrift in Art. V GATS nicht an Zollunionen oder Freihandelszonen an, da im Bereich des Dienstleistungsverkehrs weder Zölle noch mengenmäßige Beschränkungen die relevanten Handelshemmnisse darstellen. Vielmehr werden die Dienstleistungserbringer eines Importlandes durch nicht-tarifäre Handelshemmnisse geschützt.[416]
Daher ist Art. V GATS auch nicht etwa mit „Dienstleistungsfreihandelszonen" oder „Dienstleistungszollunionen" überschrieben, sondern allgemein mit „Wirtschaftliche

---

[411] *v. Bogdandy/Makatsch*, EuZW 2000, S. 261 (S. 264); *Cremona*, CMLR 2001, S. 359 (S. 365).
[412] So auch *Weiß/Herrmann*, Welthandelsrecht, Rdn. 623.
[413] so auch *Cottier/Evtimov*, ZEuS 2000, S. 477 (S. 498).
[414] *Weiß/Herrmann*, Welthandelsrecht, Rdn. 624; vgl. ausführlich zum GATS *Wolfrum*, in: *Schmidt* (Hrsg.), Öffentliches Wirtschaftsrecht, S. 648 ff.; *Senti*, WTO, Rdn. 1204 ff.; *Abbot*, Law and Policy, S. 45 ff.; *Eeckhout*, The European Internal Market, S. 213 ff.
[415] *Cottier/Evtimov*, ZEuS 2000, S. 477 (S. 491 f.).
[416] *Senti*, WTO, Rdn. 491.

Integration". Nach Art. V Abs. 1 GATS hindert das GATS die Mitglieder nicht daran, „Vertragspartei einer Übereinkunft zu sein oder eine Übereinkunft zu schließen, die den Handel mit Dienstleistungen zwischen oder unter den Vertragsparteien der Übereinkunft liberalisiert". Jedoch müssen stets die in Art. V GATS normierten Voraussetzungen erfüllt sein.[417]

E. Zusammenfassung und Bewertung

Das Verhältnis zwischen dem GATT und den wirtschaftlichen Integrationsräumen hat sich im Laufe der Zeit grundsätzlich verändert. In den ersten Jahren des GATT bildeten Wirtschaftszusammenschlüsse eine Ergänzung zur neuen Welthandelsordnung.[418] Es stand außer Frage, daß eine liberalisierte Welthandelsordnung auf multilateraler Basis das anzustrebende Optimalergebnis darstellen würde. Jedoch war schon den Gründungsvätern des GATT bewußt, daß ein multilaterales System liberalisierter Handelsbeziehungen nur ein Idealziel, eine in der Praxis nicht zu erreichende „first-best"-Lösung darstellen würde.[419] Die Vertragsparteien konnten und wollten nicht einer ausnahmslosen Einhaltung der Meistbegünstigungsverpflichtung zustimmen. Als „second-best"-Lösung wurde Art. XXIV GATT eingeführt, der für Freihandelszonen und Zollunionen zumindest eine Abweichung von Art. I GATT zuläßt, soweit die wirtschaftlichen Integrationsabkommen die in Art. XXIV GATT normierten Voraussetzungen erfüllen. Eine regionale Reduktion bzw. Beseitigung von Zöllen wurde als besser erachtet als gar kein Zollabbau.[420]

Die sich tatsächlich entfaltenden Regionalisierungstendenzen haben jedoch alle Erwartungen übertroffen. Was die Schöpfer des GATT als Ausnahme konzipiert hatten, droht allmählich zur übermächtigen Regel zu werden. Von einer weltweiten Gleichbehandlung, wie sie die WTO bzw. das GATT beabsichtigen, kann bei diesem Ausmaß des präferenziellen Handels keine Rede mehr sein. Vor allem seit den achtziger Jahren ließ sich eine Proliferation regionaler Integrationsabkommen beobachten, die dazu führte, daß zollfreie Räume immer mehr in Konkurrenz zum GATT traten und nun den Multilateralismus zu untergraben drohen.[421] Grund für diesen Regionalisierungsboom ist in erster Linie, daß die GATT-Vertragsparteien in einer teilweisen Liberalisierung des Welthandels durch Freihandelszonen und Zollunionen mehr Vorteile sehen, als Nachteile durch die Ausklammerung dieser Regionalzonen vom allgemeinen Meistbegünstigungsgrundsatz. Oft kommt es auch vor, daß nicht wirtschaftliche Vorteile den Ausschlag beim Abschluß eines Regionalabkommens geben, sondern die Hoffnung

---

[417] Vgl. ausführlich dazu *WTO*, Synopsis, S. 29 ff.; *Stephenson*, in: *Sauvé/Stern* (Hrsg.), GATS 2000, S. 509 (S. 513 ff.); *Cottier/Evtimov*, ZEuS 2000, S. 477 (S. 491 ff.); *Weiß/Herrmann*, Welthandelsrecht, Rdn. 855; *Marceau/Reiman*, LIEI 2001, S. 297 (S. 324 f.); *Senti*, WTO, Rdn. 1240 ff.

[418] So *Senti*, Aussenwirtschaft 1994, S. 131 (S. 131).

[419] *Huber*, JCMS 1981, S. 281 (S. 281); *Hilpold*, RIW 1993, S. 657 (S. 657).

[420] *Trebilcock/Howse*, Regulation of International Trade, S. 27.

[421] *Hilpold*, ZVglRWiss 1994, S. 419 (S. 435 f.), *Bhagwati*, World Economy 1997, S. 259 (S. 259 ff.).

auf eine politische Stabilisierung und bessere Beziehungen zum Vertragspartner.[422]
Die Frage, ob eine solche vertiefte wirtschaftliche Integration wünschenswert ist oder eher das multilaterale Welthandelssystem gefährdet, wird in der Literatur unter der Überschrift *„Regionalismus versus Multilateralismus“* diskutiert.[423]
Das grundsätzliche Problem regionaler Integrationsabkommen besteht darin, daß sie per definitionem gegen die Meistbegünstigungsverpflichtung verstoßen. Da die Vergünstigungen, die sich Mitglieder einer Präferenzzone einräumen, gerade nicht bedingungslos und unverzüglich an alle anderen WTO-Mitgliedstaaten weitergegeben werden, führen Integrationsabkommen immer zu einer Verletzung des Art. I Abs. 1 GATT. Die vermehrte Bildung von Regionalzusammenschlüssen hat zur Folge, daß aktuell beträchtliche Teile des Welthandels nicht mehr den allgemeinen Regeln über Gleichbehandlung und Meistbegünstigung unterliegen, sondern den präferenziellen Sonderregeln der jeweiligen Zusammenschlüsse. Der zur Lösung dieser strukturellen Problematik bereitstehende Art. XXIV GATT ist jedoch mit einigen Auslegungsschwierigkeiten behaftet, die auch durch die Vereinbarung zur Auslegung des Art. XXIV GATT aus dem Jahre 1994 nicht ausgeräumt werden konnten.

Primäres Ziel des Art. XXIV GATT ist es, die durch Integrationsabkommen verursachten Schäden für das multilaterale Wirtschaftsgefüge so gering wie möglich zu halten. Dies soll auf zwei Wegen erreicht werden: Zum einen muß die wirtschaftliche Integration in den Regionalzusammenschlüssen möglichst umfassend sein. Die zusammengeschlossenen Gebiete haben im internen Handel eine grundsätzlich vollständige Liberalisierung herbeizuführen.[424] Vor allem die jeweiligen nationalen Zölle und sonstigen Handelsbeschränkungen sind abzuschaffen oder zumindest zu verringern. Durch eine weitgehende Integration soll die Schaffung von Präferenzgebieten verhindert werden, die häufig eine protektionistische Handelspolitik verfolgen und so eine Gefahr für den Welthandel darstellen können.
Zum anderen soll die Integration im Inneren nicht mit einer Verschlechterung der Handelsbeziehungen zu Drittstaaten einhergehen. Die regionalen Abkommen sollen vielmehr zur Förderung des Welthandels beitragen. Daher stellt Art. XXIV GATT bestimmte Anforderungen an die Ausgestaltung von Integrationszonen in Bezug auf ihren Außenhandel.
Diese zwei von Art. XXIV GATT eingeschlagenen Wege sind – für sich betrachtet – wirtschaftswissenschaftlich sehr wohl geeignet, die von regionalen Integrationszonen ausgehenden negativen Auswirkungen auf den Welthandel möglichst gering zu halten. Problematisch ist jedoch, daß diese Leitideen nicht in einer griffigen Formulierung des Art. XXIV GATT ihren Niederschlag gefunden haben. Stattdessen ist der Wortlaut des Art. XXIV GATT von unbestimmten Rechtsbegriffen geprägt (*„substantially all the trade“*, *„substantially the same duties and other regulations“*, *„on the whole“*, *„general incidence“*), die zu wenig operational sind, um die von regional begrenzten Abreden ausgehenden Gefahren für das multilaterale Welthandelssystem wirksam eindämmen zu können. Zu Recht bemerkt John Jackson zu dem Ansatz des GATT, Regionalismus

---

[422] *Cottier*, EFAR 1996, S. 149 (S. 153).
[423] *Eeckhout*, The European Internal Market, S. 358.
[424] *Steinberger*, GATT und regionale Wirtschaftszusammenschlüsse, S. 168 f.

und Multilateralismus zu vereinbaren: „It has become increasingly clear that the language of GATT Article XXIV is not adequate for the developing international economic practice today.“[425]
Aus der Not heraus versuchten die WTO und besonders ihre Streitbeilegungsorgane, zur Frage der Vereinbarkeit regionaler Abkommen mit dem multilateralen System rechtliche Kriterien und Anforderungen zu entwickeln. Die Ergebnisse dieser Bemühungen wurden ausführlich vor allem im Zusammenhang mit der Rechtssache *„Turkey – Restrictions on Imports of Textile and Clothing Products“* dargestellt. Interessant sind nicht nur die dort angestellten, nicht immer sinnvollen Versuche zur Konkretisierung der einzelnen Rechtsbegriffe, sondern auch die Ausführungen von Appellate Body und Panel zum Umfang der Ausnahmebestimmung des Art. XXIV GATT. Hier zeigen sich deutliche Unterschiede zwischen den Streitbeilegungsorganen. Nach Ansicht des Panels ist ein regionales Handelsabkommen nur dann GATT-konform, wenn es die Ziele der WTO ergänzt. Kollisionen sind nur den Grundsatz der Meistbegünstigung betreffend zulässig.[426] Im übrigen kann Art. XXIV GATT die Verletzung von WTO-Prinzipien nicht rechtfertigen. Das Panel geht damit von einer Hierarchie der Handelssysteme aus, in der das multilaterale WTO-System grundsätzlich Vorrang vor regionalen Abkommen genießt. Diese globalistische Lesart erschwert regionale Wirtschaftszusammenschlüsse erheblich.

Das Berufungsgremium legt einen grundsätzlich offeneren Maßstab an: Nach seiner Ansicht ist die Bildung von Zollunionen und Freihandelszonen gem. Art. XXIV GATT grundsätzlich geeignet, Verstöße gegen die allgemeinen WTO-Prinzipien zu rechtfertigen. Art. XXIV GATT stellt nicht nur einen Rechtfertigungsgrund für Abweichungen von den Grundsätzen des Art. I Abs. 1 GATT, sondern auch für Abweichungen von anderen Bestimmungen des GATT zur Verfügung.[427] Art. XXIV GATT ist danach eine allgemeine Ausnahme. Voraussetzung für eine Rechtfertigung nach Art. XXIV Abs. 5 GATT ist allerdings, daß die entsprechenden Maßnahmen anläßlich der Errichtung einer den Voraussetzungen des Art. XXIV Abs. 5 und 8 GATT entsprechenden Zollunion (bzw. Freihandelszone) ergriffen werden und zur Errichtung der Zollunion notwendig sind. Dieser Notwendigkeitstest entspricht einer Erforderlichkeitsprüfung, d.h. einer Suche nach dem mildesten Mittel. Sofern die Zollunion auch ohne die angegriffene Maßnahme oder mit einer weniger GATT-widrigen Maßnahme errichtet werden kann, muß auf diese zurückgegriffen werden.[428]
Hinter der Ansicht des Appellate Body steckt die Erkenntnis, daß Zollunionen und Freihandelszonen eine positive, den Welthandel erweiternde Wirkung erzielen können, sobald sie die in Art. XXIV GATT aufgezählten Voraussetzungen erfüllen. Der Appellate Body stellt nicht darauf ab, ob ein regionaler Zusammenschluß neue Diskriminierungen zur Folge hat. Vielmehr beleuchtet er die weltwirtschaftlichen Wirkungen eines Integrationsabkommens und die Frage, inwieweit der regionale Zusammenschluß

---

[425] *Jackson*, WTO – Constitution and Jurisprudence, S. 56.
[426] Panel, *Turkey – Restrictions on Imports of Textile and Clothing Products*, WT/DS34/R, Rdn. 9.208.
[427] So der Appellate Body, *Turkey – Restrictions on Imports of Textile and Clothing Products*, WT /DS34/AB/R, Rdn. 58
[428] In diesem Sinne auch *Weiß/Herrmann*, Welthandelsrecht, Rdn. 618.

zur Verwirklichung der obersten WTO-Ziele (weltweite Steigerung des Wohlstandes und der Handelsverbindungen) beiträgt. Diese Auslegung des Appellate Body führt zu einer deutlichen Abschwächung des Spannungsverhältnisses zwischen Regionalismus und Multilateralismus.[429]
So wie die Entscheidungen des Panels und des Appellate Body von verschiedenen Haltungen gegenüber regionalen Integrationsabkommen geprägt sind, gibt es auch in der Literatur zwei Ansichten zu den Auswirkungen des Regionalismus.[430] Seine Befürworter sehen in regionalen Zusammenschlüssen einen Stimulus für den multilateralen Prozeß. Regionale Integrationsabkommen seien eine sinnvolle Ergänzung der multilateralen Handelsbemühungen und eine pragmatische Zwischenstation auf dem Weg zur globalen Beseitigung jeglicher Hemmnisse im Wirtschaftsverkehr. Kritiker sehen in der regionalen Integration dagegen eine Abkehr vom Prinzip der multilateralen Liberalisierung mit negativen Konsequenzen für die globale Wohlfahrt. Präferenzielle Abkommen würden immer zu Diskriminierungen Dritter führen und letztlich in einem Auseinanderfallen der Weltwirtschaft in protektionistisch abgeschirmte Wirtschaftsblöcke enden.

Die Lösung der Frage kann jedoch weder darin liegen, regionale Präferenzzonen generell als WTO-konform einzustufen, da sie stets positive Auswirkungen auf das Welthandelssystem hätten, noch darin, in jedem Regionalabkommen eine Gefahr für das GATT zu sehen. Vielmehr muß eine Einzelbetrachtung über die welthandelsrechtliche Zulässigkeit eines regionalen Integrationsabkommens entscheiden. Der richtige Beurteilungsmaßstab läßt sich dabei Art. XXIV Abs. 4 GATT entnehmen, der – wie es der Appellate Body im Türkei-Textilfall ausdrückt[431] – den übergeordneten und alles beherrschenden Zweck des Art. XXIV GATT enthält. Regionale Wirtschaftszusammenschlüsse sind danach dann mit der Konzeption und Intention des GATT vereinbar, wenn die damit einhergehenden Handelserleichterungen die Handelsverzerrungen überwiegen. Dieser übergeordnete Gedanke kommt auch in der Präambel der Vereinbarung zur Auslegung des Art. XXIV GATT zum Ausdruck. Dort wird bestärkt, „daß es Zweck solcher Übereinkünfte sein soll, den Handel zwischen den teilnehmenden Staaten zu erleichtern, nicht aber dem Handel anderer Mitglieder mit diesen Gebieten Schranken zu setzen und daß bei der Bildung und Erweiterung von Zollunionen oder Freihandelszonen so weitgehend wie möglich nachteilige Auswirkungen auf den Handel anderer Mitglieder vermieden werden sollen".
Für die Beurteilung der GATT-Konformität eines regionalen Integrationsabkommens im Einzelfall bedeutet dies: Maßstab der Zulässigkeitsprüfung sind die Art. XXIV Abs. 5 bis 8 GATT. Hingegen ist Art. XXIV Abs. 4 GATT nicht direkt Zulässigkeitsvoraussetzung, da er keine selbständige Verpflichtung bzw. keinen separaten Test zur

---

[429] So auch *v. Bogdandy/Makatsch*, EuZW 2000, S. 261 (S. 265).

[430] Vgl. ausführlich zum Streitstand *Dunker*, Regionale Integration, S. 271 ff.

[431] „Paragraph 4 contains purposive, and not operative, language. It does not set forth a separate obligation itself but, rather, sets forth the overriding and pervasive purpose for Article XXIV which is manifested in operative language in the specific obligations that are found elsewhere in Article XXIV. Thus, the purpose set forth in paragraph 4 informs the other relevant paragraphs of Article XXIV [...]", Appellate Body, *Turkey – Restrictions on Imports of Textile and Clothing Products*, WT/DS34 /AB/R, Rdn. 57.

Überprüfung regionaler Integrationsabkommen enthält.[432] Indirekt ist er jedoch zu berücksichtigen: Die in den Absätzen 5 bis 8 des Art. XXIV enthaltenen unbestimmten Rechtsbegriffe sind teleologisch im Lichte der Grundsatzbestimmung des Art. XXIV Abs. 4 GATT bzw. der Präambel der Vereinbarung zur Auslegung des Art. XXIV GATT auszulegen, die den Sinn und Zweck von Zollunionen und Freihandelszonen umschreiben. Die Voraussetzungen des Art. XXIV sind demnach nur dann erfüllt, wenn der in Frage stehenden Zusammenschluß per saldo mehr „trade creating" als „trade diverting" wirkt.[433] Ausschlaggebend für die Beurteilung eines Regionalabkommens ist also eine wirtschaftliche Betrachtungsweise im Einzelfall. Indem der Appellate Body im Türkei-Textilfall die besondere Bedeutung des Art. XXIV Abs. 4 GATT unterstrich, scheint auch er sich in diese Richtung zu bewegen.[434] Dies ist auch richtig, denn allein eine wirtschaftliche Betrachtungsweise kann gewährleisten, daß ein Regionalabkommen im Ergebnis tatsächlich zu einem „GATT-plus" und nicht zu einem „GATT-minus" führt.

Zu einer solchen wirtschaftlichen Beurteilung gibt es nur eine Alternative, mit der ebenfalls sichergestellt werden könnte, daß regionale Integrationsabkommen keine Gefahren für das GATT/WTO-Rechtssystem begründen: Die unbestimmten Rechtsbegriffe des Art. XXIV GATT müßten in einer den Prinzipien des Welthandelsrechts entsprechenden Weise konkretisiert werden. Zunächst ist dabei nicht an die Streitbeilegungsorgane als Konkretisierungsgremium zu denken, sondern eher an den ständigen Ausschuß für regionale Integrationszonen (CRTA). Diese Einrichtung als Treffpunkt der Vertragsparteien bietet die optimale Plattform, um konkrete Auslegungskriterien zu vereinbaren, die eine Einhaltung der GATT-Zielvorgaben im Einzelfall sicherstellen.[435] Vorteil einer solchen Vorgehensweise wäre, daß die dort getroffenen Vereinbarungen in einem Konsensverfahren ergehen, was grundsätzlich die Akzeptanz erhöht. Entscheidungen der Streitbeilegungsorgane, auch in Form von Gutachten, hinterlassen dagegen stets Sieger und Besiegte; sie wirken eher korrigierend als integrierend. Gerade dies gilt es jedoch dort zu vermeiden, wo vitale Staatsinteressen berührt sind.

Der Weg über das CRTA scheint also sinnvoller zu sein, als mit einer teleologischen Auslegung der unbestimmten Rechtsbegriffe zu arbeiten und sich der Entscheidungsgewalt der Streitbeilegungsorgane zu unterwerfen. Es ist jedoch zu vermuten, daß diese Vorgehensweise an unüberwindlichen praktischen Widerständen scheitern wird. Ebenso wie man sich im CRTA seit seines Bestehens noch nie auf die Vereinbarkeit eines Abkommens mit Art. XXIV GATT einigen konnte[436], wird wegen der Heterogenität der Interessen auch bezüglich genereller Auslegungskriterien kein Konsens zu finden sein.

---

[432] So auch *Mathis*, Regional Trade Agreements, S. 193 f.

[433] So im Ergebnis auch *Langer*, Grundlagen einer internationalen Wirtschaftsverfassung, S. 133; *Benedek*, Rechtsordnung des GATT, S. 64.

[434] So wird die Entscheidung des Appellate Body auch interpretiert bei *Matsushita/Schoenbaum /Mavroidis*, The World Trade Organization, S. 360.

[435] Zu dieser Möglichkeit ausführlich *Mathis*, Regional Trade Agreements, S. 256 f.

[436] *WTO*, Compendium, S. 8.

Dritter Teil

Technische Handelshemmnisse im Weltwirtschaftssystem

Mit Art. XXIV GATT wurde bei Schaffung des GATT aus wirtschaftlichen und institutionellen Gründen eine Ausnahme vom allgemeinen Meistbegünstigungsgrundsatz für regionale Zollgemeinschaften und Zollunionen normiert. Formuliert als eng begrenzte Ausnahmevorschrift für damals noch eher unbedeutende Zollgemeinschaften, war Art. XXIV GATT nicht dazu angelegt, eine Entwicklung zu begleiten, die ihre ursprüngliche Dimension bei weitem gesprengt hat. Inzwischen sind die Zölle – nicht zuletzt im Rahmen der acht Handelsrunden des GATT – stark zurückgenommen worden. Die ursprünglich nach Art. XXIV GATT geschaffenen Integrationsblöcke sind mit der Zeit über bloße Zollvereinbarungen hinausgewachsen und entwickeln sich mehr und mehr zu Wirtschaftsblöcken mit einer umfassenden Binnenpolitik, die weit über den Wirtschaftsbereich im engeren Sinne hinaus in den Sozial- und Umweltbereich sowie in den Währungs- und Steuerbereich hineingreifen.[437] Zu Beginn des 21. Jahrhunderts steht nicht mehr der Abbau von Zöllen im Mittelpunkt von Integrationsgemeinschaften, sondern der Abbau nicht-tarifärer Handelshemmnisse. Insbesondere die Beseitigung technischer Handelshemmnisse führt zu einer tiefergehenden wirtschaftlichen Integration, so beispielsweise im EG-Binnenmarkt. Daher bedarf gerade diese Form der Handelsbeschränkung einer ausführlichen Darstellung. Bevor jedoch speziell die technischen Handelshemmnisse in das GATT/WTO-Normgefüge eingeordnet werden, muß sich kurz den nicht-tarifären Handelshemmnissen im allgemeinen zugewandt werden.

A. Begriff, Systematik und Ausmaß nicht-tarifärer Handelshemmnisse

Die wohl bekannteste Definition nicht-tarifärer Handelshemmnisse lieferte Robert E. Baldwin im Jahre 1970. Ihm zufolge handelt es sich bei nicht-tarifären Handelshemmnissen um:

„*any measure (public or private) that causes internationally traded goods and services, or resources devoted to the protection of these goods and services, to be allocated in such a way as to reduce potential real world income*“[438].

---

[437] *Cottier*, EFAR 1996, S. 149 (S. 152).
[438] *Baldwin*, Nontariff Distortions of International Trade, S. 5.

Nach dieser Definition sind Eingriffe jeglicher Art, die in der einen oder anderen Weise das Ausmaß, die Richtung oder die Zusammensetzung des internationalen Güterstroms beeinflussen und dadurch das potentielle Welteinkommen (Sozialprodukt) schmälern, als handelshemmende Maßnahmen zu betrachten.[439] Diese Begriffsabgrenzung ist zwar aus theoretischer Sicht richtig, für die praktische und wissenschaftliche Arbeit jedoch kaum zu gebrauchen.[440] Problematisch ist zum einen, daß die Definition eine Aussage über das potentielle Welteinkommen voraussetzt, die in der geforderten Art und Weise kaum möglich ist. Zum anderen ist der Ansatz zu weit und zu allgemein, weshalb in der Praxis dazu übergegangen wird, grundsätzlich nur jene Maßnahmen als handelshemmend einzustufen, die den Außenhandel signifikant beeinträchtigen.[441]

Abzugrenzen sind die nicht-tarifären Handelshemmnisse stets von den tarifären Handelshemmnissen. Bei letzteren handelt es sich um die in einem Tarif oder in einer Liste enthaltenen Zölle oder spezifischen Abgaben. In der logischen Konsequenz werden als nicht-tarifär all jene handelshemmenden Maßnahmen eingestuft, die nicht in einem Zolltarif oder in einer zollgleichen Abgabe bestehen.[442] So fallen unter den Begriff des nicht-tarifären Handelshemmnisses mengenmäßige Beschränkungen, Import- und Exportlizenzen, Subventionen, technische Normen, übertriebene Sicherheits-, Umweltschutz- und Gesundheitsregelungen sowie alle anderen Handelsauflagen und Schikanen, die ein Handelspartner beim Grenzübertritt der Ware vorschreiben und anwenden kann.[443]

Da jedoch auch der Versuch einer negativen Abgrenzung zu unbefriedigenden Ergebnissen führt, wird heute nicht mehr versucht, nicht-tarifäre Handelshemmnisse definitorisch zu erfassen; vielmehr wird eine Klassifizierung anhand verschiedener Erscheinungsformen vorgenommen.

Ein Ansatz unterteilt dabei in nicht-tarifäre Handelshemmnisse im engeren und weiteren Sinn. Unter den engen Begriff fallen nur die an der Grenze eingesetzten Handelshemmnisse, wie zum Beispiel Mengenkontingente, Import- und Exportlizenzen und

---

[439] Diese Übersetzung findet sich bei *Schwintowski*, RabelsZ 1994, S. 232 (S. 248); zu anderen im Schrifttum vorgeschlagenen Definitionsversuchen vgl. *Quambusch*, Nicht-tarifäre Handelshemmnisse, S. 9 ff.; *Ohlinger*, Die Relevanz nicht-tarifärer Handelshemmnisse, S. 108 ff.

[440] So auch *Quambusch*, Nicht-tarifäre Handelshemmnisse, S. 12; *Ohlinger*, Die Relevanz nicht-tarifärer Handelshemmnisse, S. 109; *Tietje*, Normative Grundstrukturen, S. 31.

[441] *Senti*, GATT, S. 146.

[442] Insoweit ist die wörtlich Übersetzung der englischen Bezeichnung "non-tariff-trade-barrier" als nicht-tarifäres Handelshemmnis unglücklich gewählt, da die im Englischen hervorgehobene Abgrenzung zu Zollbeschränkungen nicht unmittelbar zum Ausdruck kommt. Dennoch hat sich der Begriff „nicht-tarifäres Handelshemmnis“ in der deutschen rechts- und wirtschaftswissenschaftlichen Diskussion durchgesetzt; vgl. zu den begrifflichen Problemen *Quambusch*, Nicht-tarifäre Handelshemmnisse, S. 5; *Ohlinger*, Die Relevanz nicht-tarifärer Handelshemmnisse, S. 108 f.; *Petersmann*, RabelsZ 1983, S. 478 (S. 478 ff.).

[443] Besonderer Beliebtheit erfreuen sich auch sog. „Grauzonenmaßnahmen“, wie etwa „freiwillige“ Exportbeschränkungsabkommen in der Textil-, Automobil-, Stahl- und Computerbranche, vgl. *Wolfrum*, in: *Schmidt* (Hrsg.), Öffentliches Wirtschaftsrecht, S. 535 (S. 641 f.); *Petersmann*, JWTL 1988, S. 23 (S. 23 ff.).

administrative Sonderbestimmungen.[444] Alle anderen Beschränkungen werden von der weiteren Definition erfaßt.[445]
Ein anderer Versuch der Abgrenzung[446] unterscheidet – in Anlehnung an die Systematik von Liesel Quambusch[447] – zwischen direkten[448] und indirekten[449] Handelshemmnissen sowie Handelshemmnissen in Form von Ermessensentscheidungen und Willkürakten[450].

Die verschiedenen Ansätze zeigen schon, daß es sich bei den nicht-tarifären Handelshemmnissen um ein nicht unbedeutendes Phänomen des internationalen Wirtschaftsverkehrs handelt. In welchem genauen Umfang das Welthandelssystem durch nicht-tarifäre Handelshemmnisse geprägt ist, läßt sich aber nur schwer bestimmen. Dies liegt in erster Linie daran, daß der Erfindungsgeist der einzelnen Mitgliedstaaten keine Grenzen kennt und immer neue Erscheinungsformen nicht-tarifärer Handelshemmnisse hervorbringt.[451]

Untersuchungen zur Bedeutung nicht-tarifärer Handelshemmnisse ergaben, daß schon Mitte der achtziger Jahre der betroffene Anteil des Welthandels bei 40 % lag.[452] Zu einem ähnlichen Ergebnis kam eine Studie von Laird und Yeats.[453] Hiernach waren im Jahre 1966 25,3 % der Importe großer Industrieländer von nicht-tarifären Handelshemmnissen betroffen. Im Jahre 1986 betrug der Anteil bereits 48 %. Unabhängig von den Schwierigkeiten, denen derartige Untersuchungen ausgesetzt sind, bleibt festzuhalten, daß zumindest ein Drittel des Welthandels von nicht-tarifären Handelshemmnissen betroffen ist, womit diese Erscheinung das heutige Welthandelssystem in entscheidendem Maße prägt.

---

[444] Vgl. *OECD*, Indicators of Tariff and Non-tariff Trade Barriers, S. 63 f.; dazu auch in aller Ausführlichkeit *Curzon/Curzon*, Hidden Barriers to International Trade, S. 26 ff.
[445] *Salvatore*, in: *Salvatore* (Hrsg,), Protectionism and world welfare, S. 1 (S. 311 ff.); zu den einzelnen Handelshemmnissen *Curzon/Curzon*, Global Assault on Non-Tariff Trade Barriers, S. 15 ff.
[446] Unterteilung nach *Senti*, WTO, Rdn. 536 ff.; ähnlich auch bei *Langhammer*, in: *Zippel* (Hrsg.), Ökonomische Grundlagen der europäischen Integration, S. 41 (S. 42); eine Gliederung des GATT-Inventars nach Art der nicht-tarifären Handelshemmnisse findet sich bei *Hasenpflug*, Nicht-tarifäre Handelshemmnisse, S. 18 f.
[447] *Quambusch*, Nicht-tarifäre Handelshemmnisse, S. 46 ff.
[448] Direkte Handelshemmnisse haben von vornherein eine protektionistische Zielsetzung und beabsichtigen eine direkte Beeinflussung des Preises oder der Menge einer Ware. Beispiele sind etwa Einfuhrgebühren, Einfuhrausgleichsteuern, Beschränkungen der Einfuhrmenge mit Verboten und Kontingenten oder freiwillige Exportbeschränkungsabkommen.
[449] Bei den indirekten Handelshemmnissen ist der protektionistische Zweck nicht immer klar erkennbar. Das sind beispielsweise Verbraucherschutzvorschriften, Vorschriften zum Schutz des geistigen Eigentums oder technische Normen und Sicherheitsvorschriften.
[450] Hierunter fallen administrative Ein- und Übergriffe aufgrund von Ermessensentscheidungen, geheime Regierungsanweisungen und Schikanen durch die Verwaltung. Beispielsweise durften eine Zeit lang japanische Videorekorder nur über ein Zollamt in der Provinzstadt Poitiers nach Frankreich eingeführt werden, so *Hailbronner/Bierwagen*, JA 1988, S. 318 (S. 321).
[451] So *Jackson*, The World Trading System, S. 154.
[452] *Hochstrate/Zeppernick*, Wirtschaftsdienst 1988, S. 500 (S. 500); *Petersmann*, RabelsZ 1983, S. 478 (S. 479).
[453] *Laird/Yeats*, Weltwirtschaftliches Archiv 1990, S. 299 (S. 299 ff.).

Sicher ist auch, daß die Bedeutung nicht-tarifärer Handelshemmnisse im Welthandel wegen ihrer vielen Vorteile in den nächsten Jahren eher zu- als abnehmen wird.[454] Dieser Trend läßt sich schon jetzt an der wachsenden Versuchung ablesen, nicht-tarifäre Schutzmaßnahmen als protektionistische Instrumente einzusetzen – sog. *„neuer Protektionismus"*.[455]

B. Begriff, Bedeutung und Geschichte des Einsatzes technischer Handelshemmnisse

Bei dem massiven Auftreten nicht-tarifärer Handelshemmnisse verwundert es nicht, daß gerade ihr Abbau im Mittelpunkt heutiger Liberalisierungsbestrebungen steht. Von besonderem Interesse ist dabei die Beseitigung technischer Handelshemmnisse, da sie den zwischenstaatlichen Warenhandel in erheblichem Maße behindern.[456] Als technische Handelshemmnisse (*„Technical Barriers to Trade – TBT"*) werden staatliche Maßnahmen bezeichnet, die im Hinblick auf Einfuhr oder Vermarktung auf dem Inlandsmarkt technische Anforderungen an Waren stellen.[457] Anders als bei mengenmäßigen Beschränkungen geht es nicht nur um direkt auf die Einfuhr abzielende Maßnahmen an der Grenze, sondern ebenso um Regelungen, die den Absatz und Vertrieb von Waren auf dem Inlandsmarkt betreffen. Als technische Handelshemmnisse kommen Maßnahmen im Einzelfall oder, in der Praxis weit überwiegend, abstrakte technische Standards und ihre Anwendung in Betracht. Sie regeln die Beschaffenheit von Waren, deren Abmessungen und Kennzeichnung sowie die in diesem Zusammenhang vorgesehene Prüfverfahren.[458] Technische Handelshemmnisse dienen der Vereinheitlichung und Orientierung für Industrie, Handel und Verbraucher und sind zumeist durch Ziele des Umwelt-, Arbeits-, Verbraucher- oder Gesundheitsschutzes motiviert.[459]
Aus dem Bündel der nicht-tarifären Handelshemmnisse stellen technische Schranken das effektivste Mittel zur Behinderung des freien Warenverkehrs dar. Es verwundert daher nicht, daß sie zunehmend die Entwicklung, Herstellung, Vermarktung und den Handel von Waren beherrschen. Vor allem die Festschreibung von Produktstandards ermöglicht es den einzelnen Nationalstaaten, durch die Hintertür den grenzüberschreitenden Güterstrom zu erschweren.[460] Unter dem Deckmantel gesundheitlicher oder

---

[454] Vgl. ausführlich zu den Vorteilen nicht-tarifärer Handelshemmnisse gegenüber Zöllen *Langhammer*, in: *Zippel* (Hrsg.), Ökonomische Grundlagen der europäischen Integration, S. 41 (S. 41ff.).
[455] Dazu *Wolfrum*, in: *Schmidt* (Hrsg.), Öffentliches Wirtschaftsrecht, S. 535, (S. 634); *Beise*, WTO, S. 18; *Baldwin*, Trade Policy, S. 108 ff; *Frey*, Internationale Politische Ökonomie, S. 20 ff.; *Jiménez/Santiago*, in: *Demaret/Bellis/Jiménez* (Hrsg.), Regionalism and Multilateralism, S. 631 (S. 631).
[456] Trotz der thematischen Beschränkung auf technische Handelshemmnisse wird im folgenden auch mehrmals der Oberbegriff der nicht-tarifären Handelshemmnisse synonym verwendet. Hinsichtlich der welthandelsrechtlichen Beurteilung ergeben sich zwischen beiden Begriffen keine Unterschiede.
[457] *Stoll/Schorkopf*, WTO, Rdn. 265.
[458] *Ohlinger*, Die Relevanz nicht-tarifärer Handelshemmnisse, S. 172.
[459] Eine ökonomische Betrachtung technischer Standards findet sich bei *Prieß/Berrisch*, WTO-Handbuch, *Tietje*, S. 277 ff.
[460] *Bhala/Kennedy*, World Trade Law, *Kennedy*, S. 123.

sicherheitsrechtlicher Aspekte kann ein Staat strenge Vorschriften einführen, tatsächlich damit aber den Schutz einheimischer Hersteller und Händler vor gleichartigen Importprodukten bezwecken.[461] Die Strategie, die solchen Bestrebungen zugrunde liegt, ist immer gleich[462]: Der technisch festgelegte Standard wird bewußt so gewählt, daß er aufgrund ökonomisch-technischer Gegebenheiten zunächst nur von einem bestimmten inländischen Produzenten oder einer bestimmten Produzentengruppe eingehalten werden kann. Ausländischen Herstellern und Importeuren, die sich ebenfalls in der fraglichen Produktpalette bewegen, bleibt nur die Wahl, die für die einzelnen Märkte geltenden Standards zu ermitteln. Anschließend müssen sie ihre Produkte kostspielig modifizieren, um schließlich nach dem Durchlaufen langfristiger Test- und Zulassungsverfahren doch noch die inländischen Anforderungen zu erfüllen. Fehlt ihnen eine entsprechende Zertifizierung, mit der die Übereinstimmung des Produkts mit den technischen Standards im Einfuhrland nachgewiesen wird, ist das Produkt in aller Regel auf dem inländischen Markt nicht verkehrsfähig.[463]
Doch selbst wenn technische Handelshemmnisse andere Zwecke verfolgen, als den grenzüberschreitenden Handel bewußt zu diskriminieren, bringen sie als Nebenwirkung stets eine nicht unwesentliche Behinderung des freien Warenverkehrs mit sich.[464] Wie alle anderen nicht-tarifären Handelshemmnisse setzen auch technische Handelshemmnisse die Lenkungsfunktion des Preismechanismus außer Kraft und führen zu einer Fehlallokation von Ressourcen.[465]
Auf multilateraler Ebene wandte man sich erst im Rahmen der Tokio-Runde (1973-1976) den technischen Handelshemmnissen zu.[466] Im Zuge der allgemeinen Anstrengungen, der immer akuter werdenden Problematik nicht-tarifärer Handelshemmnisse Herr zu werden, wurden umfangreiche Zusatzregelungen zum GATT – sog. „*MTN-Kodizes*“ – verabschiedet[467], unter anderem auch ein Sonderabkommen über technische Handelshemmnisse (sog. „*Standards Code*“)[468]. In diesem Abkommen wurde ein gegenseitiger Verzicht auf Diskriminierung, eine verbesserte Transparenz der nationalen Auflagen und ein multilaterales Streitschlichtungsverfahren[469] festgeschrieben.[470]

---

[461] *Weiß/Herrmann*, Welthandelsrecht, Rdn. 508.
[462] Vgl. *Prieß/Berrisch*, WTO-Handbuch, *Tietje*, S. 276.
[463] *Stoll/Schorkopf*, WTO, Rdn. 267.
[464] So *Nunnenkamp*, Technische Handelshemmnisse, S. 373; *Langhammer*, in: *Zippel* (Hrsg.), Ökonomische Grundlagen der europäischen Integration, S. 41 (S. 42).
[465] Vgl. hierzu und zu weiteren Nachteilen technischer Handelshemmnisse *Ohlinger*, Die Relevanz nicht-tarifärer Handelshemmnisse, S. 177.
[466] Ausführlich zur Tokio-Runde, insbesondere zu den Verhandlungsproblemen *Senti*, GATT, S. 81 ff.
[467] *Jackson*, Restructuring the GATT System, S. 26 ff.; zur Rechtsqualität der MTN-Kodizes eingehend *Benedek*, Rechtsordnung des GATT, S. 104 ff.
[468] Abgedruckt in BISD 26 S/8; ausführlich hierzu *Middleton*, JWTL 1980, S. 201 (S. 201 ff.); *Bourgeois*, CMLR 1982, S. 5 (S. 7 ff.).
[469] Vgl. eingehender zum Streitschlichtungsmechanismus im Zusammenhang mit technischen Handelshemmnissen *Jiménez/Santiago*, in: *Demaret/Bellis/Jiménez* (Hrsg.), Regionalism and Multilateralism, S. 631 (S. 637 f.).
[470] Vgl. dazu ausführlich *Bhala/Kennedy*, World Trade Law, *Kennedy*, S. 117 ff.; *Senti*, GATT, S. 182 ff.; *Jackson*, The World Trading System, S. 153 f.; eine Bewertung der Ergebnisse der Tokio-Runde findet sich bei *Benedek*, Rechtsordnung des GATT, S. 106 und 435 ff. m.w.N.; *Tietje*, Normative Grundstrukturen, S. 100.

Die im Rahmen der Tokio-Runde auf den Weg gebrachten Änderungen blieben jedoch hinter den gesteckten Erwartungen zurück. Da der „Standards Code“ tatsächlich weder bestehende technische Handelshemmnisse beseitigen, noch einem weiteren Umgreifen solcher Handelsrestriktionen einen Riegel vorschieben konnte, wurde das Abkommen im Rahmen der Uruguay-Runde überarbeitet und als TBT-Abkommen (ÜTBT)[471] Bestandteil der neuen Welthandelsordnung.[472] Für technische Vorschriften und Normen, die dem Schutz des Lebens und der Gesundheit von Menschen, Tieren und Pflanzen dienen, wurde ein eigenes Abkommen geschaffen. Derartige Maßnahmen sind seit der Uruguay-Runde nicht mehr am „Standards-Code“, sondern am spezielleren Übereinkommen über die Anwendung gesundheitspolizeilicher und pflanzenschutzrechtlicher Maßnahmen (ÜSPS)[473] zu messen.

C. Der Grundsatz des GATT im Umgang mit technischen Handelshemmnissen: Das Tariffs only-Prinzip

Ein Grundsatz des GATT ist es, nicht-tarifäre Handelshemmnisse – also auch technische Handelshemmnisse – abzuschaffen bzw. in tarifäre Handelshemmnisse umzuwandeln (sog. „*Tariffs only-Prinzip*“).[474] Nach diesem Leitbild sollen handelspolitische Schutzmaßnahmen auf Zölle und zollgleiche Abgaben begrenzt bleiben. Man spricht in diesem Zusammenhang auch vom Prinzip der Offenheit der Märkte, wodurch die Intention dieses Grundsatzes sehr deutlich zum Ausdruck kommt: Handelspolitische Maßnahmen sollen transparent und ihre Kosteneffekte kalkulierbar sein. Zölle genügen diesem Grundsatz, indem sie in aller Regel in allgemeinen Vorschriften niedergelegt sind, die von potentiellen Handelspartnern eingesehen werden können.[475] Im GATT dienen die Vorschriften der Art. I, III, und XI GATT der Umsetzung des Tariffs only-Prinzips. Das GATT/WTO-Regime versucht mit diesen Regelungen, nicht-tarifäre Handelshemmnisse möglichst effektiv zu reduzieren bzw. in tarifäre Handelshemmnisse umzuwandeln, um so einen möglichst unverzerrten internationalen Wettbewerb herzustellen.[476] Die tarifären Handelshemmnisse (Zölle, zollgleiche Abgaben und Belastungen) werden dann jeweils zum Gegenstand von Verhandlungen über Zollsenkungen gemacht.[477]

---

[471] Agreement on Technical Barriers to Trade, ABl. 1994 Nr. L 336, S. 86.

[472] Eingehend zu Inhalt und Schwierigkeiten der Verhandlungen im Rahmen der Uruguay-Runde *Stewart*, The GATT Uruguay Round, *Edozien*, S. 710 ff.; *Croome*, Reshaping the World Trading System, S. 48 ff.; *Hoekman/Kostecki*, The Political Economy of the World Trading System, S. 76 ff.

[473] Agreement on the Application of Sanitary and Phytosanitary Measures, ABl. 1994 Nr. 336, S. 40.

[474] *Herdegen*, Internationales Wirtschaftsrecht, § 7, Rdn. 26; *Herrmann*, ZEuS 2001, S. 453 (S. 473); *Hanel*, ZfZ 1996, S. 104 (S. 107).

[475] Dies gilt insbesondere, wenn ein Zolltarif im Rahmen des GATT festgelegt wird und damit integraler Bestandteil der WTO/GATT-Rechtsordnung ist, Art. II Abs. 7 GATT.

[476] *Herrmann*, ZEuS 2001, S. 453 (S. 472); *Jackson*, The World Trading System, S. 139 f.

[477] Vgl. Art. XXVIII, XXVIII*bis* GATT; dazu *Bhala/Kennedy*, World Trade Law, *Kennedy*, S. 60.

Für die im GATT angelegte Asymmetrie, Zölle lediglich zu reduzieren, nicht-tarifäre Handelshemmnisse dagegen völlig zu beseitigen, sind mehrere Gründe anzuführen.[478] Hauptsächlich stecken wirtschaftswissenschaftliche Gesichtspunkte hinter der generellen Ablehnung nicht-tarifärer Handelshemmnisse.[479] Zwar steht jedem Land das unbestrittene Recht zu, die eigenen Interessen zu wahren. Jedoch hat dieser Schutz aus wohlstandsmaximierenden Gründen über Maßnahmen zu erfolgen, die möglichst transparent und berechenbar sind.[480] Durch das Erfordernis der Transparenz wird gewährleistet, daß die Wirtschaftssubjekte ökonomische Entscheidungen auf einer verläßlichen Grundlage treffen können.[481] Auch setzen tarifäre Handelshemmnisse im Gegensatz zu Mengenbegrenzungen den Preis- und Marktmechanismus nicht außer Kraft, sondern bewirken nur eine Verteuerung der Produkte, die durch produktivere Maßnahmen ausgeglichen werden kann.[482]

D. Bewertung technischer Handelshemmnisse anhand einzelner GATT-Vorschriften

Im GATT besteht keine ausdrückliche, generelle Untersagung technischer Handelshemmnisse.[483] Es enthält nur einige grundlegende Vorschriften zur rechtlichen Behandlung technischer Handelshemmnisse, die aufgrund ihrer allgemeinen Anwendbarkeit als Generalklauseln bezeichnet werden können.[484] Von Bedeutung sind insbesondere die Art. I, III, und XI GATT. Dazu kommt Art. XX GATT, aus dem sich ausnahmsweise eine rechtliche Zulässigkeit technischer Handelshemmnisse ergeben kann.

I. Der Meistbegünstigungsgrundsatz, Art. I Abs. 1 GATT

Eine wesentliche Vorschrift im Umgang mit technischen Handelshemmnissen ist das Prinzip der Meistbegünstigung nach Art. I Abs. 1 GATT. Schon auf den ersten Blick ist es nicht unwahrscheinlich, daß eine Beseitigung technischer Handelshemmnisse mit diesem zentralen Grundsatz der WTO/GATT-Rechtsordnung im Widerspruch steht.

---

[478] Ausführlich dazu *Herrmann*, ZEuS 2001, S. 453 (S. 473); *Hailbronner/Bierwagen*, JA 1988, S. 318 (S. 321); *Beise*, WTO, S. 108; *Hauser/Schanz*, Das neue GATT, S. 17 ff.; *Langhammer*, in: *Zippel* (Hrsg.), Ökonomische Grundlagen der europäischen Integration, S. 41 (S. 45).

[479] Daneben werden auch historische Gründe angeführt; vgl. in aller Ausführlichkeit zur historischen Perspektive *Tietje*, Normative Grundstrukturen, S. 268 ff.; auch *Senti*, GATT-WTO, S. 54.

[480] Vgl. zu dieser am weitesten verbreiteten Begründung für die einseitige Ausrichtung des GATT auf Zölle *Wilcox*, A Charter for World Trade, S. 81 ff.; *Curzon/Curzon*, Hidden Barriers to International Trade, S. 3; *Jackson*, The World Trading System, S. 140.

[481] *Petersmann*, Constitutional Functions and Constitutional Problems, S. 222 ff.; *Dam*, GATT, S. 26.

[482] Eingehend *Rose/Sauernheimer*, Theorie der Außenwirtschaft, S. 587 f.; *Petersmann*, RabelsZ 1983, S. 478 (S. 485); *Bhala/Kennedy*, World Trade Law, *Kennedy*, S. 60; *Nunnenkamp*, Technische Handelshemmnisse, S. 374 ff.; *Bail*, EuZW 1990, S. 433 (S. 434); *Beise*, WTO, S. 48.

[483] *Wolfrum*, in: *Schmidt* (Hrsg.), Öffentliches Wirtschaftsrecht, S. 535 (S. 634).

[484] *Tietje*, Normative Grundstrukturen, S. 98.

1. Bedeutung und Funktion der Meistbegünstigungsverpflichtung

Obwohl die Meistbegünstigungsklausel in Art. I Abs. 1 GATT den Begriff „Diskriminierung“ nicht ausdrücklich erwähnt, ist sie neben dem Prinzip der Inländergleichbehandlung die zweite Ausprägung des Nichtdiskriminierungsprinzips.
Das Prinzip der Meistbegünstigung beruht darauf, daß ein Staat in seinen Rechtssetzungs- oder Verwaltungsmaßnahmen einen anderen Staat so behandelt, wie es der günstigsten Behandlung entspricht, die er irgendeinem dritten Staat in gleicher Beziehung und unter gleichen Prämissen zukommen läßt.[485] Die Meistbegünstigungsverpflichtung soll sicherstellen, daß potentiell alle Marktteilnehmer gleichberechtigt am Welthandelssystem teilnehmen, um so entsprechend der Theorie komparativer Kostenvorteile eine optimale Ressourcenallokation zu erreichen.[486] Jede staatliche Maßnahme, die in den natürlichen Marktprozeß eingreift, soll unterbunden werden, soweit sie nicht unterschiedslos auf alle potentielle Handelspartner Anwendung findet. Dadurch sollen alle WTO-Mitglieder über die gleichen Startbedingungen verfügen, wenn sie Waren in einen anderen Mitgliedstaat einführen.[487]
Eine Verletzung der Meistbegünstigungsverpflichtung liegt vor, wenn eine Maßnahme in den Anwendungsbereich des Art. I Abs. 1 GATT fällt, sie einen Vorteil, eine Vergünstigung, ein Vorrecht oder eine Befreiung im Sinne des Art. I Abs. 1 GATT darstellt und schließlich in vergleichbaren Sachverhalten der betroffene Staat im Verhältnis zu anderen Staaten ungleich behandelt wird.

2. Anwendungsbereich des Art. I Abs. 1 GATT

Art. I Abs. 1 GATT dient zunächst dazu, die Effektivität der bi- und multilateral erzielten Zollvereinbarungen zu garantieren. Jedoch ist in Art. I Abs. 1 GATT nicht nur von Zöllen die Rede, sondern auch von „Belastungen aller Art, die anläßlich oder im Zusammenhang mit der Einfuhr oder Ausfuhr [...] auferlegt werden“ („all rules and formalities in connection with importation and exportation“). Schon aus der weiten Formulierung läßt sich entnehmen, daß Art. I Abs.1 GATT einen umfassenden Anwendungsbereich hat.[488] Deutlich wird dies auch durch den Verweis des Art. I Abs. 1 GATT auf Art. III Abs. 2 und Art. III Abs. 4 GATT. Danach bezieht sich die Meistbegünstigungsverpflichtung auch auf alle „in Art. III Absätze 2 und 4 behandelten Angelegenheiten“, also auf alle Gesetzesbestimmungen, Verwaltungsanordnungen oder Vorschriften bezüglich des Verkaufs, Verkaufsangebotes, des Ankaufs, der Beförderung, der Verteilung und Verwendung von Waren.[489]

---

[485] *Kramer*, RIW 1989, S. 473 (S. 473) m.w.N.
[486] Eine Darstellung der außenhandelstheoretischen Rechtfertigung der Meistbegünstigungsverpflichtung in Modellform findet sich bei *Senti*, GATT, S. 361 ff.; ebenso *Hauser/Schanz*, Das neue GATT, S. 13 ff.
[487] *Weiß/Herrmann*, Welthandelsrecht, Rdn. 385.
[488] *Prieß/Berrisch*, WTO-Handbuch, *Berrisch*, S. 99.
[489] *Bratschi*, GATT, S. 23; *Herdegen*, Internationales Wirtschaftsrecht, § 7, Rdn. 23.

Die Kombination der Meistbegünstigungsverpflichtung mit den Grundsätzen der Inländerbehandlung bewirkt, daß die Meistbegünstigungsklausel nicht nur Diskriminierungen ausländischer Marktteilnehmer untereinander im Hinblick auf den Import oder den Export erfaßt, sondern darüber hinaus auch Ungleichbehandlungen unter den ausländischen Wettbewerbern, die sich auf dem inländischen Markt vollziehen. Jede Begünstigung, die ein einzelner Mitgliedstaat von einem anderen Staat erhält - egal ob sie sich in irgendeiner Form auf den Außenhandel auswirkt oder nur den Binnenverkehr von Waren regelt - ist ebenso und bedingungslos auf alle anderen GATT-Mitglieder zu erstrecken.[490] Damit unterfallen alle technischen Handelshemmnisse dem Anwendungsbereich des Art. 1 Abs. 1 GATT, denn diese Maßnahmen beziehen sich potentiell immer auf den Außenwirtschaftsverkehr eines Staates, sei es in Form des Imports oder des Exports.[491]

3. Diskriminierungstatbestand

a) Bezugspunkt

Art. I Abs. 1 GATT bezieht sich auf mögliche Ungleichbehandlungen hinsichtlich aller "Vorteile, Vergünstigungen, Vorrechte oder Befreiungen", die ein Staat einem Handelspartner gewährt, einem anderen potentiellen Handelspartner aber versagt. Nicht der Einsatz eines technischen Handelshemmnisses schlechthin, sondern nur die Verbindung mit einem anderen Handelsvorteil kann einen Konflikt mit Art. I Abs. 1 GATT begründen. Unter die tatbestandliche Aufzählung des Art. I Abs. 1 GATT fällt jede administrative oder materiell-rechtliche Bestimmung, die sich positiv auf die Möglichkeit von grenzüberschreitenden Handelsaktivitäten auswirkt.[492] Die weite Auslegung des Art. I Abs. 1 GATT folgt allein schon aus dem Sinn und Zweck der Meistbegünstigungsklausel als Diskriminierungsverbot. Wenn Art. I Abs. 1 GATT die Gleichberechtigung im Recht gewährleisten und damit allen Rechtssubjekten materiell gleiche Rechte zuweisen soll, muß auch jede erdenkliche Vorteilsgewährung von dieser Vorschrift erfaßt sein, die sich positiv auf die Situation des Empfängerstaates auswirkt.[493]

Da der Abbau technischer Handelshemmnisse stets zu einer Stärkung der Handelsströme zwischen den beteiligten Staaten führt, stellt jede entsprechende Maßnahme einen Vorteil im Sinne des Art. I Abs. 1 GATT dar.

---

[490] *Cremona*, in: *Búrca/Scott* (Hrsg.), The EU and the WTO, S. 151 (S. 152); *Bratschi*, GATT, S. 23; *Herdegen*, Internationales Wirtschaftsrecht, § 7, Rdn. 23.

[491] In diesem Sinne *Herrmann*, in: *Bauschke* (Hrsg.): Pluralität des Rechts, S. 139 (S. 152); *Prieß/Berrisch*, WTO-Handbuch, *Berrisch*, S. 99.

[492] Beispielsweise beschäftigen sich folgende Panel-Berichte mit dieser Frage: Panel, *Belgian Family Allowances*, BISD 1S/59; Panel, *United States - Denial of Most-Favored-Nation Treatment an to Non-Rubber Footwear from Brazil*, BISD 39S/128; Panel, *United-States - Restrictions on Imports of Tuna (Tuna I)*, BISD 39S/155, Rdn. 5.8 f.; dazu auch *Mathis*, JWT 1998, S. 5 (S. 13 f.).

[493] *Tietje*, Normative Grundstrukturen, S. 208.

b) Ungleichbehandlung

Als Gleichbehandlungsgebot wird Art. 1 Abs. 1 GATT verletzt, wenn in vergleichbaren Sachverhalten der betroffene Staat im Verhältnis zu anderen Staaten schlechter gestellt wird.[494] Voraussetzung für die Vergleichbarkeit der Sachverhalte ist, daß es sich um gleichartige Waren handelt. Dieser Begriff der *„gleichartigen Waren"* oder *„like products"* ist mit zahlreichen Unklarheiten verbunden, was unter anderem dazu führt, daß Staaten immer wieder versuchen, durch eigenwillige Definitionen der betroffenen Waren die Meistbegünstigungsklausel zu umgehen.[495] Ohne auf die Schwierigkeiten bei der Bestimmung der Gleichartigkeit von Produkten im Detail einzugehen, sei nur erwähnt, daß hierbei jedenfalls die Umstände außer acht zu lassen sind, die die Produktionsmethoden betreffen.[496] Vielmehr kommt es in jedem Einzelfall darauf an, ob die fraglichen Produkte nach marktwirtschaftlichen Grundsätzen eine Angebots- und Nachfragesituation konstituieren. Stehen Waren aufgrund ihrer Eigenschaften und Qualitäten miteinander im Wettbewerb, sind sie zum identischen Endverbrauch bestimmt oder insofern zumindest substituierbar, ist von einer Gleichartigkeit auszugehen.[497]
Handelt es sich um vergleichbare Waren, ist die Frage nach einer möglichen Ungleichbehandlung umfassend unter faktischen und normativen Gesichtspunkten zu prüfen. Es sind sowohl de-jure als auch de-facto Ungleichbehandlungen von Art. I Abs. 1 GATT umfaßt.[498] Von de-jure Ungleichbehandlung spricht man, wenn die nationale Maßnahme ausdrücklich an die Herkunft der Ware anknüpft. Eine de-facto Ungleichbehandlung liegt vor, wenn alle Waren unabhängig von ihrer Herkunft zwar formal gleich behandelt werden, im Ergebnis dennoch nur Waren bestimmter Herkunft einen Vorteil in Anspruch nehmen können.[499] Ob de-facto oder de-jure, eine Ungleichbehandlung ist zu bejahen, wenn im Lichte aller denkbaren Umstände eine Vertragspartei anders behandelt wird.[500]

II. Die Inländergleichbehandlungsregel, Art. III GATT

Ergänzend zu Art. I Abs. 1 GATT dient auch das Diskriminierungsverbot des Art. III GATT mit dem Gebot der Gleichbehandlung importierter und inländischer Waren dem effektiven Abbau technischer Handelshemmnisse.

---

494 *Tietje*, Normative Grundstrukturen, S. 213.
495 Vgl. umfassend zum Diskussionsstand bezüglich der Bestimmung der Gleichartigkeit *Senti*, WTO, Rdn. 380; *Beise*, WTO, S. 98; *Bhala/Kennedy*, World Trade Law, *Kennedy*, S. 65 ff.; *Tietje*, Normative Grundstrukturen, S. 209 ff., *Prieß/Berrisch*, WTO-Handbuch, *Berrisch*, S. 85 ff.
496 Vgl. hierzu *Prieß/Berrisch*, WTO-Handbuch, *Berrisch*, S. 88.
497 *Weiß/Herrmann*, Welthandelsrecht, Rdn. 395.
498 So die Rechtsprechung der WTO-Streitbeilegungsorgane in: Panel, *Canada – Automotive Industry*, WT/DS139/R, WT/DS142/R, Rdn. 10.40.; Appellate Body, *Canada – Automotive Industry*, WT/DS139/AB/R, WT/DS142/AB/R, Rdn. 78 f.
499 Vgl. ausführlich zum Begriff "de-facto" *Matsushita/Schoenbaum/Mavroidis*, The World Trade Organization, S. 148.
500 *Tietje*, Normative Grundstrukturen, S. 218.

1. Bedeutung und Funktion des Inländergleichbehandlungsgrundsatzes

Der Inländergleichbehandlungsgrundsatz ergänzt und erweitert das Prinzip der Meistbegünstigung, das nur auf Zölle und andere Ein- bzw. Ausfuhrbeschränkungen, also die Nichtdiskriminierung am Grenzübertritt, bezogen ist. Art. III GATT bewirkt, daß ausländische Produkte auch gegenüber inländischen Produkten in den Genuß einer diskriminierungsfreien Behandlung gelangen.[501] Haben die Produkte eines ausländischen Importeurs einmal die Grenze überschritten, müssen sie nach Art. III GATT bezüglich aller handelsrelevanten Fragen inländischen Produkten gleichgestellt werden.[502] Art. III GATT gebietet damit sozusagen die Entnationalisierung der internen Märkte.[503]
Auch die Verpflichtung zur Inländergleichbehandlung dient der Theorie komparativer Kostenvorteile. Indem rechtlich festgeschrieben wird, daß Inländer und Ausländer innerhalb eines Staates und damit innerhalb einer nationalen Volkswirtschaft im Recht gleich zu behandeln sind, soll sichergestellt werden, daß die Grundbedingungen der wohlfahrtssteigernden, optimalen Ressourcenallokation gegeben sind.[504] Mit Art. III GATT soll eine faire Wettbewerbslage zwischen inländischen und ausländischen Produkten auf dem inländischen Markt garantiert werden.[505]

2. Regelungsstruktur

Art. III GATT sieht in seinen einzelnen Absätzen verschiedene Diskriminierungstatbestände vor. Hierbei wird zwischen Maßnahmen der Fiskalpolitik (Art. III Abs. 2 und 3 GATT) und sonstigen Maßnahmen unterschieden, die Auswirkungen auf die Wettbewerbschancen von Produkten haben (Art. III Abs. 1, 4 und 5 GATT). Im Sinne dieser Differenzierung sind die Absätze 2, 3, 4 und 5 des Art. III spezielle Vorschriften im Verhältnis zur Generalklausel des Art. III Abs. 1 GATT, so daß sie tatbestandlich vorrangig zu prüfen sind.[506] Art. III Abs. 1 GATT legt den Schutzzweck des Art. III fest, welcher im Rahmen einer systematisch-teleologischen Auslegung der folgenden Absätze stets mit zu berücksichtigen ist.[507] Von besonderer Bedeutung ist dabei Art. III Abs. 4 GATT, der bei der Behandlung technischer Handelshemmnisse eine wichtige Rolle spielt. Er greift die in Absatz 1 erwähnten Rechtsvorschriften auf und postuliert, daß importierte Produkte in Bezug auf alle Regularien hinsichtlich des Verkaufs, Angebots, Einkaufs, der Beförderung, Verteilung oder Verwendung nicht weniger günstiger behandelt werden dürfen als gleichartige inländische Produkte.

---

[501] Ergänzend zu Art. III GATT fordert Art. VIII GATT, auch Gebühren und Förmlichkeiten im Zusammenhang mit der Einfuhr und der Ausfuhr nicht-diskriminierend anzuwenden.
[502] *Jackson*, The World Trading System, S. 213.
[503] *Stoll/Schorkopf*, WTO, Rdn. 134.
[504] *Tietje*, Normative Grundstrukturen, S. 223.
[505] *Prieß/Berrisch*, WTO-Handbuch, *Berrisch*, S. 83; *Epiney*, DVBl. 2000, S. 77 (S. 79).
[506] Siehe Panel, *United States – Measures Affecting Alcoholic and Malt Beverages*, BISD 39S/270; vgl. ausführlich zum Aufbau des Art. III GATT *Bhala/Kennedy*, World Trade Law, *Kennedy*, S. 90 ff.
[507] *Weiß/Herrmann*, Welthandelsrecht, Rdn. 511.

Die Prüfung einer nationalen Maßnahme gemäß Art. III Abs. 4 GATT vollzieht sich in drei Schritten. Zuerst muß der Anwendungsbereich des Art. III GATT gerade im Hinblick auf das Konkurrenzverhältnis mit Art. XI GATT eröffnet sein. Danach ist die Frage nach dem Bezugspunkt zu klären, nämlich ob die nationale Maßnahme ein Gesetz, eine Verordnung oder eine sonstige Vorschrift über den Verkauf, das Angebot, den Einkauf, die Beförderung, Verteilung oder Verwendung im Inland im Sinne des Art. III Abs. 4 GATT darstellt. Schließlich ist zu untersuchen, ob in vergleichbaren Sachverhalten eine Ungleichbehandlung der eingeführten Waren vorliegt.

3. Anwendungsbereich

a) Allgemeine Aspekte

Der Grundsatz der Inländergleichbehandlung gilt allgemein. Es ist somit nicht notwendig, spezifische Produkte – etwa durch Bindungen – den Wirkungen des Art. III GATT zu unterwerfen.[508] Der Anwendungsbereich des Art. III GATT ist auch nicht auf Waren beschränkt, für die im Rahmen des Art. II GATT eine Zollbindung besteht.[509] Gemäß Art. III Abs. 8 lit. a) GATT findet die Vorschrift keine Anwendung auf Gesetze, Verordnungen oder sonstige das öffentliche Beschaffungswesen regelnden Vorschriften. Nach Art. III Abs. 8 lit. b) GATT ist es aber nicht verboten, inländischen Erzeugern Subventionen zu gewähren.

b) Abgrenzung zu Art. XI Abs. 1 GATT

Da die weite Formulierung des Art. XI Abs. 1 GATT („*andere Maßnahmen*") begrifflich auch die in Art. III GATT genannten sonstigen Vorschriften umfassen kann, die Anforderungen aber unterschiedlich sind, stellt sich das Problem des Konkurrenzverhältnisses der Anwendungsbereiche von Art. III und Art. XI GATT. Grundsätzlich schließen sich die Anwendungsbereiche der beiden Vorschriften gegenseitig aus.[510]
Art. XI Abs. 1 GATT knüpft an den Grenzübertritt einer Ware an und verbietet Beschränkungen des Imports oder Exports. Art. III GATT bezieht sich auf interne Maßnahmen, die eingeführte Waren nach dem Grenzübertritt betreffen und diese gegenüber inländischen Waren benachteiligen.

Die Abgrenzung zwischen Art. III und Art. XI GATT kann im Einzelfall schwierig sein. Sie ist aber sehr bedeutsam, da es von ihrem Ergebnis abhängen kann, ob die Rechtfertigung einer Maßnahme notwendig ist.[511] Während Art. XI Abs. 1 GATT ein

---

[508] *Prieß/Berrisch*, WTO-Handbuch, *Berrisch*, S. 83.

[509] Appellate Body, *Japan – Alcoholic Beverages*, WT/DS8/AB/R, WT/DS10/AB/R, WT/DS11/AB/R, Abschnitt F.

[510] *Prieß/Berrisch*, WTO-Handbuch, *Berrisch*, S. 132; dies schließt allerdings nicht aus, daß dieselbe Maßnahme unter verschiedenen Aspekten und infolge verschiedener Wirkungen zugleich gegen Art. III und Art. XI GATT verstößt, vgl. dazu mit Beispiel *Weiß/Herrmann*, Welthandelsrecht, Rdn. 474.

[511] Vgl. ausführlich zu den Ausnahmeregelungen im Lichte der Abgrenzung von Art. III und Art. XI GATT *Scheibach*, Importrelevante Investitionsauflagen und das GATT, S. 192 ff.

völliges Verbot zu entnehmen ist, verpflichtet Art. III GATT nur zu einer Gleichbehandlung gleichartiger Produkte.
Schwierigkeiten bestehen vor allem in den Konstellationen, in denen eine Maßnahme zwar rechtlich den Import einer Ware nicht verhindert, ihn aber tatsächlich erschwert oder unmöglich macht („*de-facto Ungleichbehandlung*").[512] Klassisches Beispiel hierfür ist ein Vermarktungsverbot (etwa von Produkten einer bestimmten Zusammensetzung in Bezug auf Zusatzstoffe). In einem solchen Fall dürfen Waren zwar eingeführt werden, können jedoch – etwa wegen angeblicher oder tatsächlicher umweltschädigender Auswirkungen – nicht verkauft werden. Bei wirtschaftlicher Betrachtung kommt ein solches Vermarktungsverbot einem Importverbot gleich.[513]

aa) Erste Abgrenzungshilfe: die Interpretationserklärung zu Art. III GATT

Als Ausgangspunkt für die Frage, wann ein Sachverhalt nach Art. XI oder nach Art. III GATT zu beurteilen ist, kann die Interpretationserklärung zu Art III GATT in Anlage 1 zum GATT herangezogen werden. Danach kommt es für die Anwendung des Art. III GATT nicht darauf an, ob eine innere Abgabe oder sonstige Belastung, ein Gesetz, eine Verordnung oder eine sonstige Vorschrift im Sinne von Art. III Abs. 1 GATT, die sowohl auf eingeführte als auch auf gleichartige inländische Waren Anwendung findet, bei den eingeführten Waren im Zeitpunkt oder am Ort der Einfuhr erhoben oder angewendet wird. Eine solche unterschiedslos anwendbare Regelung gilt immer als internes Gesetz oder Verordnung und unterfällt Art. III GATT.
Im Umkehrschluß bedeutet dies, daß es sehr wohl auf den Zeitpunkt oder den Ort der Einfuhr ankommt, wenn die Maßnahme nicht unterschiedslos auf eingeführte und gleichartige inländische Waren erhoben wird. Im Falle einer unterschiedlichen Behandlung findet Art. XI GATT grundsätzlich für die Maßnahmen Anwendung, die im Zeitpunkt des Grenzübertrittes bzw. der Zollabfertigung durchgesetzt werden.[514] Art. XI GATT erfaßt also jede Beschränkung, die den Marktzugang als solchen zum Gegenstand hat.[515]
Art. III GATT hingegen gibt den Prüfungsmaßstab vor, wenn sich die Wirkungen einer Maßnahme, die in- und ausländische Produkte nicht gleichermaßen betrifft, erst dann zeigen, nachdem die Ware bereits auf dem inländischen Markt ist.[516] Ausgangspunkt ist der bereits erfolgte Import. Im Vergleich zu Art. XI GATT meint Art. III GATT die Gleichstellung bezüglich interner Anforderungen.[517]

---

[512] *Tietje*, Normative Grundstrukturen, S. 225 f.
[513] *Epiney*, DVBl 2000, S. 77 (S. 79).
[514] Siehe zu diesem Punkt die ausführliche Diskussion in Panel, *United States – Restrictions on Imports of Tuna (Tuna I)*, BISD 39 S/155, Rdn. 5.8-5.14
[515] So auch *Weiß*, EuR 1999, S. 499 (S. 502).
[516] So auch Panel, *Canada – Administration of the Foreign Investment Review Act*, BISD 30 S/140, Rdn. 5.14.; *Epiney*, DVBl. 2000, S. 77 (S. 79).
[517] *Epiney*, DVBl. 2000, S. 77 (S. 79).

bb) Wortlaut des Art. III Abs. 4 GATT

Auch lassen sich dem Wortlaut des Art. III GATT wichtige Hinweise für die Differenzierung und Abgrenzung der Anwendungsbereiche der Art. III und Art. XI GATT entnehmen. Das Diskriminierungsverbot des Art. III Abs. 4 GATT bezieht sich nur auf „Gesetze, Verordnungen und sonstigen Vorschriften über den Verkauf, das Angebot, den Einkauf, die Beförderung, Verteilung oder Verwendung von Waren im Inland". Verboten sind also nationale Anforderungen an die Ware und ihre Verwendung selbst, welche die Wettbewerbsmöglichkeiten auf einem Markt beschneiden.[518] Vom Wortlaut des Art. III Abs. 4 GATT nicht umfaßt sind jedoch solche internen Anforderungen, die sich nicht in der Ware, ihrer Zusammensetzung, Aufmachung oder Verpackung niederschlagen.[519]
Die entscheidende Frage für die Abgrenzung von Art. III und Art. XI GATT hinsichtlich des Wortlautes geht also dahin, ob sich eine zu betrachtende nationale Regelung mit dem Produkt selbst und seiner Vermarktung befaßt.[520] Falls ja, muß nur das Diskriminierungsverbot des Art. III GATT beachtet werden. Ist dies nicht der Fall und handelt es sich nur um Vorgaben, die nicht das Produkt selbst oder die Vermarktung berühren, sind diese nach Art. XI GATT zu beurteilen.[521] Hierhin gehören die sog. *„PPM-Maßnahmen"* (*„process and production methods"*).[522] Dabei handelt es sich um Vorgaben bezüglich des Herstellungsprozesses, die ein Staat beispielsweise aus Gründen des Umwelt- oder Tierschutzes macht und die sich nicht im Produkt selbst niederschlagen.[523] Sie sind nicht nach Art. III GATT, sondern nach Art. XI GATT zu beurteilen und zwar auch dann, wenn sie unterschiedslos auf eingeführte und inländische Waren Anwendung finden.[524]

cc) Einordnung technischer Handelshemmnisse

Kombiniert man den Wortlaut des Art. III Abs. 4 GATT mit der Interpretationserklärung zu Art III GATT in Anlage 1 zum GATT, ergeben sich für die Behandlung technischer Handelshemmnisse folgende Grundsätze:

---

518 *Weiß/Herrmann*, Welthandelsrecht, Rdn. 471.

519 Herrmann zieht in diesem Zusammenhang eine Parallele zur Unterscheidung zwischen produkt- und nicht produktbezogener Maßnahmen im Rahmen des Art. 28 EGV, *Weiß/Herrmann*, Welthandelsrecht, Rdn. 475 ff.

520 *Weiß/Herrmann*, Welthandelsrecht, Rdn. 475.

521 *Weiß*, EuR 1999, S. 499 (S. 502 f.).

522 *Weiß/Herrmann*, Welthandelsrecht, Rdn. 475.

523 *Epiney*, DVBl. 2000, S. 77 (S. 81).

524 Dieses Ergebnis verwundert etwas mit Blick auf die Interpretationserklärung zu Art. III GATT in Anlage 1 zum GATT, wonach unterschiedslos anwendbare Regelungen eigentlich immer Art. III GATT unterfallen. Dennoch findet Art. III GATT nach der Rechtsprechung auf produktionsmethodenbezogene Maßnahmen keine Anwendung. Vielmehr sind diese allein nach Art. XI Abs. 1 GATT zu beurteilen; vgl. hierzu *Senti*, WTO, Rdn. 701 ff. und zum Tunfischfall Panel, *United States – Restrictions on Imports of Tuna*, I.L.M. 1991, S. 1594; ausführlich dazu *Trebilcock/Howse*, Regulation of International Trade, S. 406 ff.; kritisch *Weiß/Herrmann*, Welthandelsrecht, Rdn. 519.

Seinem Wortlaut nach findet Art. III Abs. 4 GATT Anwendung auf alle Vorschriften über den Verkauf, das Angebot, den Einkauf, die Beförderung, Verteilung oder Verwendung von Waren. Eine nationale Anforderung muß sich also in dem Produkt selbst oder in seiner Vermarktung niederschlagen. Technische Handelshemmnisse definieren sich dadurch, daß sie im Hinblick auf Einfuhr oder Vermarktung auf dem Inlandsmarkt technische Anforderungen an Waren stellen.[525] Sie regeln die Eigenschaften von Waren, deren Abmessungen und Kennzeichnung sowie in diesem Zusammenhang vorgesehene Prüfverfahren. Technische Handelshemmnisse sind damit immer vom Wortlaut des Art. III Abs. 4 GATT erfaßt. Sie zeichnen sich gerade dadurch aus, daß sich ihre technischen Anforderungen mit dem Produkt selbst oder zumindest mit seiner Vermarktung befassen.

Obwohl technische Handelshemmnisse stets dem Anwendungsbereich des Art. III Abs. 4 GATT unterfallen, hat dies nicht automatisch zur Folge, daß diese Vorschrift tatsächlich auch immer den richtigen Prüfungsmaßstab vorgibt. Unproblematisch ist dies nur dann der Fall, wenn ein technisches Handelshemmnis unterschiedslos auf inländische und eingeführte Waren anwendbar ist. Nach der Interpretationserklärung zu Art III GATT in Anlage 1 zum GATT sind solche Maßnahmen stets nur am Diskriminierungsverbot des Art. III GATT zu messen und zwar unabhängig davon, ob sie im Zeitpunkt der Einfuhr oder erst auf dem inländischen Markt durchgesetzt werden.

In dem oben aufgegriffenen Beispiel des nationalen Vermarktungsverbots, das nicht zwischen in- und ausländischen Waren unterscheidet, ist also Art. III GATT die entscheidende Norm.

Wird jedoch in der technischen Regelung zwischen in- und ausländischen Produkten differenziert, kommt es auf den Zeitpunkt und die Art und Weise des staatlichen Eingriffs an. Art. XI Abs. 1 GATT ist grundsätzlich dann heranzuziehen, wenn ein technisches Handelshemmnis schon die Einfuhr verbietet und im Zeitpunkt des Grenzübertrittes bzw. der Zollabfertigung durchgesetzt wird.[526] Hingegen sind technische Handelshemmnisse an Art. III Abs. 4 GATT zu messen, wenn die Einhaltung bestimmter Vorgaben erst im Inland verlangt wird. Letzteres gilt auch dann, wenn damit im Ergebnis schon die Einfuhr des Produktes betroffen ist.[527] Dies ergibt sich aus dem systematischen Zusammenhang der Art. III und XI GATT sowie aus ihrem jeweiligen Sinn und Zweck. Nach Art. XI GATT sollen Marktzugangsbeschränkungen grundsätzlich unzulässig sein; sie gelten nach der Vorstellung des GATT gerade nicht mehr als zulässige Instrumente der Handelspolitik. Art. III GATT bringt hingegen zum Ausdruck, daß auf dem inländischen Markt nur ein Diskriminierungsverbot beachtet werden soll, wobei dies nur für gleichartige Produkte gilt. Es liegt daher der Schluß nahe, das „absolutere" Verbot des Art. XI GATT sehr stark am Wortlaut orientiert auszulegen und nur dann zur Anwendung kommen zu lassen, wenn tatsächlich der Marktzugang geregelt wird, also direkt beim Import angesetzt wird.

---

[525] *Stoll/Schorkopf*, WTO, Rdn. 265.

[526] Siehe zu diesem Punkt die ausführliche Diskussion in Panel, *United States – Restrictions on Imports of Tuna (Tuna I)*, BISD 39S/155, Rdn. 5.8-5.14.

[527] *Epiney*, DVBl. 2000, S. 77 (S. 79).

Beispielsweise wurde eine nationale Regelung, die ausländisches Dosenbier nur als Six-Pack verpackt für den Verkauf an den Verbraucher zuließ, während inländisches Bier dieser Beschränkung nicht unterlag, von den Streitbeilegungsorganen an Art. III GATT gemessen.[528] Diese nationale Vorschrift führte zwar zu einer Behinderung des Imports, da der Importeur sein Bier entsprechend verpacken mußte. Da die Norm aber nicht den Marktzugang als solchen zum Gegenstand hatte, sondern eine Regelung bezüglich der Art und Weise des Inverkehrbringens betraf, war nicht Art. XI GATT, sondern Art. III GATT der richtige Beurteilungsmaßstab.[529]

4. Diskriminierungstatbestand

a) Bezugspunkt

Für die Frage der Vereinbarkeit technischer Handelshemmnisse mit dem Inländerbehandlungsgrundsatz ist Art. III Abs. 4 GATT in Verbindung mit Art. III Abs. 1 GATT die grundlegende Vorschrift.[530]

Nach Art. III Abs. 4 GATT ist eine Diskriminierung inländischer und ausländischer Produkte „hinsichtlich aller Gesetze, Verordnungen und sonstigen Vorschriften über den Verkauf, das Angebot, den Einkauf, die Beförderung, Verteilung oder Verwendung" verboten. Diese Aufzählung ist weit auszulegen und nicht abschließend.[531] Sie umfaßt alle Regelungen, die potentiell geeignet sind, innerhalb einer nationalen Volkswirtschaft die Wettbewerbsbedingungen zwischen eingeführten und inländischen Waren zu beeinträchtigen.[532] Die Notwendigkeit einer weiten Auslegung ergibt sich daraus, daß mit Art. III Abs. 4 GATT der gesamte Produktzyklus von der Verteilung über den Verkauf bis zum Endgebrauch erfaßt sein soll.[533] Verboten werden sollen nicht nur staatliche Maßnahmen, die direkt auf die Kauf- und Verkaufbedingungen Einfluß haben, sondern jedes hoheitliche Verhalten, das die Wettbewerbsbedingungen für Waren, nachdem sie in das Zollgebiet eingeführt worden sind, nachteilig verändert.[534] Letztlich sollen mit Art. III Abs. 4 GATT alle Diskriminierungen untersagt werden, die irgendwie mit dem Wettbewerb eines Produktes im Zusammenhang stehen.[535]

Da technische Handelshemmnisse als staatliche Maßnahmen in die spontane Ordnung des Marktes eingreifen und immer potentiell Auswirkungen auf die faire Wettbewerbslage vergleichbarer Produkte haben, ist die Frage nach dem richtigen Bezugspunkt nur

---

[528] Panel, *Canada – Import, Distribution and Sale of Certain Alcoholic Drings by Provincial Marketing Agencies*, DS17/R, Rdn. 5.4.
[529] Das Beispiel findet sich bei *Weiß/Herrmann*, Welthandelsrecht, Rdn. 473.
[530] In diesem Sinne auch *Prieß/Berrisch*, WTO-Handbuch, *Berrisch*, S. 93.
[531] *Tietje*, Normative Grundstrukturen, S. 230.
[532] Panel, *European Communities – Bananas*, WT/DS27/R, Rdn. 7.175.
[533] Panel, *Canada – Certain Measures affecting the Automotive Industry,* WT/DS139/R, WT/DS142/R, Rdn. 10.80.
[534] Vgl. dazu mit Beispielen *Weiß/Herrmann*, Welthandelsrecht, Rdn. 517; *Bhala/Kennedy*, World Trade Law, *Kennedy*, S. 99.
[535] *Epiney*, DVBl. 2000, S. 77 (S. 79).

noch davon abhängig, ob dies innerhalb einer nationalen Volkswirtschaft geschieht. Das ist immer dann der Fall, wenn der Anwendungsbereich des Art. III GATT im Konkurrenzverhältnis zu Art. XI GATT eröffnet ist, da sich dann die betreffende hoheitliche Regelung nur innerhalb eines nationalen Marktes auswirkt.

b) Ungleichbehandlung

Ist der Anwendungsbereich des Art. III GATT eröffnet, ist es für die Frage der GATT-Vereinbarkeit eines technischen Handelshemmnisses also allein entscheidend, ob in vergleichbaren Sachverhalten eine Ungleichbehandlung in- und ausländischer Produkte vorliegt.

Voraussetzung für die Vergleichbarkeit der Sachverhalte ist, daß es sich um *„gleichartige Waren"* handelt. Dieser Begriff der *„like products"* ist wie bei der Meistbegünstigungsverpflichtung des Art. I GATT in vielfacher Hinsicht unklar. Ohne auf die Schwierigkeiten im Detail einzugehen[536], sei erwähnt, daß nur auf die einem Produkt unmittelbar anhaftenden Eigenschaften und nicht auf Produktionsmethoden zurückgegriffen werden darf.[537]

Wie eine nach Art. III GATT verbotene Ungleichbehandlung auszusehen hat, wird aus dem Wortlaut der Vorschrift nicht ersichtlich. In Art. III GATT ist nur die Rede davon, daß ausländische Produkten „keine weniger günstige Behandlung" als gleichartige Waren inländischen Ursprungs erfahren dürfen. Ergänzend sind deshalb Sinn und Zweck der Bestimmung heranzuziehen. Mit Art. III Abs. 4 GATT soll ausländischen Produkten innerhalb einer nationalen Volkswirtschaft eine faire Wettbewerbslage garantiert werden. Ausländische Produkte sollen vor nationalem Protektionismus geschützt werden. Eine Schlechterbehandlung liegt daher vor, wenn sich eine hoheitliche Maßnahme, sei es tatsächlich oder potentiell, innerhalb einer nationalen Volkswirtschaft negativ auf die Wettbewerbschancen einer eingeführten Ware im Verhältnis zu gleichartigen inländischen Waren auswirkt.[538] Dies ist immer dann der Fall, wenn eingeführten Waren nicht in wirksamer Weise die gleichen Wettbewerbsmöglichkeiten eingeräumt werden wie gleichartigen inländischen Waren.[539]

Entscheidend ist dabei nicht, daß die Maßnahmen die Produkte formal ungleich behandeln. Auch bei formal gleicher Behandlung kann ein Verstoß gegen Art. III Abs. 4 GATT vorliegen, wenn im Ergebnis die Wettbewerbsbedingungen ausländischer Waren beeinflußt werden (*„de-facto Diskriminierung"*).[540]

---

[536] Vgl. dazu ausführlich *Weiß/Herrmann*, Welthandelsrecht, Rdn. 518 ff.; *Senti*, WTO, Rdn. 380, 439 und 448; *Epiney*, DVBl. 2000, S. 77 (S. 79 ff.); *Matsushita/Schoenbaum/Mavroidis*, The World Trade Organization, S. 158 ff.; *Bhala/Kennedy*, World Trade Law, *Kennedy*, S. 94 ff.

[537] Vgl. dazu in aller Ausführlichkeit mit Angabe der entsprechenden Rechtsprechung *Prieß/Berrisch*, WTO-Handbuch, *Berrisch*, S. 88 f.

[538] Mit einer lesenswerten Herleitung *Tietje*, Normative Grundstrukturen, S. 242.

[539] *Prieß/Berrisch*, WTO-Handbuch, *Berrisch*, S. 95.

[540] *Epiney*, DVBl. 2000, S. 77 (S. 80); *Weiß/Herrmann*, Welthandelsrecht, Rdn. 517.

III. Das Verbot mengenmäßiger Import- und Exportbeschränkungen, Art. XI Abs. 1 GATT

Eine weitere zentrale Konkretisierung des Tariffs only-Prinzips ist Art. XI GATT, das Verbot mengenmäßiger Import- und Exportbeschränkungen. Dessen Absatz 1 bestimmt:

„Außer Zöllen, Abgaben und sonstigen Belastungen darf eine Vertragspartei bei der Einfuhr einer Ware aus dem Gebiet einer anderen Vertragspartei oder bei der Ausfuhr einer Ware oder ihrem Verkauf zwecks Ausfuhr in das Gebiet einer anderen Vertragspartei Verbote oder Beschränkungen, sei es in Form von Kontingenten, Einfuhr- und Ausfuhrbewilligungen oder in Form von anderen Maßnahmen, weder erlassen noch beibehalten."

1. Schutzbereich des Verbots nach Art. XI Abs. 1 GATT

Hinsichtlich mengenmäßiger Beschränkungen der Ein- und Ausfuhr (sog. „*Kontingente*"), dem anderen klassischen Außenhandelsinstrument neben Zöllen, beinhaltet Art. XI Abs. 1 GATT ein generelles Verbot (sog. „*Beschränkungsverbot*").[541] Die von den Vertragsparteien betriebene Handelspolitik soll sich auf Zölle und zollgleiche Abgaben beschränken, da diese unter dem Aspekt der weitgehenden Handelsliberalisierung gegenüber mengenmäßigen Beschränkungen erhebliche Vorteile aufweisen.
Dem ausdrücklichen Beschränkungsverbot des Art. XI Abs. 1 GATT sind nur mengenmäßige Beschränkungen bei der Ein- und Ausfuhr unterworfen.[542] In der Literatur gehen die Meinungen auseinander, ob darüber hinaus den Vorschriften der Art. XI bis XIV GATT ein Verbot jeglicher nicht-tarifärer Handelshemmnisse – und damit auch technischer Handelshemmnisse – entnommen werden kann.[543] Teilweise wird die Auffassung vertreten, das GATT enthalte kein generelles Verbot nicht-tarifärer Handelshemmnisse, weil sich der Vertrag im wesentlichen mit dem Gebot der Inländerbehandlung (Art. III GATT) und dem Verbot mengenmäßiger Beschränkungen (Art. XI GATT) begnüge.[544] Für eine solch enge Interpretation spricht die Überschrift des Art. XI GATT, worin nur von der Beseitigung mengenmäßiger Beschränkungen die Rede ist („Allgemeine Beseitigung von mengenmäßigen Beschränkungen"). Dieser Argumentation steht jedoch der Wortlaut des Art. XI Abs. 1 GATT entgegen: Die offene Aufzählung der Handelshemmnisse „in Form von Kontingenten, Einfuhr- und Ausfuhrbewilligungen oder in Form von anderen Maßnahmen" bringt deutlich zum Ausdruck, daß Art. XI GATT – trotz seiner eng gefaßten Überschrift – neben mengenmäßigen Vorschriften alle staatlichen Maßnahmen umfassen soll, die den Marktzugang behindern. Dies sind alle im Zusammenhang mit der Grenzüberschreitung eingesetzte Handelshemmnisse wie etwa Kontingente oder wertmäßige Obergrenzen für Ein- oder

---

[541] *Weiß/Herrmann*, Welthandelsrecht, Rdn. 470.
[542] Vgl. ausführlich zum Verbot der Kontingentierung *Stoll/Schorkopf*, WTO, Rdn. 222 ff.
[543] Vgl. dazu *Ott*, GATT und WTO, S. 94 f.; *Petersmann*, RabelsZ 1983, S. 478 (S. 485).
[544] *Bail*, EuZW 1990, S. 433 (S. 434).

Ausfuhren, das Einfordern von Import- und Exportlizenzen, administrative Sonderbestimmungen sowie Schikanen beim Grenzübertritt, z.B. Verzögerungen bei der Erteilung notwendiger Erlaubnisse.[545]
Das Panel hat dies im „*Semi-Conductors-Fall*“ wie folgt ausgedrückt:

"The Panel noted that this wording was comprehensive; it aplied to all measures instituted or maintained by a contracting party prohibiting or restricting the importation, exportation or sale for export of products other than measures that take the form of duties, taxes or other charges."[546]

Art. XI Abs. 1 GATT erfaßt also jede hoheitliche Maßnahme unabhängig von ihrer Rechtsqualität, die sich außenhandelsbeschränkend auswirkt.[547] Entscheidend ist allein, ob die hoheitliche Maßnahme Auswirkungen auf die Aktivitäten der Wirtschaftssubjekte hat. Dabei kommt es nicht darauf an, daß die Maßnahmen rechtlich verbindlich sind.[548] Es genügt, daß förmlich unverbindliche Maßnahmen und de facto-Maßnahmen wegen der Art und Weise ihrer Anwendung handelsbeschränkende Wirkungen entfalten. Wird daher durch ein technisches Handelshemmnis die Ein- oder Ausfuhr in rechtlicher oder tatsächlicher Hinsicht beschränkt oder wirkt es sich sonst konkret negativ auf den Marktzugang aus, liegt ein Eingriff in den Schutzbereich des Art. XI Abs. 1 GATT vor.[549]

2. Begrenzung des Anwendungsbereichs des Art. XI Abs. 1 GATT durch Art. III GATT

Für mengenmäßige Beschränkungen stellt Art. XI Abs. 1 GATT ein generelles Verbot (Beschränkungsverbot) auf. Der Schutzbereich der Vorschrift erstreckt sich aber wegen der weiten Formulierung („andere Maßnahmen“) über mengenmäßige Beschränkungen hinaus. Also stellt sich die Frage, ob Art. XI Abs. 1 GATT sogar ein allgemeines und umfassendes Beschränkungsverbot beinhaltet, das jede nicht-tarifäre Behinderung der Ein- und Ausfuhr untersagt, wie es aus Art. 28 EGV bekannt ist.[550] Art. 28 EGV verbietet grundsätzlich jede aktuelle oder potentielle, noch so geringe Behinderung von Importen und zwar unabhängig davon, ob die entsprechende Maßnahme unterschiedslos wirkt, d.h. nicht zwischen Inländern und Ausländern bzw. inländischen und ausländischen Waren differenziert.[551]
Eine so weite Auslegung als umfassendes Beschränkungsverbot erfährt Art. XI Abs. 1 GATT aber nicht.[552] Dies ergibt sich schon aus dem Konkurrenzverhältnis mit dem Diskriminierungsverbot des Art. III GATT. Wie dargelegt, ist Art. III Abs. 4 GATT

---

[545] *Weiß/Herrmann*, Welthandelsrecht, Rdn. 464.
[546] Panel, *Japan – Trade in Semi-Conductors*, BISD 35 S/116, Rdn. 104.
[547] *Prieß/Berrisch*, WTO-Handbuch, *Berrisch*, S. 115.
[548] *Weiß/Herrmann*, Welthandelsrecht, Rdn. 464.
[549] *Prieß/Berrisch*, WTO-Handbuch, *Berrisch*, S. 115.
[550] Vgl. zu dieser Frage auch *Weiß/Herrmann*, Welthandelsrecht, Rdn. 468.
[551] *Streinz*, Europarecht, Rdn. 672.
[552] So auch *Weiß/Herrmann*, Welthandelsrecht, Rdn. 468.

auch dann Prüfungsmaßstab, wenn interne Anforderungen im Ergebnis schon die Einfuhr des Produktes betreffen. Art. XI Abs. 1 GATT untersagt also gerade nicht jede aktuelle oder potentielle, noch so geringe Behinderung von Importen.
Eine Interpretation des Art. XI GATT als allgemeines Beschränkungsverbot scheitert auch an der Interpretationserklärung zu Art III GATT in Anlage 1 zum GATT. Danach kann im Bereich der produkt- und vermarktungsbezogenen Regelungen eine unterschiedslos anwendbare Vorschrift niemals dem Anwendungsbereich des Art. XI Abs. 1 GATT unterfallen. Hinsichtlich technischer Handelshemmnisse beschränkt sich das GATT damit gem. Art. III GATT auf ein Diskriminierungsverbot.[553] Ein Beschränkungsverbot wie im europäischen Gemeinschaftsrecht besteht hier nicht.[554] Eine beliebige, nicht nach Herkunft der Ware differenzierende Regelung eines WTO-Mitgliedstaates, die sich auf das Produkt selbst auswirkt, kann also nicht gegen das GATT verstoßen.[555]
Die weite Auslegung des Art. III GATT unter gleichzeitiger einschränkender Auslegung des Art. XI GATT ist auch deshalb sinnvoll, da Art. III GATT weitgehend überflüssig wäre, wenn man Art. XI GATT entgegen der hier vertretenen Auffassung als allgemeines Beschränkungsverbot interpretieren wollte.[556]

IV. Die Rechtfertigung innerstaatlicher Schutzmaßnahmen, Art. XX GATT

Selbst wenn eine technische Maßnahme mit Vorgaben des GATT unvereinbar ist, kann sie gleichwohl zulässig sein, wenn sie den Anforderungen des Art. XX GATT genügt.[557] Art. XX GATT ist nicht nur geeignet, Verstöße gegen Art. III GATT zu rechtfertigen, sondern gilt gleichermaßen auch für Art. I und Art. XI GATT. Inhaltlich sieht Art. XX GATT eine Reihe allgemeiner Ausnahmen vor, die es den Vertragsparteien ermöglichen, bestimmte nationale (Schutz-) Interessen zu verfolgen.[558] Art. XX GATT bietet den Vertragsparteien damit einen Weg zur autonomen Politikgestaltung. Von besonderer Bedeutung im Umgang mit technischen Handelshemmnissen ist Art. XX lit. b) GATT, wonach Mitgliedstaaten solche Maßnahmen ergreifen können, die zum Schutze des Lebens und der Gesundheit von Menschen, Tieren und Pflanzen

---

[553] In diesem Sinn auch *Weiß/Herrmann*, Welthandelsrecht, Rdn. 475.
[554] Die Funktion eines Beschränkungsverbots besitzt Art. XI GATT nur im Bereich der PPM-Maßnahmen. Hier ist eine nationale Regelung, die keine Anforderung an das Produkt selbst, sondern nur an das Herstellungsverfahren stellt, auch dann an Art. XI GATT zu messen, wenn sie keine Unterschiede zwischen in- und ausländischen Waren macht.
[555] *Weiß*, EuR 1999, S. 499 (S. 504).
[556] So auch Panel, *Canada – Administration of the Foreign Investment Act*, BISD 30S/140, Rdn. 5.14; *Weiß/Herrmann*, Welthandelsrecht, Rdn. 470.
[557] Vgl. ausführlich zu Art. XX GATT mit Beispielen *Prieß/Berrisch*, WTO-Handbuch, *Berrisch*, S. 138 ff.; *Herrmann*, ZEuS 2001, S. 453 (S. 477); *Herdegen*, Internationales Wirtschaftsrecht, § 7, Rdn. 36 ff.; *Grabitz/v. Bogdandy/Nettesheim*, Außenwirtschaftsrecht, S. 447 ff.; *Matsushita/Schoenbaum /Mavroidis*, The World Trade Organization, S. 490 ff.; *Wolfrum*, in: *Schmidt* (Hrsg.), Öffentliches Wirtschaftsrecht, S. 535 (S. 635 ff.).
[558] Insoweit ist Art. XX GATT mit Art. 30 EGV vergleichbar.

notwendig[559] sind.[560] Dem Einleitungssatz des Art. XX GATT (sog. „*Chapeau*“) ist jedoch zu entnehmen, daß die Maßnahmen weder eine willkürliche oder ungerechtfertigte Diskriminierung zwischen Staaten, in denen die gleichen Bedingungen bestehen, noch eine verschleierte Handelsbeschränkung darstellen dürfen.[561]
Im Hinblick auf Art. III GATT ist die Ausnahmebestimmung des Art. XX GATT jedoch nur von Bedeutung, wenn tatsächlich eine unterschiedliche Behandlung vorliegt. Dies folgt aus dem Charakter des Art. III GATT als Diskriminierungsverbot. Wirken sich nationale Regelungen unterschiedslos auf in- und ausländische Erzeugnisse aus, so ist schon der Tatbestand des Art. III GATT nicht erfüllt. Den Vertragsstaaten verbleibt dann ein Spielraum für die Umsetzung nationaler politischer Zielsetzungen, ohne sich auf die Ausnahmebestimmung des Art. XX GATT berufen zu müssen.

E. Bewertung technischer Handelshemmnisse anhand der Regelungen des TBT- und SPS-Abkommens

I. Grundlagen

Mit dem fortschreitenden Abbau der Zölle und Kontingente als klassische Formen von Protektionismus traten ab der Kennedy-Handelsrunde (1964-1967) die technischen Handelshemmnisse in den Vordergrund. Mit ihrer zunehmenden Bedeutung wurde immer deutlicher, daß die allgemeinen Regeln des GATT nicht mehr ausreichten, um diese komplexe Problematik in den Griff zu bekommen. Beide Normen, Art. III und Art. XI GATT, stellten sich nicht als befriedigender Schutz gegen technische Handelshemmnisse heraus.[562] Auch bereitete die allgemeine Ausnahmevorschrift des Art. XX GATT mit ihrem Notwendigkeitserfordernis Interpretationsschwierigkeiten.[563] Da auch die in der Tokio-Runde verabschiedeten MTN-Kodizes keine Lösung brachten, stattdessen eher zu einer Zersplitterung der GATT-Rechtsordnung führten, wurden im Rahmen der Uruguay-Runde das Übereinkommen über technische Handelshemmnisse („*TBT-Abkommen*“) und das Abkommen über die Anwendung gesundheitspolizeilicher und pflanzenschutzrechtlicher Maßnahmen („*SPS-Abkommen*“) als Bestandteile

[559] Das Notwendigkeitserfordernis geht aus der deutschen Übersetzung nicht klar hervor, ist aber dem authentischen Wortlaut eindeutig zu entnehmen. Dieser lautet: „necessary to protect human, animal or plant life or health“. Vgl. ausführlich zu dem Notwendigkeitstest *Neumann/Türk*, JWT 2003, S. 199 (S. 207 ff.); *Tietje*, Normative Grundstrukturen, S. 313 ff.; *Epiney*, DVBl. 2000, S. 77 (S. 83 ff.); *Desmedt*, JIEL 2001, S. 441 (S. 464 ff.); *Senti*, WTO, Rdn. 947 ff.

[560] Vgl. ausführlich zur Bestimmung des Art. XX lit. b) GATT *Weiß/Herrmann*, Welthandelsrecht, Rdn. 528 f.; *Prieß/Berrisch*, WTO-Handbuch, *Berrisch*, S. 141 ff.

[561] Vgl. zu diesem Vorbehalt in der Rechtsprechung Appellate Body, *United States – Standards for Reformulated and Conventional Gasoline*, WT/DS2/AB/R, S. 23 ff.; auch *Senti*, WTO, Rdn. 945 f.

[562] *Bourgois*, CMLR 1982, S. 5 (S. 8); *Meng*, RIW 1989, S. 544 (S. 550).

[563] So auch *Weiß/Herrmann*, Welthandelsrecht, Rdn. 540; *Hilf/Eggers*, EuZW 1997, S. 559 (S. 560); *Eckert*, ZLR 1995, S. 363 (S. 364).

der neuen Welthandelsordnung eingeführt.[564] Basierend auf den Grundsätzen des GATT wurden mit ihnen weiterführende und besondere Regelungen geschaffen, um zumindest für einen Teilbereich die Rechtssicherheit im Umgang mit technischen Handelshemmnissen zu erhöhen.

II. Gemeinsame Zielsetzung und Funktion

Das TBT- und das SPS-Abkommen sind zunächst Interpretations- und Durchführungsregelungen zu den Ausnahmeregelungen des Art. XX GATT.[565] Die in Art. XX GATT angesprochenen Grundsätze bestimmen auch die allgemeine Zielsetzung beider Übereinkommen: Gewährleistung des freien Warenverkehrs und Nichtdiskriminierung bei Wahrung zwingender Interessen der Mitgliedstaaten unter Berücksichtigung des Verhältnismäßigkeitsgrundsatzes.[566] Sowohl das SPS- als auch das TBT-Abkommen respektieren das souveräne Recht der Mitglieder, je nach ihrer nationalen Situation und Sensibilität einen unterschiedlichen Schutzstandard zu gewähren, setzen sich gleichzeitig aber für einen ungestörten Welthandel ein.[567]
Auch die in beiden Übereinkommen für die Verwirklichung dieser allgemeinen Zielsetzung vorgesehenen Maßnahmen entsprechen sich zumindest im Grundsatz, wenn auch mit unterschiedlicher Schwerpunktsetzung. So ist im ÜSPS und im ÜTBT zum Abbau der Handelsbeschränkungen neben der gegenseitigen Anerkennung der Rechtsvorschriften der Mitglieder das Instrument der Harmonisierung von Standards vorgesehen.[568] Die WTO selbst verfügt aber kaum über Kompetenzen zur Harmonisierung internationaler Standards für Waren. Diese Aufgabe wird von einer Vielzahl anderer internationaler Organisationen wahrgenommen.[569]
Weitere gemeinsame Grundsätze sind die Verpflichtung zur Mitarbeit in den einschlägigen Internationalen Organisationen (wobei das SPS-Übereinkommen ausdrücklich auf die Codex Alimentarius Kommission verweist), die Transparenz der Rechtsetzung der Mitglieder, die Verknüpfung der Streitschlichtung mit dem DSU sowie die Verwaltung des Abkommens durch einen Ausschuß, der seine Beschlüsse im Konsensverfahren trifft.[570]

---

[564] Ausführlich *Senti*, GATT, S. 181 ff.; *Jiménez/Santiago*, in: *Demaret/Bellis/Jiménez* (Hrsg.), Regionalism and Multilateralism, S. 631 (S. 634 ff.); *Jackson*, The World Trading System, S. 223 f.; *Bhala/Kennedy*, World Trade Law, *Kennedy*, S. 125 ff.; *Prieß/Berrisch*, WTO-Handbuch, *Tietje*, S. 273 ff.
[565] *Wetzig*, Einfluß der EG und der WTO, S. 80 ff.; *Eckert*, ZLR 1995, S. 363 (S. 369).
[566] Vgl. Art. 2 und 3 ÜSPS und Art. 2 ÜTBT.
[567] In diesem Sinne *Hilf/Eggers*, EuZW 1997, S. 559 (S. 560).
[568] Die Harmonisierungsarbeit stellt sich in der Praxis jedoch als aufwendig und langwierig dar, da sie die unterschiedlichen Vorstellungen und die Praxis viele Staaten berücksichtigen und zu einem Ausgleich bringen muß, so *Stoll/Schorkopf*, WTO, Rdn. 269.
[569] Dies sind unter anderem die Internationale Organisation für Normung (*International Organization for Standardization – ISO*), die Internationale Kommission für Elektrotechnik (*International Electrotechnical Commission – IEC*) und die Codex Alimentarius Kommission der FAO und der Weltgesundheitsorganisation (*World Health Organization – WHO*), vgl. dazu *Prieß/Berrisch*, WTO-Handbuch, *Tietje*, S. 279 f.; *Senti*, WTO, Rdn. 1121.
[570] *Eckert*, ZLR 1995, S. 363 (S. 369 f.).

III. Übereinkommen über die Anwendung gesundheitspolizeilicher und pflanzenschutzrechtlicher Maßnahmen (ÜSPS)

Eines der Hauptziele der Uruguay-Runde bestand darin, den Handel mit landwirtschaftlichen Erzeugnissen der GATT-Rechtsordnung zu unterwerfen, da in diesem Bereich schon immer ein großes handelspolitisches Konfliktpotential herrschte. Man wollte eine Marktöffnung für Agrarprodukte, den Abbau der Einfuhrhemmnisse, eine Verbesserung der Wettbewerbsbedingungen und auch eine „Minimierung der nachteiligen Auswirkungen von gesundheitspolizeilichen und pflanzenschutzrechtlichen Vorschriften und Hemmnissen auf den Handel mit Agrarerzeugnissen" erreichen.[571] Alle Themen wurden in einem gemeinsamen Zwischenbericht unter dem Oberpunkt „Landwirtschaft" behandelt. Erst kurz vor der Unterzeichnung der WTO-Verträge in Marrakesch im April 1994 löste man den sanitarischen und phytosanitarischen Bereich aus dem Agrardossier heraus und regelte ihn in einer eigenständigen multilateralen Übereinkunft. Bis zu diesem Zeitpunkt waren technische Vorschriften und Normen, die aus Gesundheitsschutzgründen erlassen worden waren, vom 1979 abgeschlossenen Übereinkommen über technische Handelshemmnisse mitumfaßt. Das nun für Gesundheitsfragen einschlägige ÜSPS war seit seinem Inkrafttreten Gegenstand von drei Streitbeilegungsverfahren, in denen die Panels und der Appellate Body die Grundlagen für die Auslegung des ÜSPS schufen.[572]

1. Anwendungsbereich

Das ÜSPS enthält Regelungen über Maßnahmen der WTO-Mitglieder zum Gesundheitsschutz von Menschen und Tieren (gesundheitspolizeiliche Maßnahmen) sowie Pflanzen (pflanzenschutzrechtliche Maßnahmen), die sich mittelbar oder unmittelbar auf den internationalen Handel auswirken können (sog. „*SPS-Maßnahmen*"), Art. 1.1 S.1 ÜSPS.[573] Was unter gesundheitspolizeilichen und pflanzenschutzrechtlichen Maßnahmen zu verstehen ist, definiert Anhang A Nr. 1 zum ÜSPS. Schutzgüter von SPS-Maßnahmen sind danach das Leben und die Gesundheit von Menschen, Tieren und Pflanzen, wobei Fische und wildlebende Tiere, Wälder und wildlebende Pflanzen miterfaßt sind. SPS-Maßnahmen müssen aber nicht unbedingt landwirtschaftliche Produkte betreffen, wie sich ausdrücklich aus Anhang 1 Nr. 2 des Übereinkommens über

[571] *Senti*, WTO, Rdn. 1053.

[572] Bei den drei Verfahren handelt es sich um Panel, *European Communities – Measures Concerning Meat and Meat Products (Hormones)*, WT/DS26/R/USA und WT/DS48/R/Can und Appellate Body, *European Communities – Measures Concerning Meat and Meat Products (Hormones)*, WT/DS26/AB/R und WT/DS48/AB/R; Panel, *Australia – Measures Affecting Importation of Salmon*, WT/DS18/R und Appellate Body, *Australia – Measures Affecting Importation of Salmon*, WT/DS18/AB/R; Panel, *Japan – Measures Affecting Agricultural Products*, WT/DS76/R und Appellate Body, *Japan – Measures Affecting Agricultural Products*, WT/DS76/AB/R.

[573] Vgl. zum SPS in aller Breite *Weiß/Herrmann*, Welthandelsrecht, Rdn. 544 ff.; *Prieß/Berrisch*, WTO-Handbuch, *Kamann*, S. 211 ff.; *Senti*, GATT-WTO, S. 77 ff.; *ders.* WTO, Rdn. 1053 ff.; *Stoll/Schorkopf*, WTO, Rdn. 297 ff.; *Matsushita/Schoenbaum/Mavroidis*, The World Trade Organization, S. 494 ff.

die Landwirtschaft[574] ergibt. Die Gefahren, gegen die Menschen, Tiere und Pflanzen durch das ÜSPS geschützt werden sollen, sind in den einzelnen Alternativen in Anhang A Nr. 1 zum ÜSPS abschließend aufgeführt. Während Nr. 1 lit. a) alle drei Schutzgüter umfaßt, gilt lit. b) nur für Menschen und Tiere. Lit. c) betrifft ausschließlich Menschen. Lit. d) bildet eine Art Auffangtatbestand.
Maßnahmen i.S.d. ÜSPS können alle einschlägigen Gesetze, Erlasse, Verordnungen, Auflagen und Verfahren sein. Erfaßt sind auch Kriterien in Bezug auf das Endprodukt, Verfahren und Produktionsmethoden, Prüf-, Inspektions-, Zertifizierungs- und Genehmigungsverfahren, Quarantänemaßnahmen und Beförderungsvorschriften für Tiere und Pflanzen, Bestimmungen über einschlägige statistische Verfahren und Verfahren der Probenahme und der Risikobewertung. Verpackungs- und Kennzeichnungsvorschriften unterfallen nur dann dem ÜSPS und nicht dem ÜTBT, wenn die entsprechende Vorschrift unmittelbar mit der Sicherheit von Nahrungsmitteln zusammenhängt, Anhang A Nr. 1 zum ÜSPS.[575]

2. Zielsetzung

Die Zielrichtung des ÜSPS ergibt sich aus seiner Präambel. Es soll die Gesundheit von Menschen, Tieren und Pflanzen in allen Vertragsstaaten der WTO verbessern, wobei die nachteiligen Auswirkungen derartiger gesundheitspolizeilicher und pflanzenschutzrechtlicher Maßnahmen auf den internationalen Handel auf ein Mindestmaß beschränkt bleiben sollen. Gleichzeitig gesteht das ÜSPS seinen Mitgliedern zu, ein von ihnen als angemessen betrachtetes Schutzniveau zu ergreifen oder aufrecht zu erhalten. In Anlehnung an Art. XX GATT verlangt die Präambel des ÜSPS auch, daß die sanitarischen und phytosanitarischen Maßnahmen nicht so eingesetzt werden, daß sie zu einer „willkürlichen oder ungerechtfertigten Diskriminierung zwischen Ländern, in denen die gleichen Bedingungen herrschen," führen oder zu einer verschleierten Handelsbeschränkung mißbraucht werden. Damit will das SPS-Abkommen neue ungerechtfertigte technische Handelshemmnisse vermeiden.[576] Dazu ist der bisher vorherrschende bilaterale Ansatz in Bezug auf SPS-Maßnahmen durch ein multilaterales Vorgehen ersetzt worden. Das ÜSPS verfolgt nun das Konzept einer umfassenden potentiellen Harmonisierung von SPS-Maßnahmen anhand internationaler Standards.

3. Kernprinzipien und Pflichten der WTO-Mitglieder

a) Wissenschaftlichkeitsgrundsatz und Notwendigkeitserfordernis

Die Mitgliedstaaten sind zwar, wie in der Präambel angesprochen, berechtigt, gesundheitspolizeiliche und pflanzenschutzrechtliche Maßnahmen zu treffen (Art. 2.1 ÜSPS).

---

[574] ABl. 1994 Nr. L 336, S. 22.
[575] Vgl. ausführlich zu den einzelnen Abgrenzungsgesichtspunkten *Fuchs/Herrmann*, ZLR 2001, S. 789 (S. 805 f.); *Prieß/Berrisch*, WTO-Handbuch, *Kamann*, S. 220 f.
[576] In diesem Sinn *Eckert*, ZLR 1995, S. 363 (S. 374).

Dies gilt jedoch unter der Auflage, daß diese an sich legitimen Maßnahmen nur insoweit angewendet werden, „wie dies zum Schutz des Lebens oder der Gesundheit von Menschen, Tieren oder Pflanzen notwendig ist", Art. 2.2 ÜSPS.[577] Weiterhin haben die Maßnahmen auf wissenschaftlichen Grundsätzen zu beruhen und dürfen nicht ohne ausreichende wissenschaftliche Beweise eingeführt oder aufrechterhalten werden. In Anlehnung an die Interpretationsfußnote zu Art. 3.3 ÜSPS mit der Definition einer „wissenschaftlichen Begründung" muß eine SPS-Maßnahme „auf der Grundlage einer Prüfung und Bewertung der verfügbaren wissenschaftlichen Angaben" erfolgen. Dazu bedarf es einer rationalen oder objektiven Beziehung zwischen der Maßnahme und dem existenten wissenschaftlichen Nachweis.[578] Dieser Wissenschaftlichkeitsgrundsatz stellt das zentrale Element des ÜSPS dar. Durch ihn sollen die Vertragsstaaten daran gehindert werden, nicht nachprüfbare Gesundheits- und Umweltschutzgründe, kulturelle und lokale Vorurteile, Emotionen bzw. Eigenheiten oder irrationale Verbraucherängste vorzuschieben, in Wahrheit aber Protektionismus zu betreiben.[579]

b) Meistbegünstigung, Inländergleichbehandlung und Verbot der Handelsbeschränkung

Gemäß Art. 2.3 S.1 ÜSPS dürfen SPS-Maßnahmen keine willkürliche oder ungerechtfertigte Diskriminierung zwischen WTO-Mitgliedern mit gleichen oder ähnlichen Bedingungen oder zwischen dem In- und Ausland bewirken. Art. 2.3 ÜSPS enthält also die Grundsätze der Meistbegünstigung (ähnlich Art. I Abs. 1 GATT) und der Inländergleichbehandlung (ähnlich Art. III GATT). Weiterhin normiert Art. 2.3 S.2 ÜSPS ein Verbot verschleierter Handelsbeschränkungen.

Eine speziellere Vorschrift zu Art. 2.3 ÜSPS ist Art. 5.5 ÜSPS, der das Ziel eines konsistenten Systems von SPS-Maßnahmen eines WTO-Mitglieds und auf dieser Grundlage ein Gebot der Nichtdiskriminierung statuiert.[580] Jedoch sind Art. 2.3 und Art. 5.5 ÜSPS im gleichen Sinne auszulegen.[581]

Inhaltlich folgen die Art. 2.3 und 5.5 ÜSPS dem Konzept des Nichtdiskriminierungsgebots wie in Art. I Abs. 1 und III Abs. 4 GATT. Sie verbieten Ungleichbehandlungen zwischen verschiedenen WTO-Mitgliedern sowie zwischen In- und Ausland in bezug auf gleichartige Waren. Allerdings verbieten Art. 2.3 und Art. 5.5 ÜSPS daneben auch Ungleichbehandlungen zwischen verschiedenen Produkten.[582] Festhalten läßt sich jedenfalls, daß die beiden Vorschriften des SPS-Abkommens die Verpflichtungen aus dem Meistbegünstigungsprinzip nach Art. I Abs. 1 GATT und aus dem Grundsatz der Inländergleichbehandlung gemäß Art. III Abs. 4 GATT vollständig übernehmen.[583]

---

[577] Ausführlich zum Notwendigkeitsbegriff im SPS *Neumann/Türk*, JWT 2003, S. 199 (S. 221 f.); Senti, WTO, Rdn. 1057.

[578] Appellate Body, *Japan – Measures Affecting Agricultural Products*, WT/DS76/AB/R, Rdn. 76 ff.

[579] *Prieß/Berrisch*, WTO-Handbuch, *Kamann*, S. 215 m.w.N.

[580] Appellate Body, *European Communities – Measures Concerning Meat and Meat Products*, WT/DS26/AB/R und WT/DS48/AB/R, Rdn. 212, 250.

[581] Genauer zum Verhältnis der Vorschriften *Prieß/Berrisch*, WTO-Handbuch, *Kamann*, S. 244.

[582] Vgl. Panel, *Australia – Salmon*, WT/DS18/RW, Rdn. 7.111 f.

[583] So auch *Prieß/Berrisch*, WTO-Handbuch, *Kamann*, S. 244, mit Hinweisen auf die ergangene Rechtsprechung, insbesondere zur Frage, ob auch das Chapeau des Art. XX GATT aufgenommen ist.

c) Internationale Harmonisierung und gegenseitige Anerkennung

Art. 3.1 ÜSPS fordert die Teilnehmerstaaten auf, ihre Maßnahmen auf bestehende internationale Normen, Richtlinien und Empfehlungen abzustützen, soweit solche bestehen.[584] In Anhang A Nr. 3 zum ÜSPS wird im einzelnen festgelegt, welche Standards mit welchem Inhalt von welchen internationalen Organisationen in Betracht kommen.[585] Entsprechen die Maßnahmen solchen internationalen Normen, Richtlinien und Empfehlungen, spricht Art. 3.2 ÜSPS eine widerlegbare[586] Vermutung dahingehend aus, daß sie für den „Schutz des Lebens oder der Gesundheit von Menschen, Tieren oder Pflanzen" notwendig sind und im Einklang mit den einschlägigen Vorschriften des ÜSPS und des GATT stehen. Unter engen Voraussetzungen läßt das ÜSPS jedoch auch nationale Alleingänge zu, Art. 3.3 ÜSPS. Die Mitglieder können danach Maßnahmen einführen oder beibehalten, die im Vergleich zu den internationalen Standards ein höheres gesundheitspolizeiliches oder pflanzenschutzrechtliches Schutzniveau bewirken. Voraussetzung ist, daß eine wissenschaftliche Begründung vorliegt oder daß sich das höhere Schutzniveau aus der Festlegung eines angemessenen Schutzes nach den in Art. 5.1 bis 5.8 ÜSPS niedergelegten Kriterien ergibt.[587] Ferner dürfen solche Maßnahmen nicht gegen andere Vorschriften des Übereinkommens verstoßen.

Neben der Harmonisierung enthält das ÜSPS eine Vorschrift betreffend die gegenseitige Anerkennung von Maßnahmen und Standards. Art. 4.1 ÜSPS verpflichtet die Teilnehmerstaaten, vergleichbare Maßnahmen der Partnerstaaten als gleichwertig anzuerkennen – sog. „*Äquivalenzprinzip*". Allerdings muß der ausführende Staat objektiv nachweisen, daß seine Maßnahmen das von dem Einfuhrstaat für angemessen erachtete Schutzniveau gewährleisten. Beim Vorliegen nationaler Unterschiede bestimmt Art. 4.2 ÜSPS, daß die Mitgliedstaaten in Konsultationen über den Abschluß bi- und multilateraler Übereinkünfte über die gegenseitige Anerkennung der Gleichwertigkeit eintreten.

d) Risikobewertung und Festlegung des angemessenen Schutzniveaus

Eine zentrale Vorschrift des ÜSPS ist Art. 5 ÜSPS, der die Voraussetzungen regelt, unter welchen Mitglieder jenseits der Harmonisierung und gegenseitigen Anerkennung eigene Maßnahmen ergreifen dürfen. Nach Art. 5.1 ÜSPS müssen solche Maßnahmen

---

[584] Vgl. zur Frage der Beweislast im Bereich des ÜSPS *Weiß/Herrmann*, Welthandelsrecht, Rdn. 563; *Eggers*, EuZW 1998, S. 147 (S. 148); *Matsushita/Schoenbaum/Mavroidis*, The World Trade Organization, S. 507 ff.

[585] In Fragen der Nahrungsmittelsicherheit wird dabei auf die Kommission des Codex Alimentarius Bezug genommen, im Hinblick auf die Tiergesundheit und die Zoonosen auf das Internationale Tierseuchenamt und für Fragen der Pflanzengesundheit auf die Internationale Pflanzenschutzkonvention.

[586] Appellate Body, *European Communities – Measures Concerning Meat and Meat Products*, WT/DS26/AB/R und WT/DS48/AB/R, Rdn. 170.

[587] Entgegen dem Wortlaut des Art. 3 Abs. 3 ÜSPS sind die zwei genannten Bedingungen nicht als klare Alternativen zu sehen. Ein WTO-Mitglied muß also sowohl eine wissenschaftliche Begründung für die SPS-Maßnahme haben, als auch eine den Anforderungen des Art. 5 Abs. 1 ÜSPS entsprechende Risikobewertung durchführen, so Appellate Body, *European Communities – Measures Concerning Meat and Meat Products*, WT/DS26/AB/R und WT/DS48/AB/R, Rdn. 173 ff.

zunächst auf einer den Umständen angepaßten Risikobewertung beruhen, wobei die von den zuständigen internationalen Organisationen entwickelten Risikobewertungsmethoden zugrunde gelegt werden sollen.[588] Der Begriff der Risikobewertung ist in Anhang A Nr. 4 zum ÜSPS definiert und hat je nach Schutzgut einen anderen Inhalt. Die einzelnen Gesichtspunkte und Faktoren, die bei der Bewertung der Gefahren zu berücksichtigen sind, finden sich – nicht abschließend – in Art. 5.2 und 5.3 ÜSPS. Dabei muß sämtliches wissenschaftliche Beweismaterial herangezogen werden. Fraglich ist jedoch, ob bzw. inwieweit auch nicht-wissenschaftliche Erwägungen, wie etwa die Verbrauchererwartung, berücksichtigt werden können.[589] So fallen das vom Verbraucher wahrgenommene und das tatsächlich auftretende Risiko oft auseinander. In anderen Fällen sind ethische oder religiöse Aspekte für das Verbot bestimmter Inhaltsstoffe ausschlaggebend. Im Gegensatz zum Panel, nach dem in die Risikobewertung nur rein wissenschaftliche Vorgänge Eingang nehmen sollen, zeigte der Appellate Body im Hormonfleischfall auch die Möglichkeit auf, nicht notwendigerweise streng wissenschaftliche Überlegungen mit zu berücksichtigen, die sich hingegen in der realen Welt, in der „Menschen leben, arbeiten und sterben" realisieren können.[590]

Beruht eine Maßnahme auf der Risikobewertung[591], muß in einem weiteren Schritt – im Sinne einer wertenden Betrachtung – das angemessene gesundheitspolizeiliche und pflanzenschutzrechtliche Schutzniveau bestimmt werden. Dies hat in Form einer expliziten Festlegung zu geschehen.[592] Auch die Festlegung auf ein „Null-Risiko" ist zulässig. Bei der Festlegung des Schutzniveaus sollen die Mitglieder die nachteiligen Auswirkungen auf den Handel auf ein Mindestmaß beschränken, Art. 5.4 ÜSPS. Maßnahmen dürfen nicht handelsbeschränkender sein als notwendig, um ein angemessenes gesundheitspolizeiliches oder pflanzenschutzrechtliches Schutzniveau zu erreichen, Art. 5.6 ÜSPS. Nach einer Fußnote zu Art. 5.6 ÜSPS ist eine Maßnahme dann nicht handelsbeschränkender als notwendig, wenn keine andere Maßnahme unter vertretbaren technischen und wirtschaftlichen Bedingungen zur Verfügung steht, die das angemessene Schutzniveau erreicht und wesentlich weniger handelsbeschränkender ist.

---

[588] Vgl. ausführlich zur Risikobewertung *Matsushita/Schoenbaum/Mavroidis*, The World Trade Organization, S. 495 ff.; *Pauwelyn*, JIEL 1999, S. 641 (S. 645 ff.).

[589] Vgl. ausführlich zu dieser Frage *Prieß/Berrisch*, WTO-Handbuch, *Kamann*, S. 238 ff.

[590] Appellate Body, *European Communities – Measures Concerning Meat and Meat Products*, WT/DS26/AB/R und WT/DS48/AB/R, Rdn. 187; vgl. ausführlich zu den Ergebnisses des Berichts des Berufungsgremiums *Eggers*, EuZW 1998, S. 147 (S. 147 ff.); *Weiß*, EuR 1999, S. 499 (S. 506 ff.); *Matsushita/Schoenbaum/Mavroidis*, The World Trade Organization, S. 495 ff.

[591] Auch hinsichtlich dieses Punktes kam es im Hormonfleischfall zu Meinungsverschiedenheiten zwischen dem Panel und der Berufungsinstanz. Während das Panel diese Voraussetzung als rein prozedurale Pflicht interpretierte und darauf abstellte, ob bei Erlaß der Maßnahme eine Risikobewertung tatsächlich berücksichtigt worden ist, sah es der Appellate Body als hinreichend an, daß eine Maßnahme zum Zeitpunkt des Streitbeilegungsverfahrens objektiv mit wissenschaftlichen Beweisen begründet werden kann. Dies ermöglicht ein Nachschieben von wissenschaftlichen Gründen während des laufenden Verfahrens, vgl. dazu Appellate Body, *European Communities – Measures Concerning Meat and Meat Products*, WT/DS26/AB/R und WT/DS48/AB/R, Rdn. 189 ff.; *Weiß/Herrmann*, Welthandelsrecht, Rdn. 559.

[592] So entschieden durch Appellate Body, *Australia – Measures Affecting Importation of Salmon*, WT/DS18/AB/R, Rdn. 199 ff.

Auch die Streitbeilegungsorgane nahmen sich dem Notwendigkeitskriterium an und konkretisierten es in den Verfahren *„Australia – Salmon“* und *„Japan – Agricultural Products“* in Form eines dreistufigen Tests. Danach ist eine gesundheitspolizeiliche oder pflanzenschutzrechtliche Maßnahme nicht notwendig im Sinne des SPS-Übereinkommens, wenn es eine alternative Maßnahme gibt, die sich (a) unter technischen und ökonomischen Gesichtspunkten anbietet, (b) in der Lage ist, das angestrebte Schutzniveau zu erreichen und (c) wesentlich weniger handelsbeschränkend ist als die streitige Maßnahme.[593]

Von großer Bedeutung ist auch das in Art. 5.5 ÜSPS niedergelegte Verbot willkürlicher oder ungerechtfertigter Unterschiede des Schutzniveaus, wenn solche Unterschiede zu Diskriminierungen oder zu einer verschleierten Handelsbeschränkung führen. Art. 5.5 ÜSPS sind drei Tatbestandsmerkmale zu entnehmen, die kumulativ erfüllt sein müssen.[594] Zuerst bedarf es der Feststellung eines unterschiedlichen Schutzniveaus in vergleichbaren Situationen.[595] Sind die ungleichen Schutzniveaus vergleichbar, muß als nächstes ermittelt werden, ob die Unterschiede gerechtfertigt sind. Sind sie es nicht, ist zuletzt fallweise zu prüfen, ob die Festlegung des angemessenen Schutzniveaus weniger aus Gründen des Gesundheitsschutzes als vielmehr aus Gründen der Handelsprotektion getroffen wurde.[596]

Anwendung fand der in Art. 5.5 ÜSPS konkretisierte Nichtdiskriminierungsgrundsatz im Hormonfleischfall. Darin ging es um einen Streit zwischen der EU und den USA über die Einfuhr hormonbehandelten Rindfleischs.[597] Das Panel und der Appellate Body warfen der EU vor, im Hinblick auf die Beigabe von Wachstumshormonen in der Rindermast außerordentlich anspruchsvolle Anforderungen zu stellen, während andererseits in der EU die ebenfalls nicht bedenkenfreie Zufütterung von Antibiotika unter bestimmten Umständen zulässig ist.[598]
Aber auch wenn das wissenschaftliche Beweismaterial für eine den Anforderungen des ÜSPS genügende Risikobewertung nicht ausreicht, sind die WTO-Teilnehmerstaaten nicht an der Einführung vorübergehender Maßnahmen gehindert, Art. 5.7 ÜSPS. Sie müssen in derartigen Fällen jede notwendige zusätzliche Information für eine objektive Risikobewertung einholen und innerhalb einer vertretbaren Frist eine entsprechende Überprüfung der Maßnahmen vornehmen.[599] Art. 5.7 ÜSPS wird im allgemeinen als

---

[593] Appellate Body, *Australia – Measures Affecting Importation of Salmon*, WT/DS18/AB/R, Rdn. 194; Appellate Body, *Japan – Measures Affecting Agricultural Products*, WT/DS76/AB/R, Rdn. 123.
[594] Appellate Body, *European Communities – Measures Concerning Meat and Meat Products*, WT/DS26/AB/R und WT/DS48/AB/R, Rdn. 215.
[595] Vergleichbare Situationen liegen vor, wenn die zu vergleichenden Umstände gewisse Gemeinsamkeiten aufweisen.
[596] Vgl. *Weiß/Herrmann*, Welthandelsrecht, Rdn. 560.
[597] Vgl. ausführlich zu diesem Fall *Senti*, WTO, Rdn. 1070 ff.
[598] Appellate Body, *European Communities – Measures Concerning Meat and Meat Products*, WT/DS26/AB/R, Rdn. 128 ff.
[599] Die Mitglieder sollen allerdings auch dabei die verfügbaren einschlägigen Angaben zuständiger internationaler Organisationen sowie die von anderen Mitgliedstaaten angewendeten SPS-Maßnahmen berücksichtigen.

Ausdruck des Vorsorgeprinzips verstanden, das im Bereich des Umwelt- und Verbraucherschutzrechts immer mehr an Bedeutung gewinnt.[600]

e) Verfahren und institutionelle Vorschriften

Zur Informationsbeschaffung enthält Art. 7 ÜSPS Transparenzanforderungen, die im einzelnen in Anhang B zum ÜSPS niedergelegt sind. Unter anderem hat jeder Teilnehmerstaat SPS-Maßnahmen unverzüglich zu veröffentlichen und nationale Auskunftsstellen einzurichten, die einem interessierten Exportstaat Hilfe bieten können. Außerdem sind Maßnahmen, die von internationalen Normen, Empfehlungen und Richtlinien abweichen, den anderen Mitgliedern über das WTO-Sekretariat zu notifizieren.
Institutionell wird das Übereinkommen durch die Einsetzung des Ausschusses für gesundheitspolizeiliche und pflanzenschutzrechtliche Maßnahmen vervollständigt, Art. 12.1 ÜSPS. Dieser Ausschuß hat die Aufgabe, Kontakte zu den für die Durchführung des ÜSPS besonders wichtigen internationalen Organisationen, insbesondere der Kommission des Codex Alimentarius, dem Internationalen Tierseuchenamt und dem Sekretariat der Internationalen Pflanzenschutzkonvention zu unterhalten, Art. 12.3 ÜSPS. Er entwickelt auch ein vorläufiges Verfahren zur Überwachung der internationalen Harmonisierung gemäß Art. 12.4 i.V.m. Art. 3.5 ÜSPS.
Schließlich unterliegt auch das ÜSPS den Art. XXII und XXIII GATT sowie dem Streitbeilegungsverfahren nach dem DSU, Art. 11.1 ÜSPS. Gem. Art. 11.2 ÜSPS soll dabei das befaßte Panel eine Sachverständigengruppe einsetzen, wenn es um „wissenschaftliche oder technische Fragen“ geht.[601]

4. Verhältnis des SPS-Abkommens zum GATT

Gemäß seiner Präambel ist das SPS-Abkommen ausgearbeitet worden, um Durchführungsbestimmungen zu den Artikeln des GATT zu schaffen, die die Anwendung gesundheitspolizeilicher und pflanzenschutzrechtlicher Maßnahmen betreffen, insbesondere zu Art. XX lit. b) GATT. Nach Art. 2.4 ÜSPS gelten gesundheitspolizeiliche oder pflanzenschutzrechtliche Maßnahmen, die mit den einschlägigen Bestimmungen dieses Übereinkommens übereinstimmen, als mit den GATT-Verpflichtungen im Einklang stehend, insbesondere mit Art. XX lit. b) GATT.
Art. XX GATT enthält Gründe, aus denen unter anderem dem Gebot der Gleichbehandlung mit Inlandswaren nach Art. III GATT zuwiderlaufende Maßnahmen gerechtfertigt sein können. Art. III GATT verbietet nur die Ungleichbehandlung mit Inlandswaren. Würde man nun das SPS-Abkommen nur als Ausformung der Rechtfertigungsgründe des Art. XX lit. b) GATT verstehen[602], könnte eine den Import aus anderen WTO-Mitgliedstaaten zwar beschränkende, aber gegenüber den Inlandswaren nicht

[600] Ausführlich zum Vorsorgeprinzip *Prieß/Berrisch*, WTO-Handbuch, *Kamann*, S. 232 ff.; *Matsushita/Schoenbaum/Mavroidis*, The World Trade Organization, S. 500; *Stoll/Schorkopf*, WTO, Rdn. 331.
[601] Vgl. hierzu ausführlich *Ahn*, ITLR 2002, S. 85 (S. 92); *Pauwelyn*, JIEL 1999, S. 641 (S. 661 f.).
[602] In diese Richtung *Ritter*, EuZW 1997, S. 133 (S. 134).

schlechterstellende Maßnahme schon aus diesem Grund nicht gegen das SPS-Abkommen verstoßen. Wie schon bei Art. XI Abs. 1 GATT stellt sich auch hinsichtlich des SPS-Abkommens die Frage, ob dieses als Beschränkungs- oder als Diskriminierungsverbot wirkt.

Zur dieser Frage finden sich Ausführungen in den Berichten der Panels vom 18.08.1997[603] und des Appellate Body vom 16.1.1998[604] zum bereits erwähnten Hormonfleischfall. In diesem Verfahren ging es um einen seit 1981 schwellenden Handelskonflikt zwischen der EG und den USA sowie Kanada. Streitgegenständlich waren EG-Richtlinien, die den Import von Rindfleisch verbieten, wenn bei der Rinderaufzucht bestimmte Wachstumshormone verwendet wurden.[605] Die Entscheidungen der Streitbeilegungsorgane ergingen deshalb so spät, da die EG erst im Zuge ihrer formellen Mitgliedschaft in der WTO ab dem 1.1.1995 auch dem SPS-Abkommen sowie dem zwingenden Streitbeilegungsmechanismus zugestimmt und die Codex Alimentarius-Kommission 1995 einen internationalen Standard über Hormonrückstände angenommen hatte.
Bis zu dem Urteil hatte die EG auf ihr souveränes Recht verwiesen, über die Hormonverwendung selbst zu entscheiden. Sie trug vor, GATT-rechtlich nur durch das Nichtdiskriminierungsgebot in Art. III GATT eingeschränkt zu sein. Dies aber lasse ein unterschiedslos anwendbares Hormonverbot für heimische und importierte Ware zu.
In seinem Bericht kam das Panel zu dem Ergebnis, daß das Importverbot der EG für Rindfleisch, das unter Beachtung der Codex-Rückstandshöchstwerte und einer guten landwirtschaftlichen Praxis mit Hormonen zur Wachstumsförderung behandelt wurde, gegen Art. 3.1 und 3.3 ÜSPS sowie gegen Art. 5.1 und 5.5 ÜSPS verstoße.

Wichtig für die Frage des Verhältnisses zum GATT sind die vorangestellten Überlegungen des Panels zur Bedeutung und Anwendung des neuen SPS-Abkommens. Nach seiner Auffassung ist das SPS-Übereinkommen entgegen dem Vorbringen der EG keine Interpretations- und Durchführungsregelung zur Rechtfertigung nach Art. XX lit. b) GATT. Vielmehr enthalte es gegenüber dem GATT neue, eigenständige und speziellere Anforderungen an Handelsmaßnahmen im gesundheitspolizeilichen Bereich.[606] Bei der Beurteilung einer Handelsbarriere müsse daher vorrangig vor den allgemeinen Tatbeständen der Art. I, III und XX GATT geprüft werden, ob ein Mitglied seine Verpflichtungen aus dem SPS-Übereinkommen eingehalten habe.[607] Dieses Verständnis des Verhältnisses zwischen SPS-Abkommen und GATT ist von den Parteien im

---

[603] Panel, *European Communities – Measures Concerning Meat and Meat Products,* WT/DS48/R/CAN und Panel, *European Communities – Measures Concerning Meat and Meat Products,* WT/DS26/R/USA.

[604] Appellate Body, *European Communities – Measures Concerning Meat and Meat Products,* WT/DS48/AB/R, WT/DS26/AB/R.

[605] Vgl. ausführlich zu dem zugrunde liegenden Sachverhalt und den Folgen des Urteils *Hilf/Eggers,* EuZW 1997, S. 559 (S. 559); *Wetzig,* Einfluß der EG und der WTO, S. 102 ff.; *Matsushita/Schoenbaum/Mavroidis,* The World Trade Organization, S. 495 ff.

[606] Panel, *European Communities – Measures Concerning Meat and Meat Products,* WT/DS48/R/CAN, Rdn. 8.41 ff.

[607] Panel, *European Communities – Measures Concerning Meat and Meat Products,* WT/DS48/R/CAN, Rdn. 8.45.

Berufungsverfahren nicht in Frage gestellt und vom Appellate Body auch nicht revidiert worden.[608]

Mit seiner Entscheidung brachte das Panel zum Ausdruck, daß das SPS-Abkommen in diversen Vorschriften spezifische und eigenständige Anforderungen an SPS-Maßnahmen enthält, die auch vom GATT nur unzureichend erfaßte Maßnahmen abdecken und die unabhängig von den GATT-Vorschriften anwendbar sind.[609] Insbesondere muß für die Anwendbarkeit des SPS-Abkommens nicht zuerst ein Verstoß gegen eine Bestimmung des GATT, wie dessen Diskriminierungsvorschriften in Art. I Abs. 1 GATT und in Art. III Abs. 4 GATT oder gegen Art. XI GATT festgestellt werden.[610] Vielmehr sind die Vorschriften des SPS-Abkommens vor den einschlägigen GATT-Vorschriften zu prüfen. Das SPS-Abkommen steht nach dem Verständnis des Panels eigenständig neben dem GATT und geht diesem gleichzeitig als lex specialis vor.[611]

Die wichtigste Feststellung im Hinblick auf die Frage Diskriminierungs- oder Beschränkungsverbot liegt darin, daß das SPS-Abkommen nicht nur dann zum Tragen kommt, wenn ein Verstoß gegen Art. III Abs. 4 GATT vorliegt. Voraussetzung für die Anwendbarkeit ist damit nicht notwendigerweise eine Diskriminierung nach Art. III GATT. Dies bedeutet, daß auch solche Maßnahmen dem SPS-Abkommen unterfallen, die keine Unterschiede zwischen in- und ausländischen Waren machen und damit diskriminierungsfrei wirken.
Für gesundheitspolizeiliche und pflanzenschutzrechtliche Maßnahmen nach Art. 1.1 ÜSPS hat sich die WTO-Rechtsordnung also vom Verbot diskriminierender Handelsmaßnahmen zum Beschränkungsverbot entwickelt, nach dem auch unterschiedslos anwendbare Produktstandards mit Auswirkungen auf den internationalen Handel überprüfbar sind.[612]

Mit dieser Auslegung des SPS-Abkommens ging das Panel denselben Weg wie einst der EuGH mit seinen Urteilen „*Dassonville*“[613] und „*Cassis de Dijon*“[614], die dem Warenverkehr den Charakter eines Beschränkungsverbotes gaben. Seither sind auch nichtdiskriminierende nationale Regelungen als Maßnahmen gleicher Wirkung i.S.d. Art. 28 EGV vor dem Hintergrund überragender Gründe des Allgemeinwohls zu rechtfertigen.[615] Zum Teil ist daher in der Literatur von der „*Cassis-de-Dijon-Bedeutung*“ des SPS-Abkommens die Rede.[616]

---

[608] Vgl. ausführlich zum Bericht des Appellate Body, in dem dieser eine Verletzung der Art. 3 und 5 Abs. 5 ÜSPS ablehnte und nur einen Verstoß gegen Art. 5 Abs. 1 ÜSPS annahm *Eggers*, EuZW 1998, S. 147 (S. 147 ff.).
[609] So *Prieß/Berrisch*, WTO-Handbuch, *Kamann*, S. 219.
[610] *Wetzig*, Einfluß der EG und der WTO, S. 86.
[611] Panel, *European Communities – Measures Concerning Meat and Meat Products*, WT/DS48/R/CAN, Rdn. 8.39 ff.; Panel, *Australia – Salmon*, WT/DS18/R, Rdn. 8.39.
[612] So auch *Hilf/Eggers*, EuZW 1997, S. 559 (S. 561); *Wetzig*, Einfluß der EG und der WTO, S. 87.
[613] EuGH, *Daßonville*, Rs. 8/74, Slg 1974, S. 837 (S. 852).
[614] EuGH, *Cassis de Dijon*, Rs. 120/78, Slg 1979, S. 649 (S. 662).
[615] So auch *Weiß*, EuR 1999, S. 499 (S. 505 f.).
[616] *Hilf/Eggers*, EuZW 1997, S. 559 (S. 561).

IV. Übereinkommen über technische Handelshemmnisse (ÜTBT)

Als integraler Bestandteil des WTO-Abkommens ist das ÜTBT, wie auch das ÜSPS, für alle WTO-Mitglieder verbindlich (Art. II Abs. 2 ÜWTO). Es geht auf das gleichnamige Abkommen der Tokio-Runde des GATT zurück.[617] Erörterungen zu rechtlichen Aspekten des ÜTBT finden sich bislang nur in zwei Entscheidungen der Streitbeilegungsgremien, zum einen im Streitverfahren zwischen Kanada und der EG hinsichtlich bestimmter handelsbeschränkender Maßnahmen der EG für Asbest und asbesthaltige Produkte[618] und zum anderen in dem Verfahren zwischen Peru und der EG zu bestimmten Sardinenarten[619]. In anderen Streitverfahren wurde zwar wiederholt auf das ÜTBT Bezug genommen, aus spezifischen prozessualen oder materiell-rechtlichen Gründen kam es jedoch nicht zu einer näheren Auseinandersetzung mit dem ÜTBT.[620]

1. Anwendungsbereich und Verhältnis von ÜTBT und ÜSPS

Der sachliche Anwendungsbereich des ÜTBT ist in erster Linie in dessen Art. 1 geregelt. Nach Art. 1.3 ÜTBT findet das ÜTBT auf gewerbliche und industrielle Waren einschließlich landwirtschaftlicher Erzeugnisse Anwendung. Ausgenommen sind Einkaufsspezifikationen im Sinne des Übereinkommens über das öffentliche Beschaffungswesen (Art. 1.4 ÜTBT) und gesundheitspolizeiliche und pflanzenschutzrechliche Maßnahmen im Sinne des ÜSPS (Art. 1.5 ÜTBT). ÜTBT und ÜSPS schließen sich also gegenseitig aus, wobei das ÜSPS lex specialis für gesundheitspolizeiliche und pflanzenschutzrechliche Maßnahmen ist.[621] Die Abgrenzung der Anwendungsbereiche beider Übereinkommen ist von zentraler Bedeutung, da sie unterschiedliche Anforderungen an die betroffenen Maßnahmen stellen.
Summarisch betrachtet enthält das ÜTBT Anforderungen für die Ausarbeitung und Anwendung technischer Vorschriften (Art. 3 ÜTBT) und Normen (Art. 4 ÜTBT) sowie Konformitätsbewertungsverfahren (Art. 5 ff. ÜTBT). Es beschäftigt sich auch mit Fragen der Harmonisierung (Art. 2.4 ff., 9 ÜTBT) und der gegenseitigen Anerkennung (Art. 2.7, 6.1 ÜTBT). Für die Abgrenzung zum ÜSPS gilt, daß sich die Anwendbarkeit des ÜTBT nach dem technischen Charakter einer Maßnahme bemißt. Die Anwendbarkeit des SPS-Abkommens richtet sich dagegen allein nach der speziellen Zielsetzung einer Maßnahme, nämlich dem Schutz vor Schädlings- und Krankheitsgefahren oder

---

[617] Zum ursprünglichen TBT Kodex *Grabitz/v.Bogdandy/Nettesheim*, Außenwirtschaftsrecht, S. 450 ff.
[618] Panel, *European Communities – Measures Affecting Asbestos and Aspestos-Containing Products*, WT/DS135/R und Appellate Body, *European Communities – Measures Affecting Asbestos and Aspestos-Containing Products*, WT/DS135/AB/R.
[619] Panel, *European Communities – Trade Discription of Sardines*, WT/DS231/R und Appellate Body *European Communities – Trade Discription of Sardines*, WT/DS231/AB/R; vgl. ausführlich zu den Berichten *Hermann*, ZLR 2002, S. 537 (S. 537 ff.) und *Herrmann*, ZLR 2002, S. 794 (S. 794 ff.).
[620] *Prieß/Berrisch*, WTO-Handbuch, *Tietje*, S. 283.
[621] Eine ausführlich Anleitung zur inhaltlichen Abgrenzung findet sich bei *Prieß/Berrisch*, WTO-Handbuch, *Tietje*, S. 289 f.; zu den Gemeinsamkeiten und Unterschieden der beiden Abkommen sehr schön *Rege*, JWT 1994, S. 95 (S. 103 ff.).

vor Lebensmittelgefahren.[622] Dementsprechend ist das ÜTBT nur auf solche technischen Vorschriften und Normen anwendbar, die nicht vom ÜSPS gedeckte Gesundheits- oder Umweltschutzziele verfolgen.
Auch inhaltlich bestehen einige augenscheinliche Unterschiede zwischen ÜTBT und ÜSPS.[623] So fehlt im ÜTBT die Pflicht zur Vornahme einer Risikobewertung (Art. 5 ÜSPS) sowie das Wissenschaftlichkeitserfordernis des Art 2.2 ÜSPS. Allgemein wird daher davon ausgegangen, daß Maßnahmen leichter zu rechtfertigen sind, wenn sie dem ÜTBT unterfallen, obgleich die Möglichkeit zum Abweichen von internationalen Standards im ÜSPS größer ist.[624]

2. Begriffliche Abgrenzung

Gem. Art. 1.2 ÜTBT erschließt sich die Bedeutung der im Übereinkommen verwendeten Begriffe aus Anhang 1 zum ÜTBT. Zunächst gelten jedoch die begrifflichen Abgrenzungen des ISO/IEC-Leitfadens 2 „Allgemeine Begriffe im Bereich der Normen und verwandter Tätigkeiten und ihre Definitionen". Lediglich acht Begriffe werden im folgenden vom ÜTBT selbst definiert.

a) Technische Vorschriften

Nach Nr. 1 des Anhangs 1 sind unter technischen Vorschriften („*technical regulation*") i.S.d. ÜTBT zwingende Vorschriften zu verstehen, in denen der Gesetzgeber festlegt, welche Bedingungen und Anforderungen eine Ware oder ihre dazugehörigen Verfahren und Produktionsmethoden erfüllen müssen, um in den Verkehr gebracht werden zu dürfen. Beispielhaft zählt Nr. 1 Festlegungen über Terminologie, Bildzeichen sowie Verpackungs-, Kennzeichnungs- oder Beschriftungserfordernisse für ein Produkt, ein Verfahren oder eine Produktionsmethode auf. Die Streitbeilegungsorgane haben diese Definitionen in den zwei bereits erwähnten Verfahren (Asbestfall und Sardinenfall) dahingehend konkretisiert, daß eine Maßnahme als ganzes als technische Vorschrift zu werten ist, wenn sie die Eigenschaften eines Produkts oder einer identifizierbaren Produktgruppe festlegt und die Einhaltung dieser Vorschriften verpflichtend ist, um das Produkt in dem WTO-Mitglied vermarkten zu können.[625] Die Festlegung kann dabei sowohl positiv wie auch negativ erfolgen. Demnach wurde im Sardinenfall eine Vorschrift, die nur unter ganz bestimmten Voraussetzungen die Verwendung einer Handelsbezeichnung erlaubt, als technische Vorschrift eingestuft, weil sie Waren, welche die niedergelegten Anforderungen nicht erfüllen, von der Benutzung der

---

[622] *Prieß/Berrisch*, WTO-Handbuch, *Kamann*, S. 220.
[623] Im einzelnen *Ahn*, ITLR 2002, S. 85 (S. 85 ff.).
[624] So *Weiß/Herrmann*, Welthandelrecht, Rdn. 572.
[625] Panel, *European Communities, Measures Affecting Asbestos and Asbestos-Containing Products*, WT/DS135/R, Rdn. 8.30 ff; Panel, *European Communities – Trade Discription of Sardines*, WT/DS231/R, Rdn. 7.20 ff.; vgl. hierzu ausführlich *Prieß/Berrisch*, WTO-Handbuch, *Tietje*, S. 284 ff.

Bezeichnung ausschließt.[626] Ebenfalls als technische Vorschrift qualifizierte der Appellate Body im Asbestfall ein vollständiges Einfuhrverbot für Produkte, die bestimmten Anforderungen nicht genügen.[627]

b) Normen

Nach Nr. 2 des Anhangs 1 zum ÜTBT deckt sich der Begriff der „Norm" mit dem der „technischen Vorschrift" mit dem Unterschied, daß die Einhaltung von Normen freiwillig ist. Technische Vorschriften hingegen sind allgemeinverbindlich. Aus den erläuternden Bemerkungen zu Anhang 1 Nr. 2 ÜTBT wird in Ergänzung zu Art. 1.3 des Abkommens nochmals klar, daß sich das TBT-Abkommen im Gegensatz zum ISO/IEC-Leitfaden nur auf Waren und ihre damit verbundenen Verfahren und Produktionsmethoden beschränkt und Dienstleistungen ausschließt. Ebenso ergibt sich daraus, daß die Begriffe „Norm" und „technische Vorschrift" entgegen den internationalen Gewohnheiten auch Regeln und Richtlinien erfassen, die nicht im Konsens angenommen wurden.[628]

c) Konformitätsbewertungsverfahren

Nach Nr. 3 des Anhangs 1 zum ÜTBT sind Konformitätsbewertungsverfahren alle Verfahren, die mittelbar oder unmittelbar der Feststellung dienen, daß einschlägige Erfordernisse in technischen Vorschriften oder Normen erfüllt sind. Dabei geht es entsprechend der erläuternden Bemerkung beispielsweise um die Kontrolle von Proben, die Vornahme von Prüfungen, die Auswertung von Resultaten sowie die Registrierung, Beglaubigung und Genehmigung von Ergebnissen.

3. Zielsetzung

Auch die Zielsetzung des ÜTBT ergibt sich aus seiner Präambel. Zwar soll danach kein Land daran gehindert werden, die notwendigen Maßnahmen zum Schutz von Leben und Gesundheit von Menschen, Tieren oder Pflanzen sowie zum Schutz der Umwelt oder zur Verhinderung irreführender Praktiken zu ergreifen. Jedoch soll das TBT-Abkommen sicherstellen, daß diese Maßnahmen, also „technische Vorschriften und Normen, einschließlich Erfordernisse der Verpackung, Kennzeichnung und Beschriftung sowie Verfahren zur Konformitätsbewertung mit technischen Normen und Vorschriften keine unnötigen Hemmnisse für den internationalen Handel schaffen". Dieses Ziel soll durch den Verzicht auf eine gegenseitige Diskriminierung, durch eine erhöhte

---

[626] Panel, *European Communities – Trade Discription of Sardines*, WT/DS231/R, Rdn. 7.45 ff.; dazu ausführlich *Herrmann*, ZLR 2002, S. 537 (S. 537 ff.), *ders.*: ZLR 2002, S. 795 (S. 796 ff.); *Matsushita/Schoenbaum/Mavroidis*, The World Trade Organization, S. 510 ff.

[627] Appellate Body, *European Communities – Measures Affecting Asbestos and Aspestos-Containing Products*, WT/DS135/AB/R, Rdn. 70 ff.

[628] Panel, *European Communities – Trade Discription of Sardines*, WT/DS231/R, Rdn. 7.90 f.

Transparenz, durch eine verstärkte Kooperation und durch das Recht auf Klageführung und Gegenmaßnahmen erreicht werden.

4. Ausarbeitung, Annahme und Anwendung technischer Vorschriften

Zentrale Norm des ÜTBT ist Art. 2, der die Anforderungen an die Ausarbeitung, Annahme und Anwendung technischer Vorschriften durch Stellen der Zentralregierung[629] regelt. Nach Art. 2.1 ÜTBT dürfen eingeführte Waren im Hinblick auf technische Vorschriften nicht eine weniger günstige Behandlung erfahren als gleichartige inländische oder andere eingeführte Waren.[630] Aus dem in Art. 2.1 ÜTBT enthaltenen Verweis auf „gleichartige Waren inländischen Ursprungs oder gleichartige Waren mit Ursprung in einem anderen Land“ wird deutlich, daß in dem Nichtdiskriminierungsgebot des Art. 2.1 ÜTBT sowohl das Prinzip der Meistbegünstigung (entsprechend Art. I Abs. 1 GATT) als auch das der Inländergleichbehandlung (entsprechend Art. III GATT) enthalten ist. Die gleich lautenden Rechtsbegriffe sind dabei – obwohl es sich bei dem ÜTBT um ein eigenständiges Abkommen innerhalb der WTO-Rechtsordnung handelt – inhaltlich übereinstimmend mit dem GATT auszulegen.[631]

In Art. 2.2 S.3 nennt das ÜTBT berechtigte Ziele, die die Mitglieder mit der Ausarbeitung, Annahme und Anwendung technischer Vorschriften verfolgen können. In der – im Gegensatz zum ÜSPS – nicht als abschließend zu verstehenden Aufzählung werden die „Erfordernisse der nationalen Sicherheit (vgl. Art. XXI GATT), Verhinderung irreführender Praktiken (vgl. Art. XX lit. d) GATT) und Schutz der Gesundheit und Sicherheit von Menschen, des Lebens und der Gesundheit von Tieren und Pflanzen oder der Umwelt (vgl. Art. XX lit. b) und g) GATT)“ genannt. Die Aufzählung greift die in Art. XX GATT erwähnten Regelungszwecke auf, weicht aber in Formulierung und Gehalt davon ab.
Derart motivierte technische Vorschriften dürfen jedoch nicht in einer Art und Weise ausgearbeitet, angenommen und eingesetzt werden, daß sie den internationalen Handel unnötig behindern oder blockieren, Art. 2.2 S.1 ÜTBT. Diese Einschränkung wird in Art. 2.2 S.2 ÜTBT in Hinblick auf das angestrebte Schutzziel präzisiert. Technische Vorschriften dürfen danach nicht handelsbeschränkender sein als „notwendig“, um eines der vorgenannten berechtigten Ziele zu erreichen, wobei allerdings die Gefahren der Nichterfüllung der Ziele zu berücksichtigen sind.[632] Bei der Bewertung von Gefahren sind unter anderem wissenschaftliche und technische Informationen, verwendete Produktionstechniken oder der beabsichtigte Endverbrauch der Ware zu berücksichtigen, Art. 2.2 S.4 ÜTBT. Soweit der Grund des Erlasses einer technischen Vorschrift weggefallen ist, darf diese nicht beibehalten werden, Art. 2.3 ÜTBT.

---

[629] Vgl. dazu Nr. 6 des Anhangs 1 zum ÜTBT.

[630] Zu der Frage, wann „eine nicht weniger günstige Behandlung“ zu bejahen ist, insbesondere ob auch de-facto Diskriminierungen umfaßt sind, vgl. in aller Ausführlichkeit *Prieß/Berrisch*, WTO-Handbuch, *Tietje*, S. 293 ff.

[631] *Prieß/Berrisch*, WTO-Handbuch, *Tietje*, S. 293.

[632] Vgl. ausführlich zum Notwendigkeitskriterium im ÜTBT *Neumann/Türk*, JWT 2003, S. 199 (S. 217 ff.).

Wie das ÜSPS beabsichtigt auch das ÜTBT die Förderung einer internationalen Harmonisierung. Nach Art. 2.4 1.HS ÜTBT sollen die Mitglieder bestehende oder unmittelbar vor der Fertigstellung stehende, einschlägige internationale Normen als Grundlage für ihre technischen Vorschriften verwenden. Die Streitbeilegungsorgane leiten aus dieser Vorschrift den Grundsatz ab, daß die WTO-Mitglieder verpflichtet sind, ihre bestehenden technischen Vorschriften laufend im Hinblick auf neue internationale Standards anzupassen und zu optimieren.[633]

Im Gegensatz zum ÜSPS erlaubt das ÜTBT ein Abweichen von internationalen Standards nur dann, wenn diese „unwirksame oder ungeeignete Mittel zur Erreichung der angestrebten berechtigten Ziele [wären], zum Beispiel wegen grundlegender klimatischer oder geographischer Faktoren oder grundlegender technologischer Probleme", Art. 2.4 2.HS ÜTBT.[634] Nur wenn ein derartiger Untauglichkeitsbeweis geführt wird, kann eine abweichende technische Vorschrift gerechtfertigt sein.[635] Ansonsten ist es den WTO-Mitgliedern nach dem ÜTBT nicht gestattet, ein höheres Schutzniveau als das durch die internationalen Normen erreichte, anzustreben. Handelt es sich bei dem angestrebten Schutzziel um die Verhinderung irreführender Praktiken, kommt dem zugrunde gelegten Verbraucherleitbild eine überragende Bedeutung zu.[636]

Ist eine zur Erreichung der berechtigten Ziele ausgearbeitete, angenommene oder angewendete technische Vorschrift mit einer internationalen Norm konform, so spricht Art. 2.5 S.2 ÜTBT – ähnlich dem Art. 3.2 ÜSPS – eine widerlegliche Vermutung dahingehend aus, „daß sie kein unnötiges Hemmnis für den internationalen Handel schafft".[637]

Art. 2.7 ÜTBT befaßt sich mit der gegenseitigen Anerkennung technischer Normen und bestimmt, daß die Mitglieder die Anerkennung der Gleichwertigkeit technischer Vorschriften anderer Mitglieder „wohlwollend" prüfen, selbst wenn sie sich von ihren eigenen unterscheiden. Es besteht aber keine Pflicht des Einfuhrstaates zur Anerkennung.[638]

---

[633] Panel, *European Communities – Trade Discription of Sardines*, WT/DS231/R, Rdn. 7.72 ff.; vgl. ausführlich zum Sardinenfall und den sich daraus ergebenden Konsequenzen in Hinblick auf Art. 2.4. ÜTBT *Herrmann*, ZLR 2002, S. 537 (S. 539 ff.), *Herrmann*, ZLR 2002, S. 795 (S. 797 ff.); *Matsushita/Schoenbaum/Mavroidis*,The World Trade Organization, S. 511 ff.

[634] Im Gegensatz zum ÜSPS verwendet das ÜTBT einen grundsätzlich offenen Begriff internationaler Standards. Es findet sich keine Anhang A Nr. 3 zum ÜSPS entsprechende abschließende Aufzählung der internationalen Organisationen, deren Normen, Richtlinien und Empfehlungen zu berücksichtigen sind. Anhang 1 Nr. 4 zum ÜTBT stellt vielmehr klar, daß im ÜTBT als internationaler Standard in Betracht kommt, was von einer Organisation erarbeitet wurde, die allen WTO-Mitgliedern offen steht. Dies können beispielsweise Standards der Internationalen Standardisierungsorganisation (ISO) oder der internationalen elektrotechnischen Kommission (IEO) sein.

[635] Vgl. zur Beweislast in diesem Bereich *Herrmann*, ZLR 2002, S. 795 (S. 799).

[636] Vgl. dazu *Weiß/Herrmann*, Welthandelsrecht, Rdn. 575.

[637] Die Art. 2.9 ff. ÜTBT normieren weitgehende Veröffentlichungs- und Notifizierungspflichten.

[638] *Ahn*, ITLR 2002, S. 85 (S. 89 f.); Beispiele für eine derartige gegenseitige Anerkennung finden sich bei *Weiß/Herrmann*, Welthandelsrecht, Rdn. 576.

5. Ausarbeitung, Annahme und Anwendung von Normen

Hinsichtlich Normen, d.h. nicht verpflichtender Produktmerkmale, stellen die Mitglieder sicher, daß die Normenorganisationen der Zentralregierung den Verhaltenskodex für die Ausarbeitung, Annahme und Anwendung von Normen in Anhang 3 des TBT-Abkommens annehmen und einhalten, Art. 4.1 S.1 ÜTBT. Sie haben auch dafür zu sorgen, daß sich die regionalen und nichtstaatlichen Stellen ihres Hoheitsgebietes diesem Kodex anschließen. Der Verhaltenskodex sieht die Grundsätze der Meistbegünstigung, Inländergleichbehandlung und Verhältnismäßigkeit sowie einen Verzicht auf den Einsatz von Normen als Handelsschranken vor. Auch regelt er die Zusammenarbeit der Normungsorganisationen mit den internationalen Standardisierungsgremien. Schließlich enthält er mit Art. 2 ÜTBT vergleichbare Informationsverpflichtungen.

6. Bewertung der Konformität

Die Art. 5 bis 9 des ÜTBT befassen sich mit den Verfahren und der Anerkennung der Konformitätsbewertung durch die Stellen der Zentral-, Regional- und Lokalregierungen sowie nichtstaatlicher Stellen. Die Verfahren sind gem. Art. 5 ÜTBT i.S.d. Meistbegünstigungs- und Inländerbehandlungsprinzips auszuarbeiten und anzuwenden. Auch dürfen sie keine unnötigen Hemmnisse für den internationalen Handel schaffen. Nach Art. 6 ÜTBT stellen die Parteien sicher, daß Konformitätsbewertungen anderer WTO-Mitglieder, wenn immer möglich, anerkannt werden, auch wenn sie nach anderen Verfahren vorgenommen wurden. Diese gegenseitige Anerkennung setzt aber voraus, daß die ausländischen Verfahren nicht weniger vertrauenswürdig sind als die eigenen. Das Abkommen „ermutigt" die Mitgliedstaaten, über die gegenseitige Anerkennung von Konformitätsbewertungsverfahren zu verhandeln und entsprechende Vereinbarungen abzuschließen („*mutual recognition agreements – MRA*").[639]

7. Verfahren und institutionelle Grundlagen

Gem. Art. 10 ÜTBT ist jeder Partner zur Errichtung einer nationalen Auskunftsstelle verpflichtet, die Anfragen zu Vorschriften, Normen und Verfahren beantwortet und einschlägige Dokumente zur Verfügung stellen soll. Weiterhin wird ein Ausschuß für technische Handelshemmnisse geschaffen, der das Übereinkommen verwaltet und in die institutionelle Struktur des Allgemeinen Rates für Waren einbezogen ist, Art. 13 ÜTBT. Schließlich unterliegt auch das ÜTBT den Art. XXII und XXIII GATT sowie dem Streitbeilegungsverfahren nach dem DSU. Die Art. 14.2 bis 14.4 ÜTBT sind dabei vorrangige Vorschriften i.S.d. Art. 1.2 i.V.m. Anhang 2 DSU. Gem. Art. 14.2 ÜTBT hat ein Panel zwar die Möglichkeit, eine Sachverständigengruppe zur Klärung technischer Fragen einzusetzen, anders als beim ÜSPS ist es jedoch nicht dazu verpflichtet. Anhang 2 des ÜTBT enthält hierfür Verfahrensvorschriften.

---

[639] Vgl. hierzu ausführlich *Prieß/Berrisch*, WTO-Handbuch, *Tietje*, S. 318 ff.

8. Verhältnis des TBT-Abkommens zum GATT

Auch für das TBT-Abkommen stellt sich die Frage, ob es wie das SPS-Übereinkommen ein Beschränkungsverbot enthält oder auf ein Diskriminierungsverbot und damit auf die Einforderung einer Inländergleichbehandlung beschränkt ist. Das TBT-Abkommen erfaßt technische Handelshemmnisse wie Kennzeichnungsbestimmungen, Prüf- und Zertifizierungsverfahren oder Rezepturvorschriften[640], nicht jedoch gesundheitspolizeiliche und pflanzenschutzrechtliche Maßnahmen, da diese dem ÜSPS unterfallen (Art. 1.5 ÜTBT).

Nach Art. 2.1 des ÜTBT stellen die Mitglieder sicher, daß aus dem Gebiet anderer Mitgliedstaaten eingeführte Waren bezüglich technischer Vorschriften eine nicht weniger günstige Behandlung erhalten als gleichartige Waren inländischen Ursprungs oder mit Ursprung in einem anderen Land. Die Inländergleichbehandlung bzw. das Verbot unterschiedlicher Behandlung ist damit kategorisch vorgegeben.

Jedoch geht Art. 2.2 ÜTBT darüber hinaus und verlangt, daß die Mitglieder sicherstellen, „daß technische Vorschriften nicht in der Absicht oder mit der Wirkung ausgearbeitet, angenommen oder angewendet werden, unnötige Hemmnisse für den internationalen Handel zu schaffen“. Der Schlüssel zur Einordnung dieser Vorschrift liegt in dem Wort „unnötig“. Im Wege eines Notwendigkeitstests soll die Zulässigkeit technischer Vorschriften beurteilt werden, wobei auch wissenschaftliche Informationen zu berücksichtigen sind, Art. 2.2 S.4 ÜTBT. Dabei unterscheidet Art. 2.2 ÜTBT nicht danach, ob die zu untersuchenden technischen Vorschriften unterschiedlich auf Waren in- und ausländischen Ursprungs angewendet werden. Aus der Gesetzessystematik ergibt sich sogar, daß Art. 2.2 ÜTBT gerade dann und nur dann eingreift, wenn keine Diskriminierung vorliegt. Für die Fälle einer Ungleichbehandlung ist schon der Anwendungsbereich des Art. 2.1 ÜTBT eröffnet, der diskriminierende Maßnahmen gänzlich verbietet. Nur wenn technische Vorschriften unterschiedslos angewandt werden, unterliegen sie dem Prüfungsmaßstab des Art. 2.2 ÜTBT, da auch insofern Handelsbeschränkungen möglich sind.[641]

Da Art. 2.2 ÜTBT damit Anforderungen für solche Regelungen aufstellt, die nichtdiskriminierend Anwendung finden, geht das TBT-Abkommen über ein reines Diskriminierungsverbot hinaus.[642]

Versteht man Art 2.2 ÜTBT in diesem Sinn, so passen auch die weiteren Aussagen der Vorschrift ins Bild. Die Ausweitung des Art. 2.2 ÜTBT über ein Diskriminierungsverbot hinaus wird begleitet von einer erweiterten Rechtfertigungsmöglichkeit, ähnlich wie bei der Cassis-Formel[643]. So bestimmt Art. 2.2 ÜTBT, daß „technische Vorschriften nicht handelsbeschränkender als notwendig“ zu sein haben, „um ein berechtigtes Ziel zu erreichen, wobei die Gefahren, die entständen, wenn dieses Ziel nicht erreicht

---

[640] Vgl. *Hauser/Schanz*, Das neue GATT, S. 111; *Senti*, GATT-WTO, S. 59.

[641] *Prieß/Berrisch*, WTO-Handbuch, *Tietje*, S. 299.

[642] So auch *Scott*, in: *Barnard/Scott* (Hrsg.), The Law of the Single European Market, S. 285 (S. 287).

[643] So wurde mit dem Cassis-de-Dijon-Urteil des EuGH die Warenverkehrsfreiheit auch auf Maßnahmen mit nicht-diskriminierendem Charakter ausgedehnt. Mit den „zwingenden Erfordernissen“ als immanente Schranke des Art. 28 EGV wurden die Rechtfertigungsmöglichkeiten jedoch wieder erweitert; vgl. dazu *Streinz*, Europarecht, Rdn. 671 ff. u. 700 ff.

würde, berücksichtigt werden. Berechtigte Ziele sind unter anderem Erfordernisse der nationalen Sicherheit, Verhinderung irreführender Praktiken, Schutz der Gesundheit und Sicherheit von Menschen, des Lebens oder der Gesundheit von Tieren und Pflanzen oder der Umwelt. Bei der Bewertung solcher Gefahren werden unter anderem verfügbare wissenschaftliche und technische Informationen, verwandte Produkttechniken oder der beabsichtigte Endverbrauch der Ware zugrunde gelegt".
Auch für TBT-Maßnahmen hat sich das WTO-System damit über einen vom Verbot diskriminierender Handelsmaßnahmen dominierten Ansatz zu einem Beschränkungsverbot entwickelt, nach dem auch unterschiedslos anwendbare Produktstandards mit Auswirkungen auf den internationalen Handel überprüfbar sind.[644]

Für eine derartige Einordnung des TBT-Abkommens sprechen auch die Berichte des Panels[645] und des Appellate Body[646] im Sardinenfall, in dem zum ersten Mal das TBT-Übereinkommen Grundlage einer Entscheidung war.
Streitgegenständlich war die EG-Verordnung Nr. 2136/89 über gemeinsame Vermarktungsnormen für Sardinenkonserven[647]. Diese legte zum Zwecke der Markttransparenz in Art. 2 fest, daß nur ausschließlich aus Fischen der Art „*Sardina pilchardus*" zubereitete Erzeugnisse in der Gemeinschaft als Sardinenkonserven vermarktet und bezeichnet werden dürfen.[648] Peru berief sich demgegenüber auf einen Standard der Codex Alimentarius Kommission über Sardinenkonserven aus dem Jahr 1978, in dem zwar die Bezeichnung „Sardinen" in der Tat ausschließlich für Fische der Art „*Sardina pilchardus*" vorgesehen war, der aber zugleich die Bezeichnung Sardinen unter Voranstellung des Namens eines Landes oder eines geographischen Gebiets oder in Verbindung mit der genauen Spezies (etwa Südamerikanische Sardinen oder Pazifiksardinen) für insgesamt 20 aufgelistete Fischsorten zuließ. Die Nichtbeachtung dieses Codex Standards durch die EG führte dazu, daß Sardinen der Spezies „*Sardinops sagax*", einer überwiegend vor den Küsten Chiles und Perus vorkommenden Art von Sardinen, in der EG nicht unter der Bezeichnung „Südamerikanische Sardinen" bzw. „Peruvian Sardines" vertrieben werden durften.
Das WTO-Panel kam zu dem Ergebnis, daß Art. 2 der Verordnung gegen Art. 2.4 ÜTBT verstößt, weil er ohne hinreichende Rechtfertigung von dem einschlägigen Standard der Codex Alimentarius Kommission abweicht.[649] Das Berufungsgremium bestätigte den Panel-Bericht in nahezu allen Teilen.[650]
Obwohl die beiden Streitbeilegungsorgane der WTO in ihren Entscheidungen nicht ausdrücklich auf das Verhältnis des ÜTBT zum GATT eingingen, brachten sie dennoch zum Ausdruck, daß sie im Anwendungsbereich des TBT-Abkommens von einem ähnlichen Verständnis wie beim ÜSPS ausgehen. Indem sie im Sardinenfall nur die Vorschriften der Art. 2.2 und 2.4 ÜTBT diskutierten, wird klar, daß auch das ÜTBT

---

[644] *Scott*, in: *Barnard/Scott* (Hrsg.), The Law of the Single European Market, S. 285 (S. 287).
[645] Panel, *European Communities – Trade Description of Sardines*, WT/DS231/R.
[646] Appellate Body, *European Communities – Trade Description of Sardines*, WT/DS231/AB/R.
[647] ABl. 1989 Nr. L 212, S. 79.
[648] Der Sachverhalt findet sich so geschildert bei *Herrmann*, ZLR 2002, S. 537 (S. 537 f.).
[649] Panel, *European Communities – Trade Description of Sardines*, WT/DS231/R, Rdn. 7.103 ff.
[650] Vgl. ausführlich zu dem Bericht des Appellate Body *Matsushita/Schoenbaum/Mavroidis*, The World Trade Organization, S. 510 ff.; *Herrmann*, ZLR 2002, S. 794 (S. 794 ff.).

über eine reine Interpretations- und Durchführungsregelung zur Rechtfertigung nach Art. XX lit. b) GATT hinausgeht und vielmehr neue, eigenständige und speziellere Anforderungen an Handelsmaßnahmen im Bereich technischer Vorschriften enthält. Für die Anwendbarkeit des TBT-Übereinkommens kommt es nicht darauf an, zuerst einen Verstoß gegen das GATT festzustellen.[651] Wie das Beispiel der EG-Verordnung zeigt, ist das ÜTBT also auch anwendbar, wenn kein Verstoß gegen Art. III GATT vorliegt, eine Maßnahme also Waren in- und ausländischen Ursprungs unterschiedslos betrifft. Unabhängig von der Ausgestaltung der Ursprungsfrage sind nach dem TBT-Abkommen technische Handelshemmnisse nur dann zulässig, wenn sie einem berechtigten Interesse dienen und nicht handelsbeschränkender als erforderlich sind. Damit wirkt auch das TBT-Abkommen als Beschränkungsverbot.[652]

V. Verbleibender Anwendungsbereich des GATT neben dem SPS- und TBT-Abkommen

Wie bereits dargelegt, begründen sowohl das ÜSPS als auch das ÜTBT selbständige Verpflichtungen der WTO-Mitglieder, die unabhängig von den GATT-Vorschriften anwendbar sind.[653] Insbesondere kommen die Sonderabkommen nicht nur dann zum Tragen, wenn zuvor ein Verstoß der zu beurteilenden Maßnahme gegen GATT-Vorschriften, insbesondere gegen die Diskriminierungsvorschriften der Art. I Abs. 1 GATT und Art. III Abs. 4 GATT oder gegen das Verbot mengenmäßiger Beschränkungen gem. Art. XI GATT festgestellt wurde. Vielmehr sind die Vorschriften des ÜSPS und ÜTBT wegen ihres Sondercharakters vor den einschlägigen GATT-Vorschriften zu prüfen, soweit es um technische Vorschriften bzw. Normen oder gesundheitspolizeiliche bzw. pflanzenschutzrechtliche Maßnahmen geht.[654]
Neben der Selbständigkeit der Sonderabkommen stellt sich aber die Frage, ob die Eröffnung des Anwendungsbereichs des ÜTBT oder ÜSPS die Anwendung des GATT ausschließt. Im ÜSPS ist dies in Art. 2.4 angesprochen. Danach gelten SPS-Maßnahmen, die mit den einschlägigen Vorschriften des ÜSPS übereinstimmen, als im Einklang mit dem GATT, besonders mit Art. XX lit. b) GATT.[655] Im ÜTBT fehlt es an einer vergleichbaren Vorschrift. In diesem Fall muß die Allgemeine Auslegungsregel zu Anhang 1 A des ÜWTO Ausgangspunkt der rechtlichen Bewertung sein. Danach

---

[651] Im Ergebnis auch *Herrmann*, ZLR 2002, S. 794 (S. 800).
[652] So auch *Weiß*, EuR 1999, S. 499 (S. 508 f.); *Prieß/Berrisch*, WTO-Handbuch, *Tietje*, S. 293.
[653] Panel, *Australia – Measures Affecting Importation of Salmon*, WT/DS18/R, Rdn. 8.39; Panel, *European Communities – Measures Concerning Meat and Meat Products*, WT/DS26/R/USA, Rdn. 8.29 ff.
[654] Panel, *European Communities – Trade Discription of Sardines*, WT/DS231/R, Rdn. 7.15 ff.; Panel, *European Communities – Measures Affecting Meat and Meat Products*, WT/DS26/R/USA, Rdn. 8.31.
[655] Aus Art. 2 Abs. 4 ÜSPS folgt aber keine automatische GATT-Vereinbarkeit einer SPS-Maßnahme, sondern vielmehr nur eine Vermutung für eine GATT-Vereinbarkeit, die ein betroffenes WTO-Mitglied im Rahmen eines Streitbeilegungsverfahrens theoretisch widerlegen kann. Art. 2 Abs. 4 ÜSPS bewirkt insoweit eine Beweislastumkehr im Rahmen von Art. XX lit. b) GATT zugunsten des WTO-Mitglieds, das die SPS-Maßnahme erlassen hat, *Quick/Blüthner*, JIEL 1999, S. 603 (S. 630.).

sind Konflikte zwischen dem GATT und den multilateralen Übereinkünften des Anhangs 1 A im Konfliktfall zugunsten letzterer zu entscheiden. Diese weit gefaßte Allgemeine Auslegungsregel ist nach Ansicht des Appellate Body aber nicht in dem Sinne zu verstehen, daß das GATT durch die anderen multilateralen Übereinkünfte per se verdrängt wird.[656] Vielmehr scheint der Appellate Body davon auszugehen, daß das GATT neben dem ÜTBT weiterhin Anwendung finden kann, d.h. daß technische Vorschriften Normen und Konformitätsbewertungsverfahren nicht nur den Anforderungen des ÜTBT, sondern auch denen des GATT entsprechen müssen. So erachtete der Appellate Body im Asbestfall das ÜTBT entgegen der Ansicht des Panels für anwendbar, sah sich aber aus prozessualen Gründen nicht in der Lage, es im konkreten Streitfall durchzuprüfen.[657] Daher untersuchte er die angegriffene Maßnahme anhand des GATT. Dieser Weg wäre rechtlich von vornherein ausgeschlossen gewesen, wenn das ÜTBT und das GATT tatsächlich in einem Spezialitätsverhältnis zueinander stünden.[658] Außerdem führte der Appellate Body aus, daß sich die Verpflichtungen der Mitglieder aus dem ÜTBT von denen des GATT zu unterscheiden scheinen und zusätzlich zu erfüllen sein könnten.[659] Die Asbestentscheidung legt also nahe, das ÜTBT parallel neben dem GATT anzuwenden.[660] Zweifelsohne bleibt das GATT auf die Konstellationen anwendbar, die vom ÜSPS und ÜTBT gerade nicht erfaßt werden.[661]

Die parallele Anwendung der Sonderabkommen birgt theoretisch die Gefahr, daß WTO-Mitglieder mit dem ÜTBT oder ÜSPS vereinbare Maßnahmen auch auf Grundlage des GATT angreifen. In der Praxis wird aber eine Überprüfung anhand beider Abkommen überflüssig sein. Weil das ÜTBT bzw. das ÜSPS die grundlegenden Ordnungsideen des GATT wiederaufgreift, ist es nur schwer vorstellbar, daß eine Maßnahme nach dem ÜSPS oder dem ÜTBT gegen Vorschriften des GATT verstößt, obwohl sie in Übereinstimmung mit den Vorgaben der Sonderabkommen steht.[662] Vielmehr sind die in den Sonderabkommen enthaltenen Grundsätze zur Vermeidung jeglicher Widersprüche innerhalb der WTO-Rechtsordnung so auszulegen und anzuwenden, daß die Ergebnisse mit den GATT-rechtlichen Verpflichtungen übereinstimmen.[663] Nur eine derart harmonische Auslegung und Anwendung der Sonderabkommen trägt dem „*single-package*"-Ansatz der WTO-Rechtsordnung Rechnung.[664]

---

[656] Appellate Body, *Brazil - Measures Affecting Desiccated Coconut*, WT/DS22/AB/R, S. 14.

[657] Appellate Body, *European Communities – Measures Affecting Asbestos and Aspestos-Containing Products*, WT/DS135/AB/R, Rdn. 58 ff.

[658] So auch *Pauwelyn*, WTR 2002, S. 63 (S. 73 f.); *Prieß/Berrisch*, WTO-Handbuch, *Tietje*, S. 291.

[659] Appellate Body, *European Communities – Measures Affecting Asbestos and Aspestos-Containing Products*, WT/DS135/AB/R, Rdn. 80; dazu auch *Matsushita/Schoenbaum/Mavroidis*, The World Trade Organization, S. 488.

[660] So im Ergebnis auch *Matsushita/Schoenbaum/Mavroidis*,The World Trade Organization, S. 164; *Prieß/Berrisch*, WTO-Handbuch, *Kamann*, S. 219.

[661] Vgl. mit Beispiel *Weiß/Herrmann*, Welthandelsrecht, Rdn. 587.

[662] So auch *Pauwelyn*, WTR 2002, S. 63 (S. 74 ff.).

[663] So im Ergebnis auch *Prieß/Berrisch*, WTO-Handbuch, *Tietje*, S. 293 für das ÜTBT.

[664] Im Ergebnis auch *Prieß/Berrisch*, WTO-Handbuch, *Kamann*, S. 220; *Quick/Blüthner*, JIEL 1999, S. 603 (S. 629 ff.); *Weiß/Herrmann*, Welthandelsrecht, Rdn. 587.

F. Zusammenfassung

Nach den massiven Zollsenkungen der vergangenen acht Handelsrunden des GATT stellen nicht-tarifäre Handelshemmnisse die einzigen noch wesentlichen Handelshemmnisse dar. Insbesondere technische Handelshemmnisse bieten den WTO-Mitgliedstaaten die Möglichkeit, unter dem Deckmantel nicht-wirtschaftlicher Interessen – wie etwa dem Verbraucher- oder Umweltschutz – den grenzüberschreitenden Güterstrom zu erschweren und die inländische Wirtschaft zu schützen.[665] Es verwundert daher nicht, daß gerade der Abbau technischer Handelshemmnisse im Mittelpunkt heutiger Liberalisierungsbestrebungen steht, so auch in der Europäischen Gemeinschaft. Auf europäischer Ebene werden technische Handelshemmnisse im Rahmen der Binnenmarktverwirklichung beseitigt, was jedoch eine Reihe welthandelsrechtlicher Probleme aufwirft.

Einen ersten normativen Untersuchungsrahmen für die Vereinbarkeit technischer Handelshemmnisse mit dem Welthandelsrecht bildet das GATT. Nach ihm unterliegen technische Handelshemmnisse zunächst der Meistbegünstigungsverpflichtung gemäß Art. I Abs. 1 i.V.m. Art. III Abs. 4 GATT. Danach hat ein WTO-Mitgliedstaat die einem anderen Staat durch den Abbau technischer Handelshemmnisse gewährten Vergünstigungen unverzüglich und bedingungslos auch allen anderen WTO-Vertragsparteien bezüglich gleichartiger Produkte einzuräumen. An der Staatsgrenze muß also eine Vertragspartei alle ausländischen Handelspartner bei der Anwendung technischer Anforderungen untereinander gleichstellen.[666]
Darüber hinaus hängt die GATT-Konformität technischer Handelshemmnisse davon ab, ob sie im konkreten Einzelfall dem Anwendungsbereich des Art. III Abs. 4 GATT oder des Art. XI Abs. 1 GATT unterfallen. Die genaue Abgrenzung der beiden Vorschriften ist deshalb von entscheidender Bedeutung, da Art. XI Abs. 1 GATT – unter dem Vorbehalt der Ausnahmeregelungen – ein absolutes Verbot technischer Handelshemmnisse enthält, während Art. III Abs. 4 GATT nur zur Nichtdiskriminierung gleichartiger ausländischer Produkte verpflichtet.
Als Vermarktungs- und Produkterfordernisse sind technische Handelshemmnisse stets vom Wortlaut des Art. III Abs. 4 GATT umfaßt. Dies hat jedoch nicht automatisch zur Folge, daß Art. III GATT tatsächlich auch immer den richtigen Prüfungsmaßstab vorgibt. Unproblematisch ist dies nur dann der Fall, wenn ein technisches Handelshemmnis unterschiedslos auf inländische und eingeführte Waren anwendbar ist. Dies ergibt sich aus der Interpretationserklärung zu Art III GATT in Anlage 1 zum GATT.
Wird jedoch in der technischen Regelung zwischen in- und ausländischen Produkten differenziert, kommt es auf den Zeitpunkt und die Art und Weise des staatlichen Eingriffs an. Wird durch technische Handelshemmnisse schon die Einfuhr verboten und erfolgt die Durchsetzung des Verbots bereits bei Grenzübertritt, ist Art. XI Abs. 1 GATT heranzuziehen. Hingegen sind technische Handelshemmnisse an Art. III Abs. 4 GATT zu messen, wenn erst im Inland die Einhaltung bestimmter Vorgaben verlangt

---

[665] *Bhala/Kennedy*, World Trade Law, *Kennedy*, S. 123.
[666] *Weiß/Herrmann*, Welthandelsrecht, Rdn. 385

wird. Letzteres gilt auch dann, wenn damit im Ergebnis schon die Einfuhr des Produktes betroffen ist.
Bei technischen Handelshemmnissen ist also nur das Diskriminierungsverbot des Art. III GATT zu beachten, es sei denn, die nationale Regelung differenziert zwischen inländischen und ausländischen Waren und besteht in einem direkten Einfuhrverbot, welches bereits im Zeitpunkt des Grenzübertrittes bzw. der Zollabfertigung durchgesetzt wird.
Das GATT beschränkt sich auch auf diese vertraglichen Vorgaben. Internationale Normen, Richtlinien und Empfehlungen bleiben im Rahmen einer GATT-rechtlichen Beurteilung technischer Handelshemmnisse unberücksichtigt. Dabei lassen sich Beschränkungen des Handels durch technische Handelshemmnisse, wie die Entwicklung des Binnenmarktes der EG zeigt, eigentlich am besten im Wege der Harmonisierung oder der gegenseitigen Anerkennung überwinden. Im Gegensatz zum EGV fehlt es dem GATT aber an jeder Wirkung in Richtung auf eine internationale Harmonisierung oder gegenseitigen Anerkennung von Standards.[667] Auf eine solche zielen nur das TBT- und SPS-Abkommen ab (vgl. Art. 2.4 bis 2.7 ÜTBT bzw. Art. 3 und 4 ÜSPS).

Formuliert man das Zusammenspiel der Verbote in Art. III Abs. 4 und XI Abs. 1 GATT positiv, so läßt sich erkennen, welche ordnungspolitischen Maßnahmen den Vertragsparteien erlaubt sind. Nach der Konzeption des GATT dürfen WTO-Mitgliedstaaten jedes technische Handelshemmnis ergreifen, das sich unterschiedslos auf inländische und ausländische Produkte auswirkt.[668] Hinsichtlich technischer Handelshemmnisse beschränkt sich das GATT damit gem. Art. III Abs. 4 GATT auf ein Diskriminierungsverbot.[669] Ein Beschränkungsverbot wie im europäischen Gemeinschaftsrecht besteht hier nicht. Den WTO-Mitgliedstaaten verbleibt also ein gewisser Spielraum für die einzelstaatliche Interessensverfolgung, solange ihre Maßnahmen nicht-diskriminierend wirken. Daneben stellt das GATT mit Art. XX GATT eine allgemeine Ausnahmebestimmung zur Verfügung, die immer dann greift, wenn nationale Maßnahmen zur Verfolgung eines bestimmten politischen Ziels notwendig sind. Auch auf diesem Wege behalten die Vertragsstaaten eine gewisse Kompetenz zur Verfolgung nationaler Politiken, jedoch nur unter der Voraussetzung, daß es nicht zu Diskriminierungen oder verschleierten Handelsbeschränkungen kommt.

Die prinzipielle ordnungspolitische Handlungsfreiheit der WTO-Mitglieder, die nach dem GATT nur dem Nichtdiskriminierungsprinzip bzw. dem Verbot mengenmäßiger Beschränkungen unterworfen ist, wird jedoch durch die im TBT- und SPS-Abkommen enthaltenen Verpflichtungen deutlich eingeschränkt. Mit dem ÜTBT und dem ÜSPS hat die Uruguay-Runde zumindest für einen Teilbereich der technischen Handelshemmnisse weitergehende Verpflichtungen der WTO-Mitglieder begründet, die eine stärkere Kontrolle innerstaatlicher Maßnahmen im Hinblick auf eine versteckte Handelsdiskriminierung ermöglichen.[670] Zwar wiederholen beide Abkommen zunächst die

---

[667] So auch *Epiney*, DVBl. 2000, S. 77 (S. 78).
[668] In diesem Sinn auch *Bourgois*, CMLR 1982, S. 5 (S. 8); *Prieß/Berrisch*, WTO-Handbuch, *Tietje*, S. 300; *Tietje*, Normative Grundstrukturen, S. 244.
[669] Im Ergebnis auch *Weiß/Herrmann*, Welthandelsrecht, Rdn. 475; *Weiß*, EuR 1999, S. 499 (S. 504).
[670] *Weiß/Herrmann*, Welthandelsrecht, Rdn. 600.

Erfordernisse der Meistbegünstigung und Inländergleichbehandlung (Art. 2.3 und 5.5 ÜSPS bzw. 2.1 ÜTBT). Die welthandelsrechtliche Zulässigkeit technischer Handelshemmnisse wird jedoch - wie es das Panel im Hormonfleischfall ausdrückt - auch neuen, spezifischen und eigenständigen Anforderungen unterworfen.[671] So dürfen nach dem SPS-Abkommen Maßnahmen nur insoweit angewandt werden, wie dies zum Schutz des Lebens oder der Gesundheit von Menschen, Tieren oder Pflanzen notwendig ist, Art. 2.2 ÜSPS. Sie sollen - mit Ausnahme der Vorsorgeregelung nach Art. 5.7 ÜSPS - auf wissenschaftlichen Grundsätzen beruhen und nicht ohne hinreichenden wissenschaftlichen Nachweis beibehalten werden. Daneben müssen auch die Voraussetzungen des Art. 5 bzw. des Art. 3.2 ÜSPS erfüllt sein.

Auch das TBT-Abkommen erlaubt technische Handelshemmnisse nur insoweit, als sie keine unnötigen Hemmnisse für den internationalen Handel schaffen, Art. 2.2 ÜTBT. Dazu sollen sie nicht handelsbeschränkender als zur Errichtung des angestrebten Schutzzieles notwendig sein. Die WTO-Mitglieder haben damit im Bereich der TBT- und SPS-Maßnahmen ihre interne Rechtssetzungsgewalt einer völkerrechtlichen Angemessenheitsprüfung unterworfen, die es in dieser Form bislang im Welthandelsrecht nicht gab.[672]

Technische Handelshemmnisse werden nach dem TBT- und SPS-Abkommen also nicht nur für unzulässig erklärt, wenn sie gegenüber ausländischen Produkten diskriminierend wirken. Ein Verstoß gegen Art. III Abs. 4 GATT ist gerade keine Voraussetzung für die Anwendbarkeit beider Abkommen. Vielmehr unterliegen technische Handelshemmnisse auch dann den spezifischen Anforderungen des ÜTBT und ÜSPS, wenn sie keine Unterschiede zwischen inländischen und eingeführten Waren machen, d.h. diskriminierungsfrei wirken. Beide Sonderabkommen enthalten damit für ihren jeweiligen Anwendungsbereich ein Beschränkungsverbot und sind nicht, wie das GATT, auf ein Diskriminierungsverbot und damit auf die Einforderung der Inländergleichbehandlung beschränkt.

---

[671] Panel, *European Communities – Measures Concerning Meat and Meat Products*, WT/DS48/R/CAN, Rdn. 8.41 ff.

[672] *Petersmann*, JWT 1993, S. 43 (S. 66); *Prieß/Berrisch*, WTO-Handbuch, *Tietje*, S. 300; ausführlichst zu den Notwendigkeitserfordernissen im ÜTBT und ÜSPS *Neumann/Türk*, JWT 2003, S. 199 (S. 217 ff.).

Vierter Teil

Technische Handelshemmnisse im Binnenmarkt der EG

Art. XXIV GATT, der allgemein eine Antwort auf die Vereinbarkeit regionaler Integrationsgemeinschaften mit dem GATT gibt, kennt seinem Wortlaut nach eine vertiefte wirtschaftliche Integration nur in den Ausprägungen einer Freihandelszone und einer Zollunion. In der Volkswirtschaftslehre wird jedoch zwischen vier verschiedenen Integrationsstufen unterschieden.[673] Neben Zollunionen und Freihandelszonen ist noch von Gemeinsamen Märkten und Wirtschaftsunionen die Rede. Sie stellen weitergehende Formen der Handelsliberalisierung dar. Ein Gemeinsamer Markt zeichnet sich neben der Beseitigung noch bestehender nicht-tarifärer Handelshemmnisse durch den freien Verkehr von Produktionsfaktoren aus.[674] Wird zusätzlich noch eine einheitliche Wirtschaftspolitik verfolgt, spricht man von einer Wirtschaftsunion, der höchsten wirtschaftlichen Integrationsstufe.

Im Rahmen einer Zollunion oder Freihandelszone sind die zwischen den Parteien gewährten Handelserleichterungen an der Meistbegünstigungsklausel des Art. I Abs. 1 GATT zu messen. Diese besagt, daß alle Vorteile, Vergünstigungen, Vorrechte oder Befreiungen, die eine Vertragspartei einer anderen gewährt, unverzüglich und bedingungslos auf die restlichen WTO-Mitglieder ausgedehnt werden müssen. Dennoch kommt es im Ergebnis bei der Errichtung von Zollunionen und Freihandelszonen zu keinem Verstoß gegen das Welthandelsrecht. Art. XXIV GATT gewährt für solche Situationen eine Ausnahme von der allgemeinen Meistbegünstigungsverpflichtung.

Auch innerhalb eines Gemeinsamen Markt bzw. einer Wirtschaftsunion räumen sich die teilnehmenden Staaten Präferenzen ein. Diese gehen sogar über die im Rahmen einer Zollunion oder Freihandelszone gewährten Vergünstigungen hinaus. Neben Zöllen und anderen tarifären Handelshemmnissen werden im Binnenhandel der höheren Integrationsformen auch nicht-tarifäre Handelshemmnisse abgebaut. Im Mittelpunkt stehen dabei vor allem die technischen Handelshemmnisse, da diese den Binnenhandel der teilnehmenden Staaten erheblich behindern. So existieren in allen Industriestaaten Vorschriften über die Beschaffenheit von Produkten, über das Material, die Konstruktion, die Abmessungen oder die Methoden und Verfahren einer Prüfung. Die handelshemmende Wirkung solcher Anforderungen liegt darin, daß sie in jedem Nationalstaat

---

[673] Vgl. dazu im zweiten Teil unter Punkt A; zur Erinnerung sei darauf hingewiesen, daß die einzelnen Typen nicht im Sinne einer zwangsläufigen Evolutionskette aneinanderzureihen sind. Es ist auch ein Stagnieren auf einer bestimmten Stufe oder sogar ein Rückschritt denkbar.

[674] *Behrens*, RabelsZ 1981, S. 8 (S. 33); *Borchert*, Außenwirtschaftslehre, S. 476; *Hauser/Schanz*, Das neue GATT, S. 250.

unterschiedlich ausgestaltet sind und von ausländischen Waren meistens nicht erfüllt werden.
Die Beseitigung technischer Handelshemmnisse innerhalb eines Integrationszusammenschlusses wirft eine Reihe welthandelsrechtlicher Fragen auf. So ist es nicht unwahrscheinlich, daß der Abbau technischer Handelshemmnisse im Binnenhandel eines Integrationsverbundes mit welthandelsrechtlichen Verpflichtungen kollidiert. Außerdem stellt sich das Problem, ob Art. XXIV GATT auch Verstöße gegen das Welthandelsrecht im Zuge der Beseitigung technischer Handelshemmnisse rechtfertigen kann, beispielsweise bei der Errichtung eines Gemeinsamen Marktes oder einer Wirtschaftsunion. Seinem Wortlaut nach ist Art. XXIV GATT auf Zollunionen und Freihandelszonen beschränkt.
Dieser Problematik soll an einem konkreten Beispiel nachgegangen werden. Der am weitesten über eine Zollunion hinausgehende Integrationsverbund ist die Europäische Gemeinschaft (EG). Der ihr zugrunde liegende Vertrag, der EGV, zielt auf die Errichtung eines Gemeinsamen Marktes und einer Wirtschafts- und Währungsunion ab, Art. 2 EGV. Jedoch spricht der EGV nicht nur von der Schaffung eines Gemeinsamen Marktes, sondern erwähnt auch den Begriff „Binnenmarkt", beispielsweise in Art. 3 Abs. 1 lit. c) EGV. Um beantworten zu können, in welchem Verhältnis ein Binnenmarkt zu den vier übrigen Integrationsformen steht, muß zunächst die Entstehungsgeschichte der Binnenmarktidee beleuchtet werden.

A. Die EG – Entwicklung und Inhalt des Binnenmarktes

I. Ursprüngliche Konzeption: Der Gemeinsame Markt

Die Bezeichnung „Europäische Gemeinschaft" (EG) wird heute im allgemeinen Sprachgebrauch als Sammelbegriff für die 1952 gegründete Europäische Gemeinschaft für Kohle und Stahl (EGKS)[675] sowie die Europäische Wirtschaftsgemeinschaft (EWG)[676] und die Europäische Atomgemeinschaft (Euratom)[677], beide aus dem Jahr 1957, verwendet.[678] Die „wichtigste" dieser drei Europäischen Gemeinschaften war die EWG, da sie Regelungen auf wirtschaftlicher Ebene traf. Grund für die Errichtung der EWG war unter anderem das Bestreben der sechs ursprünglichen Mitglieder[679], den zwischenstaatlichen Handel weiter zu liberalisieren. Eine weitere Liberalisierung war jedoch ohne die Lösung der Zollfrage nicht mehr erreichbar. Da man die Zollfrage aber nur im europäischen Bereich lösen wollte, stellte sich eine Konfliktsituation mit

---

[675] Beruhend auf dem EGKSV, BGBl. 1952 II, S. 447; mit dem 23.7.2002 hörte die EGKS jedoch auf zu existieren, da ihre Geltungsdauer von vornherein auf 50 Jahre festgelegt war.
[676] Beruhend auf dem EWGV, BGBl. 1957 II, S. 766.
[677] Beruhend auf dem EAGV, BGBl. 1957 II, S. 1014.
[678] Vgl. ausführlichst zur Vorgeschichte und Entstehung der EG *Beutler/Bieber/Pipkorn/Streil*, Die EU, Rdn. 1 ff.; *Oppermann*, Europarecht, Rdn. 12 ff.; *Schweitzer/Hummer*, Europarecht, Rdn. 22 ff.
[679] Dies waren Belgien, Deutschland, Frankreich, Italien, Luxemburg und die Niederlande.

der Meistbegünstigungsklausel des GATT ein.[680] Um zu vermeiden, daß die eingeräumten Zollzugeständnisse innerhalb Europas auch auf Drittstaaten auszudehnen waren, wählte man die Regionalausnahme des Art. XXIV GATT. Als Form der Präferenzzone entschieden sich die beteiligten Staaten für eine Zollunion, womit sie gezwungen waren, die Beseitigung der Binnenschranken nach Art. XXIV Abs. 8 lit. a) (i) GATT auf annähernd den gesamten Handel zu erstrecken. In Ausführung dessen wurde als Grundlage der Gemeinschaft ein Gemeinsamer Markt normiert und in seiner Erreichung die vordringliche Aufgabe der Integration gesehen, Art. 2, 3 lit. a) – b) EWGV.[681] Nach dem EWGV umfaßte der Gemeinsame Markt eine Zollunion. Neben der Freiheit des Warenverkehrs wurden jedoch auch die anderen marktbezogenen Freiheiten des Personenverkehrs und die Freiheit des Kapitalverkehrs – sog. *Grundfreiheiten* – im EWGV festgehalten.[682]

Ende der 70er Jahre setzte sich bei der Kommission die Erkenntnis durch, daß der bis dahin erreichte Gemeinsame Markt trotz des Abbaus der Binnenzölle und Abgaben zollgleicher Wirkung, der Abschaffung mengenmäßiger Beschränkungen und Maßnahmen gleicher Wirkung sowie trotz der Errichtung eines gemeinsamen Zolltarifs und der Einführung einer gemeinsamen Handelspolitik immer noch zu viele nichttarifäre, insbesondere technische Handelshemmnisse enthielt.[683] Zwar hatte der Gerichtshof 1974 durch die sog. „*Dassonville-Formel*"[684] eine Vielzahl von Hindernissen für den Warenverkehr beseitigen und mit dem „*Cassis de Dijon-Urteil*"[685] von 1979 das Prinzip der gegenseitigen Anerkennung primärrechtlich verankern können. Jedoch blieben zahlreiche Handelshemmnisse aus Gründen des Allgemeinwohls oder als Ausnahmen vom Grundsatz des freien Warenverkehrs bestehen. Die bisherigen Bestrebungen zu deren Abbau hatten sich als zu schwerfällig und unzulänglich erwiesen.[686] Mit der Absicht, nicht nur bereits bestehende Handelshemmnisse zu beseitigen, sondern auch einen Binnenmarkt zu schaffen und so den Integrationsprozeß zu dynamisieren, wurde von der Kommission – einem Mandat des Europäischen Rates von Brüssel (März 1985) folgend[687] – das Binnenmarktkonzept entwickelt. Zu dessen Vorbereitung legte die Kommission am 14.6.1985 ihr „*Weißbuch zur Vollendung des Binnenmarktes*"[688] vor.

---

680 *Schweitzer/Hummer*, Europarecht, Rdn. 42.

681 So sah Art. 8 EWGV a.F. von Anfang an vor, einen Gemeinsamen Markt innerhalb einer Übergangszeit von 12 Jahren, in drei Stufen zu je vier Jahren, zu verwirklichen.

682 *Beutler/Bieber/Pipkorn/Streil*, Die EU, Rdn. 77.

683 *Groeben/Thiesing/Ehlermann*, EU/EG-Kommentar, *Bardenhewer/Pipkorn*, Art. 7b, Rdn. 6; *Fischer/Köck*, Europarecht, S. 103; *Streinz*, Europarecht, Rdn. 35.

684 EuGH Rs. 8/74, *Dassonville*, Slg 1974, S. 837 (S. 852).

685 EuGH Rs. 120/78, *REWE/Bundesmonopolverwaltung für Branntwein („Cassis de Dijon")*, Slg 1979, S. 649 (S. 649 ff.).

686 Es entstand zu dieser Zeit der Eindruck einer sich in Verwaltungskleinkram verzettelnden, ausufernden Bürokratie. Dieser Zustand wird in der Literatur treffend mit „Eurosklerose" beschrieben, *Oppermann*, Europarecht, Rdn. 42; *Fischer/Köck*, Europarecht, S. 453; *Schwarze*, EU-Kommentar, *Hatje*, Art. 14, Rdn. 1.

687 Vgl. BullEG Nr. 3/1985, S. 13.

688 Dok. KOM (85) 310 endg.

II. Binnenmarktkonzept

In dem Weißbuch knüpfte die Kommission an das von Anfang an bestehende Ziel des EWGV an, einen einheitlich integrierten Binnenmarkt durch die Beseitigung der Beschränkungen des Warenverkehrs und der Hindernisse für den freien Personen-, Dienstleistungs- und Kapitalverkehr, die Einführung eines Systems zur Verhinderung der Wettbewerbsverzerrungen, die für das störungsfreie Funktionieren des Gemeinsamen Marktes erforderliche Angleichung der Rechtsvorschriften sowie die Angleichung der indirekten Besteuerung im Interesse des Gemeinsamen Marktes herzustellen.[689] Durch die vor allem auf dem Grundsatz der gegenseitigen Anerkennung wurzelnde „*neue Strategie*" (bzw. „*neue Konzeption*") sollte eine neue Rechtsangleichungspolitik entstehen.[690]

Außerdem listete die Kommission in dem Weißbuch in allen Binnenbereichen die „Schwachstellen" auf und machte konkrete Vorschläge, wie diese Hindernisse bis zum „magischen" Jahr 1992 durch Gesetzgebungsakte beseitigt werden könnten. Das Programm war dabei in drei Teile gegliedert: Zum einen wurde die endgültige Beseitigung aller Grenzkontrollen (Warenkontrollen, Personenkontrollen) angestrebt – sog. „*materielle Schranken*". Weiterhin war die Abschaffung steuerlicher Vorschriften geplant, die den Binnenmarkt behindern könnten. Neben materiellen und steuerlichen Schranken war vor allem aber auch die Beseitigung „*technischer Schranken*" vorgesehen. Darunter versteht man die Hindernisse für den freien Waren-, Personen- und Dienstleistungsverkehr in der Gemeinschaft, die sich aus unterschiedlichen Regelungen der Mitgliedstaaten in bezug auf die Vermarktung von Produkten und die Erbringung von Dienstleistungen ergeben.[691]

Insgesamt umfaßte das Weißbuch 300 Maßnahmen zur Beseitigung aller materiellen, technischen und steuerlichen Schranken zwischen den Mitgliedstaaten der EG.[692]

Das Binnenmarktkonzept, d.h. die schrittweise Verwirklichung des Binnenmarktes, wurde schließlich am 1.7.1987 durch Art. 13, 14 und 15 EEA[693] in Art 8a-8c EWGV a.F. (inzwischen Art. 14 EGV) verankert.[694] Gemäß dem „Kalender" des Art. 8a Abs. 1 EWGV bzw. Art. 14 Abs. 1 EGV hatte die Gemeinschaft den Binnenmarkt bis zum

---

[689] *Streinz*, Europarecht, Rdn. 36.

[690] *Callies/Ruffert*, EU/EG-Kommentar, *Kahl*, Art. 14, Rdn. 2.

[691] *Fischer*, Europarecht, § 11, Rdn. 4.

[692] *Streinz*, Europarecht, Rdn. 36.

[693] Einheitliche Europäische Akte, ABl. 1987 Nr. L 169, S. 1 ff.; zu den weiteren Inhalten der EEA vgl. *Schweitzer/Hummer*, Europarecht, Rdn. 47 ff.

[694] Die EEA verankerte aber nicht nur das Binnenmarktkonzept. Zur Vereinfachung der Liberalisierung und Harmonisierung enthielt die EEA einige Ergänzungen und Änderungen des Vertrages, durch welche die instrumentale Ausstattung der Gemeinschaft verbessert wurde, um ihre Entscheidungs- und Handlungsfähigkeit zu erhöhen. Dazu wurde vor allem Art. 100a EGV (jetzt Art. 95 EGV) eingefügt, der eine Rechtsangleichung zur Herstellung des Binnenmarktes mit qualifizierter Ratsmehrheit und mit allen geeigneten Rechtsetzungsinstrumenten ermöglicht. Auch wurde Art. 100b EGV (mit dem Vertrag von Amsterdam aufgehoben) aufgenommen, der auf eine gegenseitige Anerkennung von mitgliedstaatlichen Vorschriften abzielte. Auch auf anderen Gebieten wurden Mehrheitsentscheidungen des Rates eingeführt und die Gemeinschaftskompetenzen ausgeweitet bzw. klargestellt; ausführlich dazu *Groeben/Thiesing/Ehlermann*, EU/EG-Kommentar, *Bardenhewer/Pipkorn*, Art. 7b, Rdn. 17 ff.

31.12.1992 schrittweise zu verwirklichen.[695] Diese Terminverpflichtung stellte eine politische Selbstverpflichtung dar[696], brachte aber, wie die Staats- und Regierungschefs in einer gemäß Art. 31 Abs. 2 lit. a WVRK[697] rechtlich relevanten Erklärung zu Art. 8a EWGV[698] feststellten, „keine automatische rechtliche Wirkung mit sich“.[699] Nicht nur aus diesem Grund bedurfte und bedarf der Binnenmarkt ständig der Verwirklichung und trat nicht etwa zum 1.1.1993 in Kraft.[700] Erheblicher Liberalisierungs- bzw. Angleichungsbedarf besteht weiterhin vor allem im Steuerrecht, im Telekommunikationssektor, in den Bereichen der Wirtschafts- und Sozialpolitik sowie im Dienstleistungsbereich. Für letzteren hat jedoch die Kommission am 13.01.2004 einen Vorschlag für eine Rahmenrichtlinie zur Vollendung des Binnenmarktes für Dienstleistungen vorgelegt.[701]
Art. 14 Abs. 1 EGV stellt aber nicht nur einen politischen Programmsatz dar, in zweifacher Hinsicht entfaltet er auch rechtliche Bindungswirkungen.[702] Zum einen verpflichtet er die Gemeinschaftsorgane im Bereich ihrer Zuständigkeit, rechtzeitig die nötigen Maßnahmen zu ergreifen, die für die Errichtung des Binnenmarktes erforderlich sind und solche Maßnahmen zu unterlassen, die seine Verwirklichung behindern.[703] Bei Verstößen gegen diese Verpflichtung ist eine Untätigkeitsklage statthaft.[704] Als zweite Bindungswirkung stellt Art. 14 Abs. 1 EGV i.V.m. Art. 10 EGV positive und negative Kooperationspflichten der Mitgliedstaaten auf.

Mit dem Maastrichter „*Vertrag über die Europäische Union*“ vom 7.2.1992 (EUV)[705] wurde der Binnenmarktprozeß durch die Perspektive einer Währungsunion logisch weiter vertieft und politisch durch eine Gemeinsame Außen- und Sicherheitspolitik sowie durch eine Zusammenarbeit in den Bereichen Justiz und Inneres ergänzt.[706] Art. 8a EWGV wurde in Art. 7a EGV a.F. umbenannt. Durch den Amsterdamer Vertrag

---

[695] Tatsächlich waren am 1.1.1993 95 % der EG-Rechtsakte in Brüssel verabschiedet, die Umsetzungsrate in den Mitgliedstaaten betrug aber nur 85 %; vgl. ausführlich zur zeitlichen Verwirklichung *Nicolaysen*, Europarecht II, S. 31 f.

[696] Dementsprechend stellte der EuGH ausdrücklich fest, daß Art. 14 I EGV nach dem 31.12.1992 nicht unmittelbar anwendbar sei, EuGH, Rs. C-297/92, *INPS/Baglieri*, Slg 1993, S. I-5211 (S. 5233); dazu auch ausführlich *Groeben/Thiesing/Ehlermann*, EU/EG-Kommentar, *Bardenhewer/Pipkorn*, Art. 7b, Rdn. 12 ff.

[697] Sart. II, Nr. 320.

[698] ABl. 1987 Nr. L 169, S. 24; gilt jetzt zu Art. 14 EGV.

[699] Vgl. EuGH, Rs. C-378/97, *Wijsenbeek*, Slg 1999, S.I-6207 (6264).

[700] So *Streinz*, Europarecht, Rdn. 37; ähnlich *Geiger*, Kommentar zum EUV/EGV, Art. 14, Rdn. 2.

[701] Dok. KOM (2004) 2 endg., vgl. eingehender zu diesem Vorschlag: EuZW 2004, S. 98 f.

[702] Vgl. ausführlich *Groeben/Thiesing/Ehlermann*, EU/EG-Kommentar, *Bardenhewer/Pipkorn*, Art. 7b, Rdn. 14 ff.; *Magiera*, FS-Stern, S. 1317 (S. 1328 u. 1333); *Oliver*, Free movement of goods, S. 396; *Schwarze*, EU-Kommentar, *Hatje*, Art. 14, Rdn. 12 u. 15.

[703] Dabei verfügen die Organe freilich über ein beträchtliches politisches Ermessen, zu welchem Zeitpunkt, in welcher Form und mit welchem Inhalt die Maßnahmen beschlossen werden sollen.

[704] Siehe dazu ausführlich *Glaesner*, EuR 1986, S. 119 (S. 133); *Calliess/Ruffert*, EU/EG-Kommentar, *Kahl*, Art. 14, Rdn. 15.

[705] BGBl. 1992 II, S. 1251.

[706] *Schmidhuber/Hitzler*, EuZW 1993, S. 8 (S. 8); *Oppermann*, Europarecht, Rdn. 44; vgl. ausführlich zur Entstehung und Struktur der EU *Schweitzer/Hummer*, Europarecht, Rdn. 58 ff.; *Bleckmann*, Europarecht, *Bleckmann/Pieper*, Rdn. 35 ff.; *Streinz*, ZfRV 1995, S. 1 (S. 1 ff.).

vom 2.10.1997[707] zur Fortentwicklung der Politischen Union[708] wurde der bisherige Art. 7a als Art. 14 EGV übernommen, in Abs. 1 redaktionell angepaßt und um einen Absatz 3 ergänzt, der mit dem durch die EEA eingeführten früheren Art. 8b Abs. 2 EWGV (seit dem Maastrichter Vertrag Art. 7b Abs. 2 EGV) identisch ist.[709] Danach zielt die Binnenmarktverwirklichung auf eine gleichmäßige, homogene wirtschaftliche Integration in allen Sachgebieten ab. Fortschritte in bestimmten Programmpunkten sollen sich nicht zu Lasten anderer Bereiche auswirken.[710]

B. Der Binnenmarkt – Begriffsbestimmung und Abgrenzung zum Gemeinsamen Markt

Da die Aufnahme des (neuen) Binnenmarktkonzeptes nicht mit einer gleichzeitigen Eliminierung der (alten) Konzeption des Gemeinsamen Marktes aus dem EWGV verbunden war, stehen sich diese beiden Konzeptionen weiterhin im EGV unvermittelt gegenüber. Die daraus resultierenden Schwierigkeiten werden sich wohl in den nächsten Jahren erledigen, da im Entwurf des Verfassungsvertrags der Begriff des Gemeinsamen Marktes zugunsten der Bezeichnung Binnenmarkt aufgegeben wird.[711]
Was das heutige Verhältnis der beiden Begriffe zueinander angeht, sind drei Alternativen denkbar. Während eine Ansicht im Binnenmarkt ein „Mehr" zum Gemeinsamen Markt sieht, eine andere dagegen ein „Minus", behandelt eine dritte die beiden Begriffe synonym.[712]
Eine Legaldefinition des Binnenmarktbegriffs[713] findet sich in Art 14 Abs. 2 EGV, wonach der Binnenmarkt einen Raum ohne Binnengrenzen umfaßt, in dem der freie Verkehr von Waren, Personen, Dienstleistungen und Kapital gewährleistet ist. Im übrigen bestehen Unklarheiten bezüglich seines Inhalts und Anwendungsbereichs.
Der Gemeinsame Markt ist in Art. 2 EGV angesprochen. Nach dieser Norm ist es Aufgabe der EG, durch die Errichtung eines Gemeinsamen Marktes die in Art. 2 EGV genannten Ziele zu erreichen. Was die Definition des Begriffs „Gemeinsamer Markt" betrifft, besteht zumindest insoweit Einigkeit, daß von diesem ein einheitlicher Außenzolltarif, die Freiheit des Personen-, Waren-, Kapital- und des Dienstleistungsverkehrs, eine gemeinsame Landwirtschafts-, Verkehrs- und Außenhandelspolitik sowie ein

---

[707] Sart. II, Nr. 147.

[708] Vgl. ausführlich zum Amsterdamer Vertrag und seinen Neuerungen *Streinz*, EuZW 1998, S. 137 (S. 137 ff.); *Streinz*, Jura 1998, S. 57 (S. 57 ff.); *Streinz*, in: *Hummer* (Hrsg.), Die EU nach dem Vertrag von Amsterdam, S. 47 (S. 47 ff.).

[709] Art. 7b EGV a.F. wurde im übrigen durch den Vertrag von Amsterdam aufgehoben.

[710] *Ehlermann*, CMLR 1987, S. 361 (S. 373); *Groeben/Thiesing/Ehlermann*, EU/EG-Kommentar, *Bardenhewer/Pipkorn*, Art. 7b, Rdn. 5; *Calliess/Ruffert*, EU/EG-Kommentar, *Kahl*, Art. 14, Rdn. 5.

[711] Siehe dazu *Streinz*, Europarecht, Rdn. 948, 953 und allgemein Rdn. 55f ff.

[712] Siehe allgemein zu dieser Frage *Reich*, EuZW 1991, S. 203 (S. 203 f.); *Grabitz/v. Bogdandy*, JuS 1990, S. 170 (S. 175).

[713] Vgl. Ausführlich zur Entstehungsgeschichte dieses Begriffes *Streinz*, EUV/EGV, *Leible*, Art. 14 EGV, Rdn. 1 ff.; *Callies/Ruffert*, EU/EG-Kommentar, *Kahl*, Art. 14, Rdn. 1 ff.; *Grabitz/Hilf*, Das Recht der EU, *v. Bogdandy*, Art. 14, Rdn. 1 f.

System unverfälschten Wettbewerbs (Kartell-, Subventions- und Steuerrecht) umfaßt sind.[714] Weitgehend unstreitig ist inzwischen auch, daß das Binnenmarktziel nicht ein neues inhaltliches Zielkonzept niederlegt.[715]

I. Identitätsthese

Nach einer Ansicht beinhaltet das Binnenmarktziel kein neues inhaltliches Konzept für die Entwicklung der Gemeinschaft, weshalb die Begriffe Binnenmarkt und Gemeinsamer Markt inhaltsgleich seien.[716] Als Argument wird unter anderem der Wortlaut der ersten beiden Absätze des Art. 14 EGV herangezogen, die beide einen Vorbehalt enthielten. Den Formulierungen „unbeschadet/gemäß den Bestimmungen dieses Vertrages" komme die Bedeutung zu, im Rahmen des EG-Vertrages die ursprünglichen Zielsetzungen des Vertrages aufrechtzuerhalten, so daß der Begriff des Binnenmarktes in dem Konzept des Gemeinsamen Marktes aufgehe.

II. Erweiterungsthese

Eine zweite Auffassung sieht in dem Binnenmarkt ein „Mehr" im Verhältnis zum Gemeinsamen Markt.[717] Der Gemeinsame Markt stelle nur eine inhaltliche und temporäre Vorstufe zum Binnenmarkt dar. Für diese Meinung wird neben Wortlaut-[718], systematischen[719] und entstehungsgeschichtlichen[720] Argumenten das Urteil des EuGH im „*Gaston Schul*"-Fall angeführt. Darin führte der EuGH folgendes aus:

---

[714] *Zacker*, RIW 1989, S. 489 (S. 489).
[715] *Grabitz/Hilf*, Das Recht der EU, *v. Bogdandy*, Art. 14, Rdn. 7.
[716] So aber *De Ruyt*, Commentaire, S. 150 ; *Barents*, CMLR 1993, S. 85 (S. 105); *Schwarze*, EU-Kommentar, *Hatje*, Art. 14, Rdn. 7; *Nicolaysen*, Europarecht II, S. 310; der Binnenmarkt habe danach lediglich eine bekräftigende und klarstellende Funktion, die nicht zuletzt darin zum Ausdruck komme, daß der Vertrag beide Begriffe offensichtlich sinngleich nebeneinander verwendet.
[717] So exemplarisch *Fischer/Köck*, Europarecht, S. 57 f.; *Grabitz*, Integration 1986, S. 95 (S. 98 f.); *Grabitz/v. Bogdandy*, JuS 1993, S. 170 (S. 175).
[718] Hierbei wird auf den Wortlaut des Art. 14 Abs. 1 und 2 abgestellt. Danach werden durch Abs. 1 („unbeschadet der sonstigen Vorschriften") die übrigen Vertragsvorschriften mit einbezogen, d.h. insbesondere auch die Landwirtschafts-, Verkehrs- und Steuerpolitik und vor allem die Wettbewerbspolitik. Darüber hinaus wird die Gewährleistung der Grundfreiheiten „gemäß den Bestimmungen dieses Vertrages" in Abs. 2 um das qualifizierende Element des Abbaus der Binnengrenzen ergänzt, *Schwarze*, EU-Kommentar, *Hatje*, Art. 14, Rdn. 5.
[719] So verweise Art. 14 Abs. 2 EGV auf die Bestimmungen des EGV, beziehe damit also die übrigen Vertragsvorschriften ein und führe den Begriff „Raum ohne Binnengrenzen" ein; Art. 95 Abs. 2 EGV könne aber nur Materialien vom Mehrheitsprinzip ausschließen, die dem Grunde nach in das Binnenmarktkonzept einbezogen seien. Vgl. dazu ausführlich *Callies/Ruffert*, EU/EG-Kommentar, *Kahl*, Art. 14, Rdn. 10 m.w.N.
[720] In diesem Zusammenhang wird auf die Erklärung der Regierungskonferenz zu Art. 8 EWGV a.F. verwiesen, die ihrerseits auf das Weißbuch verweist, demzufolge auch die Steuer- und Wettbewerbspolitik zum Binnenmarktkonzept gehörten, vgl. *Ehlermann*, CMLR 1987, S. 361 (S. 383); *Müller-Graff*, EuR 1989, S. 107 (S. 123 ff.); *Reich*, EuZW 1991, S. 203 (S. 207 f.).

„Der Begriff Gemeinsamer Markt [...] stellt ab auf die Beseitigung aller Hemmnisse im innergemeinschaftlichen Handel mit dem Ziele der Verschmelzung der nationalen Märkte zu einem einheitlichen Markt, dessen Bedingungen denjenigen eines wirklichen Binnenmarktes möglichst nahe kommen.“[721]

Dieser Definition wurde entnommen, daß der EuGH den Gemeinsamen Markt als Markt mit lediglich binnenmarktähnlichen Verhältnissen versteht, sozusagen als Vorstufe eines Raumes ohne Binnengrenzen.[722] Dem Binnenmarkt ist danach eine gesteigerte Integrationsintensität zugedacht.
In der Rechtssache „*Titandioxid*“[723] bestätigte der EuGH sein weites Binnenmarktverständnis, indem er auch ein System unverfälschten Wettbewerbs zu den konstitutiven Merkmalen des Binnenmarktes rechnete und damit ein Verständnis ablehnte, welches den Begriff des Binnenmarktes enger als jenen des Gemeinsamen Marktes auslegt.[724]

III. Einschränkungsthese

Nach der dritten Ansicht bildet der Binnenmarkt ein „Minus“ gegenüber dem Gemeinsamen Markt.[725] Der Binnenmarkt umfasse danach nicht die Bereiche Wettbewerbs-, Agrar-, Verkehrs- und Sozialpolitik, die jedoch in dem Begriff des Gemeinsamen Marktes eingeschlossen seien. Der Binnenmarkt ist demnach lediglich eine Teilmenge des Gemeinsamen Marktes.

IV. Stellungnahme

Es ist der dritten Auffassung zu folgen, die im Binnenmarkt ein „Weniger“ im Verhältnis zum Gemeinsamen Markt sieht. Dabei ist zunächst festzuhalten, daß die beiden Begriffe zumindest nicht synonym verstanden werden können. Dies ergibt sich schon daraus, daß Binnenmarkt und Gemeinsamer Markt in den beiden Absätzen des Art. 15 EGV nebeneinander und offensichtlich nicht identisch erwähnt werden.[726] Auch knüpft der EGV an beide Begriffe durchaus unterschiedliche Rechtsfolgen. Beispielsweise haben die beiden Artikel zur Rechtsharmonisierung, Art. 94 und 95 EGV, einerseits den Gemeinsamen Markt, andererseits den Binnenmarkt als Bezugspunkt und enthalten völlig unterschiedliche Rechtshandlungsformen, Verfahrensvorschriften und materielle Bestimmungen über „nationale Alleingänge“.[727]

---

[721] EuGH, Rs. 15/81, *Schul/Inspecteur der invoerrechten en aacijnzen*, Slg 1982, S. 1409 (S. 1431 f.).
[722] *Dauses*, EuZW 1990, S. 9 (S. 10); *Schwarze*, EU-Kommentar, *Hatje*, Art. 14, Rdn. 5.
[723] EuGH, Rs. C-300/89, *Kommission/Rat*, Slg 1991, S. I-2867 (S. 2899).
[724] *Nettesheim*, Jura 1994, S. 337 (S. 339); *Callies/Ruffert*, EU/EG-Kommentar, *Kahl*, Art. 14, Rdn. 7.
[725] *Pescatore*, EuR 1986, S. 153 (S. 157); *Epiney*, JZ 1992, S. 564 (S. 564); *Hayder*, RabelsZ 1989, S. 622 (S. 639); *Forwood/Clough*, ELRev. 1986, S. 383 (S. 385); *Zacker*, RIW 1989, S. 489 (S. 489 f.).
[726] *Streinz*, Europarecht, Rdn. 950.
[727] So auch *Schweitzer/Hummer*, Europarecht, Rdn. 1067.

Gegen die zweite Ansicht spricht, daß das Urteil „Gaston Schul" vor der Annahme des Binnenmarkt-Konzepts durch die Regierungskonferenz erging und daher nicht notwendig vom gleichen Begriffsverständnis wie dem der Konferenz getragen ist. Auch sprechen wörtliche, entstehungsgeschichtliche und systematische Gesichtspunkte eher für die letztgenannte Ansicht.[728]
Letztlich muß bei diesem Streit kein endgültiges Ergebnis gefunden werden. Für die Untersuchung der WTO-Konformität von Präferenzzonen, die in ihrem Integrationsniveau über Zollunionen und Freihandelszonen hinausgehen, spielt die Frage, ob auch die Wettbewerbs-, Agrar-, Verkehrs- und Sozialpolitik mitumfaßt sind, keine Rolle. Das Hauptaugenmerk ist in diesem Zusammenhang auf die Grundfreiheiten, vor allem die von Waren und Dienstleistungen, sowie auf die dazu ergangene Rechtsprechung zu legen. Doch nicht nur die Umsetzung der Grundfreiheiten, auch eine Harmonisierung der innerstaatlichen Rechtsvorschriften durch EG-Sekundärrecht führt zu einem Abbau technischer Handelshemmnisse und damit zu einem innergemeinschaftlichen Integrationsniveau, das über eine rein tarifäre Handelsliberalisierung hinausgeht. Da aber sowohl der Binnenmarkt als auch der Gemeinsame Markt nach allen Ansichten sowohl die vier Grundfreiheiten als auch das zweite wichtige Integrationsinstrument, die Rechtsangleichung in den Mitgliedstaaten, gewährleisten[729], kann eine endgültige Entscheidung im Streit um das Verhältnis zwischen Binnenmarkt und Gemeinsamer Markt dahinstehen.

C. Mittel zur Errichtung des Gemeinsamen Marktes bzw. des Binnenmarktes

Anfänglich war die Herstellung eines Gemeinsamen Marktes gem. Art. 2, 3 lit. a) – b) EWGV grundlegende Aufgabe der Integration. Mit der EEA wurde diese Zielsetzung des EWGV präzisiert. Gem. Art. 14 EGV umfaßt die Tätigkeit der EG nun auch die Errichtung eines Binnenmarktes, d.h. die Beseitigung aller Handelshemmnisse zwischen den Mitgliedstaaten als Grundlage eines einzigen Marktes. Waren, Personen, Dienstleistungen und Kapital sollen auf der Grundlage eines unverfälschten Wettbewerbs frei zirkulieren können (Art. 2, 3 lit. a), b), c), g) EGV). Instrumente zum Abbau von Handelshemmnissen hält der EGV zunächst durch Vorschriften bereit, die den Mitgliedstaaten bestimmten Handlungen verbieten oder sie zu bestimmten Handlungen auffordern. Beispielsweise dürfen die Mitgliedstaaten keine mengenmäßigen Beschränkungen oder Maßnahmen gleicher Wirkung einführen (Art. 28 EGV) oder müssen jegliche auf der Staatsangehörigkeit beruhende unterschiedliche Behandlung von Arbeitnehmern abschaffen (Art. 39 Abs. 2 EGV). Wegen der konstituierenden Bedeutung für die freien Verkehrsströme, insbesondere für den freien Wirtschaftsverkehr, werden die Gewährleistung des freien Waren-, Personen-, Dienstleistungs- und des

---

[728] Vgl. dazu überzeugend *Streinz*, Europarecht, Rdn. 953; ausführlichst auch *Zacker*, RIW 1989, S. 489 (S. 489 f.).
[729] So auch *Zacker/Wernicke*, Examinatorium Europarecht, S. 310.

freien Kapitalverkehrs als die vier „*Grundfreiheiten*“ des EG-Vertrages bezeichnet.[730] Ökonomisch gesehen dienen die Grundfreiheiten der optimalen Allokation wirtschaftlicher Ressourcen.[731] Als notwendige „Hilfsfreiheit“ oder „Annexfreiheit“ tritt zu den vier Grundfreiheiten der freie Zahlungsverkehr hinzu.
Neben den Grundfreiheiten steht der Gemeinschaft aber noch ein zweites Mittel zur Errichtung eines freien Wirtschaftsverkehrs zur Verfügung: die Angleichung von Rechts- und Verwaltungsvorschriften der Mitgliedstaaten. So enthält der EGV Vorschriften, die die Organe der Europäischen Gemeinschaft zum Erlaß sekundären Gemeinschaftsrechts ermächtigen – sog. „*Rechtsangleichung*“ oder „*Harmonisierung*“. Beispielsweise erläßt der Rat gem. Art. 95 Abs. 1 S. 2 EGV Maßnahmen zur Angleichung der Rechts- und Verwaltungsvorschriften der Mitgliedstaaten, welche die Errichtung und das Funktionieren des Binnenmarktes zum Gegenstand haben.

I. Freier Warenverkehr

1. Rechtsgrundlagen und Regelungsgehalt

Der freie Warenverkehr ist der wichtigste Baustein der europäischen Wirtschaftsintegration. Daß alle Waren zwischen den Mitgliedstaaten frei und ohne Benachteiligungen gehandelt werden können, ist schon ein Ziel des Gemeinsamen Marktes. Der Binnenmarkt bringt die Grenzen ganz zum Verschwinden. Statt eines Warenmarktes zwischen den Staaten besteht nunmehr ein einheitlicher Markt, vergleichbar dem Wirtschaftsraum eines einzigen Staatsgebietes.[732] Ein grenzenloser Warenverkehr bringt handfeste wirtschaftliche Vorteile mit sich. So werden beispielsweise die Kosten eliminiert, die durch die Aufspaltung der europäischen Wirtschaft in nationale Einzelmärkte und die dadurch bedingten Grenzkontrollen verursacht werden.[733]
Geregelt ist der freie Warenverkehr im Titel I des Dritten Teils des EGV (Art. 23-31). Gem. Art. 23 Abs. 1 EGV ist die Grundlage der Gemeinschaft eine Zollunion, die sich auf den gesamten Warenaustausch erstreckt. Sie verpflichtet die Mitgliedstaaten dazu, untereinander keine Ein- und Ausfuhrzölle oder Abgaben gleicher Wirkung zu erheben sowie einen Gemeinsamen Zolltarif gegenüber Drittländern einzuführen.
Die Zollunion ist jedoch nur Grundlage der EG. Das Konzept des Gemeinsamen Marktes bzw. des Binnenmarktes hebt die EG über eine schlichte Zollunion hinaus. Während innerhalb einer Zollunion nur tarifäre Beschränkungen abgebaut werden, sind in einem Gemeinsamen Markt auch alle sonstigen, von staatlichen Stellen ausgehenden Beschränkungen des innergemeinschaftlichen Warenverkehrs (mengenmäßige

---

730 Zur Begrifflichkeit, Einteilung und Bedeutung der einzelnen Grundfreiheiten vgl. ausführlich *Streinz*, Europarecht, Rdn. 652 ff.
731 *Herdegen*, Europarecht, Rdn. 281; *Streinz*, Europarecht, Rdn. 653.
732 *Nicolaysen*, Europarecht II, S. 35.
733 Vgl. ausführlich zu den wirtschaftlichen Aspekten des Binnenmarktes *Schmidhuber*, WuW 1992, S. 981 (S. 982 f.), der u.a. die These vertritt, daß die Wirtschaft in den meisten Mitgliedstaaten ohne den sog. „Binnenmarkt-Effekt“ sehr viel früher und sehr viel stärker von dem konjunkturellen Abschwung betroffen gewesen wäre.

Beschränkungen und Maßnahmen gleicher Wirkung) und alle diskriminierenden innerstaatlichen Abgaben und diskriminierenden Praktiken verboten.[734] Dementsprechend ist den Mitgliedstaaten in Art. 28 EGV aufgetragen, auch alle mengenmäßige Beschränkungen und Maßnahmen gleicher Wirkung im Handelsverkehr untereinander zu beseitigen. Gem. Art. 23 Abs. 2 EGV erstreckt sich der Anwendungsbereich der Vorschriften auf Waren mitgliedstaatlichen Ursprungs sowie auf solche Waren, die sich in den Mitgliedstaaten im freien Verkehr befinden.[735]
Die Grundfreiheit des freien Warenverkehrs umfaßt demnach drei Elemente:

- die bereits erwähnte Zollunion, die sich wiederum in die Bestandteile des internen Zollabbaus (Art. 25 EGV) und der Aufstellung eines gemeinsamen Außenzolltarifs (Art. 26 EGV) unterteilen läßt[736];
- das Verbot mengenmäßiger Ein- und Ausfuhrbeschränkungen sowie Maßnahmen gleicher Wirkung (Art. 28-30 EGV);
- die Umformung staatlicher Handlungsmonopole (Art. 31 EGV), die den Abbau diskriminierender Praktiken beinhaltet.

2. Zollunion

a) Begriff

Die Zollunion ist die Grundlage der Gemeinschaft (Art. 23 Abs. 1 EGV). Sie erstreckt sich auf den gesamten Warenaustausch und besteht aus zwei Elementen:

- dem Verbot der Ein- und Ausfuhrzölle sowie Abgaben gleicher Wirkung zwischen den Mitgliedstaaten (Art. 25 EGV)
- dem Gebot der Einführung eines gemeinsamen Zolltarifs (Art. 26 EGV).[737]

b) Gebiet der Zollunion

Voraussetzung für eine Zollunion ist zunächst ein einheitliches Zollgebiet.[738] Der EGV enthält dazu keine eigenen Bestimmungen. Daher mußte diese Frage durch sekundäres Gemeinschaftsrecht gelöst werden, was durch die VO 2913/92 des Rates vom 12. Oktober 1992 geschah.[739] Nach Art. 3 Abs.1 dieser Verordnung umfaßt das Zollgebiet der

---

[734] *Streinz*, Europarecht, Rdn. 657.
[735] Vgl. zum Warenbegriff *Becker*, JA 1997, S. 65 (S. 66 ff.); *Beutler/Bieber/Pipkorn/Streil*, Die EU, Rdn. 730; *Fischer/Köck*, Europarecht, S. 458; *Schweitzer/Hummer*, Europarecht, Rdn. 1077 ff.; *Nicolaysen*, Europarecht II, S. 36 ff.
[736] Im Verhältnis zu Drittstaaten wird die Einführung eines gemeinsamen Zolltarifs durch die Vorschriften über die gemeinsame Handelspolitik in Art. 131 ff. EGV ergänzt, vgl. dazu näher *Streinz*, Europarecht, Rdn. 617 ff.
[737] Durch dieses zweite Element unterscheidet sich die Zollunion „EG“ von einer Freihandelszone.
[738] Vgl. Art. XXIV Abs. 2 GATT.
[739] Zuvor wurde auf der Grundlage des ehemaligen Art. 27 EGV die für die Zolltarifunion nötige Vereinheitlichung des Zollrechts aufgrund von Empfehlungen der Kommission vorgenommen, vgl. dazu ausführlicher *Schwarze*, EU-Kommentar, *Meesenburg*, Art. 23 EGV, Rdn. 6.

Gemeinschaft grundsätzlich die Gesamtheit der Hoheitsgebiete der Mitgliedstaaten mit einzelnen Ausnahmen.[740]

c) Abschaffung der Zölle und Abgaben gleicher Wirkung zwischen den Mitgliedstaaten

Gemäß den Art. 12-17 a.F. EGV haben die Mitgliedstaaten bis zum Ende der Übergangszeit Ende 1969 sämtliche Ein- und Ausfuhrzölle abgeschafft.[741] Art. 25 EGV gebietet aber auch die Abschaffung der Abgaben gleicher Wirkung wie Ein- und Ausfuhrzölle bzw. verbietet ihre Neueinführung.[742] Damit stellt die Vorschrift eine der beiden Säulen des Warenverkehrs im Binnenmarkt dar: Neben dem Verbot mengenmäßiger Beschränkungen (Art. 28 ff. EGV) darf der freie Warenverkehr im Binnenmarkt nicht durch Zölle oder zollgleiche Abgaben behindert werden.
Bei Art. 25 EGV handelt es sich um unmittelbar anwendbares Recht[743], auf das sich jeder Gemeinschaftsbürger vor den Gerichten der EG-Mitgliedstaaten berufen kann.[744] Adressaten der Norm sind allein die Mitgliedstaaten; nur ihre Abgaben fallen unter das Verbot.

Die „Abgaben gleicher Wirkung" werden im EGV selbst nicht definiert. Da sie aber deshalb in den Tatbestand des Art. 25 EGV einbezogen wurden, um Umgehungen des Verbots der Erhebung von Zöllen zu vermeiden, liegt es nahe, die Definition aus einem Vergleich mit den Merkmalen von Zöllen zu entnehmen. Danach zeichnen sich die Abgaben gleicher Wirkung durch zwei Elemente aus: Erstens stellt die Abgabe eine einseitige finanzielle Belastung dar, die – zweitens – anläßlich des Grenzübertrittes erhoben wird.[745] Auch der EuGH greift diese beiden Elemente in seiner Definition auf, indem er in einer Abgabe gleicher Wirkung – verkürzt wiedergegeben – eine seitens des Staates vorgenommene oder veranlaßte finanzielle Belastung wegen des Grenzübertrittes sieht, auch wenn sie nur geringfügig ist.[746]
Abzugrenzen sind die Abgaben gleicher Wirkung von Abgaben für Produkte aus anderen Mitgliedstaaten nach Art. 90 EGV. Letztere werden auch anläßlich des Grenzübertrittes erhoben und erscheinen daher rein äußerlich wie Zölle oder zollgleiche Abgaben. Wirken sie nicht diskriminierend, so sind sie – anders als die stets verbotenen

---

[740] So sind etwa Ausnahmen für Dänemark, Finnland, Frankreich, Italien oder Spanien vorgesehen. In Deutschland gehört beispielsweise die Insel Helgoland nicht zum Zollgebiet.
[741] Vgl. dazu im einzelnen *Calliess/Ruffert*, EU/EG-Kommentar, *Waldhoff*, Art. 25 EGV, Rdn. 3 f.; *Schweitzer/Hummer*, Europarecht, Rdn. 1091.
[742] Zwar ist durch die Abschaffung der Warenkontrollen an den Binnengrenzen ein Großteil der Anwendungsfälle des Art. 25 EGV obsolet geworden, jedoch gibt es immer noch Fälle, in denen Abgaben gleicher Wirkung Probleme bereiten. Ein Beispiel findet sich bei *Streinz*, Europarecht, Rdn. 715.
[743] Grundlegend EuGH, Rs. 26/62, *Van Gend/Niederl. Finanzverwaltung*, Slg 1963, S. 1 (S. 25 f.).
[744] *Nicolaysen*, Europarecht II, S. 89; *Grabitz/Hilf*, Das Recht der EU, *Voß*, Art. 25, Rdn. 9.
[745] Vgl. dazu ausführlich *Beutler/Bieber/Pipkorn/Streil*, Die EU, Rdn. 734; *Oppermann*, Europarecht, Rdn. 1280 ff.; *Fischer*, Europarecht, § 13, Rdn. 6.
[746] EuGH, verb. Rs. 2 und 3/69, *Sociaal Fonds voor de Diamantarbeiders/Brachfeld, Chougol*, Slg 1969, S. 211 (S. 222) und EuGH, Rs. 34/73, *Variola/Amministrazione Italiana delle Finanze*, Slg 1973, S. 981 (S. 989); vgl. ausführlichst zu dieser Rechtsprechung *Calliess/Ruffert*, EU/EG-Kommentar, *Waldhoff*, Art. 25, Rdn. 7 f.; *Grabitz/Hilf*, Das Recht der EU, *Voß*, Art. 25, Rdn. 14.

Abgaben gleicher Wirkung – als zulässig zu erachten.[747] Der Unterschied zwischen beiden liegt darin, daß die Abgabe gleicher Wirkung nur und gerade importierte Waren betrifft, während die steuerliche Ausgleichsabgabe ein Bestandteil eines allgemeinen, sowohl inländische als auch ausländische Produkte nach objektiven Kriterien erfassenden Abgabensystems (z.B. Mehrwertsteuer) ist.[748]
Beispiele für Abgaben gleicher Wirkung sind Statistikgebühren, Gebühren für Qualitäts- oder Gesundheitskontrollen, Lizenzgebühren oder sog. parafiskalische Abgaben. Letztere werden zwar allgemein erhoben, ihr Ertrag kommt aber nur einheimischen Erzeugnissen zugute. Solche Gebühren oder Abgaben sind nur dann erlaubt, wenn sie als Gegenleistung für tatsächlich erwiesene Dienste erhoben werden, die den Importeur bzw. Exporteur individuell bevorteilen[749] und wenn die festgesetzte Gebührenhöhe diesen Vorteilen gegenüber angemessen ist.[750] Der Charakter der Gegenleistung fehlt, wenn die Dienste nicht im Interesse des Importeurs bzw. Exporteurs, sondern im Interesse der Allgemeinheit erbracht werden.[751]

d) Gemeinsamer Zolltarif (GZT)

Der GZT gegenüber Drittländern wurde auf Grund der Art. 18-27 a.F., Art. 26, 27 EGV und durch die Verordnung Nr. 950/68 des Rates vom 28.6.1968 unter Berücksichtigung der Verpflichtungen aus Art. XXIV GATT eingeführt.[752] Da alle Gründungsmitglieder der EG auch Mitglieder des GATT waren, mußte dieser gemeinsame Zolltarif den Vorschriften des Art. XXIV Abs. 8 lit. a) (ii) GATT genügen, wonach die Mitglieder der Zollunion im Handel mit nicht teilnehmenden Gebieten im wesentlichen dieselben Zölle und Handelsvorschriften anwenden. Durch das Inkrafttreten des GZT wurde die Zollunion bereits vorzeitig zum 1.7.1968 vollendet.
Gemäß der Verordnung Nr. 2658/87 des Rates vom 23.7.1987 über die zolltarifliche und statistische Nomenklatur sowie den Gemeinsamen Zolltarif[753] ist im GZT jede Ware nach einer systematischen Abfolge unter einer bestimmten Position aufgeführt und mit einer individuellen Codenummer sowie dem auf sie anzuwendenden Zollsatz

---

[747] Vgl. umfassend zu den Abgrenzungsproblemen mit Art. 90 EGV *Streinz*, Europarecht, Rdn. 718 ff.; *Schweitzer/Hummer*, Europarecht, Rdn. 1095 ff.; *Beutler/Bieber/Pipkorn/Streil*, Die EU, Rdn. 734; *Bleckmann*, Europarecht, *Bleckmann*, Rdn. 1487; *Calliess/Ruffert*, EU/EG-Kommentar, *Waldhoff*, Art. 25, Rdn. 11.

[748] EuGH, Rs. 90/79, *Kommission/Frankreich*, Slg 1981, S. 283 (S. 301 f.); EuGH, Rs. 15/81, *Schul/Inspecteur der Invoerrechten en accijnzen*, Slg 1982, S. 1409 (S. 1428).

[749] EuGH, Rs. 63/74, *Cadsky/Istituto nazionale per il Commercio Estero*, Slg. 1975, S. 281 (S. 290); EuGH, Rs. 133/82, *Kommission/Luxemburg*, Slg 1983, S. 1669 (S. 1669 ff.).

[750] EuGH, Rs. 39/82, *Donner/Niederländischer Staat*, Slg 1983, S. 19 (S. 34).

[751] Insofern sind Gebühren für gesundheitspolizeiliche Untersuchungen bei der Ein- und Ausfuhr Abgaben zollgleicher Wirkung, so EuGH, Rs. 314/82, *Kommission/Belgien*, Slg 1984, S. 1543 (S. 1555); ausführlich zu dieser Problematik *Beutler/Bieber/Pipkorn/Streil*, Die EU, Rdn. 734; *Streinz*, Europarecht, Rdn. 722; *Bleckmann*, Europarecht, *Bleckmann*, Rdn. 1479 ff. *Grabitz/Hilf*, Das Recht der EU, *Voß*, Art. 25, Rdn. 15 ff.

[752] ABl. 1968 Nr. L 172, S. 1 ff.; zuletzt geändert durch VO 3529/87, ABl. 1987 Nr. L 336, S. 3; vgl. ausführlich zur Entstehungsgeschichte *Oppermann*, Europarecht, Rdn. 1285 f.

[753] ABl. 1987 Nr. L 256, S. 1 ff.; zuletzt geändert durch VO 586/96, ABl. 1996 Nr. L 84, S. 18 ff.

– i.d.R. als Prozentsatz vom Warenwert – versehen. Der Zolltarif wird laufend aktualisiert.[754]

3. Verbot mengenmäßiger Beschränkungen und Maßnahmen gleicher Wirkung

Neben der Abschaffung der Binnenzölle bildet das Verbot sonstiger („*nicht-tarifärer*") Handelshemmnisse das Herzstück des freien Warenverkehrs innerhalb der Europäischen Gemeinschaft. Gemäß Art. 28 EGV sind mengenmäßige Einfuhrbeschränkungen sowie alle Maßnahmen gleicher Wirkung zwischen den Mitgliedstaaten verboten. Die Mitgliedstaaten sind verpflichtet, bestehende nicht-tarifäre Handelshemmnisse abzubauen und keine neuen zu errichten.[755] Diese zweite Säule des freien Warenverkehrs ist notwendig, da durch mengenmäßige Beschränkungen die Schutzfunktion von Zöllen substituiert werden könnte.[756] Die Bestimmung des Art. 28 EGV ist seit Ablauf der Übergangszeit unmittelbar anwendbar.[757]

a) Beseitigung mengenmäßiger Beschränkungen

Der Begriff der mengenmäßigen Beschränkungen wird im EGV nicht näher erläutert. Der EuGH hat sie definiert als „sämtliche Maßnahmen, die sich [...] als eine gänzliche oder teilweise Untersagung der Einfuhr, Ausfuhr oder Durchfuhr darstellen".[758] Praktisch sind darunter Ein- bzw. Ausfuhrverbote oder Kontingentierungen zu verstehen, also staatliche Maßnahmen, die die Ein- oder Ausfuhr einer Ware der Menge, dem Wert oder der Zeit nach begrenzen.[759] Da aber alle mengenmäßigen Beschränkungen zugleich dem Begriff der „Maßnahmen gleicher Wirkung wie mengenmäßige Beschränkungen" unterfallen, ist eine genaue Definition nicht notwendig.[760] Der EuGH trägt dem insoweit Rechnung, als er bisweilen eine Verletzung des Art. 28 EGV prüft, ohne näher darauf einzugehen, ob eine mengenmäßige Beschränkung oder eine Maßnahme gleicher Wirkung vorliegt.[761]

---

[754] Vgl. weitergehend zur Kompetenz der EG, zu Zollsatzänderungen und zu Ausnahmen des Art. 25 EGV *Streinz*, Europarecht, Rdn. 727 f.; *Schweitzer/Hummer*, Europarecht, Rdn. 1103 ff.; *Bleckmann*, Europarecht, *Bleckmann*, Rdn. 1490 ff.

[755] *Fischer*, Europarecht, § 13, Rdn. 14.

[756] So *Schweitzer/Hummer*, Europarecht, Rdn. 1111.

[757] EuGH, Rs. 74/76, *Ianelli & Volpi/Meroni*, Slg 1977, S. 557 (S. 576); EuGH, Rs. 83/78, *Pigs Marketing Board/Redmond*, Slg 1978, S. 2347 (S. 2374).

[758] EuGH, Rs. 2/73, *Geddo/Ente Nazionale Risi*, Slg 1973, S. 865 (S. 879).

[759] *Oppermann*, Europarecht, Rdn. 1290.

[760] Dazu kommt, daß mengenmäßige Beschränkungen in der Praxis so gut wie nicht mehr vorkommen, vgl. hierzu ausführlicher *Nicolaysen*, Europarecht II, S. 40 f.; *Streinz*, Europarecht, Rdn. 729 f.

[761] Vgl. z.B. EuGH, verb. Rs. 51-54/71, *International Fruit Company/Produktschap voor groeneten en fruit*, Slg 1971, S. 1107 (S. 1116 ff.); EuGH, Rs. 53/76, *Procureur de la République, Besancon/Bouhelier*, Slg 1977, S. 197 (S. 197 ff.).

b) Beseitigung von Maßnahmen gleicher Wirkung

Ähnlich wie Art. 23 und 25 EGV, die neben das Verbot der Zölle das der zollgleichen Abgaben stellen, verbietet Art. 28 EGV zur vollständigen Sicherung des freien Warenverkehrs neben den mengenmäßigen Beschränkungen auch Maßnahmen gleicher Wirkung. Dieses Verbot ist für die Verwirklichung des Binnenmarktes von großer Bedeutung. Nicht selten treten staatliche Eingriffe auf, die sich indirekt auf den zwischenstaatlichen Handel auswirken, indem sie den grenzüberschreitenden Warenverkehr oder den inländischen Absatz unmöglich machen, erschweren oder verteuern, ohne ihn aber ausdrücklich zu verbieten oder zu kontingentieren.[762]
Die Definition des im EGV nicht näher konkretisierten Begriffs der „Maßnahmen gleicher Wirkung" bereitete in der Gemeinschaftspraxis große Schwierigkeiten. Eine entgültige Klärung brachte erst die Rechtsprechung des Europäischen Gerichtshofs.

aa) Definition und Eingrenzung der Maßnahmen gleicher Wirkung („von Dassonville zu Keck")

Nachdem die Kommission schon Ende der 60er Jahre nach einer Definition der Maßnahmen gleicher Wirkung gesucht hatte, entwickelte der EuGH in einer Reihe bahnbrechender Entscheidungen die maßgeblichen Grundlagen für die Handhabung des Art. 28 EGV.[763] Mit seiner Rechtsprechung hat der EuGH einen bedeutenden Beitrag zur Verwirklichung des Binnenmarktes geleistet.

aaa) Dassonville-Formel

Im Fall „*Dassonville*" hat der EuGH im Interesse einer möglichst umfassenden Durchsetzung des Verbotes aus Art. 28 EGV eine extensive Begrifflichkeit der Maßnahmen gleicher Wirkung geprägt:

„*Jede Handelsregelung der Mitgliedstaaten, die geeignet ist, den innergemeinschaftlichen Handel unmittelbar oder mittelbar, tatsächlich oder potentiell zu behindern, ist als Maßnahme mit gleicher Wirkung wie eine mengenmäßige Beschränkung anzusehen.*"[764]

Ausreichend ist also allein die Eignung einer Maßnahme, handelsbeschränkende Wirkung zu entfalten.[765] Diese konsequente Interpretation des Vertrages entspricht der existentiellen Bedeutung des freien Warenverkehrs für die europäische Integration.[766]

---

[762] So *Nicolaysen*, Europarecht II, S. 42.
[763] Zur Begriffsbestimmung durch Kommission und Literatur vor der Dassonville-Rechtsprechung vgl. ausführlich *Lang*, Freiheit des Warenverkehrs, S. 22 ff.; zur Rechtsprechung vor Dassonville vgl. *Eilmansberger*, JBl. 1999, S. 345 (S. 363); *Bleckmann*, Europarecht, *Bleckmann*, Rdn. 1496 ff.
[764] EuGH, Rs. 8/74, *Dassonville*, Slg 1974, S. 837 (S. 852).
[765] Vgl. dazu ausführlich *Streinz*, EUV/EGV, *Schroeder*, Art. 28 EGV, Rdn. 37.
[766] *Nicolaysen*, Europarecht II, S. 43.

Die Dassonville-Formel erfaßt inhaltlich zunächst jegliche Diskriminierung eingeführter Waren gegenüber einheimischen Erzeugnissen.[767] Ihre besondere Bedeutung liegt jedoch darin, daß sie darüber hinaus auch diskriminierungsfreie Beschränkungen des Handelsverkehrs erfaßt, die in- und ausländische Waren gleichermaßen treffen, wobei der Grad der Handelsbeeinträchtigung gleichgültig ist.[768] Auch unterschiedslos anwendbare Maßnahmen stellen verbotene Handelshemmnisse dar, wenn eingeführte Waren wegen ihrer Herkunft aus einem anderen Mitgliedstaat nicht den Anforderungen entsprechen, die im Einfuhrstaat hinsichtlich der Herstellung und Vermarktung der Waren vorgeschrieben sind.[769] Die Dassonville-Formel ließ damit schon anklingen, was der EuGH 1979 im Fall „*Cassis de Dijon*" bestätigte.[770] Die ursprünglich als Diskriminierungsverbote wirkenden Grundfreiheiten hatten sich zu allgemeinen Beschränkungsverboten weiterentwickelt.[771] Nunmehr bedürfen nicht mehr nur ausdrückliche Schlechterstellungen von Ausländern einer gemeinschaftsrechtlichen Rechtfertigung, sondern auch solche Vorschriften, die unterschiedslos Anwendung auf In- und Ausländer finden. In der Rechtssache „Cassis de Dijon" hatte sich der EuGH mit der Rechtfertigung einer deutschen Regelung über den Mindestalkoholgehalt von Fruchtlikören auseinandergesetzt, die keine unterschiedliche Behandlung für in- und ausländische Produkte vorsah.[772] Implizit hatte er damit die deutsche Vorschrift als Maßnahme gleicher Wirkung im Sinne des Art. 28 EGV qualifiziert.[773]

bbb) Einschränkung durch die Keck-Rechtsprechung

Mit der Zeit stellte sich heraus, daß die Dassonville-Formel zu weit gefaßt war. Alle Regelungen „im Umfeld" eines Produktes, die den Handel beschränkten[774], wurden in das Verbot des Art. 28 EGV einbezogen.[775] Zur Eingrenzung dieses umfassenden

---

[767] Hierunter fallen etwa staatliche Maßnahmen, die die physische Einfuhr von Waren behindern, insbesondere durch schikanöse Ausgestaltung und Verzögerung der Grenzabfertigung. Doch auch gesundheitspolizeiliche Untersuchungen, Nachweiserfordernisse hinsichtlich Ursprung und Echtheit von Waren, Lizenzsysteme bei der Einfuhr und ungleiche Vermarktungsregeln können zu einer offenen Diskriminierung von Importgütern führen.

[768] Solche nicht-diskriminierende Maßnahmen sind z.B. Regelungen zur Festlegung der Produktbeschaffenheit, die dazu führen, daß in anderen Mitgliedstaaten hergestellte Produkte, die anderen Anforderungen genügen müssen, nicht eingeführt werden können, vgl. dazu *Steindorff*, ZHR 1984, S. 338 (S. 339); *Dörr*, RabelsZ 1990, S. 677 (S. 680); *Lenz*, EuGRZ 1993, S. 57 (S. 58); *Dauses/Roth*, ZLR 1996, S. 507 (S. 517).

[769] *Streinz*, EUV/EGV, *Schroeder*, Art. 28 EGV, Rdn. 39; *Fischer*, Europarecht, § 13, Rdn. 24.

[770] Siehe umfassend zur Dassonville-Rechtsprechung und ihrer Konsequenzen *Streinz*, Europarecht, Rdn. 667, 673, 700, 731; *Bleckmann*, Europarecht, *Bleckmann*, Rdn. 1499 ff.

[771] *Zipfel/Rathke*, Lebensmittelrecht, *Streinz*, Einführung B, Rdn. 54a; *Calliess/Ruffert*, EG/EU-Kommentar, *Epiney*, Art. 28 EGV, Rdn. 15 und 28; *Grabitz/Hilf*, Das Recht der EU, *Leible*, Art. 28 EGV, Rdn. 9.

[772] EuGH, Rs 120/78, *Cassis de Dijon*, Slg 1979, S. 649 (S. 649 ff.).

[773] *Streinz*, EUV/EGV, *Schroeder*, Art. 28 EGV, Rdn. 39.

[774] Ein Beispiel hierfür waren staatlich geförderte und damit dem jeweiligen Mitgliedstaat zurechenbare Werbekampagnen, mit denen der Absatz inländischer Maßnahmen gefördert werden sollte, so in etwa EuGH, Rs. 249/81, *Buy Irish*, Slg 1982, S. 4005 (S. 4005 ff.).

[775] So *Lüder*, EuZW 1996, S. 615 (S. 615 ff.); *Wetzig*, Einfluß der EG und der WTO, S. 16.

Verbotes entwickelte der EuGH 1993 die sog. Keck-Formel, mit der er den Tatbestand des Art. 28 EGV wesentlich einschränkte.[776] Der EuGH entschied, entgegen der bisherigen Rechtsprechung, daß nicht-diskriminierende Verkaufsbeschränkungen, die gemäß ihrer Zielsetzung gar nicht auf den grenzüberschreitenden Warenverkehr einwirken sollten, vom Anwendungsbereich des Art. 28 EGV ausgeschlossen seien. In dem Fall Keck, in dem es um ein französisches Verbot ging, Waren unter dem Einkaufspreis zu veräußern, sei, so der EuGH,

„die Anwendung nationaler Bestimmungen, die bestimmte[777] *Verkaufsmodalitäten beschränken oder verbieten, auf Erzeugnisse aus anderen Mitgliedstaaten nicht geeignet, den Handel zwischen den Mitgliedstaaten im Sinne des Urteils Dassonville [...] unmittelbar oder mittelbar, tatsächlich oder potentiell zu behindern, sofern diese Bestimmungen für alle betroffenen Wirtschaftsteilnehmer gelten, die ihre Tätigkeit im Inland ausüben, und sofern sie den Absatz der inländischen Erzeugnisse aus anderen Mitgliedstaaten rechtlich wie tatsächlich in gleicher Weise berühren.“*[778]

Der EuGH differenziert also nunmehr zwischen Produktanforderungen und Verkaufsmodalitäten. Nur Produktanforderungen, d.h. Vorschriften, aufgrund derer das äußere Erscheinungsbild der Ware umgestaltet werden muß (wie etwa die Bezeichnung, Form, Abmessung, Zusammensetzung, Aufmachung, Etikettierung oder Verpackung einer Ware[779]), fallen unter Art. 28 EGV und zwar unter Heranziehung der bisher entwickelten Grundsätze, so daß auch nicht-diskriminierende Maßnahmen in den Tatbestand des Art. 28 EGV einbezogen werden.[780]
Unterschiedslos anwendbare und wirkende Verkaufsmodalitäten dagegen sind nicht mehr in der Lage, den Handel zwischen den Mitgliedstaaten i.S.d. Art. 28 EGV zu behindern. Gilt dagegen eine Verkaufsmodalität nicht für alle betroffenen Wirtschaftsteilnehmer[781] oder berührt sie das Inverkehrbringen inländischer und aus anderen Mitgliedstaaten stammender Erzeugnisse nicht in gleicher Weise, erfüllt sie weiterhin den Tatbestand des Art. 28 EGV und bedarf einer Rechtfertigung.[782] Durch diese *„Keck-Rückausnahme“* des EuGH sollen verschleierte Beschränkungen des freien Warenverkehrs durch eine Verkaufsmodalität verhindert werden, die dann vorliegen, wenn Inlands- und Importprodukte zwar rechtlich, nicht aber tatsächlich in gleicher Weise behandelt werden.[783] Es soll jede Maßnahmen dem Verbot des Art. 28 EGV unterfallen, die den Zugang von Waren aus anderen EG-Mitgliedstaaten zum Markt des

---

[776] Vgl. zur Entwicklung der Rechtsprechung bis 1993 *Eilmansberger*, JBl. 1999, S. 434 (S. 434 ff.); *Beutler/Bieber/Pipkorn/Streil*, Die EU, Rdn. 745; *Weyer*, Freier Warenverkehr, S. 352 ff.
[777] Zu dieser Einschränkung vgl. ausführlich *Grabitz/Hilf*, Das Recht der EU, *Leible*, Art. 28, Rdn. 28; *Groeben/Thiesing/Ehlermann*, EU/EG-Kommentar, *Müller-Graff*, Art. 30, Rdn. 252 ff.; *Eilmansberger*, JBl. 1999, S. 434 (S. 437); *Streinz*, EUV/EGV, *Schroeder*, Art. 28 EGV, Rdn. 49.
[778] EuGH, verb. Rs. C-267/91 und C-268/91, *Keck und Mithouard*, Slg 1993, S. I-6097 (S. 6131).
[779] Ausführlich mit Beispielen aus der Rechtsprechung *Fischer*, Europarecht, § 13, Rdn. 26, 40.
[780] *Lang*, Freiheit des Warenverkehrs, S. 78; *Beutler/Bieber/Pipkorn/Streil*, Die EU, Rdn. 748.
[781] Vgl. dazu *Streinz*, EUV/EGV, *Schroeder*, Art. 28 EGV, Rdn. 46.
[782] Vgl. zu dieser Rückausnahme *Grabitz/Hilf*, Das Recht der EU, *Leible*, Art. 28 EGV, Rdn. 28; *Streinz*, JuS 2000, S. 809 (S. 809 ff.); *Groeben/Thiesing/Ehlermann*, EU/EG-Kommentar, *Müller-Graff*, Art. 30 EGV, Rdn. 258 f.
[783] *Streinz*, JuS 2000, S. 809 (S. 810).

Einfuhrmitgliedstaates stärker behindert als den von inländischen Waren.[784] Im Bereich von Vertriebs- und Absatzregelungen soll die Warenverkehrsfreiheit damit auf ihren eigentlichen Sinngehalt als Marktzugangsrecht ausländischer Waren zurückgeführt werden.[785] Auf diese binnenmarktbezogene Argumentation stützt sich der EuGH letztlich auch, wenn er diskriminierende Verkaufsmodalitäten und produktbezogene Maßnahmen als Maßnahmen gleicher Wirkung qualifiziert.[786]
Leider lieferte der EuGH in seinem Urteil keine genaue Definition einer Verkaufsmodalität[787], was von der Literatur heftig kritisiert wurde.[788] Entschieden wurde mittlerweile, daß jedenfalls Ladenschlußregelungen[789], Verkaufsvorbehalte für Apotheken[790] oder zugelassene Vertriebshändler für Tabakwaren[791] und Beschränkungen der Fernsehwerbung[792] diesem Begriff unterfallen.[793]

bb) Rechtfertigungsmöglichkeiten

Zum Schutz bestimmter Rechtsgüter erlaubt das Gemeinschaftsrecht den Mitgliedstaaten, manche unter den Tatbestand des Art. 28 EGV fallende Maßnahmen aufrechtzuerhalten. Hierzu kennt das Gemeinschaftsrecht zwei Wege:

aaa) Art. 30 EGV

Nach der Ausnahmevorschrift des Art. 30 EGV verstößt eine nach Art. 28 EGV verbotene Maßnahme dann nicht gegen den EGV, wenn sie „aus Gründen der öffentlichen Sittlichkeit, Ordnung und Sicherheit, zum Schutze der Gesundheit und des Lebens von Menschen, Tieren oder Pflanzen, des nationalen Kulturguts von künstlerischem, geschichtlichem oder archäologischem Wert oder des gewerblichen und kommerziellen Eigentums“ gerechtfertigt ist.[794] Nach der Rechtsprechung des EuGH ist Art. 30 EGV

---

[784] Vgl. EuGH, Rs. C-254/98, *Schutzverband gegen unlauteren Wettbewerb/TK-Heimdienst Sass GmbH*, EuZW 2000, S. 309 (S. 310); *Streinz*, JuS 2000, S. 809 (S. 810).
[785] *Streinz*, Europarecht, Rdn. 733; *Grabitz/Hilf*, Das Recht der EU, *Leible*, Art. 28 EGV, Rdn. 28, 38; *Schwarze*, EU-Kommentar, *Becker*, Art. 28 EGV, Rdn. 49 ff.; *Streinz*, EuZW 2003, S. 37 (S. 42 f.).
[786] *Streinz*, EUV/EGV, *Schroeder*, Art. 28 EGV, Rdn. 54.
[787] Vgl. ausführlich zum Streit um die Reichweite der Verkaufsmodalitäten *Schilling*, EuR 1994, S. 50 (S. 57 ff.); *Becker*, EuR 1994, S. 162 (S. 168 ff.); *Weyer*, Freier Warenverkehr, S. 375 ff.; *Keßler*, System der Warenverkehrsfreiheit, S. 94 ff.
[788] *Ackermann*, RIW 1994, S. 189 (S. 190); *Arndt*, JuS 1994, S. 469 (S. 472); *Dubach*, DVBl. 1995, S. 595 (S. 602); *Petschke*, EuZW 1994, S. 107 (S. 111).
[789] EuGH, Rs. C-332/89, *Strafverfahren gegen Marchandise*, Slg 1991, S. I-1027 (S. 1027 ff.).
[790] EuGH, Rs. C-391/92, *Kommission/Griechenland*, Slg 1995, S. I-1621 (S. 1646 ff.).
[791] EuGH, Rs. C-387/93, *Banchero*, Slg 1995, S. I-4663 (S. 4694 ff.).
[792] EuGH, Rs. C-412/93, *Leclerc-Siplec*, Slg 1995, S. I-179 (S. 216 ff.); vgl. Ausführlich zur Folgerechtsprechung nach Keck *Weyer*, Freier Warenverkehr, S. 371 ff.; *Keßler*, System der Warenverkehrsfreiheit, S. 78 ff.; *Eilmansberger*, JBl. 1999, S. 434 (S. 439 f.).
[793] vgl. dazu auch näher *Möschel*, NJW 1994, S. 429 (S. 430); *Becker*, EuR 1994, S. 162 (S. 169); *Becker*, JA 1997, S. 65 (S. 71); *Burmeister/Miersch*, EuZW 1995, S. 273 (S. 274); *Fischer*, Europarecht, § 13, Rdn. 39; *Streinz*, EUV/EGV, *Schroeder*, Art. 28 EGV, Rdn. 55 ff.
[794] Ausführlich dazu *Calliess/Ruffert*, EU/EG-Kommentar, *Epiney*, Art. 30, Rdn. 1 ff.; *Schweitzer/Hummer*, Europarecht, Rdn. 1129 ff.; *Streinz*, EUV/EGV, *Schroeder*, Art. 30 EGV, Rdn. 1 ff.

als Ausnahmevorschrift eng auszulegen. Diese Vorschrift kann nicht auf Zielsetzungen ausgedehnt werden, die dort nicht ausdrücklich genannt sind.[795]
Die unter Berufung auf Art. 30 EGV ergriffenen Verbote oder Beschränkungen dürfen dabei weder ein Mittel zur willkürlichen Diskriminierung noch eine verschleierte Beschränkung des Handels zwischen den Mitgliedstaaten darstellen, Art. 30 S.2 EGV. Damit sind unterschiedlich angewandte Maßnahmen dann verboten, wenn die Differenzierung im Hinblick auf den geltend gemachten Rechtfertigungsgrund nicht sachlich begründet werden kann. Auch stehen die mitgliedstaatlichen Maßnahmen unter dem Vorbehalt ihrer Verhältnismäßigkeit.[796]

bbb) Immanente Schranken des Art. 28 EGV (Cassis-Formel)

Neben der Rechtfertigungsmöglichkeit des Art. 30 EGV hat der EuGH im Anschluß an seine weite Fassung der Maßnahmen gleicher Wirkung durch die Dassonville-Formel im Fall „*Cassis de Dijon*“ zwingende Erfordernisse entwickelt, die die Verbotswirkung des Art. 28 EGV wieder einschränken – sog. „*immanente Schranken des Art. 28 EGV*“.[797] Mit der sog. „*Cassis-Formel*“ stellte der EuGH folgendes klar:

„*Hemmnisse für den Binnenmarkt der Gemeinschaft, die sich aus den Unterschieden der nationalen Regelungen über die Vermarktung dieser Erzeugnisse ergeben, müssen hingenommen werden, soweit diese Bestimmungen notwendig sind, um zwingenden Erfordernissen gerecht zu werden, insbesondere den Erfordernissen einer wirksamen steuerlichen Kontrolle, des Schutzes der öffentlichen Gesundheit*[798]*, der Lauterkeit des Handelsverkehrs und des Verbraucherschutzes.*“[799]

Mitgliedstaatliche Regelungen, die zwingenden Erfordernissen entsprechen, werden nach dieser Entscheidung bereits tatbestandlich nicht als Maßnahmen gleicher Wirkung beurteilt. Die Konstruktion als immanente Schranke des Art. 28 EGV wurde gewählt, um den als Ausnahmevorschrift konzipierten Art. 30 EGV nicht im Wege der Analogie um weitere Ausnahmetatbestände erweitern zu müssen.[800]

---

[795] EuGH, Rs. 229/83, *Leclerc/Sàrl „Au blé vert*, Slg 1985, S. 17 (S. 35).
[796] So etwa EuGH, Rs. C-358/95, *Morellato/Unità Sanitaria Locale*, Slg 1997, S. I-1431 (S. 1450); der Grundsatz der Verhältnismäßigkeit läßt sich dabei einerseits aus der Formulierung „gerechtfertigt" in Art. 30 S.1 EGV, andererseits aus dem Verbot einer verschleierten Beschränkung des Handels zwischen den Mitgliedstaaten in Art. 30 S.2 EGV ableiten, vgl. dazu *Streinz*, Europarecht, Rdn. 737; *Beutler/Bieber/Pipkorn/Streil*, Die EU, Rdn. 752 f.
[797] Zum genauen Verhältnis der zwingenden Erfordernisse zu den in Art. 30 EGV genannten Gründen, vgl. *Kingreen*, Struktur der Grundfreiheiten, S. 52 f., 162 ff.; *Becker*, Gestaltungsspielraum der Mitgliedstaaten, S. 77 ff.
[798] Das Erfordernis des Gesundheitsschutzes wird aber neuerdings nur noch im Rahmen von Art. 30 EGV geprüft, vgl. EuGH, verb. Rs. C-1/90 und C-176/90, *APESA und Publivia/DSSSC*, Slg 1991, S. I-4151 (S. 4183).
[799] EuGH, Rs. 120/78, *Cassis de Dijon*, Slg 1979, S. 649 (S. 662); vgl. ausführlich zu Cassis-Rechtsprechung *Fischer*, Europarecht, § 13, Rdn. 47 ff.; *Rabe*, EuR 1987, S. 253 (S. 254 ff.); *Becker*, Gestaltungsspielraum der Mitgliedstaaten, S. 77 ff.
[800] *Fischer*, Europarecht, § 13, Rdn. 54.

Wie das Wort „insbesondere“ zum Ausdruck bringt, ist der Katalog der zwingenden Erfordernisse nach Ansicht des EuGH nicht abschließend. Dementsprechend hat der EuGH in der Folgezeit seine Cassis-de-Dijon-Rechtsprechung ausgeweitet und auch den Umweltschutz[801], die Kulturpolitik[802] und die Aufrechterhaltung der Medienvielfalt[803] als allgemeine Interessen angesehen, die Einschränkungen des freien Warenverkehrs erlauben. Auch bei der Prüfung der zwingenden Erfordernisse ist stets der Grundsatz der Verhältnismäßigkeit zu beachten.
Nach der Rechtsprechung des EuGH findet die Cassis-Formel jedoch ausschließlich auf nicht-diskriminierende, d.h. unterschiedslos anwendbare Maßnahmen Anwendung.[804] Für Maßnahmen, die Waren aus anderen Mitgliedstaaten einseitig im Vergleich zu einheimischen Produkten benachteiligen, gilt ausschließlich Art. 30 EGV.[805] Dabei dürfte der vom EuGH gebrauchte Ausdruck „unterschiedslos anwendbare Maßnahmen“ wohl in dem Sinn zu verstehen sein, daß nur formell diskriminierende Maßnahmen gemeint sind, so daß materiell diskriminierende Maßnahmen durch zwingende Erfordernisse zu rechtfertigen sind.[806]
Mit seiner Rechtsprechung hat der EuGH den Mitgliedstaaten die Befugnis erteilt, eigene Regelungen zur Begrenzung der Grundfreiheit des freien Warenverkehrs zu treffen, wenn diese aus Gründen des Allgemeinwohls zwingend erforderlich sind und soweit in dem jeweiligen Bereich noch keine gemeinschaftliche Regelung existiert.

cc) Konsequenzen der Rechtsprechung

aaa) Cassis-Philosophie

Aus der Dassonville- und Cassis-Rechtsprechung folgt das generelle Verbot, Waren aus anderen Mitgliedstaaten durch die Anwendung innerstaatlicher Vorschriften zu behindern. Formuliert man dieses Verbot positiv, so ergibt sich daraus der Grundsatz,

---

801 EuGH, Rs. 302/86, *Kommission/Dänemark*, Slg 1988, S. 4607 (S. 4630).

802 EuGH, verb. Rs. 60 und 61/84, *Cinéthèque/Fédération nationale des Cinémas francais*, Slg 1985, S. 2605 (S. 2626).

803 EuGH, Rs. C-288/89, *Gouda/Commissariat voor de Media*, Slg 1991, S. I-4007 (S. 4043); EuGH, Rs. C-353/89, *Kommission/Niederlande*, Slg 1991, S. I-4069 (S. 4097).

804 EuGH, verb. Rs. C-1/90 und C-176/90, *APESA und Publivia/DSSSC*, Slg 1991, S. I-4151 (S. 4184); EuGH, Rs. C-224/97, *Ciola/Land Vorarlberg*, Slg 1999, S. I-2517 (S. 2536); zu der in diesem Zusammenhang abweichend vertretenen Ansicht, der EuGH differenziere nicht mehr zwischen unterschiedslos anwendbaren und diskriminierenden Maßnahmen, sondern lasse allgemein auch bei diskriminierenden Maßnahmen eine Rechtfertigung aus Gründen des Allgemeininteresses zu, vgl. *Weiß*, EuZW 1999, S. 493 (S. 496 f.); *Nowak/Schnitzler*, EuZW 2000, S. 627 (S. 629 ff.); *Streinz*, JuS 1999, S. 1222 (S. 1222 f.); *Fischer*, Europarecht, § 13, Rdn. 63.

805 Eine Ausnahme hiervon machte der EuGH aber bezüglich der Müllentsorgung, bei der er die unterschiedliche Behandlung von einheimischen und eingeführten Produkten wegen der „Besonderheit der Abfälle“ und der „Grundsätze der Entsorgungsautarkie und Entsorgungsnähe“ aus zwingenden Erfordernissen des Umweltschutzes als nicht diskriminierend einstufte, EuGH, Rs. C-2/90, *Kommission/Belgien*, Slg 1992, S. I-4431 (S. 4479 f.).

806 Vgl. EuGH, Rs. C-254/98, *Schutzverband gegen unlauteren Wettbewerb/TK-Heimdienst Sass GmbH*, EuZW 2000, S. 309 (S. 310 f.); ähnlich EuGH, Rs. C-34-36/95, *Konsumentombudsmannen/de Agostini*, Slg 1997, S. I-3843 (S. 3891).

daß jedes in einem Mitgliedstaat rechtmäßig hergestellte und in den Verkehr gebrachte Erzeugnis im gesamten Gebiet des Gemeinsamen Marktes verkehrsfähig ist, ohne den jeweils nationalen Anforderungen entsprechen zu müssen.[807] Die sog. *„Cassis-Philosophie“* beinhaltet damit eine Art *„Vertrauensprinzip“* zwischen den Mitgliedstaaten, das auch teilweise als *„Ursprungslandprinzip“* bezeichnet wird.[808] Man geht davon aus, daß Waren, die die gesetzlichen Anforderungen ihres Heimat-Mitgliedstaates erfüllen, grundsätzlich in allen anderen Mitgliedstaaten ebenso vertrieben werden können, weil sie dort nicht gefährlicher als in ihrem Mitgliedstaat sind.[809] Die Ziele der nationalen Gesetzgebung werden quasi als im wesentlichen gleichwertig anerkannt.[810] Praktisch bedeutet dies, daß eine Ware, die in einem Mitgliedstaat bereits einem Untersuchungs-, Kontroll-, Zulassungs- oder Zertifizierungsverfahren unterzogen wurde, im Import-Staat nicht erneut ein vergleichbares Verfahren zu durchlaufen hat.[811] Ausnahmen gelten nur im Falle zwingender nationaler Erfordernisse.
Mit dieser Aussage lieferte der EuGH den entscheidenden methodischen Ansatz für die Beseitigung nicht-tarifärer Handelshemmnisse und somit zur Verwirklichung des Binnenmarktes. Er stellte mit der Cassis-Philosophie ein Werkzeug zur Verfügung, mit dem die Mitgliedstaaten zur gegenseitigen Anerkennung nationaler Produktstandards gezwungen werden konnten und eröffnete damit eine Alternative zur Harmonisierung.[812]

bbb) Phänomen der Inländerdiskriminierung

Eine weitere Konsequenz der Rechtsprechung des EuGH ist das Phänomen der *Inländerdiskriminierung* bzw. der *umgekehrten Diskriminierung*.[813] Darunter versteht man die Konstellation, daß EG-Ausländer besser behandelt werden als Inländer, weil ihnen nationale Rechtsvorschriften nicht entgegengehalten werden dürfen.[814] Als „umgekehrt“ wird diese Diskriminierung bezeichnet, da die Mitgliedstaaten grundsätzlich eher bestrebt sind, Inländer oder einheimische Produkte zu bevorzugen, während bei diesem Phänomen das Gegenteil der Fall ist.[815]
Die Inländerdiskriminierung ist eine Folge unvollständiger Integration.[816] Das Gemeinschaftsrecht schreibt die gegenseitige Anerkennung der jeweiligen Produktstandards der Mitgliedstaaten vor, ohne diese Standards selbst zu vergemeinschaften. Nach

---

[807] So *Trebilcock/Howse*, Regulation of International Trade, S. 47; *Fischer*, Europarecht, § 13, Rdn. 24; *Oppermann*, Europarecht, Rdn. 1299; *Zacker/Wernicke*, Examinatorium Europarecht, S. 153 f.
[808] *Fischer*, Europarecht, § 13, Rdn. 24; *Oppermann*, Europarecht, Rdn. 1299; *Zacker/Wernicke*, Examinatorium Europarecht, S. 153 f.; *Streinz*, EUV/EGV, *Schroeder*, Art. 28 EGV, Rdn. 74.
[809] So *Zacker/Wernicke*, Examinatorium Europarecht, S. 153 f.
[810] *Trebilcock/Howse*, Regulation of International Trade, S. 47; *Dunker*, Regionale Integration, S. 116; *Schweitzer/Hummer*, Europarecht, Rdn. 1140; *Eilmansberger*, JBl. 1999, S. 345 (S. 363).
[811] So der EuGH auch in Rs. C-293/94, *Brandsma*, Slg 1996, S. I-3159 (S. 3177).
[812] In diesem Sinne auch *Jiménez/Santiago*, in: *Demaret/Bellis/Jiménez* (Hrsg.), Regionalism and Multilateralism, S. 631 (S. 640).
[813] Vgl. in aller Ausführlichkeit *Hammerl*, Inländerdiskriminierung, S. 23 ff.
[814] *Streinz*, Europarecht, Rdn. 682.
[815] *Epiney*, ZLR 1996, S. 259 (S. 259); *Streinz*, ZLR 1990, S. 487 (S. 487 f.).
[816] *Streinz*, ZLR 1990, S. 487 (S. 515).

der Cassis-Philosophie müssen Erzeugnisse aus anderen EG-Mitgliedstaaten dann nicht den nationalen Produktanforderungen des Importstaates entsprechen, wenn sie in einem EG-Mitgliedstaat rechtmäßig hergestellt oder in den Verkehr gebracht wurden. Für inländische Erzeuger gelten die nationalen Anforderungen aber zum Teil uneingeschränkt fort.[817] Sie können sich nicht auf die Warenverkehrsfreiheit und damit auf das Vertrauensprinzip berufen, da diese einen grenzüberschreitenden Sachverhalt voraussetzen.[818] Für den Bereich des freien Warenverkehrs läßt sich das Phänomen der umgekehrten Diskriminierung damit auf folgende Formel bringen: „Einfuhr erlaubt – Herstellung im Inland aber verboten".[819]
Zu einer Inländerdiskriminierung kommt es in den Ländern, die strengere Produktanforderungen als andere EG-Mitgliedstaaten aufstellen.[820] Im Sachverhalt, der dem Cassis-de-Dijon-Urteil des EuGH zugrunde lag, war dies die Bundesrepublik Deutschland. Dort bestand eine nationale Regelung, die für einen Likör einen Mindestalkoholgehalt von 25 % vorschrieb. Der streitgegenständliche französische Likör durfte jedoch nach dem Urteil der EuGH mit nur 15-20 % Alkoholgehalt in Deutschland in den Verkehr gebracht werden. Ihm durften die strengeren deutschen Anforderungen nicht entgegengehalten werden. Da für deutsche Liköre die nationale Regelung mangels Grenzüberschreitung weiterhin uneingeschränkt Anwendung fand, wurden sie im Ergebnis schlechter behandelt als Liköre aus dem EG-Ausland.
Zum Teil findet das Phänomen der Inländerdiskriminierung sogar eine gesetzliche Ausprägung. So gestattet § 47 a Abs. 1 LMBG die Einfuhr und das Inverkehrbringen von Erzeugnissen im Sinne des LMBG aus anderen Mitgliedstaaten der EG, auch wenn sie nicht den in der Bundesrepublik Deutschland geltenden lebensmittelrechtlichen Vorschriften entsprechen. § 47 a Abs. 1 LMBG ist dabei keine eigenständige nationale Regelung, sondern gibt nur deklaratorisch wieder, was aufgrund der vorrangigen und unmittelbar anwendbaren Art. 28 und 30 EGV in der Auslegung des EuGH ohnehin schon gilt.[821]

II. Harmonisierung und gegenseitige Anerkennung als ergänzende Instrumente zur Herstellung des Binnenmarktes

Die Verwirklichung eines Gemeinsamen Marktes bzw. des Binnenmarktes gehört zu den Schlüsselzielen der EG (Art. 2, 14 Abs. 1 EGV). Jedoch kann ein Gemeinsamer Markt nicht allein durch die Abschaffung von Zöllen, mengenmäßigen Beschränkungen und Maßnahmen gleicher Wirkung erreicht werden, sondern verlangt auch die

[817] So steht es jedem Mitgliedstaat frei, die beschränkende Wirkung einer nationalen Regelung durch geeignete Maßnahmen zu beseitigen. Vgl. hierzu und zu Beispielen, in denen genau das geschah *Streinz*, ZLR 1990, S. 487 (S. 493 ff.).
[818] *Streinz*, Europarecht, Rdn. 683.
[819] *Streinz*, ZLR 1993, S. 31 (S. 42).
[820] Vgl. zur Zulässigkeit des Phänomens der Inländerdiskriminierung nach Gemeinschaftsrecht und nach deutschem Recht *Wetzig*, Einfluß der EG und der WTO, S. 46 ff.; *Streinz*, ZLR 1990, S. 487 (S. 500 ff.); *König*, AöR 1993, S. 591 (S. 594 ff.).
[821] *Zipfel/Rathke*, Lebensmittelrecht, *Streinz*, Einführung B, Rdn. 54i.

Beseitigung aller übrigen, nicht-tarifären bzw. technischen Handelshemmnisse. Dazu sieht Art. 3 Abs. 1 lit. h) EGV die Angleichung der innerstaatlichen Rechtsvorschriften vor, soweit dies für das ordnungsgemäße Funktionieren des Gemeinsamen Marktes erforderlich ist. Die Angleichung nationaler Vorschriften dient dabei im Grundsatz der Beseitigung abgeschotteter nationaler Märkte durch fortbestehendes, unterschiedliches Recht in den einzelnen Mitgliedstaaten und damit auch der Schaffung gleicher Wettbewerbsvoraussetzungen für die Marktteilnehmer.[822] Rechtsangleichung innerhalb der EG – auch als *„Harmonisierung"* oder *„Koordinierung"* bezeichnet – stellt somit keinen Selbstzweck dar, sondern besitzt eine dienende und integrationsbezogene Funktion gegenüber den materiellen Vertragszielen.[823] Schließlich soll sie eine verbesserte Ausübung der Grundfreiheiten des Gemeinsamen Marktes ermöglichen.

Unter Rechtsangleichung ist grundsätzlich nicht Rechtsvereinheitlichung zu verstehen.[824] Vielmehr sollen nationale Vorschriften an gemeinschaftsrechtliche Vorgaben angenährt werden, um die sich aus den Unterschieden der nationalen Rechtsordnungen ergebenden Hindernisse für den freien Waren-, Personen-, Dienstleistungs- und Kapitalverkehr im Binnenmarkt zu beseitigen.[825]
Die Notwendigkeit einer Harmonisierung zeigt sich deutlich dort, wo das vertragliche Verbot von Handelshemmnissen (Art. 28 EGV) an seine Grenzen stößt, etwa wenn eine vertraglich zugelassene Ausnahme nach Art. 30 EGV vorliegt oder die mitgliedstaatliche Regelung durch zwingende Erfordernisse i.S.d. Cassis-Formel gerechtfertigt ist. In diesen Fällen kann der ungehinderte freie Warenverkehr nur durch eine Angleichung der mitgliedstaatlichen Vorschriften hergestellt werden.

Umgekehrt bedeutet dies aber auch, daß sich ein Mitgliedstaat für den Fall, daß die Gemeinschaft einen Bereich des freien Warenverkehrs durch Rechtsangleichung einer vollständigen abschließenden Regelung unterworfen hat, nicht mehr auf Art. 30 EGV oder auf die Cassis-Schranken zur Rechtfertigung nationaler Maßnahmen berufen kann.[826] Sieht eine Richtlinie der Gemeinschaft die Harmonisierung der Maßnahmen vor, die zum Schutze von zwingenden Erfordernissen oder von in Art. 30 EGV genannten Belangen notwendig sind, müssen alle nationalen Maßnahmen in diesem Bereich an der Richtlinie und nicht mehr an Art. 28 EGV gemessen werden.[827]

---

822 *Keßler*, System der Warenverkehrsfreiheit, S. 317; *Ipsen*, Europäisches Gemeinschaftsrecht, S. 847 f.; *Streinz*, ZLR 1992, S. 233 (S. 250).

823 *Everling*, FS für Steindorff, S. 1155 (S. 1156); *Oppermann*, Europarecht, Rdn. 1204.

824 Etwas anderes gilt nur dann, wenn aus gegebenen Erfordernissen detaillierte Richtlinien ergehen, die den nationalen Umsetzungsspielraum bis auf Null reduzieren – sog. vollständige Harmonisierung.

825 Diese Unterschiede spiegeln die unterschiedliche historische, wirtschaftliche, soziale und kulturelle Entwicklung in den einzelnen Mitgliedstaaten wieder, so *Schmidhuber*, WuW 1992, S. 981 (S. 982).

826 So die ständige Rechtsprechung, vgl. EuGH, Rs. C-128/89, *Kommission/Italien*, Slg 1990, S. I-3239 (S. 3260); EuGH, Rs. C-1/96, *The Queen/Minister of Acriculture, Fisheries and Food*, Slg 1998, S. I-1251 (S. 1294 f.); zum Fehlen einer harmonisierten Regelung als Voraussetzung für die Cassis-Formel *Wetzig*, Einfluß der EG und der WTO, S. 29; *Baur*, JA 1992, S. 97 (S. 99).

827 EuGH, verb. Rs. 427, 429 u. 436/93, *Bristol-Myers Squibb/Paranova A/S*, Slg 1996, S. I-3457 (S. 3527).

1. Ansatz der neuen Strategie

Für die Herstellung des Gemeinsamen Marktes bzw. des Binnenmarktes lassen sich zwei konzeptionell gegensätzliche Phasen unterscheiden. Der Ansatz der vollständigen Harmonisierung und die sog. „*neue Strategie*", die das Konzept der Harmonisierung mit dem der gegenseitigen Anerkennung verbindet.

a) Konzept der vollständigen Harmonisierung

Von 1962 bis 1985 galt der Ansatz, handelshemmende nationale Vorschriften durch vereinheitlichte Gemeinschaftsvorschriften zu ersetzen. Dieses Konzept der vollständigen Harmonisierung wollte an die Stelle einer jeden nationalen Vorschrift eine gemeinschaftsrechtliche treten lassen.[828]
In Umsetzung dieses Konzepts verabschiedete der Rat 1969 auf dem Gebiet technischer Handelshemmnisse ein Allgemeines Programm zur Beseitigung der technischen Hemmnisse im Warenverkehr, welches für gewerbliche Erzeugnisse und Lebensmittel eine weitgehende Angleichung durch Richtlinien vorsah.[829] Als Form der Rechtsangleichung wählte man die sog. „*vertikale Harmonisierung*", d.h. den Ansatz, das Recht der Mitgliedstaaten produktbezogen zu harmonisieren.[830]
Auf dem Gebiet des Lebensmittelrechts wurden beispielsweise 43 Bereiche bestimmt, die durch Richtlinien angeglichen werden sollten. Während hier aber nur 14 Teilbereiche tatsächlich geregelt wurden, erging in anderen Sektoren eine kaum noch überschaubare Anzahl von Richtlinien.[831]
Mit der Zeit stellte sich heraus, daß das Konzept der vollständigen Harmonisierung nicht in der geplanten Weise zu verwirklichen war. Die Rechtsetzungskapazität der Gemeinschaftsorgane reichte nicht aus, das ehrgeizig gesetzte Ziel zu erreichen. So waren bis zum Jahr 1985 lediglich 2/5 des Programms verwirklicht.[832] Die Gründe dafür lagen zum einen in der Unterschiedlichkeit der Harmonisierungsansätze[833], zum anderen in dem Zwang zur Einstimmigkeit im Verfahren nach Art. 94 (Art. 100 a.F.) EGV.[834] Auch gerieten die Richtlinien vielfach zu detailliert und umfangreich, weil man versuchte, die Gemeinschaftsregelungen möglichst perfekt zu gestalten. Es setzte

---

[828] *Streinz*, in: *Everling/Roth* (Hrsg.), Mindestharmonisierung im Europäischen Binnenmarkt, S. 10.
[829] Vgl. dazu das Allgemeine Programm zur Beseitigung der technischen Hemmnisse im Warenverkehr, die sich aus Unterschieden in den Rechts- und Verwaltungsvorschriften der Mitgliedstaaten ergeben, ABl. 1969 Nr. C 76, S. 1 ff.
[830] Beispielswiese hat die EG für folgende Lebensmittel vertikale Harmonisierungsvorschriften erlassen: Kakao- und Schokoladeerzeugnisse, bestimmte Zuckerarten, Honig, Fruchtsäfte und einige gleichartige Erzeugnisse, Konfitüren, Gelees, Milch und Milcherzeugnisse und Eiprodukte, vgl. dazu *Horst*, Verbraucherinformationen bei verpackten Lebensmitteln, S. 9; *Wetzig*, Einfluß der EG und der WTO, S. 35 f.
[831] Bei Kraftfahrzeugen waren es allein über 100 Maßnahmen, vgl. *Nicolaysen*, Europarecht II, S. 125.
[832] *Streinz*, ZLR 1993, S. 31 (S. 32).
[833] Zu den unterschiedlichen Konzepten der Harmonisierung siehe *Lips*, Wegweiser durch das Lebensmittelrecht, S. 43 f.; *Zipfel/Rathke*, Lebensmittelrecht, *Streinz*, Einführung B, Rdn. 53a.
[834] *Streinz*, ZfRV 1991, S. 357 (S. 357 ff.); *Eckert*, ZLR 1984, S. 113 (S. 120); *Bruha*, ZaöRV 1986, S. 1 (S. 2); *Grabitz/v. Bogdandy/Nettesheim*, Außenwirtschaftsrecht, S. 412.

sich daher die Überzeugung durch, daß es für die europäische Integration förderlicher wäre, nationale Besonderheiten und Eigenschaften zu belassen und nicht einem gemeinschaftlichen Anpassungsdruck auszusetzen („*kulinarische Vielfalt in Europa statt europäischem Einheitsbrei*").[835]

b) Neue Strategie

Die Unzulänglichkeiten der soeben beschriebenen Verfahrensweise führten dazu, daß sich der Schwerpunkt der Harmonisierungsbestrebungen immer mehr auf sog „allgemeine Fragen", d.h. die „*horizontale Harmonisierung*" verlagerte.[836] Darunter versteht man eine Harmonisierung von Vorschriften, die für alle Produkte einer bestimmten Kategorie zutreffen.[837] Von der bis dahin praktizierten vertikalen Harmonisierung nahm man Abstand, wobei jedoch die bereits erlassenen Vorschriften beibehalten und auch fortgeschrieben wurden.[838]

Der neue Ansatz findet sich wieder in den von der Kommission im Jahr 1985 vorgelegten Verbesserungsvorschlägen, und zwar sowohl in der neue Konzeption für die technische Harmonisierung und Normung[839], im Weißbuch zur Vollendung des Binnenmarktes[840] und schließlich in der Mitteilung „Vollendung des Binnenmarktes: Das Gemeinschaftliche Lebensmittelrecht"[841]. Man wich von dem Ansatz der Rechtsangleichung ab und verlagerte das Gewicht auf die gegenseitige Anerkennung der Gleichwertigkeit nationaler Regeln – sog. „*neue Strategie*". Rechtsangleichung und gegenseitige Anerkennung sollten von nun an als einander ergänzende Instrumente zur Herstellung des Binnenmarktes eingesetzt werden.[842]

Auslöser dieses Sinneswandels der Kommission war das Cassis-de-Dijon-Urteil des EuGH. Es stellte ein Werkzeug zur Verfügung, wie die Mitgliedstaaten in Zukunft zur gegenseitigen Anerkennung nationaler Produktstandards gezwungen werden konnten und eröffnete damit eine Alternative zur Harmonisierung.[843] Konsequenz dieser Rechtsprechung war, daß in einem Mitgliedstaat rechtmäßig hergestellte und vermarktete Erzeugnisse grundsätzlich auch in anderen Mitgliedstaaten zuzulassen waren, ohne den dort geltenden Anforderungen entsprechen zu müssen.[844] Die Ziele der nationalen Gesetzgebung wurden quasi als im wesentlichen gleichwertig anerkannt.

---

[835] *Zipfel/Rathke*, Lebensmittelrecht, *Streinz*, Einführung B, Rdn. 53b; Streinz, Europarecht, Rdn. 973.
[836] *Streinz*, ZLR 1992, S. 233 (S. 240).
[837] Derartige produktübergreifende Harmonisierungsvorschriften der Gemeinschaft wurden beispielsweise auf dem Gebiet der Lebensmittelzusatzstoffe, neuartigen Lebensmittel und bestrahlten Lebensmittel erlassen, vgl. hierzu ausführlich *Wetzig*, Einfluß der EG und der WTO, S. 37 ff.
[838] Vgl. dazu *Streinz*, ZLR 1991, S. 242 (S. 269 f.); *Streinz*, ZLR 1994, S. 537 (S. 539 f.); *Wetzig*, Einfluß der EG und der WTO, S. 36.
[839] Dok. KOM (85) 19 endg. v. 31.1.1985.
[840] Dok. KOM (85) 310 endg. v. 8.11.1985.
[841] Dok. KOM (85) 606 endg. vom 8.11.1985; vgl. dazu *Streinz*, ZLR 1992, S. 233 (241).
[842] Vgl. dazu *Streinz*, Europarecht, Rdn. 955; *Streinz*, ZLR 1992, S. 233 (S. 252).
[843] In diesem Sinne *Jiménez/Santiago*, in: *Demaret/Bellis/Jiménez* (Hrsg.), Regionalism and Multilateralism, S. 631 (S. 640).
[844] So *Trebilcock/Howse*, Regulation of International Trade, S. 47; *Fischer*, Europarecht, § 13, Rdn. 24; *Oppermann*, Europarecht, Rdn. 1299; *Zacker/Wernicke*, Examinatorium Europarecht, S. 153 f.

Der Rat folgte den Vorschlägen der Kommission und verabschiedete am 7. Mai 1985 eine Entschließung über eine neue Konzeption auf dem Gebiet der technischen Harmonisierung und Normung.[845] Diese neue, kumulative Strategie beruht auf einer Unterscheidung zwischen Bereichen, in denen eine Harmonisierung unerläßlich ist und solchen, in denen eine gegenseitige Anerkennung der nationalen Regelungen und Normen als vertretbar erscheint. Hauptinstrument zur Realisierung des Binnenmarktes war nunmehr die gegenseitige Anerkennung, womit auch dem Subsidiaritätsgedanken Rechnung getragen wurde. Harmonisiert werden mußte grundsätzlich nur noch das, was auch nach der Cassis-Formel berechtigterweise noch eine Berufung auf die in Art. 30 EGV genannten Gründe bzw. auf immanente Schranken des Art. 28 EGV ermöglichte.[846]

Daneben gibt es noch einen anderen Bereich, der eine Rechtsangleichung zur Beseitigung von Handelshemmnissen für den freien Warenverkehr als notwendig erscheinen läßt: Bei technischen Vorschriften und Normen wird der Warenverkehr nicht durch die Berufung auf nationale Schutzinteressen behindert, sondern durch unterschiedliche praktische Techniken. So stellen verschiedene Elektrostecker oder TV-Systeme Handelshemmnisse dar, die nur durch die Angleichung der zugrundeliegenden Bestimmungen abgeschafft werden können.

Jedoch darf auch in diesem Bereich eine Harmonisierung nicht unbegrenzt sein. Sie hat sich auf grundlegende Sicherheitsanforderungen zu beschränken, die nötig sind, um die Verkehrsfähigkeit eines Produktes in der ganzen EG zu gewährleisten.[847] Die Definition der konkreten technischen Spezifikationen hat im übrigen durch europäische Normen zu erfolgen, deren Ausarbeitung den drei europäischen Normungsinstituten CEN (Industrienormen), CENELEC (elektrische Geräte) und ETSI (Telekommunikation) übertragen wurde (sog. „*Richtlinien nach der Neuen Konzeption*").[848]

2. Harmonisierung

a) Begriff

Der EGV definiert den Begriff „Harmonisierung" nicht. Er verwendet vielmehr in den Vorschriften, die sich mit der Harmonisierung der einzelstaatlichen Rechtsordnungen

---

[845] ABl. 1985 Nr. C 136, S. 1 ff.; vgl. dazu auch *Schweitzer/Hummer*, Europarecht, Rdn. 1064.

[846] *Streinz*, Europarecht, Rdn. 956; *Schmidhuber/Hitzler*, EuZW 1993, S. 8 (S. 9); *Groeben/Thiesing/Ehlermann*, EU/EG-Kommentar, *Bardenhewer/Pipkorn*, Art. 7b, Rdn. 27f.; *Zipfel/Rathke*, Lebensmittelrecht, *Streinz*, Einführung B, Rdn. 53b; als weiterer Grund für eine sekundärrechtliche Harmonisierung erschienen der Kommission aber auch Fälle, in denen die Einführung gemeinsamer Regeln aus Gründen der Industriepolitik oder des Verbraucherschutzes erforderlich waren, um die Wettbewerbsfähigkeit auf der Grundlage eines einheitlichen Marktes von kontinentaler Ausdehnung anzuregen und weiterzuentwickeln, so Dok KOM (85) 603 endg., S. 7.

[847] Beispiele hierfür im Bereich des Lebensmittelrechts – etwa aus Gesundheitsschutzgesichtspunkten – finden sich bei *Streinz*, ZfRV 1991, S. 357 (S. 363 f.).

[848] Vgl. ausführlich zu den Normungsgremien, ihrer Arbeitsweise und der Technik des Normverweises *Anselmann*, Technische Vorschriften, S. 65 ff.; *Schweitzer/Hummer*, Europarecht, Rdn. 1235; *Prieß /Berrisch*, WTO-Handbuch, *Tietje*, S. 279 f.

beschäftigen, eine uneinheitliche Terminologie. So ist an manchen Stellen von „*Angleichung*“ (Art. 3 Abs. 1 lit. h), 94, 95 Abs. 1 EGV), an anderen von „*Koordinierung*“ (Art. 44 Abs. 2 lit. g), 46 Abs. 2, 47 Abs. 2 EGV) und schließlich von „*Harmonisierung*“ die Rede (Art. 93, 149 Abs. 4, 152 Abs. 4 lit. c) EGV). Trotz dieser unterschiedlichen Bezeichnungen sind alle Begriffe synonym zu verstehen. Die vom EGV verwandten Formulierungen entsprechen keinem unter sich abgestimmten festen Kompetenzkatalog und haben somit keine graduelle Abstufung von Angleichungserfordernissen zum Inhalt.[849]
Dem EGV läßt sich zwar keine ausdrückliche Definition, jedoch zumindest die Zielrichtung der Harmonisierung entnehmen. Aus dem Wortlaut der Art. 3 Abs. 2 lit. h), 94 und 95 Abs. 1 EGV sowie aus dem Kontext der vertraglichen Harmonisierungsvorschriften ergibt sich, daß durch eine Harmonisierung die Verringerung oder Abschaffung von Unterschieden zwischen den Rechts- und Verwaltungsvorschriften der Mitgliedstaaten erreicht werden soll, die sich auf die Errichtung oder das Funktionieren des Gemeinsamen Marktes bzw. des Binnenmarktes auswirken. Davon ausgehend läßt sich der Begriff der Harmonisierung als ein Ersetzen von zumeist unterschiedlichen nationalen Rechtsvorschriften durch eine von den Gemeinschaftsorganen angeordnete Regelung umschreiben.[850]

b) Rechtsgrundlagen

Die Harmonisierungstätigkeit der Gemeinschaftsorgane beruht gemäß Art. 5 Abs. 1 EGV auf dem Prinzip der begrenzten Ermächtigung. Dieses Prinzip erlaubt den Gemeinschaftsorganen nur dann den Erlaß von Harmonisierungsakten, wenn ihre Kompetenz hierzu durch eine Bestimmung im EGV vorgesehen ist.[851]
Der EGV enthält jedoch keine spezielle Rechtsgrundlage für eine Harmonisierung auf dem Feld des freien Warenverkehrs. Vielmehr sind die generellen Ermächtigungen heranzuziehen.[852] Die generelle Rechtsangleichung im Binnenmarkt ist in Art. 95 EGV geregelt.[853] Nach dessen Absatz 1 erläßt der Rat gemäß dem Verfahren des Artikels 251 EGV und nach Anhörung des Wirtschafts- und Sozialausschusses die Maßnahmen zur Angleichung der Rechts- und Verwaltungsvorschriften der Mitgliedstaaten, welche die Errichtung und das Funktionieren des Binnenmarktes zum Gegenstand haben. Ziel der Rechtsangleichung nach Art. 95 EGV ist es, die Abschottungswirkung zu beseitigen, die sich aus den Unterschieden und der territorial beschränkten Geltung der Rechtsordnungen der Mitgliedstaaten ergibt.[854]

---

[849] So *Wagner*, Das Konzept der Mindestharmonisierung, S. 19; *Streinz*, in: *Everling/Roth* (Hrsg.), Mindestharmonisierung im Europäischen Binnenmarkt, S. 17.
[850] *Seidel*, EuR 1979, S. 171 (175).
[851] *Streinz*, EUV/EGV, *Streinz*, Art. 5 EGV, Rdn. 7.
[852] Zu den Rechtsgrundlagen siehe ausführlich *Streinz*, Europarecht, Rdn. 957 ff.; *Beutler/Bieber/Pipkorn/Streil*, Die EU, Rdn. 703 ff.; *Wagner*, Das Konzept der Mindestharmonisierung, S. 26 ff.;
[853] Zur Frage, wann Art. 95 EGV genau Anwendung findet, vgl. *Streinz*, EUV/EGV, *Leible*, Art. 95 EGV, Rdn. 5 ff.
[854] *Freytag*, Parallelimporte, S. 184.

Gemäß Art. 95 Abs. 3 EGV geht die EG dabei unter anderem in den Bereichen Gesundheit und Verbraucherschutz von einem hohen Schutzniveau aus und berücksichtigt insbesondere alle auf wissenschaftliche Ergebnisse gestützten neuen Entwicklungen. Zur Beschlußfassung sieht Art. 251 EGV eine qualifizierte Mehrheit vor, womit das Harmonisierungsverfahren, welches bis zur EEA unter dem Einstimmigkeitsprinzip des Art. 94 EGV litt, beschleunigt werden soll.[855] Vorläufer des Art. 95 EGV war Art. 100a EGV a.F., der durch die Einheitliche Europäische Akte zur schrittweisen Verwirklichung des Binnenmarktes in den EWG-Vertrag eingeführt wurde. Art. 95 EGV ist lex specialis im Verhältnis zu Art. 94 EGV, der die Rechtsangleichung im Gemeinsamen Markt regelt.[856] Wie sich allerdings aus der Formulierung des Art. 95 Abs. 1 EGV ergibt („soweit in diesem Vertrag nichts anderes geregelt ist"), kann Art. 95 EGV trotz seines Vorrangs zu Art 94 EGV dann nicht zur Rechtsangleichung herangezogen werden, wenn andere Vorschriften des EGV vorrangig anwendbar sind. Solche Spezialvorschriften finden sich beispielsweise im Bereich der Niederlassungsfreiheit (Art. 44 Abs. 1 und 2 lit. g), Art. 46 Abs. 2 und Art. 47 Abs. 1 und 2 EGV), des freien Dienstleistungsverkehrs (Art. 55 i.V.m. Art. 46 Abs. 2, 47 Abs. 2 EGV), des Verkehrs (Art. 71, 80 Abs. 2 EGV), der indirekten Steuern (Art. 93 EGV) oder der Beseitigung von Wettbewerbsverzerrungen (Art. 96 Abs. 2 EGV).[857] Für die Harmonisierung nationaler Vorschriften über die Produktion und Vermarktung landwirtschaftlicher Erzeugnisse und Lebensmittel ist Art. 37 Abs. 2 EGV von großer Bedeutung.[858]

Art. 95 Abs. 4 bis 6 EGV erlaubt den Mitgliedstaaten, unter bestimmten Voraussetzungen autonome nationale Maßnahmen – auch nach erfolgter Harmonisierung – zu ergreifen oder aufrecht zu erhalten – sog. *„nationaler Alleingang"*.[859]
Eine Angleichung der Rechts- und Verwaltungsvorschriften der Mitgliedstaaten setzt jedoch voraus, daß Vorschriften in diesem Regelungsbereich zumindest in einem, nicht notwendig in allen Mitgliedstaaten bestehen oder zumindest absehbar geplant sind. Hinsichtlich einer darüber hinausgehenden Kompetenz zur präventiven Rechtsangleichung ist Zurückhaltung geboten.[860]

---

[855] *Calliess/Ruffert*, EU/EG-Kommentar, *Kahl*, Art. 14, Rdn. 13.
[856] Durch diesen Vorrang hat Art. 94 EGV als Rechtsgrundlage weitgehend an Bedeutung verloren. Nur in manchen Bereichen, wie etwa bei direkten Steuern, könnte eine Harmonisierung noch auf Art. 94 EGV gestützt werden; vgl. ausführlich zu Art. 94 EGV *Beutler/Bieber/Pipkorn/Streil*, Die EU, Rdn. 703 ff.; *Streinz*, EUV/EGV, *Leible*, Art. 94 EGV, Rdn. 1 ff.
[857] Außerdem findet Art. 95 Abs. 1 EGV gemäß dessen Absatz 2 keine Anwendung auf die Bestimmungen über die Steuern, die Freizügigkeit und die Rechte und Interessen der Arbeitnehmer. Für diese Ausnahmebereiche sieht der EGV spezielle Vorschriften vor, die sich teilweise mit den oben genannten Spezialnormen überschneiden; vgl. zur Entwicklung auf diesem Gebiet *Grabitz/Hilf*, Das Recht der EU, *Langeheine*, Art. 100 EGV, Rdn. 27-29.
[858] Siehe dazu näher *Streinz*, ZLR 1994, S. 537 (S. 545); *Grube*, Verbraucherschutz durch Lebensmittelkennzeichnung?, S. 62.
[859] Vgl. dazu ausführlich *Herdegen*, Europarecht, Rdn. 333; *Beutler/Bieber/Pipkorn/Streil*, Die EU, Rdn. 707 ff.; *Streinz*, EUV/EGV, *Leible*, Art. 95 EGV, Rdn. 62 ff.; *Schweitzer/Hummer*, Europarecht, Rdn. 1243 ff.
[860] Eingehender *Streinz*, Europarecht, Rdn. 959.

c) Rechtsinstrumente der Harmonisierung

Während beispielsweise die Art. 47 Abs. 2 und 94 EGV den Gemeinschaftsorganen ausdrücklich nur das Instrument der Richtlinie zur Verfügung stellen, eröffnen die Ermächtigungsgrundlagen der Art. 93 EGV im Bereich der indirekten Steuern und Art. 95 Abs. 1 S.2 EGV im Bereich des Binnenmarktes das gesamte Spektrum der in Art. 249 EGV genannten Handlungsformen des Gemeinschaftsrechts.

aa) Verordnungen

Gemäß Art. 249 Abs. 2 EGV haben Verordnungen allgemeine Geltung, sind in allen ihren Teilen verbindlich und gelten unmittelbar in jedem Mitgliedstaat. „Allgemeine Geltung" besagt, daß die Verordnung eine unbestimmte Vielzahl von Sachverhalten generell und abstrakt regelt und somit Rechtssatzqualität hat.[861] Sie erfüllt die materiellen Voraussetzungen eines Gesetzes und ist daher in allen ihren Teilen verbindlich. Verordnungen entfalten ihre Rechtswirkungen unmittelbar, also ohne jede Mitwirkung der Rechtssetzungsorgane der Mitgliedstaaten.[862] Die nationalen Gesetzgebungsorgane werden nach dem Erlaß des Rechtsaktes auf Gemeinschaftsebene in keiner Weise mehr an dessen Bestätigung oder Umsetzung, sondern höchstens an dessen Vollzug beteiligt.

Die durch eine Verordnung getroffenen Regelungen begründen Rechte und Pflichten nicht nur für die Mitgliedstaaten und ihre Behörden, sondern für jeden einzelnen, der von ihrem Tatbestand erfaßt wird.[863] Die Gerichte und Verwaltungsbehörden der Mitgliedstaaten haben die Verordnungen selbst anzuwenden und wegen des Vorrangs des EG-Rechts entgegenstehendes nationales Recht außer Anwendung zu lassen.[864] Verordnungen sind, ohne ihren Charakter als EG-Recht zu verlieren, Bestandteil der innerstaatlich geltenden Rechtsordnung. Diese „Durchgriffswirkung" ist ein Merkmal, das die Supranationalität der EG ausmacht.[865]

Die Mitgliedstaaten haben EG-Verordnungen durch ihre nationalen Behörden und Gerichte zu beachten und zu vollziehen. Sie haben alle Maßnahmen zu unterlassen, die die unmittelbare Geltung der Verordnungen in Frage stellen oder auch nur diesen Anschein erwecken könnten.[866] Soweit eine Verordnung Regelungen enthält, die nationale Durchführungsakte erforderlich machen, sind die Mitgliedstaaten gemäß Art. 10 Abs. 1 S.1 EGV verpflichtet, diese zu erlassen. Sie dürfen dabei allerdings keinerlei Maßnahmen ergreifen, die eine Änderung der Tragweite der Verordnung oder eine Ergänzung ihrer Vorschriften zum Gegenstand haben.

Die wichtigste Ermächtigungsgrundlage für den Erlaß von Verordnungen ist Art. 95 Abs. 1 S.2 EGV. Das Instrument der Verordnung bietet sich bei dieser Bestimmung insbesondere dort an, wo die bloße Ausrichtung des nationalen Rechts wegen seiner

---

[861] *Streinz*, Europarecht, Rdn. 378; *Schweitzer/Hummer*, Europarecht, Rdn. 349.
[862] *Beutler/Bieber/Pipkorn/Streil*, Die EU, Rdn. 390.
[863] *Bleckmann*, Europarecht, *Bleckmann*, Rdn. 409.
[864] *Wagner*, Das Konzept der Mindestharmonisierung, S. 36.
[865] *Zipfel/Rathke*, Lebensmittelrecht, *Streinz*, Einführung B, Rdn. 42.
[866] *Streinz*, Europarecht, Rdn. 382.

territorial beschränkten Geltung keine befriedigenden Lösungen ermöglicht oder die territoriale Abschottungswirkung nationaler Rechtsordnungen nur durch gemeinschaftsweit einheitlich geltendes Recht überwunden werden kann.[867]

bb) Richtlinien

Gemäß Art. 249 Abs. 3 EGV ist die Richtlinie für die Mitgliedstaaten, an die sie gerichtet ist, hinsichtlich des zu erreichenden Zieles verbindlich, überläßt ihnen aber die Wahl der Form und der Mittel, um die gemeinschaftlich festgesetzten Ziele im Rahmen der innerstaatlichen Rechtsordnung zu verwirklichen. Richtlinien zeichnen sich also durch eine „gestufte Verbindlichkeit" aus, indem sie nicht wie eine Verordnung in allen ihren Teilen, sondern nur hinsichtlich der festgesetzten Ziele bindend sind.[868]
Die Richtlinie dient einem zweistufigen Rechtssetzungsverfahren: Zunächst ergehen Richtlinien auf Gemeinschaftsebene, was nur die Mitgliedstaaten verpflichtet. In Erfüllung dieser Pflicht erlassen die Mitgliedstaaten nach den Regeln ihrer Verfassung auf nationaler Ebene Gesetze oder Verordnungen, die den Richtlinieninhalt in das nationale Recht überführen. Die Regelungen der Richtlinie treten also nicht unmittelbar an die Stelle der nationalen Rechtsvorschriften; der nationale Gesetzgeber hat gemeinschaftlichen Rechtsakt vielmehr selbst in nationales Recht umzusetzen.[869]
Aus Art. 249 Abs. 3 EGV[870] und ergänzend aus Art. 10 Abs. 1 EGV[871] ergibt sich eine Pflicht der Mitgliedstaaten, ihre Rechtsvorschriften den Bestimmungen der Richtlinie innerhalb der festgesetzten Frist anzupassen.[872] Die Integration in das nationale Recht muß dabei so erfolgen, daß die praktische Wirksamkeit der Richtlinie am besten gewährleistet wird, wofür der EuGH strenge Anforderungen entwickelt hat.[873] Nach der Umsetzung stehen die nationalen Rechtsvorschriften nicht mehr zur unbeschränkten Disposition der Mitgliedstaaten. Sie dürfen später weder intern noch im Rahmen internationaler Verhandlungen in einem den Bestimmungen der Richtlinie entgegenlaufenden Sinne geändert werden. Durch diese Sperrwirkung bewirkt auch die Richtlinie eine Einschränkung der Kompetenz der Mitgliedstaaten zur Rechtssetzung auf den von ihren Bestimmungen erfaßten Gebieten.[874] Eine weitere Besonderheit besteht bei der Auslegung des nationalen Rechts. Diese ist stets im Licht von Wortlaut und Zweck der einschlägigen Richtlinienvorschriften vorzunehmen – sog. *„richtlinienkonforme Auslegung"*.[875]

---

[867] *Wagner*, Das Konzept der Mindestharmonisierung, S. 36 f.
[868] *Ipsen*, Europäisches Gemeinschaftsrecht, S. 458.
[869] *Beutler/Bieber/Pipkorn/Streil*, Die EU, Rdn. 392.
[870] EuGH, Rs. C-129/96, *Inter-Environment Wallonie*, Slg 1997, S. I-7411 (S. 7448); EuGH, Rs. C-318/98, *Fornasar*, Slg 2000, S. I-4785 (S. 4827).
[871] So EuGH, Rs. 147/77, *Kommission/Italien*, Slg 1978, S. 1307 (S. 1311).
[872] Vgl. dazu ausführlich *Streinz*, EUV/EGV, *Streinz*, Art. 10 EGV, Rdn. 20; *Calliess/Ruffert*, EU/EG-Kommentar, *Kahl*, Art. 10 EGV, Rdn. 19.
[873] Eingehender *Beutler/Bieber/Pipkorn/Streil*, Die EU, Rdn. 394; *Streinz*, Europarecht, Rdn. 391 ff.; *Bleckmann*, Europarecht, *Bleckmann*, Rdn. 441 ff.
[874] *Schweitzer/Hummer*, Europarecht, Rdn. 362; *Beutler/Bieber/Pipkorn/Streil*, Die EU, Rdn. 395.
[875] Vgl. dazu ausführlich *Herrmann*, Richtlinienumsetzung durch die Rechtsprechung, S. 87 ff.; *Streinz*, Europarecht, 403 ff.

Der Vorteil einer Richtlinie gegenüber einer Verordnung liegt darin, daß sie durch den mitgliedstaatlichen Umsetzungsakt eine flexiblere Anpassung an die besonderen Verhältnisse der Mitgliedstaaten ermöglicht. Auf diese Weise wird die Souveränität der Mitgliedsaaten geschützt und ihnen ein Spielraum für eigene Entscheidungen belassen.[876] Das Rechtsinstrument der Richtlinie ermöglicht dem nationalen Gesetzgeber, das gemeinschaftlich vorgegebene Ergebnis systemgerecht in seine gewachsene Rechtsordnung zu integrieren und so eine weitere Zersplitterung der nationalen Rechtsquellen zu vermeiden. Dies ist vor allem für die nationalen Behörden von Vorteil, die mit dem Vollzug des umgesetzten EG-Rechts betraut sind. Doch auch für den Bürger als Adressat der Rechtsnormen ist eine nationale Regelung, die die Besonderheiten des Rechtssystems und der Rechtssprache berücksichtigen kann, oft vertrauter und verständlicher als eine EG-Verordnung.[877]

Aus diesen Gründen heißt es in der von der Regierungskonferenz angenommenen Erklärung zu Art. 95 EGV, daß die Kommission bei ihren Vorschlägen nach Art. 95 Abs. 1 EGV der Rechtsform der Richtlinie den Vorzug geben wird, wenn die Angleichung in einem oder mehreren Mitgliedstaaten eine Änderung gesetzlicher Vorschriften erfordert.[878] Besonders im Bereich des Lebensmittelrechts besteht das sekundäre EG-Recht hauptsächlich aus Richtlinien. Entsprechend der „neuen Strategie“ betreffen die Richtlinien hauptsächlich die horizontale Harmonisierung der amtlichen Lebensmittelüberwachung, des Zusatzstoff- und Hygienerechts, diätetischer Lebensmittel oder der Nährwertkennzeichnung.[879]

Nachteil einer Richtlinie ist das langwierige Verfahren, das oftmals bis zu ihrer Umsetzung in den Mitgliedstaaten durchlaufen werden muß.[880] Auch kommt es nicht selten zu einer nicht ausreichenden Umsetzung durch die Mitgliedstaaten. Eine fehlende oder unzureichende Umsetzung führt jedoch zu Defiziten in der Einheitlichkeit des Gemeinschaftsrechts. Diese Gefahr droht bei dem Instrument der Verordnung nicht. Sie gilt unmittelbar in jedem Mitgliedstaat und kann sofort nach ihrer Veröffentlichung mit dem vorgesehenen Inhalt angewendet werden. Daher gibt die Kommission der Verordnung den Vorzug, soweit dies rechtlich möglich und politisch durchsetzbar ist.[881]

Der Unterschied zwischen Verordnung und Richtlinie ist jedoch nicht mehr so groß. Nach mittlerweile gefestigter Ansicht dürfen Richtlinien einen erheblichen Grad an Detailliertheit aufweisen.[882] Dies ist häufig auch notwendig, um das angestrebte Ziel einer materiell gleichwertigen Regelung zu erreichen, beispielsweise bei Harmonisierungsrichtlinien technischer Art.[883] Bei einer „perfektionierten“ Richtlinie schrumpft die Wahlfreiheit der Mitgliedstaaten zu einem „Gebot perfekter Umsetzung“.[884] Eine

---

[876] *Bleckmann*, Europarecht, *Bleckmann*, Rdn. 417.
[877] *Zipfel/Rathke*, Lebensmittelrecht, *Streinz*, Einführung B, Rdn. 44a.
[878] 4. Erklärung zu Art. 100 a des EWG-Vertrags, ABl. 1987 Nr. L 169, S. 24.
[879] *Zipfel/Rathke*, Lebensmittelrecht, *Streinz*, Einführung B, Rdn. 47; bei Rdn. 42c finden sich Beispiele für EG-Verordnungen auf dem Bereich des Lebensmittelrechts.
[880] *Wagner*, Das Konzept der Mindestharmonisierung, S. 36.
[881] *Streinz*, Europarecht, Rdn. 386.
[882] So *Streinz*, Europarecht, Rdn. 387.
[883] *Wetzig*, Einfluß der EG und der WTO, S. 40.
[884] *Oppermann*, Europarecht, Rdn. 456, 460.

Annährung zwischen Verordnung und Richtlinie erfolgte auch dadurch, daß der EuGH in manchen Fällen die unmittelbare Wirkung einer Richtlinie in einem Mitgliedstaat bejaht hat.[885]

cc) Entscheidungen, Empfehlungen und Stellungnahmen

Entscheidungen gemäß Art 249 Abs. 4 EGV spielen auf dem Gebiet der Harmonisierung kaum eine Rolle, da durch sie lediglich Einzelfälle geregelt werden. Sie stellen in erster Linie das Instrument für vollziehende Funktionen der Gemeinschaftsorgane dar. Auch Empfehlungen und Stellungnahmen gemäß Art. 249 Abs. 5 EGV kommt im Bereich der Harmonisierung wenig Bedeutung zu, da sie rechtlich unverbindlich sind.

d) Methoden der Harmonisierung

Wollen Gemeinschaftsorgane rechtsangleichend tätig werden, stellt sich für sie immer die Frage nach der besten Harmonisierungsmethode. Sie bewegen sich dabei im Spannungsverhältnis zwischen dem Harmonisierungsauftrag und der mehr oder weniger notwendigen Berücksichtigung einzelstaatlicher Eigenheiten. Wird den Mitgliedstaaten eine zu große Regelungsfreiheit gewährt, kann von einer Harmonisierung im eigentlichen Sinn keine Rede mehr sein. Wird dagegen auf gemeinschaftlicher Ebene eine materiell vereinheitlichende Regelung getroffen, kann dies den Bruch mitgliedstaatlicher Rechtstraditionen bedeuten und eine gesellschaftliche Nichtakzeptanz der gemeinschaftlichen Reglungen nach sich ziehen.[886]
Soll den Mitgliedstaaten Regelungsfreiheit gewährt werden, stellt sich sodann die Frage nach deren Intensität. Relevant ist dies in erster Linie bei der Handlungsform der Richtlinie, da sie anders als eine Verordnung den Mitgliedstaaten einen Umsetzungsspielraum zur Schaffung eigenständigen Rechts eröffnet. Zur Feststellung der mitgliedstaatlichen Regelungsfreiheit sind zwei Aspekte heranzuziehen: die Frage nach der Harmonisierungsintensität der gemeinschaftsrechtlichen Regelung und nach dem Gegenstandsbereich des harmonisierten Rechts.

Der Gegenstandsbereich des Rechtsaktes betrifft die zu regelnde Materie. Er steckt Vorrang und Vorgabe der gemeinschaftsrechtlichen Regelung ab und verdrängt insoweit den mitgliedstaatlichen Gestaltungsspielraum.[887]

Die Harmonisierungsintensität bestimmt die Dichte der gemeinschaftsrechtlichen Regelung innerhalb eines vom Gemeinschaftsrecht erfaßten Gegenstandsbereichs. Sie gibt vor, inwieweit strengere, liberalere, weitergehende oder sonst von dem Gemeinschaftsakt abweichende Regeln von den Mitgliedstaaten erlassen werden dürfen.[888] Je

---

885 Vgl. dazu ausführlich *Herrmann*, Richtlinienumsetzung durch die Rechtsprechung, S. 31 ff.; *Schweitzer/Hummer*, Europarecht, Rdn. 364 ff.; *Bleckmann*, Europarecht, *Bleckmann*, Rdn. 431 ff.; *Streinz*, Europarecht, Rdn. 395 ff.
886 *Wagner*, Das Konzept der Mindestharmonisierung, S. 40.
887 Siehe dazu *Streinz*, in: *Everling/Roth* (Hrsg.), Mindestharmonisierung im Europäischen Binnenmarkt, S. 5 (S. 18).
888 *Wagner*, Das Konzept der Mindestharmonisierung, S. 45.

mehr Spielraum für nationale Abweichungen gegeben ist, desto geringer ist die Harmonisierungsintensität.[889]

Welcher Grad an Harmonisierungsintensität vorliegt, ist aus der jeweiligen Ermächtigungsgrundlage, dem Gesamterscheinungsbild und dem System der Richtlinie zu beurteilen.[890] Hinsichtlich der Harmonisierungsintensität lassen sich, bezogen auf das Regelungsgebiet des freien Warenverkehrs, zwei Abstufungen unterscheiden: es wird zwischen einer vollständigen Harmonisierung und einer Teilharmonisierung differenziert, wobei letztere wiederum zwei Ausprägungen hat.[891] Die Begriffe der vollständigen Harmonisierung und der Teilharmonisierung passen dabei eigentlich nur für die Handlungsform der Richtlinie. Was Verordnungen anbelangt, ist diese Terminologie nicht direkt anwendbar, da durch Verordnungen anders als durch Richtlinien kein harmonisiertes, sondern vielmehr Einheitsrecht ohne jede Abweichung von Mitgliedstaat zu Mitgliedstaat geschaffen wird.[892] Im Gegensatz zu Richtlinien sind Verordnungen nur in ganz geringem Maße offen für nationale Umsetzungsmaßnahmen. Auf EG-Verordnungen ist diese Systematisierung aber insoweit mutatis mutandis übertragbar, als der verbleibende Spielraum der Mitgliedstaaten sich dort nach der Reichweite des durch die EG-Verordnung geschaffenen Rechts bestimmt.[893]

aa) Vollständige Harmonisierung

Von vollständiger Harmonisierung – auch bezeichnet als Vollharmonisierung, Totalharmonisierung oder absolute Harmonisierung – spricht man, wenn ein Mitgliedstaat innerhalb des Gegenstandsbereichs eines gemeinschaftlichen Rechtsaktes keinerlei abweichende Vorschriften erlassen darf, weder für den zwischenstaatlichen Verkehr noch für reine Inlandssachverhalte.[894] Die Mitgliedstaaten sind im vom Gegenstandsbereich gezogenen Rahmen nicht mehr befugt, andere als die im Rechtsakt genannten Voraussetzungen in ihre nationale Rechtsordnung aufzunehmen oder beizubehalten.[895] Da die Gemeinschaftsvorschriften bei dieser Konstellation keinerlei Abweichungen gestatten und auch auf nationale Produkte anzuwenden sind, ist das Auftreten des Phänomens der Inländerdiskriminierung ausgeschlossen.[896]

Als Beispiel ist die Richtlinie 89/458/EWG des Rates vom 18.07.1989 zur Änderung der Richtlinie 70/220/EWG zur Angleichung der Rechtsvorschriften der Mitgliedstaaten über Maßnahmen gegen die Verunreinigung der Luft durch Emissionen von

---

[889] *Nentwich*, Das Lebensmittelrecht der Europäischen Union, S. 215.

[890] EuGH, Rs. 148/78, *Ratti*, Slg 1979, S. 1629 (S. 1643); EuGH, Rs. 278/85, *Kommission/Dänemark*, Slg 1987, S. 4069 (S. 4087).

[891] Teilweise wird eine andere Einteilung vorgenommen und zwischen drei Begriffen unterschieden, nämlich der absoluten Harmonisierung, der Vollharmonisierung und der Teilharmonisierung, vgl. *Nentwich*, Das Lebensmittelrecht der Europäischen Union, S. 219 ff.

[892] *Nentwich*, Das Lebensmittelrecht der Europäischen Union, S. 214 f.

[893] Siehe dazu *Streinz*, in: *Everling/Roth* (Hrsg.), Mindestharmonisierung im Europäischen Binnenmarkt, S. 5 (S. 18).

[894] *Streinz*, EUV/EGV, *Leible*, Art. 95 EGV, Rdn. 39; *Wagner*, Das Konzept der Mindestharmonisierung, S. 45 f.

[895] *Slot*, ELRev. 1996, S. 378 (S. 382 f.); *Seidel*, Rechtsangleichung und Rechtsgestaltung, S. 23 f.

[896] *Nentwich*, Das Lebensmittelrecht der Europäischen Union, S. 220.

Kraftfahrzeugen hinsichtlich der europäischen Emissionsnormen für Kraftfahrzeuge mit einem Hubraum unter 1,4 Litern zu nennen. Hier heißt es in der 7. Begründungserwägung der Richtlinie:

„*Damit durch diese Maßnahmen der größtmögliche Nutzen für die Umwelt in Europa erzielt und gleichzeitig die Einheitlichkeit des Marktes gewährleistet wird, müssen strengere europäische Normen eingeführt werden, die auf einer vollständigen Harmonisierung beruhen und mindestens so streng sind wie die der Vereinigten Staaten von Amerika und die vom Europäischen Parlament votierten Normen.*“[897]

bb) Teilweise Harmonisierung

Von teilweiser Harmonisierung – gleichbedeutend mit den Begriffen der unvollständigen oder partiellen Harmonisierung – spricht man, wenn die Kriterien für eine Vollharmonisierung nicht erfüllt sind. Dies ist entweder der Fall, wenn sich aus dem Text des Rechtsaktes ergibt, daß für inländische Waren abweichende Vorschriften zulässig sein sollen, die Standardregeln des Rechtsaktes also nur auf importierte Produkte angewendet werden müssen; oder wenn sich Öffnungsklauseln auch für den zwischenstaatlichen Verkehr im Text des Rechtsaktes befinden.[898] Die Mitgliedstaaten dürfen dann für diesen Bereich dauerhaft eigenständige Regelungen einführen oder beibehalten.[899] Als Ausprägungen der teilweisen Harmonisierung ist zwischen der optionellen Harmonisierung und der Mindestharmonisierung zu unterscheiden.[900]

aaa) Optionelle Harmonisierung

Unter optioneller Harmonisierung wird im Hinblick auf den freien Warenverkehr eine Harmonisierungstechnik verstanden, bei der eine den Sachverhalt prinzipiell umfassend regelnde Gemeinschaftsbestimmung in ihrer Funktion darauf beschränkt wird, die freie Verkehrsfähigkeit von Produkten, die mit ihr übereinstimmen, innerhalb der gesamten Europäischen Gemeinschaft zu gewährleisten.[901] Den Mitgliedstaaten ist es jedoch freigestellt, für reine Inlandssachverhalte vom Gemeinschaftsrechtsakt abweichende gleichwertige oder auch strengere Standards beizubehalten oder zu schaffen.[902] Diese dürfen nur nicht Importen aus anderen Mitgliedstaaten entgegengehalten werden. Für die heimische Industrie kann sich damit das Problem der Inländerdiskriminierung stellen.[903]

---

[897] ABl. 1989 Nr. L 226, S. 1

[898] *Nentwich*, Das Lebensmittelrecht der Europäischen Union, S. 221.

[899] *Wagner*, Das Konzept der Mindestharmonisierung, S. 50.

[900] Auch hier konnte man sich in der Literatur nicht auf eine einheitliche Terminologie verständigen. Zum Teil wird der Begriff der optionellen mit dem der fakultativen Harmonisierung gleichgesetzt und diese neben der Mindestharmonisierung noch der partiellen Harmonisierung gegenübergestellt, so *Oppermann*, Europarecht, Rdn. 1230; *Schmeder*, Die Rechtsangleichung als Integrationsmittel, S. 69 ff.

[901] *Streinz*, ZfRV 1991, S. 357 (S. 369); *Seidel*, Rechtsangleichung und Rechtsgestaltung, S. 22 f.

[902] *Bleckmann*, Europarecht, *Eiden*, Rdn. 2163; *Seidel*, in: *Everling/Roth* (Hrsg.), Mindestharmonisierung im Europäischen Binnenmarkt, S. 39 (S. 44 f.).

[903] Vgl. dazu *Streinz*, ZfRV 1991, 357 (S. 370 f.).

Die Mitgliedstaaten haben hingegen nicht die Befugnis, für die inländische Produktion Regelungen mit einem geringeren Standard zu treffen. Ein solches Vorgehen würde importierte Ware benachteiligen und gegen Gemeinschaftsrecht verstoßen.[904]
Ein Beispiel bietet die Richtlinie des Rates vom 24. Juli 1986 über die Festsetzung von Höchstgehalten an Rückständen von Schädlingsbekämpfungsmitteln auf und in Getreide. In dieser Richtlinie heißt es in Art. 5:

„ *Bei unter Artikel 1 fallenden Erzeugnissen, die nicht aus einem Drittland eingeführt werden oder nicht für einen anderen Mitgliedstaat bestimmt sind, können die Mitgliedstaaten abweichend von Artikel 4 ein in ihrem Hoheitsgebiet bereits eingeführtes System, das die Möglichkeit bietet, das Vorhandensein von Rückständen von Schädlingsbekämpfungsmitteln zu überwachen, weiterhin anwenden und gleichzeitig alle sonstigen Maßnahmen treffen, um zu gewährleisten, daß ein Schutz erzielt wird, der* [dieser Richtlinie] *entspricht [...].*“[905]

bbb) Mindestharmonisierung

Die Methode der Mindestharmonisierung beinhaltet das Aufstellen von Mindeststandards durch einen Gemeinschaftsrechtsakt, die von den nationalen Rechtsordnungen übernommen werden müssen, während es den Mitgliedstaaten freigestellt bleibt, im nationalen Recht strengere Vorschriften als im Gemeinschaftsrechtsakt beizubehalten oder zu treffen.[906]
Die Methode der Mindestharmonisierung[907] unterscheidet sich von der optionellen Harmonisierung dadurch, daß bei letzterer zwei unterschiedliche Modelle (das Richtlinien- und das nationale Modell) zur Wahl stehen, während das Konzept der Mindestharmonisierung innerhalb des von der Richtlinie vorgegebenen Modells einen Mindeststandard vorsieht, der jedenfalls eingehalten werden muß, um eine Verkehrsfähigkeit im Binnenmarkt zu erreichen, dabei jedoch einen Spielraum für Verschärfungen durch den nationalen Gesetzgeber läßt.[908]
Sowohl bei der Mindestharmonisierung als auch bei der optionellen Harmonisierung muß stets ein bestimmtes Schutzniveau eingehalten werden. Bei der optionellen Methode sind jedoch Unterschiede im System zur Erreichung dieses Schutzniveaus zulässig (z.B. ein anderes Analyse- oder Prüfverfahren). Bei der Mindestharmonisierung dürfen hingegen nur graduelle Unterschiede innerhalb eines Modells bestehen bleiben (z.B. strengere Grenzwerte, zusätzliche Auflagen). Während die Methode der optionellen Harmonisierung den Mitgliedstaaten nur hinsichtlich der inländischen Produktion Spielraum für Abweichungen läßt, sind bei der Mindestharmonisierung Abweichungen sowohl für inländische als auch für Importwaren möglich.[909] Wie bei der optionellen

---

[904] *Wagner*, Das Konzept der Mindestharmonisierung, S. 51.
[905] Richtlinie 86/362/EWG, ABl. 1986 Nr. L 221, S. 38.
[906] *Slot*, ELRev. 1996, S. 378 (S. 384 ff.); *Bleckmann*, Europarecht, *Eiden*, Rdn. 2171; *Eiden*, Rechtsangleichung, S. 69 f.
[907] Eine Übersicht zu den Rechtsgrundlagen der Mindestharmonisierung findet sich bei *Streinz*, in: *Everling/Roth* (Hrsg.), Mindestharmonisierung im Europäischen Binnenmarkt, S. 9 (S. 26 ff.).
[908] *Wagner*, Das Konzept der Mindestharmonisierung, S. 54.
[909] *Nentwich*, Das Lebensmittelrecht der Europäischen Union, S. 225 f.

Harmonisierung kann daher auch bei der Mindestharmonisierung das Phänomen der Inländerdiskriminierung auftreten.[910]
Meistens finden sich Mindestharmonisierungsvorschriften im Sekundärrecht und zwar in den Bereichen des Umwelt-, Verbraucher- und Arbeitnehmerschutzes. So kommt etwa kaum eine der auf Art. 95 EGV gestützten Richtlinien zum zivilrechtlichen Verbraucherschutz ohne Mindeststandardklausel aus.[911] Ein Beispiel bietet die Richtlinie 93/13/EWG des Rates vom 05.04.1993 über mißbräuchliche Klauseln in Verbraucherverträgen.[912] Hier heißt es in Art. 8:

„Die Mitgliedstaaten können auf dem durch diese Richtlinie geregelten Gebiet mit dem Vertrag vereinbare strengere Bestimmungen erlassen, um ein höheres Schutzniveau für die Verbraucher zu gewährleisten."[913]

Ein weiteres Beispiel findet sich in Art. 7 der Richtlinie des Rates vom 10.09.1984 zur Angleichung der Rechts- und Verwaltungsvorschriften der Mitgliedstaaten über irreführende Werbung (84/450/EWG):

„Diese Richtlinie hindert die Mitgliedstaaten nicht daran, Bestimmungen aufrechtzuerhalten oder zu erlassen, die einen weiterreichenden Schutz der Verbraucher, der einen Handel, ein Gewerbe, ein Handwerk oder einen freien Beruf ausübenden Personen sowie der Allgemeinheit vorsehen."[914]

3. Gegenseitige Anerkennung

Neben der Harmonisierung ist die gegenseitige Anerkennung nationaler Rechts- und Verwaltungsvorschriften das zweite Instrument zur Verwirklichung des Binnenmarktes. Es wird grundsätzlich dann eingesetzt, wenn die Rechtsunterschiede in den Mitgliedstaaten wegen kultureller, historischer, wirtschaftlicher oder sonstiger Gegebenheiten so groß sind, daß sich eine Vereinheitlichung oder Angleichung als unmöglich erweisen.[915] Durch die Anerkennung der Gleichwertigkeit wird versucht, die trennende Wirkung unterschiedlicher nationaler Produkt- bzw. Qualifikationsstandards zu beseitigen, ohne diese harmonisieren zu müssen.[916] Der Vorteil dieser Handlungsform liegt darin, daß den Mitgliedstaaten nationale Besonderheiten und Eigenheiten belassen werden können und sie nicht einem gemeinschaftlichen Anpassungsdruck ausgesetzt werden. In der EG kennt man zwei Arten der gegenseitigen Anerkennung. Die eine kann als judizielle, die andere als administrative gegenseitige Anerkennung bezeichnet werden. Die *„judizielle gegenseitige Anerkennung"* entstammt der Cassis de Dijon-

---

[910] Vgl. näher zum Problem der Inländerdiskriminierung im Zusammenhang mit einer Mindestharmonisierung *Wagner*, Das Konzept der Mindestharmonisierung, S. 147 ff.
[911] *Streinz*, EUV/EGV, *Leible*, Art. 95 EGV, Rdn. 45 f., der auch die Vorteile dieser Methode darstellt.
[912] Einen Überblick über den generellen Anwendungsbereich der Mindestharmonisierung bietet *Wagner*, Das Konzept der Mindestharmonisierung, S. 176 ff.
[913] ABl. 1993 Nr. L 95, S. 32.
[914] ABl. 1984 Nr. L 250, S. 19.
[915] *Zacker/Wernicke*, Examinatorium Europarecht, S. 312.
[916] *Streinz*, Europarecht, Rdn. 973.

Rechtsprechung des EuGH. Nach der neuen Strategie stellt sie die Basis zur Herstellung des Gemeinsamen Marktes (Binnenmarktes) dar. Nach ihr muß ein Produkt, welches die gesetzlichen Anforderungen seines Heimat-Mitgliedstaates erfüllt, im Importstaat nicht erneut ein vergleichbares Verfahren durchlaufen. Es gelten also für die jeweilige Ware nicht mehr die Regeln des Bestimmungslandes, sondern die des Ursprungslandes.[917] Hintergrund dieses sog. „*Ursprungslandprinzips*" ist das wechselseitige Vertrauen der Mitgliedstaaten in die Gleichwertigkeit ihrer nationalen Normen hinsichtlich des jeweiligen Schutzzwecks.[918]
Da der Cassis-Rechtsprechung des EuGH, wenngleich sie stets nur für den Einzelfall gilt, in gewissem Umfang Allgemeinverbindlichkeit zukommt, kann man behaupten, der EuGH wirkte mit seinem Urteil als „Motor der Integration".[919] Der EG-Gesetzgeber ist nicht mehr gezwungen, alle denkbaren Detailfragen zu regeln und erreicht damit mehr Spielraum für individuelle Produktions- und Vermarktungsmethoden, die den national unterschiedlichen geschichtlichen Entwicklungen und den abweichenden Denkweisen Rechnung tragen.[920]

Von der judiziellen läßt sich die „*administrative gegenseitige Anerkennung*" unterscheiden.[921] Bei ihr ist nicht ein Gericht die treibende Kraft, vielmehr erfolgt die gegenseitige Anerkennung ausdrücklich durch Rechtsakt. Sie ist zum einen dort ratsam, wo Unsicherheiten aus der Cassis-Rechtsprechung resultieren.[922] Zum anderen kennt das Gemeinschaftsrecht eine ausdrückliche gegenseitige Anerkennung nationaler Standards aufgrund sekundärrechtlicher Verpflichtung. So sieht Art. 47 Abs. 1 EGV den Erlaß von Richtlinien für die gegenseitige Anerkennung von Diplomen, Prüfungszeugnissen und sonstigen Befähigungsnachweisen vor. In Ausführung dieser Norm wurde in der Vergangenheit eine Reihe von Richtlinien hinsichtlich branchenspezifischer Berufsregelungen[923] sowie hinsichtlich allgemeiner Berufsabschlüsse[924] erlassen.[925]

---

[917] So auch *Behrens*, EuR 1992, S. 154 (S. 155).
[918] *Fischer*, Europarecht, § 13, Rdn. 24; *Oppermann*, Europarecht, Rdn. 1299; *Zacker/Wernicke*, Examinatorium Europarecht, S. 153 f.; *Bruha*, ZaöRV 1986, S. 1 (S. 11).
[919] *Wetzig*, Einfluß der EG und der WTO; S. 34; *Streinz*, ZLR 1992, S. 233 (S. 238); *Schweitzer/Hummer*, Europarecht, Rdn. 445.
[920] *Böttcher/Dauses/Dorner/Hammerich*, Zur Umsetzung von EG-Recht, *von der Heide*, S. 183; *Beutler/Bieber/Pipkorn/Streil*, Die EU, Rdn. 716.
[921] So *Eeckhout*, The European Internal Market, S. 284.
[922] *Streinz*, Europarecht, Rdn. 974.
[923] So z.B. Koordinierungs- und Anerkennungsrichtlinien für Ärzte, Zahnärzte, Tierärzte, Apotheker, Hebammen sowie Krankenschwestern und Krankenpflegern; vgl. hierzu mit Angabe der jeweiligen Fundstelle der Richtlinien *Obwexer/Happacher*, ZÖR 2001, S. 465 (S. 471).
[924] In diesem Bereich erging die Richtlinie 89/48 über eine allgemeine Regelung zur Anerkennung der Hochschuldiplome, die eine mindestens dreijährige Berufsausbildung abschließen, ABl. 1989 Nr. L 19, S. 16, die Richtlinie 92/51 über eine zweite allgemeine Regelung zur Anerkennung beruflicher Befähigungsnachweise in Ergänzung zur Richtlinie 89/48, ABl. 1992 Nr. L 209, S. 25 in der Fassung ABl. 2000 Nr. L 54, S. 42 und schließlich eine dritte ergänzende Richtlinie 99/42 über ein Verfahren zur Anerkennung der Befähigungsnachweise für die unter die Liberalisierungs- und Übergangsrichtlinien fallenden Berufstätigkeiten in Ergänzung der allgemeinen Regelung zur Anerkennung der Befähigungsnachweise, ABl. 1999 Nr. L 201, S. 77.
[925] Eingehend *Obwexer/Happacher*, ZÖR 2001, S. 465 (S. 466 ff.); *Streinz*, Europarecht, Rdn. 977.

a) Rechtsgrundlagen

Das Konzept der gegenseitigen Anerkennung wurde nicht etwa mit der Cassis-Rechtsprechung „erfunden“.[926] Mit Art. 100b Abs. 1 Uabs. 2 a.F. EGV war es im Zuge der Einheitlichen Europäischen Akte sogar ausdrücklich im EGV verankert, mit dem Amsterdamer Vertrag aber wieder gestrichen worden. Bereits zuvor wurde jedoch mit der Entscheidung 3052/95 des Europäischen Parlaments und des Rates vom 13.12.1995[927] ein „Verfahren der gegenseitigen Unterrichtung über einzelstaatliche Maßnahmen eingeführt, die vom Grundsatz des freien Warenverkehrs in der Gemeinschaft abweichen“. Danach teilt ein Mitgliedstaat, wenn er den freien Verkehr oder das Inverkehrbringen eines Musters oder einer bestimmten Art von Waren verhindert, die in einem anderen Mitgliedstaat rechtmäßig hergestellt oder auf den Markt gebracht worden sind, der Kommission diese Maßnahmen mit, sofern diese unmittelbar oder mittelbar ein grundsätzliches Verbot, eine Verweigerung der Genehmigung zum Inverkehrbringen, eine Änderung des Musters oder der Art der betreffenden Ware, damit sie in den Verkehr gebracht werden oder im Verkehr bleiben kann, oder die Rücknahme vom Markt bewirkt.[928]

b) Probleme und Grenzen des Anerkennungskonzepts

Das Hauptproblem der gegenseitigen Anerkennung liegt darin, daß dieses Konzept den Schutz wesentlicher Interessen, wie den Gesundheits-, Produktsicherheits-, Verbraucher- und Umweltschutz, nicht uneingeschränkt leisten kann. Es setzt grundsätzlich die Annahme voraus, daß die Standards in den gegenseitig anzuerkennenden Rechtsbereichen im wesentlichen gleichwertig sind.[929] In vielen Bereichen, in denen der gebotene Schutz letztlich unteilbar sein müßte, besteht jedoch eine solche Gleichwertigkeit nicht.[930]

Werden nun aber beispielsweise die Gesundheitsstandards aller Mitgliedstaaten im Wege der gegenseitigen Anerkennung als gleichwertig anerkannt, so gefährden die Länder mit den tiefsten Gesundheitsstandards die Schutzziele in allen anderen Mitgliedstaaten. Es besteht die Gefahr der Nivellierung auf den jeweils geringsten Stand – sog. „*race to the bottom*“. Dahinter steckt die Überlegung, daß niedrigere rechtliche Anforderungen einen Standortvorteil begründen, was zu Produktionsverlagerungen innerhalb der Gemeinschaft führen kann.[931] Will der nationale Gesetzgeber solche Verlagerungen vermeiden, muß er seine Vorschriften dem niedrigsten Niveau anpassen. Der Standard pendelt sich dann auf dem niedrigsten Niveau ein.[932]

Bestehen also in sensiblen Bereichen berechtigte Zweifel an der Gleichwertigkeit der nationalen Vorschriften, muß auch weiterhin auf das Instrument der Harmonisierung

---

[926] Ausführlich zur Geschichte der gegenseitigen Anerkennung *Streinz*, ZfRV 1991, S. 357 (S. 365).
[927] ABl. 1995 Nr. L 321, S. 1 ff.
[928] Vgl. hierzu ausführlicher *Streinz*, Europarecht, Rdn. 975.
[929] *Sedemund*, in: *Schwarze* (Hrsg.), Der Gemeinsame Markt, S. 37 (S. 42 ff.).
[930] Ein Beispiel findet sich bei *Wagner*, Das Konzept der Mindestharmonisierung, S. 170 f.
[931] Vgl. zu dieser Problematik *Streinz*, ZfRV 1991, S. 357 (S. 372).
[932] Diese Gefahr relativierend *Streinz*, Europarecht, Rdn. 981.

zurückgegriffen werden.[933] Hinzu kommt die Überlegung, daß in solchen Bereichen die Grundsatzentscheidungen vom politisch verantwortlichen Gemeinschaftsgesetzgeber und nicht vom EuGH getroffen werden sollten.[934]
Ein weiteres Problem des Konzepts der gegenseitigen Anerkennung sind die Unwägbarkeiten der Cassis-Rechtsprechung. Zwar versuchte und versucht der EuGH, relativ gefestigte Kriterien zur immanenten Einschränkung des Art. 28 EGV zu entwickeln, dennoch ist und bleibt seine Rechtsprechung eine Entscheidung des konkreten Einzelfalls. Diese Unsicherheit kann nur durch eine ausdrückliche Anerkennung mittels Rechtsakt beseitigt werden.[935]
Weiterhin leidet das Konzept der gegenseitigen Anerkennung darunter, daß es häufig erst vor dem EuGH erkämpft werden muß.[936] Nach wie vor wird es von den Mitgliedstaaten nicht als selbstverständliche Folge des freien Warenverkehrs wahrgenommen.[937] Nur in wenigen Bereichen wird eine Verpflichtung zur gegenseitigen Anerkennung deklaratorisch in den entsprechenden Gesetzen wiedergegeben, so beispielsweise in § 47a LMBG.

D. Zusammenfassung

In der Europäischen Gemeinschaft werden technische Handelshemmnisse im Rahmen der Binnenmarktverwirklichung beseitigt. Nach der Legaldefinition des Art. 14 Abs. 2 EGV umfaßt der Binnenmarkt einen Raum ohne Binnengrenzen, in dem der freie Verkehr von Waren, Personen, Dienstleistungen und Kapital gemäß den Bestimmungen des Vertrages gewährleistet ist. Waren, Personen, Dienstleistungen und Kapital sollen auf der Grundlage eines unverfälschten Wettbewerbs frei zirkulieren können (Art. 2, 3 lit. a), b), c), g) EGV).[938] Das wichtigste Instrument zum Abbau bestehender technischer Handelshemmnisse ist die Warenverkehrsfreiheit (Art. 23-31 EGV). Vor allem das Verbot von Maßnahmen gleicher Wirkung in Art. 28 EGV dient der Verwirklichung des Binnenmarktes. Mit Leben erfüllt wurde der Begriff der Maßnahmen gleicher Wirkung durch die Rechtsprechung des EuGH. Nach seinem Dassonville-Urteil sind Maßnahmen gleicher Wirkung wie mengenmäßige Beschränkungen alle Handelsregelungen der Mitgliedstaaten, die geeignet sind, den innergemeinschaftlichen Handel

---

[933] Dazu *Streinz*, ZfRV 1991, S. 357 (S. 372); *Zipfel/Rathke*, Lebensmittelrecht, *Streinz*, Einführung B, Rdn. 55; eine Darstellung, welche Art der Harmonisierung in welchen Konstellationen anzuwenden ist, findet sich bei *Streinz*, in: *Everling/Roth* (Hrsg.), Mindestharmonisierung im Europäischen Binnenmarkt, S. 9 (S. 23 ff.); *Wagner*, Das Konzept der Mindestharmonisierung, S. 219 und 229.
[934] *Zipfel/Rathke*, Lebensmittelrecht, *Streinz*, Einführung B, Rdn. 39c.
[935] So *Wetzig*, Einfluß der EG und der WTO, S. 34; *Streinz*, Europarecht, Rdn. 974.
[936] *Eeckhout*, The European Internal Market, S. 284.
[937] *Zipfel/Rathke*, Lebensmittelrecht, *Streinz*, Einführung B, Rdn. 55c.
[938] Vgl. zum Stand der aktuellen Binnenmarktverwirklichung die Binnenmarktanzeiger der Kommission, abrufbar im Internet unter: http://europa.eu.int/comm/internal_market/de/update/score/index.htm, sowie allgemein *Streinz*, EUV/EGV, *Leible*, Art. 14 EGV, Rdn. 34 ff.; *Groeben/Thiesing/Ehlermann*, EU/EG-Kommentar, *Bardenhewer/Pipkorn*, Art. 7a, Rdn. 24 f.; *Calliess/Ruffert*, EU/EG-Kommentar, *Kahl*, Art. 14, Rdn. 27 ff.

unmittelbar oder mittelbar, tatsächlich oder potentiell zu behindern.[939] Eine ausdrückliche Einschränkung dieser weiten Formel brachte die Keck-Rechtsprechung des EuGH, nach der Verkaufsmodalitäten, die Produkte aus anderen EG-Mitgliedstaaten nicht benachteiligen, tatbestandlich nicht mehr unter das Verbot des Art. 28 EGV fallen.[940]
Weiter eingeschränkt wurde die weite Dassonville-Formel durch die im Cassis-de-Dijon-Urteil entwickelten immanenten Schranken des Art. 28 EGV.[941] Mit der Cassis-Rechtsprechung lieferte der EuGH zugleich den entscheidenden methodischen Ansatz für die Beseitigung technischer Handelshemmnisse. Seinem Urteil war der Grundsatz zu entnehmen, daß jedes in einem Mitgliedstaat rechtmäßig hergestellte und in den Verkehr gebrachte Erzeugnis im gesamten Gebiet des Gemeinsamen Marktes verkehrsfähig ist, ohne den jeweils nationalen Anforderungen entsprechen zu müssen, es sei denn, es liegen zwingende Erfordernisse vor – sog. „Cassis-Philosophie".[942] Praktisch bedeutet dies, daß eine Ware, die in einem Mitgliedstaat bereits einem Untersuchungs-, Kontroll-, Zulassungs- oder Zertifizierungsverfahren unterzogen wurde, im Import-Staat nicht erneut ein vergleichbares Verfahren zu durchlaufen hat.[943] Die dieser Rechtsprechung entspringende Pflicht der EG-Mitgliedstaaten zur gegenseitigen Anerkennung unterschiedlicher nationaler Produktstandards verringerte die innergemeinschaftlichen Handelshemmnisse erheblich.

Neben der Warenverkehrsfreiheit steht der Gemeinschaft nach Art. 3 Abs. 1 lit. h) EGV noch ein anderes Mittel zur Errichtung des Binnenmarktes zur Verfügung: die Angleichung der Rechts- und Verwaltungsvorschriften der Mitgliedstaaten – sog. Harmonisierung. Als Rechtsinstrumente zur Harmonisierung sieht der EG-Vertrag Verordnungen (Art. 249 Abs. 1 i.V.m. Abs. 2 EGV), Richtlinien (Art. 249 Abs. 1 i.V.m. Abs. 3 EGV), Entscheidungen (Art. 249 Abs. 1 i.V.m. Abs. 4 EGV) sowie Empfehlungen und Stellungnahmen (Art. 249 Abs. 1 i.V.m. Abs. 5 EGV) vor. Neben den verschiedenen Instrumenten lassen sich auch verschiedene Methoden der Harmonisierung unterscheiden. Je nach Harmonisierungsintensität spricht man von vollständiger Harmonisierung oder von Teilharmonisierung.
Eine Vollharmonisierung läßt den Mitgliedstaaten kaum Umsetzungsspielraum. Abweichungen von den Regelungen des Harmonisierungsaktes sind weder für den zwischenstaatlichen Verkehr noch für die inländische Produktion zulässig. Teilharmonisierung hingegen ist der Überbegriff für alle Handlungsformen, welche unterschiedliche Regime für inländische Produkte oder sonstige Abweichungen zulassen. Eine Variante der Teilharmonisierung ist die optionelle Harmonisierung, die zwar dem Mitgliedstaat hinsichtlich seiner eigenen Produktion Spielraum für Abweichungen läßt, diesen jedoch insofern eingrenzt, als zumindest das Niveau der Richtlinienregelung einzuhalten ist. Die andere Variante, die Mindestharmonisierung, zeichnet sich durch

---

[939] EuGH, Rs. 8/74, *Dassonville*, Slg 1974, S. 837 (S. 852).
[940] EuGH, verb. Rs. C-267/91 und C-268/91, *Keck und Mithouard*, Slg 1993, S. I-6097 (S. 6131).
[941] EuGH, Rs. 120/78, *Cassis de Dijon*, Slg 1979, S. 649 (S. 662).
[942] So *Trebilcock/Howse*, Regulation of International Trade, S. 47; *Fischer*, Europarecht, § 13, Rdn. 24; *Oppermann*, Europarecht, Rdn. 1299; *Zacker/Wernicke*, Examinatorium Europarecht, S. 153 f.
[943] So der EuGH auch in Rs. C-293/94, *Brandsma*, Slg 1996, S. I-3159 (S. 3177).

das Aufstellen von Minimalstandards aus, die von den nationalen Rechtsordnungen übernommen werden müssen, während es den Mitgliedstaaten freigestellt bleibt, strengere Vorschriften (sowohl für die heimische, als auch für die Importproduktion) zu erlassen.
Nach der „neuen Strategie" ist jedoch nicht die Harmonisierung das Hauptinstrument zur Verwirklichung des Binnenmarktes, sondern vielmehr die gegenseitige Anerkennung. Diese Konzeption beruht auf einer Unterscheidung zwischen Bereichen, in denen eine Harmonisierung unerläßlich ist, und solchen, in denen eine gegenseitige Anerkennung der nationalen Regelungen und Normen als ausreichend erscheint. Harmonisiert werden muß grundsätzlich nur noch dort, wo das vertragliche Verbot von Handelshemmnissen (Art. 28 EGV) an seine Grenzen stößt, etwa wenn eine vertraglich zugelassene Ausnahme nach Art. 30 EGV vorliegt oder die mitgliedstaatliche Regelung durch zwingende Erfordernisse i.S.d. Cassis-Formel gerechtfertigt ist.[944]
Im Binnenmarkt der EG werden technische Handelshemmnisse also im Wege der gegenseitigen Anerkennung und der Harmonisierung beseitigt. Insofern unterscheidet sich der europäische Liberalisierungsansatz vom GATT, dem jede Wirkung in Richtung auf eine internationale Harmonisierung oder gegenseitigen Anerkennung von Standards fehlt.[945]

Dies sind nicht die einzigen Unterschiede zwischen dem EGV und dem GATT. Bei der Behandlung technischer Handelshemmnisse beschränkt sich das GATT gemäß Art. III Abs. 4 GATT auf ein Diskriminierungsverbot. Dies hat zur Konsequenz, daß eine beliebige Maßnahme eines WTO-Mitgliedstaates, die sich unterschiedslos auf inländische und eingeführte Produkte auswirkt, nicht gegen das GATT verstoßen kann.
Im EGV hingegen hat der EuGH die ursprünglich als Diskriminierungsverbot wirkende Warenverkehrsfreiheit mit seinen Urteilen Dassonville und Cassis de Dijon zu einem allgemeinen Beschränkungsverbot weiterentwickelt.[946] Im Gegensatz zum GATT dürfen EG-Mitgliedstaaten handelsbeschränkende Maßnahmen auch dann nicht treffen, wenn diese keine Unterschiede zwischen Produkten aus dem Inland und solchen aus anderen EG-Mitgliedstaaten machen. Technische Handelshemmnisse unterfallen damit generell dem Verbot der Maßnahmen gleicher Wirkung nach Art. 28 EGV und zwar unabhängig davon, ob sie gegenüber ausländischen Waren diskriminierend oder diskriminierungsfrei wirken. Die Keck-Rückausnahme ist nie einschlägig, da sich technische Handelshemmnisse per definitionem immer auf Produkt selbst oder seine Verpackung auswirken und daher keine bloße Verkaufsmodalitäten darstellen können. Doch auch europarechtlich ist es nicht unerheblich, ob eine Regelung unterschiedslos auf In- und Ausländer Anwendung findet oder nicht. Während diskriminierende Maßnahmen nur über Art. 30 EGV gerechtfertigt werden können, steht bei unterschiedslos

[944] So auch *Streinz*, Europarecht, Rdn. 956; *Schmidhuber/Hitzler*, EuZW 1993, S. 8 (S. 9); *Groeben/ Thiesing/Ehlermann*, EU/EG-Kommentar, *Bardenhewer/Pipkorn*, Art. 7b, Rdn. 27f.; *Zipfel/Rathke*, Lebensmittelrecht, *Streinz*, Einführung B, Rdn. 53b.
[945] So auch *Epiney*, DVBl. 2000, S. 77 (S. 78).
[946] EuGH, Rs. 8/74, *Dassonville*, Slg 1974, S. 837 (S. 837 ff.); EuGH, Rs. 120/78, *Cassis de Dijon*, Slg 1979, S. 649 (S. 649 ff.); dazu auch *Zipfel/Rathke*, Lebensmittelrecht, *Streinz*, Einführung B, Rdn. 54a; *Calliess/Ruffert*, EG/EU-Kommentar, *Epiney*, Art. 28 EGV, Rdn. 15 und 28; *Grabitz/Hilf*, Das Recht der EU, *Leible*, Art. 28 EGV, Rdn. 9.

anwendbaren technischen Handelshemmnissen zusätzlich noch die tatbestandsimmanente Einschränkung des Art. 28 EGV nach der Cassis-Formel im Raum.
Weniger Unterschiede bestehen zwischen dem EG-Vertrag und dem SPS- bzw. TBT-Abkommen. Die Sonderabkommen zum GATT beabsichtigen nicht nur ausdrücklich die Förderung einer internationalen Harmonisierung und gegenseitigen Anerkennung (vgl. Art. 2.4 bis 2.7 ÜTBT bzw. Art. 3 und 4 ÜSPS), sondern enthalten auch beide ein Beschränkungsverbot.

Fünfter Teil

Die Vereinbarkeit der präferenziellen Beseitigung technischer Handelshemmnisse mit dem Welthandelsrecht

A. Problematik des regional begrenzten Abbaus technischer Handelshemmnisse

Art. XXIV GATT und die Vereinbarung über die Auslegung des Art. XXIV GATT sprechen ausschließlich von Zollunionen bzw. Freihandelszonen. Art. XXIV GATT erlaubt die Bildung von Integrationsräumen, wenn in Bezug auf die Zollschranken bestimmte Bedingungen erfüllt sind. Art. XXIV GATT wurde zu einer Zeit geschaffen, als das Zollniveau hoch lag und damit der Abbau tarifärer Handelshemmnisse im Vordergrund stand. Inzwischen steht aber nicht mehr die Beseitigung von Zöllen im Mittelpunkt von Länderzusammenschlüssen, sondern vielmehr der Abbau nicht-tarifärer, insbesondere technischer Handelshemmnisse.[947] Durch die Gewährung von Handelsvergünstigungen auf diese Art und Weise wird ein Integrationsverbund geschaffen, der über die im GATT ausdrücklich geregelten Integrationsformen der Freihandelszone und der Zollunion weit hinausgeht.
Vertiefte Integrationsabkommen werfen wegen ihrer begrenzten Mitgliederzahl welthandelsrechtliche Probleme auf. Sinn regionaler Präferenzzonen ist keine weltweite, sondern eine auf einen kleineren Staatenkreis beschränkte Handelsliberalisierung. Die durch den Abbau technischer Handelshemmnisse gewährten Vergünstigungen sollen gerade nicht an Drittstaaten weitergegeben werden, wozu der welthandelsrechtliche Grundsatz der Nichtdiskriminierung eigentlich verpflichten würde.[948]

Es stellt sich daher die entscheidenden Frage, wie sich eine vertiefte, regional begrenzte Handelsliberalisierung mit dem universellen Ordnungsrahmen der Welthandelsorganisation vereinbaren läßt. Oder anders gefragt: Sind die Mitgliedstaaten eines regionalen Zusammenschlusses, der in seiner wirtschaftlichen Intensität über eine „bloße" Zollunion hinausgeht, berechtigt, im gegenseitigen Handel technische Handelshemmnisse abbauen, ohne diese Vorteile dritten GATT-Vertragsparteien zu gewähren? Würde sich durch den Abbau technischer Handelshemmnisse tatsächlich eine Verletzung

---

[947] So auch *Weiß/Herrmann*, Welthandelsrecht, Rdn. 625.
[948] In diesem Sinne auch *Beise*, WTO, S. 152; *Dunker*, Regionale Integration, S. 284; *Matsushita/ Schoenbaum/Mavroidis*, The World Trade Organization, S. 343 f.

welthandelsrechtlicher Vorgaben ergeben, wäre an eine Rechtfertigung, beispielsweise nach Art. XXIV GATT, zu denken.

Deutlich wird die Problematik am Beispiel des EG-Binnenmarktes. Ursprünglich als Zollunion ins Leben gerufen, hat sich die EG mit der Errichtung des Binnenmarktes weit über das Integrationsniveau einer Zollunion hinausentwickelt. In der Europäischen Gemeinschaft werden technische Handelshemmnisse auf zweierlei Wegen beseitigt. Neben dem Instrument der sekundärrechtlichen Harmonisierung werden technische Handelshemmnisse vor allem durch die Warenverkehrsfreiheit (Art. 23-31 EGV) in der durch den EuGH geprägten Auslegung beseitigt. Aus dem Cassis-de-Dijon-Urteil folgt der Grundsatz, daß jedes in einem Mitgliedstaat rechtmäßig hergestellte und in den Verkehr gebrachte Erzeugnis im gesamten Gebiet des Gemeinsamen Marktes verkehrsfähig ist, ohne den jeweils nationalen Anforderungen entsprechen zu müssen, es sei denn, es liegen zwingende Erfordernisse vor.[949] Mit dieser sog. „Cassis-Philosophie" stellte der EuGH ein Werkzeug zur Verfügung, mit dem die EG-Mitgliedstaaten zur gegenseitigen Anerkennung nationaler Produktstandards gezwungen werden konnten und eröffnete damit eine Alternative zur Harmonisierung.[950] Außerdem entwickelte der EuGH die ursprünglich als Diskriminierungsverbot wirkende Warenverkehrsfreiheit in den Urteilen „Dassonville" und „Cassis de Dijon" zu einem allgemeinen Beschränkungsverbot weiter. Im innergemeinschaftlichen Verkehr dürfen EG-Mitgliedstaaten technische Handelshemmnisse auch dann nicht anwenden, wenn diese keine Unterschiede zwischen Produkten aus dem Inland und solchen aus anderen EG-Mitgliedstaaten machen. Technische Handelshemmnisse unterfallen damit grundsätzlich dem Verbot der Maßnahmen gleicher Wirkung nach Art. 28 EGV und zwar unabhängig davon, ob sie gegenüber Waren aus anderen EG-Mitgliedstaaten diskriminierend oder diskriminierungsfrei wirken.

Das durch den EuGH entwickelte Beschränkungsverbot gilt jedoch nur für Produkte aus anderen EG-Mitgliedstaaten. Die Einräumung von Präferenzen durch den Abbau technischer Handelhemmnisse ist nur innerhalb des EG-Binnenmarktes vorgesehen, was zu Konflikten mit dem Welthandelsrecht führt. Zwar wird im sechsten Erwägungsgrund der Präambel des EGV die Absicht geäußert, daß die gemeinsame Handelspolitik der Gemeinschaft zur fortschreitenden Beseitigung der Beschränkungen im zwischenstaatlichen Wirtschaftsverkehr beitragen soll. Und auch die Vorschriften der Art. 131 – 134 EGV lassen erkennen, daß sowohl die Zollunion als auch die gemeinsame Handelspolitik GATT-konform durchgeführt werden sollen.[951] Jedoch sind diese Vorschriften aufgrund ihres allgemeinen und programmatischen Charakters nicht als

---

[949] So *Trebilcock/Howse*, Regulation of International Trade, S. 47; *Fischer*, Europarecht, § 13, Rdn. 24; *Oppermann*, Europarecht, Rdn. 1299; *Zacker/Wernicke*, Examinatorium Europarecht, S. 153 f.

[950] In diesem Sinne *Jiménez/Santiago*, in: *Demaret/Bellis/Jiménez* (Hrsg.), Regionalism and Multilateralism, S. 631 (S. 640).

[951] Ausführlich zu diesen Vorschriften *Streinz*, Europarecht, Rdn. 619; *Eeckhout*, The European Internal Market, S. 344 f.; *Streinz*, EUV/EGV, *Nettesheim/Duvigneau*, Art. 131, Rdn. 1 ff.; *Cremona*, in: *Búrca/Scott* (Hrsg.), The EU and the WTO, S. 151 (S. 183); *Cremona*, CMLR 2001, S. 359 (S. 395).

rechtliche Verpflichtung, sondern als bloße Absichtserklärung zu verstehen.[952] Selbst für den Fall, daß man aus ihnen doch eine Bindung der EG an die welthandelsrechtlichen Verpflichtungen entnehmen wollte, könnten Drittstaaten aus den Art. 131 – 134 EGV keine Ansprüche ableiten.[953]
Auch im Rahmen der EG sollen daher die Liberalisierung im Binnenmarkt und die daraus resultierenden Vorteile nur unmittelbar im Verhältnis der Mitgliedstaaten zueinander zum Tragen kommen. Von dem Abbau mitgliedstaatlicher Handelshemmnisse sollen außereuropäische Produkte gerade nicht automatisch profitieren können, höchstens aufgrund besonderer vertraglicher Vereinbarungen. Genau aus diesem Grund wurde von manchen Stimmen in der Literatur während der Errichtung des Gemeinsamen Marktes der EG in den Jahren 1988 bis 1992 die Errichtung einer „Festung Europa" befürchtet.[954]

Schon auf den ersten Blick kollidiert die vertiefte europäische Integration mit den Vorgaben des Welthandelsrechts. Nach dem Grundsatz der Nichtdiskriminierung ist WTO-Mitgliedstaaten eine Ungleichbehandlung anderer WTO-Mitglieder gerade verboten. Während sich das GATT auf ein Diskriminierungsverbot beschränkt, gehen die Verpflichtungen des TBT- und SPS-Abkommens als Beschränkungsverbote noch weiter und unterwerfen auch nicht-diskriminierende technische Handelshemmnisse spezifischen Anforderungen. Angesichts dieser welthandelsrechtlichen Vorgaben drängt sich die Frage auf, ob der Abbau technischer Handelshemmnisse nicht immer als mit dem Welthandelsrecht unvereinbar anzusehen ist.

B. Welthandelsrechtliche Beurteilung des innereuropäischen Abbaus technischer Handelshemmnisse

Am Beispiel des EG-Binnenmarktes wird im folgenden untersucht, gegen welche Verpflichtungen des Welthandelsrechts beim Abbau technischer Handelshemmnisse verstoßen wird und ob und wie solche Verstöße zu rechtfertigen sind. Als verletzte Normen des Welthandelsrechts kommen die Art. I, III, und XI des GATT sowie die Vorschriften des TBT- und SPS-Abkommens in Betracht. Um jedoch mögliche Verstöße genauer ausmachen zu können, muß zwischen den einzelnen Vorgehensweisen unterschieden werden, derer sich die Gemeinschaft beim Abbau technischer Handelshemmnisse bedient.

---

[952] *Streinz*, Europarecht, Rdn. 620; *Bleckmann*, Europarecht, *Pieper*, Rdn. 1448; *Lenz*, EG-Kommentar, *Müller-Ibold*, Art. 131, Rdn. 2; *Schwarze*, EU-Kommentar, *Müller-Huschke*, Art. 131, Rdn. 1 ff.; *Grabitz/Hilf*, Das Recht der EU, *Vedder*, Art. 110, Rdn. 1; so wohl auch der EuGH in EuGH, Rs. C-150/94, *Vereinigtes Königreich/Rat*, Slg 1998, S. I-7235 (S. 7297 f.); EuGH, Rs. C-284/94, *Spanien/Rat*, Slg 1998, S. I-7309 (S. 7321) und vorher schon in EuGH, Rs. 112/80, *Dürbeck/ HZA Frankfurt/Main*, Slg 1981, S. 1095 (S. 1119 f.).

[953] So die ganz überwiegende Meinung, vgl. dazu *Oppermann*, Europarecht, Rdn. 1701; *Streinz*, Europarecht, Rdn. 620.

[954] *Eeckhout*, The European Internal Market, S. 356; *Langer*, Grundlagen einer internationalen Wirtschaftsverfassung, S. 127 f.; *Dunker*, Regionale Integration, S. 263.

I. Abbau durch gegenseitige Anerkennung

Nach der *„neuen Strategie"* bildet die gegenseitige Anerkennung nationaler Rechts- und Verwaltungsvorschriften das Hauptinstrument zur Verwirklichung des Binnenmarktes, womit auch dem Subsidiaritätsgedanken Rechnung getragen wird. Es wird grundsätzlich dann eingesetzt, wenn die Rechtsunterschiede in den Mitgliedstaaten wegen kultureller, historischer, wirtschaftlicher oder sonstiger Gegebenheiten so groß sind, daß sich eine Vereinheitlichung oder Angleichung als unmöglich erweisen.[955] Der Vorteil dieser Handlungsform liegt darin, daß den Mitgliedstaaten nationale Besonderheiten und Eigenheiten belassen werden können und sie nicht einem gemeinschaftlichen Anpassungsdruck ausgesetzt werden.
Von besonderem Interesse für die Frage nach den Spannungen mit dem Welthandelsrecht ist die sog. judizielle gegenseitige Anerkennung. Sie entstammt dem *Cassis-de-Dijon-Urteil* des EuGH[956], das zur Folge hatte, daß ein Produkt, welches die gesetzlichen Anforderungen seines Heimat-Mitgliedstaats erfüllt, im Import-Staat nicht erneut ein vergleichbares Verfahren durchlaufen muß.

1. Die Cassis-Formel

Dem Cassis-Urteil des EuGH lag folgender Sachverhalt zugrunde:
Die Firma REWE-AG beantragte im September 1976 bei der Bundesmonopolverwaltung für Branntwein die Genehmigung, aus Frankreich eine Partie des Likörs Cassis de Dijon einzuführen und in Deutschland zu verkaufen.[957] Cassis de Dijon ist in Frankreich mit einem Alkoholgehalt von 15 bis 20 Vol.% im freien Verkehr erhältlich. In Deutschland mußte ein vergleichbarer Likör nach § 100 Abs. 3 Branntweinmonopolgesetz[958] und den dazu ergangenen Durchführungsverordnungen[959] einen Mindestweingeistgehalt von 25 Vol.% aufweisen, um rechtmäßig in den Verkehr gebracht zu werden.[960] Gestützt auf diese Vorschrift verfügte die Bundesmonopolverwaltung, daß der Likör Cassis de Dijon wegen seines zu geringen Mindestweingeistgehalts in Deutschland nicht verkehrsfähig sei.
Zu der Frage, ob die deutsche Regelung dem in Frankreich rechtmäßig in den Verkehr gebrachten Likör entgegengehalten werden darf, stellte der EuGH fest:

„In Ermangelung einer gemeinschaftlichen Regelung der Herstellung und Vermarktung von Weingeist [...] ist es Sache der Mitgliedstaaten, alle die Herstellung und

---

955 *Zacker/Wernicke*, Examinatorium Europarecht, S. 312.
956 EuGH, Rs. 120/78, *Rewe/Bundesmonopolverwaltung für Branntwein*, Slg 1979, S. 649 (S. 649 ff.).
957 Eine genaue Darlegung des Sachverhaltes und des Urteils bietet *Hummer/Simma/Vedder*, Europarecht in Fällen, S. 595 f.
958 RGBl. 1922 I, S. 405 ff., zuletzt geändert durch Gesetz vom 2.05.1976, BGBl. 1976 I, S. 1145.
959 In den Durchführungsverordnungen wurde der Mindestweingeistgehalt für bestimmte Gruppen von Likören und anderen alkoholischen Getränken festgesetzt, vgl. Verordnung über den Mindestweingeistgehalt von Trinkbranntweinen vom 28.2.1958, Bundesanzeiger Nr. 48 vom 11.3.1958.
960 Vgl. ausführlich zum Sachverhalt des Cassis-Urteils *Wetzig*, Einfluß der EG und der WTO, S. 22 f.

Vermarktung von Weingeist und alkoholischen Getränken betreffenden Vorschriften für ihr Hoheitsgebiet zu erlassen. Hemmnisse für den Binnenmarkt der Gemeinschaft, die sich aus den Unterschieden der nationalen Regelungen über die Vermarktung dieser Erzeugnisse ergeben, müssen hingenommen werden, soweit diese Bestimmungen notwendig sind, um zwingenden Erfordernissen gerecht zu werden, [...]".[961]

Die Auswirkungen dieses Urteils faßte die Kommission in einer Mitteilung vom 20. Februar 1979 wie folgt zusammen:

„*Jedes aus einem Mitgliedstaat eingeführte Erzeugnis ist grundsätzlich im Hoheitsgebiet der anderen Mitgliedstaaten zuzulassen, sofern es rechtmäßig hergestellt worden ist, d.h. soweit es den im Ausfuhrland geltenden Regelungen oder den dortigen verkehrsüblichen, traditionsgemäßen Herstellungsverfahren entspricht, und in diesem Land in Verkehr gebracht worden ist*".
„*Nach den vom Gerichtshof aufgestellten Grundsätzen kann ein Mitgliedstaat den Verkauf eines in einem anderen Mitgliedstaat rechtmäßig hergestellten und in den Verkehr gebrachten Erzeugnisses grundsätzlich nicht verbieten, auch wenn dieses Erzeugnis nach anderen technischen und qualitativen Vorschriften als den für die inländischen Erzeugnisse geltenden Vorschriften hergestellt worden ist*".[962]

Das Besondere an der Cassis-Formel war, daß der EuGH auch unterschiedslos auf Inlands- und Importprodukte angewandte Regelungen als Maßnahme gleicher Wirkung wie mengenmäßige Beschränkungen ansah und Art. 28 EGV damit endgültig im Sinne eines Beschränkungsverbotes auslegte.[963] Unterschiedliche nationale Produkt- bzw. Qualifikationsstandards, die die Freiverkehrsfähigkeit von Produkten innerhalb der Gemeinschaft behindern, konnten nun beseitigt werden, ohne auf das „alte" Instrument der Vollharmonisierung zurückgreifen zu müssen.[964] Diese Rechtsprechung ist Ausdruck des „Ursprungslandprinzips", das von einem wechselseitigen Vertrauen der Mitgliedstaaten in die Gleichwertigkeit ihrer nationalen Normen hinsichtlich des jeweiligen Schutzzwecks ausgeht.[965]

2. Auswirkungen der Cassis-Formel auf gemeinschaftliche Produkte

Die Rechtsprechung des EuGH im Cassis-Fall bewirkte faktisch eine gegenseitige Anerkennung unterschiedlicher nationaler Produkt- bzw. Qualifikationsstandards zwischen den einzelnen Mitgliedstaaten der EG.[966] Nationale Anforderungen konnten anderen EG-Mitgliedstaaten nicht mehr entgegenhalten werden, es sei denn, es lag ein zwingendes Erfordernis im Sinne der Cassis-Rechtsprechung vor.

---

[961] EuGH, Rs. 120/78, *Rewe/Bundesmonopolverwaltung für Branntwein*, Slg 1979, S. 649 (S. 662).
[962] ABl. 1980 Nr. C 256, S. 2 (S. 2).
[963] *Zipfel/Rathke*, Lebensmittelrecht, *Streinz*, Einführung B, Rdn. 54 a.
[964] *Dauses/Roth*, ZLR 1996, S. 507 (S. 508).
[965] *Fischer*, Europarecht, § 13, Rdn. 24; *Oppermann*, Europarecht, Rdn. 1299; *Zacker/Wernicke*, Examinatorium Europarecht, S. 153 f.; *Bruha*, ZaöRV 1986, S. 1 (S. 11).
[966] In diesem Sinne auch *Jiménez/Santiago*, in: *Demaret/Bellis/Jiménez* (Hrsg.), Regionalism and Multilateralism, S. 631 (S. 640).

Für die nationale Regelungstechnik im Bereich der Produkt- bzw. Qualifikationsstandards hatte dies zunächst keine Auswirkungen. So führte der EuGH im Cassis-Urteil ausdrücklich aus, daß es in Ermangelung einer gemeinschaftlichen Regelung Sache der Mitgliedstaaten sei, alle die Herstellung und Vermarktung von Waren betreffenden Vorschriften für ihr Hoheitsgebiet zu erlassen.[967] Es können also weiterhin abstrakt-generelle Bestimmungen dahingehend getroffen werden, welche Anforderungen ein Produkt zu erfüllen hat, damit es in dem jeweiligen Staat verkehrsfähig ist. Generell bedeutet, daß sich die nationalen Normen auf alle Sachverhalte (inländische und ausländische) gleichermaßen beziehen und nicht nach dem Ursprung der Produkte differenzieren. Eine Unterscheidung nach der Herkunft der Ware wäre kompetenzrechtlich auch nicht zulässig.[968]

Jedoch ist nach der Cassis-Rechtsprechung des EuGH für Produkte aus anderen EG-Mitgliedstaaten eine Ausnahme zu machen. Eine an sich alle Produkte erfassende nationale Vorschrift ist dahingehend einzuschränken, daß sie keine Anwendung auf Waren aus anderen EG-Mitgliedstaaten findet, die dort rechtmäßig in den Verkehr gebracht wurden.

Beispielsweise lautete Art. 100 Abs. 3 Branntweinmonopolgesetz, der dem Cassis-Urteil zugrunde lag:

„*Im Inland dürfen Arrak, Rum und Obstbranntwein sowie Verschnitte davon und Steinhäger nur mit einem Weingeistgehalt von [...] in den Verkehr gebracht werden.*“[969]

Nach der Entscheidung des EuGH blieb diese Vorschrift zunächst wortgleich bestehen.[970] Dem streitgegenständlichen französischen Likör durfte sie aber im Wege einer „ungeschriebenen Ausnahme“ nicht mehr entgegengehalten werden. Der Likör „Cassis de Dijon“ mußte in Deutschland nicht die Voraussetzungen des § 100 Abs. 3 Branntweinmonopolgesetz erfüllen, wenn er in Frankreich rechtmäßig in den Verkehr gebracht wurde.

Teilweise ist die eingeschränkte Anwendung nationaler Vorschriften auf Produkte aus anderen EG-Mitgliedstaaten auch ausdrücklich festgehalten. Ein Beispiel hierfür findet sich im Bereich des deutschen Lebensmittelrechts.

Zunächst folgt § 47 Abs. 1 S.1 LMBG der bereits bekannten Regelungstechnik. Er normiert:

„*Erzeugnisse im Sinne dieses Gesetzes, die nicht den in der Bundesrepublik Deutschland geltenden lebensmittelrechtlichen Bestimmungen entsprechen, dürfen nicht in den*

---

[967] EuGH, Rs. 120/78, *Rewe/Bundesmonopolverwaltung für Branntwein*, Slg 1979, S. 649 (S. 662).

[968] Vgl. dazu ausführlich *Cremona*, in: *Barnard/Scott* (Hrsg.), The Law of the Single European Market, S. 351 (S. 364 ff.); *Cremona*, in: *Búrca/Scott* (Hrsg.), The EU and the WTO, S. 151 (S. 163 f.).

[969] RGBl. 1992 I, S. 424.

[970] Im weiteren Verlauf wurden zunächst Produkte aus Mitgliedstaaten der EG ausdrücklich von den einschlägigen Vorschriften ausgenommen. Später reduzierte der Bundesgesetzgeber den gesetzlichen Mindestalkoholgehalt für bestimmte Trinkbranntweine. Nach Aufhebung der entsprechenden Vorschriften wurden die mitgliedstaatlichen Vorgaben über die Festsetzung des Mindestalkoholgehalts in Spirituosen schließlich mit der Verordnung (EWG) Nr. 1576/89 abgeglichen, vgl. dazu *Wetzig*, Einfluß der EG und der WTO, S. 22 f.

Geltungsbereich dieses Gesetzes, ausgenommen in andere Zollfreigebiete als die Insel Helgoland, verbracht werden.“[971]

§ 47 Abs. 1 S.1 LMBG läßt sich entnehmen, daß sowohl die im Inland hergestellten als auch die im Ausland hergestellten und eingeführten Erzeugnisse den lebensmittelrechtlichen Bestimmungen der Bundesrepublik Deutschland unterliegen sollen. Die ausdrückliche Einschränkung für Produkte aus anderen EG-Mitgliedstaaten findet sich in § 47 a Abs. 1 S.1 LMBG. In dieser Vorschrift wird der Inhalt der Cassis-Rechtsprechung des EuGH deklaratorisch wiedergegeben, um die Rechtsanwendung durch die nationalen Vollzugsbehörden zu erleichtern.[972] So heißt es dort:

„*Abweichend von § 47 Abs. 1 Satz 1 dürfen Erzeugnisse im Sinne dieses Gesetzes, die in einem anderen Mitgliedstaat der Europäischen Gemeinschaft oder einem anderen Vertragsstaat des Abkommens über den Europäischen Wirtschaftsraum rechtmäßig hergestellt und rechtmäßig in den Verkehr gebracht werden, oder die aus einem Drittland stammen und sich in einem Mitgliedstaat der Europäischen Gemeinschaft oder einem anderen Vertragsstaat des Abkommens über den Europäischen Wirtschaftsraum rechtmäßig im den Verkehr befinden, in das Inland verbracht und hier in den Verkehr gebracht werden, auch wenn sie den in der Bundesrepublik Deutschland geltenden lebensmittelrechtlichen Vorschriften nicht entsprechen.*“[973]

3. Auswirkungen der Cassis-Formel auf sonstige Produkte

Ob nun im Wege einer ausdrücklichen Ausnahme oder über die Anwendung der Cassis-Formel, nach der Entscheidung des EuGH konnten nationale Produkt- bzw. Qualifikationsstandards nicht mehr Waren aus anderen EG-Mitgliedstaaten entgegengehalten werden. Für sonstige Produkte hatte die Cassis-Formel jedoch keine Auswirkungen.

a) Inlandsprodukte

Mangels grenzüberschreitenden Bezugs ist die Cassis-Formel nicht auf inländische Produkte anwendbar. Für sie gelten weiterhin die nationalen Vorschriften. Normieren diese höhere Standards, als in anderen EG-Mitgliedstaaten vorgesehen, kommt es für die im Inland ansässigen Produzenten und Händler zum Phänomen der Inländerdiskriminierung. Sie sind gegenüber der Konkurrenz, für die die EG-rechtliche Warenverkehrsfreiheit gilt, benachteiligt.[974]

So fand Art. 100 Abs. 3 Branntweinmonopolgesetz auch nach dem Urteil des EuGH auf deutsche Liköre weiterhin Anwendung. Während sie die strenge deutsche Norm

---

[971] Abgedruckt in *Zipfel/Rathke*, Lebensmittelrecht, C 100, § 47.

[972] Zu beachten ist aber, daß „rechtmäßig hergestellt und in Verkehr gebracht“ keine kumulativen Voraussetzungen sind, das „und“ vielmehr als „oder“ zu lesen ist; so *Streinz*, in: *Everling/Roth* (Hrsg.), Mindestharmonisierung im Europäischen Binnenmarkt, S. 9 (S. 11).

[973] Abgedruckt in *Zipfel/Rathke*, Lebensmittelrecht, C 100, § 47a.

[974] So auch *Wetzig*, Einfluß der EG und der WTO, S. 44.

einhalten und den vorgeschriebenen Mindestalkoholgehalt aufweisen mußten, war ein vergleichbarer französischer Likör auch mit weniger Branntweingehalt in Deutschland verkehrsfähig.

b) Drittlandsprodukte

Wie die inländische Produktion kommen auch gleichartige außereuropäische Waren nicht in den Genuß der durch die gegenseitige Anerkennung gewährten Vergünstigungen. Für sie gelten weiterhin die nationalen Vorschriften des Importlandes. Insbesondere zwingt die Cassis-Formel nicht dazu, auch Vorschriften von Drittstaaten als gleichwertig anzuerkennen. Soweit keine harmonisierenden Vorschriften durch die Gemeinschaft erlassen wurden, dürfen die EG-Mitgliedstaaten ihre nationalen Vorschriften weiterhin gegenüber Drittlandsprodukten anwenden. Sie haben nur dafür Sorge zu tragen, daß es zu keinen Ungleichbehandlungen wegen des Ursprungs eines Produktes kommt. Eine Unterscheidung nach der Herkunft der Ware wäre kompetenzrechtlich unzulässig.[975] Für den Bereich technischer Vorschriften und Normen ist dies in Art. 1 Abs. 2 der Entscheidung des Rates vom 15.01.1980 festgehalten:

„*Die Mitgliedstaaten treffen alle in ihren Zuständigkeitsbereich fallenden zweckdienlichen Maßnahmen, damit die technischen Regelungen, Normen und Bescheinigungs- und Kontrollsysteme, die auf Gemeinschaftsebene nicht harmonisiert sind, aber in diesen Mitgliedstaaten gelten und von den öffentlichen Instanzen oder von nichtstaatlichen Stellen erarbeitet wurden, entsprechend den gegebenenfalls in den einzelstaatlichen Texten festgelegten besonderen Bedingungen auf alle auf den betreffenden Märkten im Verkehr befindlichen Erzeugnisse anwendbar sind, und zwar unabhängig von ihrem Ursprung [...]*“.[976]

Mitgliedstaaten dürfen also, solange das Gemeinschaftsrecht nicht etwas anderes vorsieht, ihre strengen nationalen Vorschriften Drittstaaten gegenüber anwenden, soweit diese nicht-diskriminierend sind.[977]

4. Konflikte mit dem Welthandelsrecht

Auf europäischer Ebene sind die Folgen der Cassis-Rechtsprechung Gegenstand unzähliger Veröffentlichungen. Weitgehend ungeklärt sind jedoch die Auswirkungen, die diese Rechtsprechung auf welthandelsrechtlicher Ebene hat.

Das Instrument der gegenseitigen Anerkennung führt zu einer ausschließlich innereuropäischen Handelsliberalisierung. Im Binnenhandel der EG-Mitgliedstaaten werden technische Handelshemmnisse abgebaut, diese Erleichterungen aber nicht an Drittstaaten weitergegeben. Mitgliedstaaten mit hohen Standards können ihre nationalen Vorschriften nicht mehr Produkten entgegenhalten, die in anderen EG-Mitgliedstaaten ein

[975] Vgl. dazu ausführlich *Cremona*, in: *Barnard/Scott* (Hrsg.), The Law of the Single European Market, S. 351 (S. 364 ff.); *Cremona*, in: *Búrca/Scott* (Hrsg.), The EU and the WTO, S. 151 (S. 163 f.).
[976] ABl. 1980 Nr. L 14, S. 36 (S. 37).
[977] *Cremona*, in: *Barnard/Scott* (Hrsg.), The Law of the Single European Market, S. 351 (S. 369).

nicht so strenges Verfahren durchlaufen haben. Für Drittstaaten gelten jedoch weiterhin die strengen nationalen Vorschriften. Eine Ausnahme nach der Cassis-Philosophie ist für sie auf europäischer Ebene nicht zu machen.
Fraglich ist, ob nicht nach welthandelsrechtlichen Grundsätzen etwas anderes zu gelten hat. Leitidee der WTO/GATT-Rechtsordnung ist die Gleichbehandlung aller WTO-Vertragsparteien. Als Vertragsparteien der WTO sind auch die EG-Mitgliedstaaten an die welthandelsrechtlichen Vorgaben gebunden. Danach müßten sie eigentlich verpflichtet sein, die Vorteile, die sie sich untereinander im Wege der gegenseitigen Anerkennung gewähren, an Drittstaaten weiterzugeben.

Zur Verdeutlichung soll im Cassis-de-Dijon-Beispiel geblieben und unterstellt werden, Art. 100 Abs. 3 Branntweinmonopolgesetz fände auch heute noch Anwendung. Von welthandelrechtlichem Interesse ist dann die Konstellation, in der ein Hersteller aus einem Drittstaat, beispielsweise aus den USA, einen Likör direkt nach Deutschland einführen möchte, der zwar den französischen, nicht aber den strengeren deutschen Anforderungen entspricht. Zunächst gilt auch für den amerikanischen Likör die deutsche Vorschrift des Art. 100 Abs. 3 Branntweinmonopolgesetz, da diese nicht nach der Herkunft der Ware differenziert. Der amerikanische Hersteller darf danach seinen Likör in Deutschland nicht in den Verkehr bringen, da ihm der vorgeschriebene Weingeistgehalt fehlt. Im Gegensatz zu einem französischen Hersteller eines vergleichbaren Likörs kann er sich nicht auf die Cassis-Formel berufen. Zu klären wird sein, ob der amerikanische Likör nicht nach welthandelsrechtlichen Grundsätzen in den Genuß der günstigeren Behandlung kommen kann, die deutsche Behörden einem französischen Likör gewähren müssen. Die einschlägigen Bestimmungen des Welthandelsrechts in diesem Zusammenhang sind die Art. I, III und XI GATT sowie die Vorschriften des SPS- und TBT-Abkommens.
Ergänzend sei noch erwähnt, daß nur die Ersteinfuhr in die EG Probleme bereitet, da in dem Moment, in dem ein Drittstaatenprodukt einmal in einem EG-Mitgliedstaat rechtmäßig in den Verkehr gebracht wurde, wiederum die Cassis-Formel greift.[978] Ist also der amerikanische Likör in Übereinstimmung mit den nationalen Vorschriften in Frankreich in den Verkehr gebracht worden, kann ihm die strengere deutsche Norm nicht mehr bei der Einfuhr entgegengehalten werden.

a) Art. III Abs. 4 GATT

Für die Frage der Vereinbarkeit des Abbaus technischer Handelshemmnisse mit dem Inländerbehandlungsgrundsatz ist Art. III Abs. 4 in Verbindung mit Art. III Abs. 1 GATT die grundlegende Vorschrift.
Die Prüfung einer nationalen Maßnahme an Art. III Abs. 4 GATT vollzieht sich in drei Schritten.[979] Zunächst muß der Anwendungsbereich des Art. III GATT in Abgrenzung zu Art. XI Abs. 1 GATT eröffnet sein. Sodann ist die Frage nach dem Bezugspunkt zu klären, nämlich ob die nationale Maßnahme ein Gesetz, eine Verordnung oder eine

---

[978] Zur Frage, wann ein Produkt rechtmäßig in den Verkehr gebracht wurde, vgl. ausführlich *Eeckhout*, The European Internal Market, S. 272 ff.
[979] Ausführlich dargestellt im dritten Teil unter Punkt D.

sonstige Vorschrift über den Verkauf, das Angebot, den Einkauf, die Beförderung, Verteilung oder Verwendung im Inland im Sinne des Art. III Abs. 4 GATT darstellt. Schließlich ist zu untersuchen, ob in vergleichbaren Sachverhalten eine Ungleichbehandlung der eingeführten Waren vorliegt.

aa) Anwendungsbereich

Die Frage nach der Eröffnung des Anwendungsbereichs des Art. III GATT ist in erster Linie durch das Konkurrenzverhältnis mit Art. XI Abs. 1 GATT bestimmt. Im Bereich technischer Handelshemmnisse ist Art. XI Abs. 1 GATT aber nur dann der richtige Maßstab, wenn eine nationale Regelung zwischen inländischen und ausländischen Waren differenziert und in einem direkten Einfuhrverbot besteht, welches bereits im Zeitpunkt des Grenzübertrittes bzw. der Zollabfertigung durchgesetzt wird. In allen anderen Fällen muß bei der Anwendung eines technischen Handelshemmnisses nur das Diskriminierungsverbot des Art. III Abs. 4 GATT beachtet werden.
Nach dieser Abgrenzung scheidet auf europäischer Ebene eine Eröffnung des Anwendungsbereichs und damit eine Verletzung des Art. XI Abs. 1 GATT generell aus, da die Mitgliedstaaten der EG kompetenzrechtlich nicht zum Erlaß einer auf Drittstaaten unterschiedlich anwendbaren Regelung befugt sind.[980] Vielmehr haben die EG-Mitgliedstaaten im Umgang mit technischen Handelshemmnissen nur Art. III Abs. 4 GATT zu beachten.

bb) Ungleichbehandlung

Ist der Anwendungsbereich des Art. III GATT eröffnet, hängt das Vorliegen einer Verletzung im Zusammenhang mit dem Abbau technischer Handelshemmnisse nur noch davon ab, ob tatsächlich eine Ungleichbehandlung in- und ausländischer Produkte vorliegt. Die Frage nach dem richtigen Bezugspunkt ist nicht zu prüfen, da ein technisches Handelshemmnis immer Auswirkungen auf den fairen Wettbewerb hat.
Eine tatsächliche Ungleichbehandlung nach Art. III Abs. 4 GATT ist gegeben, wenn sich das technische Handelshemmnis potentiell oder tatsächlich negativ auf die Wettbewerbschancen des ausländischen Produktes im Verhältnis zu gleichartigen inländischen Produkten auswirkt. Dies ist immer dann der Fall, wenn eingeführten Waren nicht in wirksamer Weise die gleichen Wettbewerbsmöglichkeiten eingeräumt werden wie gleichartigen inländischen Waren.[981]
Auf europäischer Ebene scheidet eine Ungleichbehandlung i.S.d. Art. III Abs. 4 GATT zumeist aus. Im Bereich technischer Regelungen räumen die EG-Mitgliedstaaten Produkten aus Drittstaaten in der Regel die gleichen Wettbewerbsmöglichkeiten wie inländischen Waren ein. Ihrer Regelungsstruktur nach stellen nationale Normen dieselben Anforderungen an in- und ausländische Produkte. Werden sie von den nationalen Behörden auch tatsächlich in der gleichen Art und Weise durchgesetzt, genügen die

---

[980] Vgl. dazu ausführlich *Cremona*, in: *Barnard/Scott* (Hrsg.), The Law of the Single European Market, S. 351 (S. 364 ff.); *Cremona*, in: *Búrca/Scott* (Hrsg.), The EU and the WTO, S. 151 (S. 163 f.).
[981] *Tietje*, Normative Grundstrukturen, S. 242; *Prieß/Berrisch*, WTO-Handbuch, *Berrisch*, S. 95.

EG-Mitgliedstaaten ihrer Verpflichtung aus Art. III Abs. 4 GATT. Der Inländergleichbehandlungsgrundsatz will gerade vor nationalem Protektionismus zugunsten inländischer Produkte schützen.[982] Werden in- und ausländische Waren effektiv gleich behandelt, scheidet eine Verletzung des Art. III Abs. 4 GATT aus. Eine Berufung auf den Inländergleichbehandlungsgrundsatz des Art. III Abs. 4 GATT läßt daher ein Drittstaatenprodukt nicht in den Genuß einer gleich günstigen Behandlung gelangen, wie sie ein EG-Mitgliedstaat einem anderen gewährt.
Wird das Inverkehrbringen eines amerikanischen Likörs wegen seines zu geringen Alkoholgehaltes von den deutschen Behörden untersagt, ist es folglich im Cassis-de-Dijon-Beispiel nutzlos, sich auf die Vorschrift des Art. III Abs. 4 GATT zu berufen. Über Art. III Abs. 4 GATT kann der amerikanische Hersteller nicht verlangen, daß sein Produkt wie ein vergleichbarer französischer Likör in Deutschland in den Verkehr gebracht werden darf. Art. III Abs. 4 GATT verpflichtet die deutschen Behörden lediglich dazu, den amerikanischen Likör wie einen vergleichbaren deutschen Likör zu behandeln. Ein deutscher Likör ist in Deutschland jedoch auch nicht verkehrsfähig, wenn er nicht den vorgeschriebenen Mindestweingeistgehalt aufweist.

b) Art. XI Abs. 1 GATT

Auch das Verbot mengenmäßiger Import- und Exportbeschränkungen des Art. XI Abs. 1 GATT ist nicht die passende Vorschrift, um Drittstaaten in den Genuß der Vergünstigungen kommen zu lassen, die sich EG-Mitgliedstaaten durch den Abbau technischer Handelshemmnisse im Wege der gegenseitigen Anerkennung gewähren.
Damit technische Handelshemmnisse unter die Verbotsnorm des Art. XI Abs. 1 GATT fallen, müssen grundsätzlich zwei Voraussetzungen erfüllt sein.[983] Zunächst dürfen sie nicht als interne Maßnahmen nach Art. III GATT zu beurteilen sein. Anschließend ist zu untersuchen, ob durch die technische Maßnahme die Ein- oder Ausfuhr in rechtlicher oder tatsächlicher Hinsicht beschränkt wird oder sie sich konkret negativ auf den Marktzugang auswirkt.
Auf europäischer Ebene fehlt es schon an der ersten Voraussetzung. Bei der Beurteilung technischer Handelshemmnisse ist der Anwendungsbereich des Art. XI Abs. 1 GATT in Abgrenzung zu Art. III Abs. 4 GATT nur eröffnet, wenn die Maßnahme zwischen in- und ausländischen Waren differenziert und tatsächlich der Marktzugang geregelt, also direkt beim Import angesetzt wird. Eine solche Konstellation tritt innerhalb der EG nicht auf, da die EG-Mitgliedstaaten keine Kompetenz zum Erlaß diskriminierender Regelungen haben.[984] Vielmehr sehen sich Drittstaaten stets unterschiedslos anwendbaren Vorschriften in den EG-Mitgliedstaaten ausgesetzt. Unterschiedslos anwendbare technische Handelshemmnisse unterfallen nach der Interpretationserklärung zu Art. III GATT in Anlage 1 zum GATT jedoch niemals Art. XI Abs. 1 GATT. Das GATT beschränkt sich im Umgang mit technischen Handelshemmnissen gem. Art. III

---

[982] *Jackson*, The World Trading System, S. 189; *Köpernik*, JuS 1976, S. 779 (S. 784).
[983] Vgl. hierzu im dritten Teil unter Punkt D und *Prieß/Berrisch*, WTO-Handbuch, *Berrisch*, S. 115; *Tietje*, Normative Grundstrukturen, S. 282.
[984] Vgl. dazu ausführlich *Cremona*, in: *Barnard/Scott* (Hrsg.), The Law of the Single European Market, S. 351 (S. 364 ff.); *Cremona*, in: *Búrca/Scott* (Hrsg.), The EU and the WTO, S. 151 (S. 163 f.).

Abs. 4 GATT auf ein Diskriminierungsverbot.[985] Ein Beschränkungsverbot wie im europäischen Gemeinschaftsrecht besteht nicht.
Beim innereuropäischen Abbau technischer Handelshemmnisse im Wege der gegenseitigen Anerkennung kommt es damit zu keinem Konflikt mit Art. XI Abs. 1 GATT.

c) Art. I Abs. 1 GATT

Im Falle des Abbaus technischer Handelshemmnisse durch das Instrument der gegenseitigen Anerkennung scheint vielmehr die Meistbegünstigungsverpflichtung Drittstaaten das richtige Mittel an die Hand zu geben, um in den Genuß der Vergünstigungen zu kommen, die sich EG-Mitgliedstaaten untereinander gewähren.
Nach Art. I Abs. 1 GATT haben die WTO-Vertragsparteien alle Vorteile, die sie einem Land gewähren, auch allen anderen WTO-Vertragsparteien bezüglich gleichartiger Produkte einzuräumen und zwar unverzüglich und bedingungslos. Ein Mitgliedstaat darf „die übrigen Mitgliedstaaten nicht unterschiedlich behandeln, noch gegenüber Dritten schlechter stellen.“[986] Dadurch soll eine Diskriminierung der Mitgliedstaaten untereinander und gegenüber WTO-Nichtmitgliedern verhindert werden. Es besteht mit anderen Worten die GATT-rechtliche Verpflichtung zur Gleichbehandlung der Handelspartner an den Außengrenzen.
Eine Verletzung der Meistbegünstigungsverpflichtung liegt vor, wenn eine Maßnahme in den Anwendungsbereich des Art. I Abs. 1 GATT fällt, sie einen Vorteil, eine Vergünstigung, ein Vorrecht oder eine Befreiung im Sinne des Art. I Abs. 1 GATT darstellt und schließlich in vergleichbaren Sachverhalten der betroffene Staat im Verhältnis zu anderen Staaten ungleich behandelt wird.

aa) Anwendungsbereich

Durch den Verweis des Art. I Abs. 1 GATT auf Art. III Abs. 2 und Art. III Abs. 4 GATT erfaßt der Meistbegünstigungsgrundsatz nicht lediglich die klassischen Außenhandelspräferenzen wie Zölle und zollgleiche Abgaben, sondern auch sämtliche Vorschriften, die in irgendeiner Form geeignet sind, Wirkungen auf den Außenhandel hervorzurufen oder den Binnenverkehr von Waren zu regeln.[987] Damit unterfallen alle technischen Handelshemmnisse dem Anwendungsbereich des Art. I Abs. 1 GATT, denn diese Maßnahmen beziehen sich potentiell immer auf den Außenwirtschaftsverkehr eines Staates, sei es in Form des Imports oder des Exports.

bb) Gewährung eines „Vorteils“

Unter „alle Vorteile, Vergünstigungen, Vorrechte oder Befreiungen" (Art. I Abs. 1 GATT) ist jede administrative oder materiell-rechtliche Bestimmung zu verstehen, die

---

[985] So auch im Ergebnis *Weiß/Herrmann*, Welthandelsrecht, Rdn. 475; *Weiß*, EuR 1999, S. 499 (S. 504).
[986] So die Definition der International Law Commission – ILC, vgl. *Yüksel*, WTO, S. 36.
[987] *Bratschi*, GATT, S. 23; *Herdegen*, Internationales Wirtschaftsrecht, § 7, Rdn. 23; *Cremona*, in: *Búrca/Scott* (Hrsg.), The EU and the WTO, S. 151 (S. 152).

sich positiv auf die Möglichkeit von grenzüberschreitenden Handelsaktivitäten auswirkt.[988]
Haben europäische Produkte nach der Cassis-Formel nicht mehr die höheren Standards des Import-Landes zu erfüllen, wirkt sich dies positiv auf die Möglichkeit grenzüberschreitender Handelsaktivitäten aus. Sinn und Zweck der Cassis-Rechtsprechung war ja gerade eine Erleichterung des gemeinschaftlichen Warenverkehrs. Damit stellt jede nach der Cassis-Formel nicht mehr anwendbare nationale Vorschrift einen Vorteil im Sinne des Art. I Abs. 1 GATT dar.

cc) Ungleichbehandlung

Eine Verletzung des Art. I Abs. 1 GATT hängt also nur noch davon ab, ob auch gleichartige außereuropäische Waren in den Genuß der im Rahmen der gegenseitigen Anerkennung gewährten Vergünstigungen kommen.
Dies ist nach der von den EG-Mitgliedstaaten gewählten Regelungstechnik nicht der Fall. Für Waren aus Drittstaaten – wie auch für die inländische Produktion – finden die nationalen Produktstandards weiterhin Anwendung. Nur Waren aus anderen EG-Mitgliedstaaten dürfen die nationalen Vorschriften nicht mehr entgegengehalten werden, da für sie nach der Cassis-Rechtsprechung eine Ausnahme zu machen ist. Das Phänomen der Inländerdiskriminierung und die Diskriminierung von Drittstaaten gehen folglich im Rahmen der gegenseitigen Anerkennung Hand in Hand.
Die Besserstellung gemeinschaftlicher Produkte wird sehr schön in § 47a Abs. 1 S.1 LMBG deutlich. Während für Drittstaaten die Regelung des § 47 Abs. 1 S.1 LMBG mit der Konsequenz Anwendung findet, daß Drittstaatenprodukte die lebensmitterechtlichen Bestimmungen der Bundesrepublik Deutschland einzuhalten haben, nimmt § 47a Abs. 1 S.1 LMBG Erzeugnisse aus anderen EG-Mitgliedstaaten ausdrücklich von der Einhaltung des § 47 Abs. 1 S.1 LMBG aus.[989] Mitgliedstaatliche Produkte müssen damit nicht die zum Teil strengeren deutschen Bestimmungen, sondern allein die Vorschriften ihres Ursprungslandes erfüllen.
Im Cassis-Beispiel darf Art. 100 Abs. 3 Branntweinmonopolgesetz dem französischen Likör also nicht mehr entgegengehalten werden. Der vergleichbare amerikanische Likör, der direkt nach Deutschland eingeführt werden soll – wie auch sein deutscher Konkurrent –, unterfällt aber weiterhin den strengen deutschen Vorschriften und ist in Deutschland nicht verkehrsfähig.

---

[988] Siehe dazu folgende Panelberichte: Panel, *Belgian Family Allowances*, BISD 1S/59; Panel, *United States – Denial of Most-Favoured-Nation Treatment an to Non-Rubber Footwear from Brazil*, BISD 39S/128; Panel, *United-States – Restrictions on Imports of Tuna (Tuna I)*, BISD 39S/155.

[989] Die Ausnahme des § 47a Abs. 1 S.1 LMBG gilt dabei – wie immer bei der Cassis-Formel – sowohl für direkt aus einem anderen EG-Mitgliedstaat stammende Erzeugnisse als auch für solche Produkte, die zwar in einem Drittstaat hergestellt wurden, jedoch in einem EG-Mitgliedstaat bereits rechtmäßig in den Verkehr gebracht wurden; zur Frage, wann ein Produkt rechtmäßig in den Verkehr gebracht wurde, vgl. ausführlich *Eeckhout*, The European Internal Market, S. 272 ff.

Da Produkte aus dem EG-Ausland nicht in der gleichen Art und Weise wie Waren aus EG-Mitgliedstaaten behandelt werden[990], stellt der innereuropäische Abbau technischer Handelshemmnisse durch das Instrument der gegenseitigen Anerkennung eine Verletzung des Art. I Abs. 1 i.V.m. Art. III Abs. 4 GATT dar. Die EG-Mitgliedstaaten, die zugleich WTO-Mitglieder und damit an die Vorgaben des Welthandelsrechts gebunden sind, machen die untereinander gewährten Handelsvergünstigungen nicht „unverzüglich und bedingungslos" allen anderen WTO-Vertragsparteien zugänglich. Statt dessen findet durch die Liberalisierung im EG-Binnenmarkt eine besonders intensive Marktintegration statt. Es werden künstliche Handelsströme geschaffen, von denen nur die beteiligten Staaten profitieren. Drittländer hingegen verlieren Marktanteile, da ihre nationalen Vorschriften nicht als gleichwertig anerkennt werden, wodurch ihre Wettbewerbschancen zumindest erschwert werden.[991] Eine derart marktfremde Wettbewerbslage widerspricht dem Gedanken der Gleichheit im Recht und verletzt die Meistbegünstigungsverpflichtung des Art. I Abs. 1 i.V.m. Art. III Abs. 4 GATT.[992]

d) Verpflichtungen des SPS- und TBT-Abkommens

Neben Art. I Abs. 1 GATT könnte sich auch aus dem SPS- bzw. aus dem TBT-Abkommen eine welthandelsrechtliche Verpflichtung der EG-Mitgliedstaaten ergeben, die im Rahmen der gegenseitigen Anerkennung gewährten Vergünstigungen an Drittstaaten weiterzugeben. Dazu muß zunächst ihr sachlicher Anwendungsbereich eröffnet sein. Handelt es sich bei nationalen Anforderungen um TBT- oder SPS-Maßnahmen, stellt sich sodann das Problem des Verhältnisses zwischen dem GATT und den Sonderabkommen.

Nach der hier vertretenen Ansicht stehen sowohl das ÜSPS als auch das ÜTBT eigenständig neben dem GATT und gehen diesem gleichzeitig als lex specialis vor.[993] Die Feststellung eines Verstoßes gegen das GATT ist gerade keine Voraussetzung für die Anwendung der beiden Übereinkommen. Vielmehr enthalten sowohl das ÜTBT als auch das ÜSPS neue, spezifische und eigenständige Anforderungen an technische Handelshemmnisse. Statt eines Diskriminierungsverbotes, wie im GATT für technische Handelshemmnisse vorgesehen, stellen beide Übereinkommen ein Beschränkungsverbot für den jeweils von ihnen umfaßten Bereich auf. Dadurch sollen neue, ungerechtfertigte technische Handelshemmnisse im internationalen Warenverkehr vermieden werden.

---

[990] Es liegt dabei wohl eine de facto-Ungleichbehandlung vor, da zwar alle Waren, unabhängig von ihrer Herkunft, formal gleich behandelt werden, im Ergebnis dennoch nur Waren innereuropäischer Herkunft einen Vorteil in Anspruch nehmen können.

[991] So *Senti*, WTO, Rdn. 998.

[992] So im Ergebnis auch *Langer*, Grundlagen einer internationalen Wirtschaftsverfassung, S. 127; *Trachtmann*, JIEL 2003, S. 459 (S. 478 ff.); *Mathis*, Regional Trade Agreements, S. 252; *Cremona*, CMLR 2001, S. 359 (S. 392); *Eeckhout*, The European Internal Market, S. 276.

[993] Siehe hierzu im dritten Teil unter Punkt E; ausdrücklich entschieden für das ÜSPS in Panel, *EC Measures Concerning Meat and Meat Products (Hormones)*, WT/DS48/R/CAN, Rdn. 8.39 ff.; Panel, *European Communities – Trade Discription of Sardines*, WT/DS231/R, Rdn. 7.15 ff.; Panel, *Australia – Salmon*, WT/DS18/R, Rdn. 8.39; für das ÜTBT gilt wegen der doch sehr ähnlichen Zielsetzung entsprechendes; vgl. dazu *Prieß/Berrisch*, WTO-Handbuch, *Tietje*, S. 291.

Trotz des grundsätzlichen Vorrangs und des weiteren Regelungsinhaltes der Sonderabkommen ist die Anwendbarkeit des GATT neben dem SPS- und TBT-Abkommen nicht per se ausgeschlossen. Vielmehr ist davon auszugehen, daß das GATT neben den Sonderabkommen weiterhin Anwendung finden kann, also auch die Anforderungen des GATT erfüllt sein müssen.[994]
Für die im Rahmen dieser Arbeit relevante Frage, ob Drittstaaten nach welthandelsrechtlichen Vorgaben auch in den Genuß derjenigen Vergünstigungen kommen können, die sich EG-Mitgliedstaaten untereinander in Anwendung der Cassis-Formel einräumen, spielt das Verhältnis der Abkommen zueinander wegen ihres insoweit vergleichbaren Inhalts keine Rolle. Wie bereits dargelegt, ergibt sich ein Anspruch auf Weitergabe der gewährten Vergünstigungen an Drittstaaten aus dem Meistbegünstigungsgrundsatz. Eine Verpflichtung zur Meistbegünstigung ist jedoch nicht nur im GATT, sondern auch in den Sonderabkommen enthalten. Sowohl das ÜTBT als auch das ÜSPS greifen zunächst die grundlegenden Ordnungsideen des GATT wieder auf, bevor sie weitergehende Anforderungen aufstellen.[995] Beide Sonderübereinkommen enthalten eine ausdrückliche Verpflichtung zur Nichtdiskriminierung (Art. 2.3 und 5.5 ÜSPS bzw. Art. 2.1 ÜTBT) und zwar sowohl in Gestalt einer Meistbegünstigungsverpflichtung als auch in der eines Inländergleichbehandlungsgebotes.

Der Meistbegünstigungsgrundsatz enthält auch in allen Abkommen dieselben materiell-rechtlichen Verpflichtungen. Obwohl es sich bei dem SPS- und TBT-Abkommen um eigenständige Abkommen innerhalb der WTO-Rechtsordnung handelt, sind gleich lautende Rechtsbegriffe in den verschiedenen WTO-Abkommen zur Vermeidung jeglicher Widersprüche innerhalb der WTO-Rechtsordnung inhaltlich übereinstimmend auszulegen.[996] Die im ÜSPS und ÜTBT enthaltenen allgemeinen Verpflichtungen (Meistbegünstigung und Inländergleichbehandlung) sind stets im Lichte ihrer Pendants im GATT zu sehen. Nur eine derart harmonische Auslegung und Anwendung trägt dem „single-package"-Ansatz der WTO-Rechtsordnung Rechnung.[997]

Die für das GATT zur Verletzung der Meistbegünstigungsverpflichtung entwickelten Grundsätze sind demnach unverändert auf das SPS- und TBT-Abkommen zu übertragen, soweit deren sachlicher Anwendungsbereich eröffnet ist. Handelt es sich bei nationalen Anforderungen um technische Vorschriften bzw. Normen oder um gesundheitspolizeiliche bzw. pflanzenschutzrechtliche Maßnahmen, ergibt sich der Anspruch auf Weitergabe gewährter Vergünstigungen aus den Sonderabkommen. Ist der Anwendungsbereich des ÜTBT bzw. des ÜSPS nicht eröffnet, folgt die Verpflichtung zur Gleichbehandlung von Drittstaaten aus dem Meistbegünstigungsgrundsatz nach Art. I Abs. 1 GATT.

---

[994] Appellate Body, *European Communities – Measures Affecting Asbestos and Aspestos-Containing Products*, WT/DS135/AB/R, Rdn. 58 ff. u. Rdn. 80.
[995] *Weiß/Herrmann*, Welthandelsrecht, Rdn. 587; *Pauwelyn*, WTR 2002, S. 63 (S. 74 ff.).
[996] So auch *Prieß/Berrisch*, WTO-Handbuch, *Tietje*, S. 293 für das ÜTBT.
[997] Im Ergebnis auch *Prieß/Berrisch*, WTO-Handbuch, *Kamann*, S. 220; *Quick/Blüthner*, JIEL 1999, S. 603 (S. 629 ff.); *Weiß/Herrmann*, Welthandelsrecht, Rdn. 587.

5. Rechtfertigung

Es stellt sich die Frage, ob bzw. wie die Verstöße gegen die Meistbegünstigungsverpflichtung des GATT bzw. des ÜTBT und ÜSPS, die der Abbau technischer Handelshemmnisse durch das Instrument der gegenseitigen Anerkennung mit sich bringt, zu rechtfertigen sind. Bestünde im Ergebnis eine Rechtfertigungsmöglichkeit, könnten technische Handelshemmnisse innerhalb einer Integrationszone abgebaut werden, ohne die gewährten Vorteile an Drittstaaten weitergeben zu müssen.

a) Art. XXIV GATT

Eine erste Rechtfertigungsmöglichkeit könnte sich aus Art. XXIV GATT ergeben. Art. XXIV GATT normiert eine Ausnahme zu GATT-Verpflichtungen im Zusammenhang mit der Errichtung regionaler Integrationszonen. Sind seine Voraussetzungen erfüllt, läßt Art. XXIV GATT begrenzte Begünstigungen für die an der regionalen Präferenzzone beteiligten Staaten zu, da deren Intention der Handelsliberalisierung mit dem Gesamtziel des GATT, einer globalen Handelsliberalisierung, konform geht. Die bei Schaffung der Integrationszone untereinander gewährten Begünstigungen müssen dann nicht auf Drittstaaten ausgedehnt werden.

aa) Grundsätzliche Anwendbarkeit

Nach der Rechtsprechung des Appellate Body im Türkei-Textilfall ist Art. XXIV GATT grundsätzlich in der Lage, auch über den Meistbegünstigungsgrundsatz hinausgehende anderweitige Abweichungen vom GATT, beispielsweise von Art. III oder XI GATT, zu rechtfertigen. Es stellt sich aber das Problem, ob Art. XXIV GATT auch Verstöße gegen das TBT- bzw. das SPS-Abkommen zu rechtfertigen vermag. Diese Frage ist besonders deshalb von Relevanz, da die Sonderabkommen keine dem Art. XXIV GATT entsprechende Ausnahmevorschrift enthalten, aber dennoch teilweise inhaltsgleiche Verpflichtungen aufstellen.[998] Sowohl das ÜSPS als auch das ÜTBT greifen den Grundsatz der Nichtdiskriminierung mit seinen zwei Ausprägungen, der Meistbegünstigungsverpflichtung und dem Inländergleichbehandlungsgrundsatz, wieder auf.

Das Fehlen einer dem Art. XXIV GATT entsprechenden Vorschrift in den Sonderabkommen könnte dahingehend gedeutet werden, daß im Bereich der SPS- und TBT-Maßnahmen gerade keine Ausnahme für Zollunionen und Freihandelszonen gelten soll. Für ein solches Ergebnis könnte Art. XXIV Abs. 5 GATT sprechen, aus dem sich ergibt, daß Art. XXIV GATT nur Ausnahmen zu Vorschriften des GATT begründen soll.[999]

Eine derartige Interpretation ist jedoch strikt abzulehnen. Im Wege einer harmonischen Auslegung und Anwendung der Vorschriften des ÜTBT und ÜSPS sind vielmehr einheitliche Rechtsergebnisse zum GATT zu erzielen. Art. XXIV GATT vermag daher

---

[998] So auch *Eeckhout*, The European Internal Market, S. 276.
[999] So lautet Art. XXIV Abs. 5 GATT: „Demgemäß schließt *dieses Abkommen* nicht aus, daß [...]".

auch Ausnahmen von Vorschriften des TBT- oder SPS-Abkommens zu begründen, soweit sie inhaltsgleiche Verpflichtungen zum GATT enthalten und die entsprechenden GATT-Verletzungen durch Art. XXIV GATT gerechtfertigt sind.
Jede andere Sichtweise wäre mit der hinter dem „single-package“-Ansatz stehenden Idee einer einheitlichen und widerspruchsfreien WTO-Rechtsordnung nicht vereinbar. Es wären Konstellationen denkbar, in denen eine Maßnahme dem GATT entspricht, da die auftretenden Verletzungen durch Art. XXIV GATT gerechtfertigt sind, dieselbe Maßnahme aber gleichzeitig doch nicht als WTO-konform einzustufen wäre, da sie gegen inhaltsgleiche Verpflichtungen im ÜSPS bzw. ÜTBT, deren Anwendbarkeit unterstellt, verstößt. Ein solches Ergebnis würde dem Zweck des Art. XXIV GATT widersprechen. Im Interesse einer weiteren Liberalisierung sollen gerade Ausnahmen von GATT-Verpflichtungen zulässig sein. Diese in Art. XXIV Abs. 4 GATT zum Ausdruck kommende Zweckbestimmung wäre aber teilweise hinfällig, wenn die durch Art. XXIV GATT gewährten Abweichungsmöglichkeiten über die Sonderabkommen wieder aufgehoben werden würden.
Ist daher ein GATT-Verstoß über Art. XXIV GATT gerechtfertigt, sind damit auch die Verletzungen der inhaltsgleichen Vorschriften in den Sonderabkommen quasi „mitgerechtfertigt“.

bb) Anwendbarkeit des Art. XXIV GATT auf weitergehende Integrationsgemeinschaften

Zu klären ist jedoch, ob der Abbau technischer Handelshemmnisse, beispielsweise durch das Instrument der gegenseitigen Anerkennung innerhalb der EG, tatsächlich über Art. XXIV GATT zu rechtfertigen ist oder anders gefragt, ob Art. XXIV GATT auch auf über Zollunionen und Freihandelszonen hinausgehende Integrationsgemeinschaften Anwendung findet. In der welthandelsrechtlichen Literatur gibt es zu dieser Frage grundsätzlich zwei Ansichten.

aaa) Ausweitung des Art. XXIV GATT

Eine Strömung möchte auch Präferenzzonen, deren Integrationsniveau das von Zollunionen und Freihandelszonen übersteigt, über Art. XXIV GATT gerechtfertigt sehen.[1000] Die Integrationsbestimmung des Art. XXIV GATT sei in dem Sinne auszuweiten, daß auch über die reine wirtschaftliche Integration hinausgehende Beweggründe berücksichtigt werden müßten.[1001] Der Umfang hänge davon ab, inwieweit Art. XXIV GATT die Tatsache toleriere, daß tragende Prinzipien der GATT/WTO-Rechtsordnung außer Kraft gesetzt werden. Neben wirtschaftlichen Gründen sei dies insbesondere dann der Fall, wenn politische Gründe von herausragender Bedeutung für die

---

[1000] So im Ergebnis *Steinberger*, GATT und regionale Wirtschaftszusammenschlüsse, S. 122 f.; *Senti*, FS für Zäch, S. 115 (S. 123 f.); *Trachtmann*, JIEL 2003, S. 459 (S. 477); zu dem gleichen Ergebnis kommt eine Ansicht, die weitergehende Integrationsformen nur als verschiedene Ausformungen einer Zollunion ansieht, so *Marceau/Reiman*, LIEI 2001, S. 297 (S. 303).
[1001] *Dunker*, Regionale Integration, S. 285 ff.

Bildung einer Integrationsgemeinschaft sprechen.[1002] In diesen Fällen sei die Situation mit der freien Marktwirtschaft und den Sozialordnungen von Staaten vergleichbar. Auch hier würden überragende Interessen des Allgemeinwohls die freie Marktwirtschaft begrenzen.[1003]
Nach dieser Ansicht ist also auch der Abbau technischer Handelshemmnisse im Binnenhandel über Art. XXIV GATT gerechtfertigt, wenn zwingende politische Gründe der Bildung des Handelsblocks zugrunde liegen. Je zwingender und gewichtiger die Gründe im Einzelfall seien, desto tiefer dürfe dabei die nach Art. XXIV GATT erlaubte Integration gehen.[1004]
Da der Abbau technischer Handelshemmnisse innerhalb der EG in einem hohen Maße politisch motiviert ist, könnte nach dieser Ansicht der Binnenmarkt der EG nicht aus dem Anwendungsbereich des Art. XXIV GATT genommen werden.

bbb) Unanwendbarkeit des Art. XXIV GATT

Eine andere Ansicht lehnt eine Ausweitung des Art. XXIV GATT auf weitergehende Integrationsformen ab.[1005] Diesem Ansatz ist aus mehreren Gründen zu folgen. Insbesondere die Rechtsprechung des Appellate Body im Türkei-Textilfall dürfte klargestellt haben, daß GATT-Verletzungen im Zusammenhang mit dem Abbau technischer Handelshemmnisse nicht über Art. XXIV GATT gerechtfertigt werden können.
Zunächst sprechen aber praktische und historische Gesichtspunkte gegen eine Ausweitung des Art. XXIV GATT. Mit Art. XXIV GATT wurde bei Schaffung des GATT aus wirtschaftlichen und institutionellen Gründen eine Ausnahme vom allgemeinen Meistbegünstigungsgrundsatz für regionale Zollgemeinschaften und Zollunionen normiert. Zu dieser Zeit beschränkten insbesondere Zölle und andere tarifäre Maßnahmen den internationalen Handel. Vor diesem Hintergrund sollte Art. XXIV GATT eine eng begrenzte Möglichkeit zur regionalen Integration bereitstellen.[1006] Zollunionen und Freihandelszonen sollten nach der Vorstellung der Vertragsparteien die absolute Ausnahme bleiben und nicht zur Regel werden.[1007]
Die Proliferation präferenzieller Abkommen konnten die Vertragsparteien nicht vorhersehen. Ebenso wenig konnten sie einkalkulieren, daß sich modernere Integrationsgemeinschaften nicht mehr durch einen wechselseitigen Abbau von Zollschranken als vielmehr durch einen Abbau nicht-tarifärer bzw. technischer Handelshemmnisse definieren würden. Betrachtet man sich diesen fortgeschrittenen Zustand von Regionalisierung und Regionalismus im Welthandel[1008], ist offensichtlich, daß Art. XXIV GATT

[1002] Beispielsweise *Hilpold*, Die EU im GATT/WTO-System, S. 31, der das politische Element als eine „fundamentale Komponente des Gesamtbildes" ansieht.
[1003] *Dunker*, Regionale Integration, S. 286 f., der als Beispiel die EG und die NAFTA anführt.
[1004] *Hilpold*, Max Planck Yearbook of United Nations Law 2003, S. 219 (S. 250 f.).
[1005] So *Weiß/Herrmann*, Welthandelsrecht, Rdn. 626; *Abbott*, Law and Policy, S. 44; *Eeckhout*, The European Internal Market, S. 359 f.
[1006] *Abbott*, Law and Policy, S. 44.
[1007] *Eeckhout*, The European Internal Market, S. 359.
[1008] Diesen Titel trägt auch die Betrachtung von *Borrmann/Koopmann*, Wirtschaftsdienst 1994, S. 365 (S. 365 ff.).

nicht mehr zeitgemäß ist.[1009] Rief diese Vorschrift schon Schwierigkeiten bei der Frage nach der GATT-Konformität von Freihandelszonen und Zollunionen hervor, versagt sie – zumindest ihrem Wortlaut nach – völlig bei Integrationen höherer Stufe, da sie nicht die tatbestandlichen Besonderheiten solcher Integrationsformen kennt.

Im Rahmen der Uruguay-Runde war die Problematik der Enge der bisherigen Regelung zwar bekannt und auch erörtert, Verbesserungen brachte sie aber nicht. Während der Verhandlungen wurde sogar angedacht, die Begriffe „Zollunion" und „Freihandelszone" in Art. XXIV Abs. 7 GATT durch den allgemeinen Ausdruck „regionale Abkommen" zu ersetzen.[1010] Daß eine derartige Öffnung des Art. XXIV GATT jedoch ersichtlich wieder „kassiert" wurde und man an der alten Beschränkung auf Zollgemeinschaften und Freihandelszonen festhielt, ist kein Zufall. Die einzelnen Vertragsstaaten waren und sind nicht bereit, sich dem Problem von Regionalblöcken wirklich zu stellen und es in welcher Form auch immer zu regeln.[1011]
Die gleiche Schlußfolgerung gilt auch für die in der Uruguay-Runde getroffene Vereinbarung über die Auslegung des Art. XXIV GATT. Die Präambel der Vereinbarung weist zwar auf die neue Integrationsentwicklung hin, indem sie im Zusammenhang mit Art. XXIV GATT von „neuen oder erweiterten Übereinkünften" oder auch von „beschränkenden Handelsvorschriften" neben Zöllen spricht und auch die Zunahme und die wachsende Bedeutung der Freihandelsräume erwähnt. Die anschließenden Ausführungen der Vereinbarung beschränken sich aber auf die Berechnungsmethoden für Zollsätze sowie auf das Verfahren und die Notifizierungspflicht bei Zollsatzänderungen. Der Tatsache, daß Integrationsräume heute weit über Zollabsprachen hinausgehen und – neben Fragen der Sozial-, Umwelt-, Steuer- oder Entwicklungspolitik – auch den Abbau technischer Handelshemmnisse beinhalten, wurde auch in dieser Vereinbarung nicht Rechnung getragen. Mangels ernsthafter Reformen ist Art. XXIV GATT somit nicht in der Lage, der heutigen, durch den Abbau technischer Handelshemmnisse geprägten Integrationsentwicklung Herr zu werden.[1012]

Ein weiteres Argument gegen die Ausweitung des Art. XXIV GATT auf den Abbau technischer Handelshemmnisse ergibt sich aus dem Verständnis des Art. XXIV GATT nach der Rechtsprechung des Appellate Body im Türkei-Textilfall. Zwar erweiterte der Appellate Body den Anwendungsbereich des Art. XXIV GATT, indem er judizierte, daß nicht nur Ausnahmen vom Meistbegünstigungsgrundsatz, sondern darüber hinaus auch anderweitige Abweichungen vom GATT durch diese Vorschrift gerechtfertigt sein könnten. Jedoch stellte er für die Anwendbarkeit des Art. XXIV GATT zwei Voraussetzungen auf.

[1009] So ausdrücklich *Jackson*, World Economy 1993, S. 121 (S. 130); *Hilpold*, Max Planck Yearbook of United Nations Law 2003, S. 219 (S. 254).
[1010] GATT, Uruguay-Vorschlag (1991, S. U.3. Ziff. 11); in dieser einmaligen Erwähnung des Ausdrucks „regional agreements" sah Senti schon eine Richtungsänderung des GATT, zukünftig anstelle von Zollgemeinschaften und Zollunionen regionale Abkommen bzw. regionale Wirtschaftsblöcke treten zu lassen und so den geänderten Verhältnissen Rechnung zu tragen, *Senti*, Aussenwirtschaft 1994, S. 131 (S. 145, 148).
[1011] So auch *Beise*, WTO, S. 266.
[1012] In diesem Sinne *Eeckhout*, The European Internal Market, S. 360.

Die Vertragspartei, die sich auf den Rechtfertigungstatbestand des Art. XXIV GATT beruft, muß erstens darlegen, daß die in Frage stehende Maßnahme anläßlich der Errichtung einer Zollunion eingeführt wird, die alle Voraussetzungen der Abs. 8 lit. a) und Abs. 5 lit. a) des Art. XXIV GATT erfüllt. Zweitens muß die Vertragspartei beweisen, daß die Errichtung der Zollunion verhindert werden würde, wenn ihr nicht die in Frage stehende Maßnahme erlaubt werde.[1013]

Schon die erste Voraussetzung ist beim innereuropäischen Abbau technischer Handelshemmnisse nicht erfüllt. So brachte der Appellate Body im Türkei-Textilfall ganz deutlich zum Ausdruck, daß Art. XXIV GATT nur dann Verstöße gegen GATT-Vorschriften rechtfertigen könne, wenn die entsprechenden Maßnahmen anläßlich der Errichtung einer Zollunion (oder Freihandelszone) eingeführt werden.[1014] Dies ergebe sich aus dem Text des „chapeaus" des Art. XXIV Abs. 5 GATT, der ausdrücklich nur von dem Zusammenschluß zu einer Zollunion („the formation of a customs union") spricht.[1015] Maßnahmen, die nach der Errichtung oder Vollendung der regionalen Präferenzzone eingeführt werden, genügen dieser Anforderung nicht.[1016]
Die Argumentation des Appellate Body überzeugt. Mit dem eindeutigen Wortlaut des Art. XXIV Abs. 5 GATT muß daher eine Ansicht in der Literatur abgelehnt werden, die auch später eintretende Änderungen innerhalb einer bestehenden Zollunion von Art. XXIV GATT erfaßt sehen will.[1017] Hergeleitet wird dies aus einer analogen Anwendung des Art. XXIV Abs. 6 GATT. Jedoch spricht nicht nur der Wortlaut des chapeaus des Art. XXIV Abs. 5 GATT gegen eine planwidrige Regelungslücke, sondern auch die Tatsache, daß die Vertragsparteien trotz Kenntnis der Problematik im Rahmen der Uruguay-Runde keine Veränderungen an Art. XXIV GATT vornahmen.
Da der innereuropäische Abbau technischer Handelshemmnisse im Wege der gegenseitigen Anerkennung nicht anläßlich der Errichtung einer Zollunion erfolgt – die europäische Zollunion wurde vielmehr bereits mit Ende der Übergangszeit 1969 vollendet – scheitert eine Anwendung des Art. XXIV GATT schon an der ersten, zeitlichen Voraussetzung.

Doch auch die zweite vom Appellate Body aufgestellte Bedingung an ein Eingreifen des Art. XXIV GATT ist bei der europäischen Integration durch gegenseitige Anerkennung nicht gegeben. Der Appellate Body fordert, daß die Errichtung einer Zollunion verhindert werden würde, wenn ihr nicht die in Frage stehende Maßnahme erlaubt

---

[1013] Appellate Body, *Turkey – Restrictions on Imports of Textile and Clothing Products*, WT/DS34/AB/R, Rdn. 58.

[1014] „First, the party claiming the benefit of this defence must demonstrate that the measure at issue is introduced upon the formation of a cusoms union that fully meets the requirements of sub-paragraphs 8(a) and 5(a) of Article XXIV.", Appellate Body, *Turkey – Restrictions on Imports of Textile and Clothing Products*, WT/DS34/AB/R, Rdn. 58.

[1015] „Second, in examing the text of the chapeau, we observe also that it states that the provisions of the GATT 1994 shall not prevent "the formation of a customs union". This wording indicates that Article XXIV can justify the adoption of a measure which is inconsisitent with certain other GATT provisions only if the measure is introduced upon the formation of a customs union […]", Appellate Body, *Turkey – Restrictions on Imports of Textile and Clothing Products*, WT/DS34/AB/R, Rdn. 46.

[1016] So auch *Marceau/Reiman*, LIEI 2001, S. 297 (S. 313).

[1017] So *Freytag*, Parallelimporte, S. 250.

werde.[1018] Diese Anforderungen entsprechen einem Notwendigkeitstest bzw. einer Erforderlichkeitsprüfung. Der innereuropäische Abbau technischer Handelshemmnisse ist jedoch nicht zur Errichtung einer Zollunion notwendig. Besteht bereits – wie im Falle der EG – eine vollwertige Zollunion oder Freihandelszone und wird durch die Beseitigung technischer Handelshemmnisse eine tiefergehende Integration angestrebt, so sind die entsprechenden Maßnahmen logischerweise nicht zur Errichtung einer Zollunion notwendig.[1019] Der Abbau technischer Handelshemmnisse bzw. die Herstellung des Binnenmarktes geht gerade über die Errichtung einer Zollunion hinaus.[1020] Folgt man der Ansicht des Appellate Body, so scheidet damit eine Anwendung des Art. XXIV GATT auf über Zollunionen und Freihandelszonen hinausgehende Integrationsformen grundsätzlich aus.

Für dieses Ergebnis spricht nicht zuletzt auch die Untauglichkeit einer erweiterten Auslegung des Art. XXIV GATT, wie sie von der Gegenansicht vorgenommen wird. Zunächst findet sich in Art. XXIV GATT keinerlei Anhaltspunkt dafür, warum die politische Intensität und Ausgestaltung für die GATT-Konformität regionaler Integrationsabkommen entscheidend sein sollte. Weiterhin ist der Begriff „zwingende politische Gründe" unklar und nur sehr schwer abzugrenzen. Die Rechtsunsicherheit wäre bei dieser Art der Bewertung noch größer, als sie es wegen des untauglichen Wortlautes des Art. XXIV GATT ohnehin schon ist. Schließlich wären den Vertragsparteien bei einer rein politischen Betrachtungsweise nicht zu unterschätzende Mißbrauchsmöglichkeiten eröffnet. Die teilnehmenden Staaten wären stets versucht, auch unter den schlechtesten Vorzeichen eine politische Rechtfertigung ihres Abkommens zu konstruieren. Eine Rechtfertigung der im Rahmen der gegenseitigen Anerkennung auftretenden Ungleichbehandlung ist daher über Art. XXIV GATT nicht möglich.

b) Anderweitige Rechtfertigungsmöglichkeiten

Da Art. XXIV GATT nicht in der Lage ist, eine Verletzung der Meistbegünstigungsverpflichtung durch eine regional begrenzte gegenseitige Anerkennung zu rechtfertigen, ist zu untersuchen, ob sich nicht aus anderen Überlegungen eine WTO-Konformität des Abbaus technischer Handelshemmnisse innerhalb der EG ergibt.

Mit der Uruguay-Runde wurden einige neuere WTO-Vorschriften eingeführt, die sich mit dem Instrument der gegenseitigen Anerkennung auseinandersetzen. In Art. 4.1 ÜSPS findet sich eine Pflicht zur gegenseitigen Anerkennung von SPS-Maßnahmen, soweit diese das gleiche Schutzniveau erreichen. Der Hintergrund dieser Vorschrift ist aus dem Europarecht bekannt: Es wäre purer Formalismus, bestünde ein Land auf vollständiger Identität des Vorgehens gegen eine bestimmte Gefahr, wenn diese doch genauso effektiv anders bekämpft werden kann.[1021] Allerdings muß der ausführende

---

[1018] „And, second, that party must demonstrate that the formmation of that cusoms union would be prevented if it were not allowed to introduce the measure at issue.", Appellate Body, *Turkey – Restrictions on Imports of Textile and Clothing Products*, WT/DS34/AB/R, Rdn. 58.

[1019] So auch *Cremona*, CMLR 2001, S. 359 (S. 368); *Mathis*, Regional Trade Agreements, S. 252; *Herrmann*, in: *Bauschke* (Hrsg.), Pluralität des Rechts, S. 139 (S. 152).

[1020] So auch *Weiß/Herrmann*, Welthandelsrecht, Rdn. 626.

[1021] So *Weiß/Herrmann*, Welthandelsrecht, Rdn. 564.

Staat gemäß Art. 4.1 ÜSPS objektiv nachweisen, daß seine Maßnahme das von dem Einfuhrstaat für angemessen erachtete Schutzniveau gewährleistet. Art. 4.2 ÜSPS bestimmt zudem, daß die Mitgliedstaaten in Konsultationen über den Abschluß bi- und multilateraler Übereinkünfte über die gegenseitige Anerkennung eintreten.
Art. 2.7 ÜTBT beinhaltet eine im Vergleich zu Art. 4 ÜSPS abgeschwächte Verpflichtung zur wohlwollenden Prüfung der Anerkennung der Gleichwertigkeit technischer Vorschriften anderer Mitglieder.[1022] Selbst wenn der Ausfuhrstaat also die Gleichwertigkeit nachweist, besteht keine Pflicht zur Anerkennung.[1023] Weiterhin werden die Mitglieder gemäß Art. 6.3 ÜTBT „ermutigt, auf Ersuchen anderer Mitglieder dazu bereit zu sein, in Verhandlungen über den Abschluß von Abkommen zur gegenseitigen Anerkennung der Ergebnisse der Konformitätsbewertungsverfahren einzutreten".

Alle diese Vorschriften bringen eines deutlich zum Ausdruck: Trotz der im SPS- und TBT-Abkommen enthaltenen Verpflichtung zur Meistbegünstigung und Inländergleichbehandlung lassen beide Sonderabkommen eine bilaterale Vorteilsgewährung durch das Instrument der gegenseitigen Anerkennung zu.[1024] Die genannten Vorschriften würden keinen Sinn machen, wenn die im Rahmen einer bilateral vereinbarten gegenseitigen Anerkennung gewährten Vergünstigungen automatisch und bedingungslos auf alle anderen WTO-Vertragsparteien ausgedehnt werden müßten. Das Welthandelsrecht kann aber nur zu einem bestimmten Vorgehen verpflichten bzw. ermutigen, wenn das daraus hervorgehende Ergebnis auch als WTO-konform einzustufen ist. Daher müssen die mit einer gegenseitigen Anerkennung stets einhergehenden Verletzungen des Meistbegünstigungsgrundsatzes welthandelsrechtlich gerechtfertigt sein. Aus den angeführten Vorschriften läßt sich eine Art allgemeiner Rechtsgedanke entnehmen, daß der Abbau technischer Handelshemmnisse im Wege der gegenseitigen Anerkennung welthandelsrechtlich nicht zu beanstanden ist. Daher muß auch die Errichtung eines Integrationsabkommens, das gerade durch den Abbau technischer Handelshemmnisse über eine Zollunion hinausgeht, im Ergebnis zulässig sein.[1025]

Eine vertragliche Verankerung dieses Ergebnisses findet sich schließlich auch in den Art. V und V*bis* GATS. Während für den Warenhandel in Art. XXIV GATT ausdrücklich nur Zollunionen und Freihandelszonen angesprochen sind, ist Art. V GATS ganz allgemein mit „*Wirtschaftliche Integration*" überschrieben. Der Grund liegt darin, daß im Bereich des Dienstleistungsverkehrs weder Zölle noch mengenmäßige Beschränkungen die relevanten Handelshemmnisse darstellen. Vielmehr werden die Dienstleistungserbringer eines Importlandes durch nicht-tarifäre Handelshemmnisse geschützt.[1026] Art. V GATS gibt folglich nur dann Sinn, wenn über ihn auch der Abbau nicht-tarifärer Handelshemmnisse gerechtfertigt ist. Da eine Integrationszone, in deren Binnenhandel auch nicht-tarifäre Handelshemmnisse abgebaut werden, zwangsläufig

---

1022 *Weiß/Herrmann*, Welthandelsrecht, Rdn. 576.
1023 Vgl. hierzu *Ahn*, ITLR 2002, S. 85 (S. 89 f.).
1024 In diesem Sinne *Cremona*, CMLR 2001, S. 359 (S. 391).
1025 So auch im Ergebnis *Weiß/Herrmann*, Welthandelsrecht, Rdn. 627.
1026 *Senti*, WTO, Rdn. 491.

über eine Zollunion hinausgeht, sind von Art. V GATS auch weitergehende Integrationsformen, wie beispielsweise ein gemeinsamer Markt, umfaßt.[1027]

Bedenken werden in der Literatur aber dahingehend geäußert, daß die mit der gegenseitigen Anerkennung einhergehenden Verstöße gegen WTO-Recht nur dann gerechtfertigt sein könnten, wenn die gegenseitige Anerkennung für Drittstaaten offen ist, d.h. auch Produkte aus nicht am Abkommen beteiligten Staaten innerhalb der Integrationszone verkehrsfähig sind, wenn sie die entsprechenden Anforderungen erfüllen.[1028] Ansonsten bestünde die Gefahr, daß diese weitergehenden Integrationsformen neue Formen des Protektionismus schaffen.[1029]

Grundsätzlich ist dieser Einwand richtig, was sich schon aus dem Wortlaut der entsprechenden Vorschriften des SPS- und TBT-Abkommens ergibt. In Art. 4.1 ÜSPS ist die ausdrückliche Pflicht der WTO-Mitglieder normiert, Maßnahmen anderer Mitglieder als gleichwertig anzuerkennen. Nach Art. 2.7 ÜTBT haben WTO-Mitglieder die Anerkennung der Gleichwertigkeit wohlwollend zu prüfen, nach Art. 6.3 ÜTBT werden sie zum Abschluß entsprechender Abkommen ermutigt. Es besteht zwar keine bedingungslose Pflicht zur Weitergabe an Drittstaaten, jedoch müssen andere WTO-Mitglieder immer die Möglichkeit haben, unter bestimmten Umständen (beispielsweise nach dem Nachweis eines gleichwertigen Schutzniveaus oder dem Abschluß eines Abkommens über eine gegenseitige Anerkennung) an den im Rahmen der gegenseitigen Anerkennung gewährten Vergünstigungen teilnehmen zu können.

Eine Ausnahme von diesem Grundsatz ist jedoch für die EG zu machen. In ihrem Fall dürfen sich die beteiligten Mitgliedstaaten untereinander Vorteile im Wege der gegenseitigen Anerkennung gewähren, ohne die Maßnahmen anderer WTO-Mitglieder als gleichwertig anerkennen zu müssen.
Unterläge auch die EG der Verpflichtung zu einer offenen gegenseitigen Anerkennung, wären alle durch den Abbau technischer Handelshemmnisse geschaffenen Begünstigungen auf andere WTO-Vertragsparteien auszudehnen. Dies würde bedeuten, daß jede außereuropäische Vertragspartei, die die entsprechenden Standards erfüllt, Zugang zum europäischen Markt hat. Im Falle der EG kann eine unbeschränkte Marktöffnung aus mehreren Gründen aber nicht das richtige Ergebnis sein:

Ein erstes Indiz liefert die Staatenpraxis: So haben Drittstaaten von den EG-Mitgliedstaaten noch nie eine tatsächliche Ausdehnung der im Wege der gegenseitigen Anerkennung gewährten Präferenzen verlangt.[1030] Dies deutet darauf hin, daß Drittstaaten die EG selbst als die maßgebliche staatsrechtlich-politische Einheit ansehen, so daß es auf eine Meistbegünstigung zwischen ihren Mitgliedern nicht mehr ankommt.

Für diese Sichtweise spricht auch die Tatsache, daß die EG selbst Vertragspartei des GATT ist.[1031] Mit Unterzeichnung der Abschlußerklärung der Uruguay-Runde wurde

---

[1027] Im Ergebnis auch *Weiß/Herrmann*, Welthandelsrecht, Rdn. 602; *Mathis*, JWT 1998, S. 5 (S. 25).
[1028] Vgl. hierzu *Trachtmann*, JIEL 2003, S. 459 (S. 480 f.); *Hauser/Schanz*, Das neue GATT, S. 257.
[1029] *Lawrence*, Regionalism, S. 110.
[1030] *Eeckhout*, The European Internal Market, S. 276.
[1031] So auch *Eeckhout*, The European Internal Market, S. 277.

die EG gem. Art. XI ÜWTO zum 1.1.1995 ursprüngliches Mitglied der WTO.[1032] Damit besteht im Falle der EG eine Doppelmitgliedschaft, indem ihre einzelnen Mitgliedstaaten Vertragsparteien des ÜWTO sind, daneben aber auch die EG ihre eigene, spezielle Form der Mitgliedschaft besitzt.[1033] Bei Abstimmungen hat die EG die Zahl der Stimmen, die ihrer Mitgliederzahl entspricht.[1034] Doch bereits vor Abschluß der Marrakesch-Abkommen durch die Gemeinschaft war sie in die Verpflichtungen der Mitgliedstaaten im GATT eingetreten. Seit der sog. „Dillon-Runde" (1960-1961) nahm sie im eigenen Namen quasi wie eine GATT-Partei sui-generis die meisten GATT-Rechte und Pflichten war.[1035]

Auch das Selbstverständnis der EG deutet in diese Richtung. Sie tritt mit der Festlegung einheitlicher Grundsätze für die gemeinsame Handelspolitik in Art. 133 EGV als eine einzige Einheit im Welthandel auf.[1036] Für völkerrechtliche Verpflichtungen im Zollbereich und im Bereich des Warenhandels mit Drittstaaten, wie sie aus dem GATT und den multilateralen Warenhandelsabkommen nach Anhang 1A zum ÜWTO resultieren, ist nunmehr die EG ausschließlich zuständig.[1037] Die Mitgliedstaaten haben dagegen keine Außenwirtschaftskompetenz mehr. Dahinter steckt die Erkenntnis, daß ohne ein geschlossenes Auftreten der Gemeinschaft nach außen über den Umweg des Außenhandels auch das Funktionieren des Gemeinsamen Marktes beeinträchtigt werden könnte.[1038]

Auch ein Urteil des EuGH spricht für eine Anknüpfung an die EG selbst. Darin hatte der EuGH über eine Klage Italiens gegen eine Verordnung zur Umsetzung eines von

[1032] *Siebold*, Die Welthandelsorganisation, S. 60; abgesehen von dem Spezialfall der EU sind regionale Integrationszonen nicht automatisch Mitglieder der WTO und müssen daher grundsätzlich von den jeweils beteiligten Mitgliedstaaten vertreten werden. Was die Mitgliedschaft im GATT angeht, enthält Art. XXXIII GATT eine Beitrittsvorschrift. Danach können nicht nur Staaten Mitglieder im GATT sein, sondern auch jede Regierung, die im Namen eines gesonderten Zollgebietes handelt, welches in der Wahrnehmung seiner Außenhandelsbeziehungen und hinsichtlich der übrigen in diesem Abkommen behandelten Fragen völlige Handlungsfreiheit besitzt; vgl. *Petersmann*, in: *Hilf/Petersmann* (Hrsg.), GATT und die Europäische Gemeinschaft, S. 119 (S. 130); *Haller*, MERCOSUR, S. 382.

[1033] Vgl. dazu die folgenden Ausführungen unter Punkt II; ausführlich zum Verhältnis der EG zu ihren Mitgliedstaaten *Weiß/Herrmann*, Welthandelsrecht, Rdn. 117 ff.; *Abbott*, Law and Policy, S. 42 f.

[1034] Vgl. dazu ausführlich *Seidl-Hohenveldern/Loibl*, Das Recht der Recht der Internationalen Organisationen, Rdn. 0826; *Haller*, MERCOSUR, S. 388; allgemein zu dem durch die parallele Mitgliedschaft der EG und ihrer Mitgliedstaaten verursachten Problem der Stimmrechtsausübung *Herrmann*, in: *Bauschke* (Hrsg.), Pluralität des Rechts, S. 139 (S. 147 ff.).

[1035] Lediglich im Zusammenhang mit Budgetangelegenheiten traten die Mitgliedstaaten im eigenen Namen auf, vgl. dazu ausführlich *Petersmann*, in: *Hilf/Petersmann* (Hrsg.), GATT und die Europäische Gemeinschaft, S. 119 (S. 127); *Grabitz/v. Bogdandy/Nettesheim*, Außenwirtschaftsrecht, S. 65; *Weiß/Herrmann*, Welthandelsrecht, Rdn. 114.

[1036] Vgl. dazu und zu dem Problem verbleibender Zuständigkeiten der Mitgliedstaaten *Lenz*, EG-Kommentar, *Müller-Ibold*, Art. 133, Rdn. 1 ff.; *Grabitz/Hilf*, Das Recht der EU, *Vedder*, Art. 133, Rdn. 3 ff.; *v. Bogdandy/Nettesheim*, EuZW 1993, S. 465 (S. 465 ff.); *Nicolaysen*, in: FS für Schlochauer, S. 855 (S. 855 ff.).

[1037] Vgl. ausführlich zu der Kompetenzverteilung innerhalb der EG im Bereich des Welthandelsrechts *Weiß/Herrmann*, Welthandelsrecht, Rdn. 117 ff.; *Calliess/Ruffert*, EU/EG-Kommentar, *Hahn*, Art. 133, Rdn. 21 ff.; *Streinz*, Europarecht, Rdn. 624 ff.

[1038] *Grabitz/v. Bogdandy/Nettesheim*, Außenwirtschaftsrecht, S. 14 f.

der EG mit Australien und Thailand gemäß Art. XXIV Abs. 6 i.V.m. Art. XXVIII GATT abgeschlossenen Kompensationsabkommens zu entscheiden.[1039] Derartige Abkommen erfordern eine allseitig zufriedenstellende Einigung über die Kompensation für Anpassungen im Außenzoll der einer Zollunion beitretenden Länder.[1040] Italien hatte angeführt, daß es die Rechtmäßigkeit einer solchen Vereinbarung anfechten können müsse, da eine Überprüfung am GATT sonst nicht mehr vorgenommen werden könne. Generalanwalt Mischo wies dieses Vorbringen mit dem Hinweis zurück, daß die Einleitung eines Streitbeilegungsverfahrens vor den WTO-Gremien durch „andere Vertragsparteien" des GATT weiterhin möglich bleibe.[1041] Der EuGH und der Generalanwalt scheinen also davon auszugehen, daß Italien keine derartige dritte Vertragspartei sein könne, deren Rechte durch ein Kompensationsabkommen verletzt werden könnten.[1042]

Schließlich spricht ein praktisches Argument dafür, die EG im Bereich des Warenhandels als die maßgebliche staatsrechtlich-politische Einheit anzusehen und im Ergebnis eine Ausdehnung der gewährten Präferenzen auf Drittstaaten zu verneinen. Das Problem des Konzeptes der gegenseitigen Anerkennung sind die Unwägbarkeiten der Cassis-Rechtsprechung. Zwar versuchte und versucht der EuGH, relativ gefestigte Kriterien zur immanenten Einschränkung des Art. 28 EGV zu entwickeln, dennoch ist und bleibt seine Rechtsprechung eine Entscheidung des konkreten Einzelfalles.[1043] Für den internationalen Handel kommt das Problem hinzu, daß eine gegenseitige Anerkennung innerhalb der EG häufig erst mit erheblichen Zeitverzögerungen vor dem EuGH erkämpft werden muß.[1044] Nach wie vor wird die gegenseitige Anerkennung der nationalen Standards von den Mitgliedstaaten nicht als selbstverständliche Folge des freien Warenverkehrs wahrgenommen.[1045] Ist der innereuropäische Abbau technischer Handelshemmnisse schon mit solchen erheblichen Schwierigkeiten verbunden, erscheint eine Ausdehnung der Vergünstigungen auf Drittstaaten als annähernd unmöglich.[1046]

Aus diesen Gründen ist die EG als allein maßgebliche WTO-Vertragspartei anzusehen. Die Mitgliedstaaten sind hingegen materiell-rechtlich für Fragen des GATT nur noch regionale Untergliederungen der Vertragspartei „EG".[1047] Die Meistbegünstigungsverpflichtung des Art. I Abs. 1 GATT bzw. ihrer Pendants im SPS- und TBT-Abkommen greift aber nur zwischen WTO-Vertragsparteien. Ist allein auf die EG abzustellen, so hat dies zur Folge, daß die im Rahmen der gegenseitigen Anerkennung gewährten Vergünstigungen nicht am Meistbegünstigungsgrundsatz zu messen sind.[1048] Daher ist

---

[1039] EuGH, Rs. C-352/96, *Italien/Rat*, Slg 1998, I-6937 ff.
[1040] *Herrmann*, in: *Bauschke* (Hrsg.), Pluralität des Rechts, S. 139 (S. 153).
[1041] Schlußantrag des Generalanwalts Mischo zur Rs. C-352/96, *Italien/Rat*, Slg 1998, I-6937 (6943).
[1042] So *Herrmann*, in: *Bauschke* (Hrsg.), Pluralität des Rechts, S. 139 (S. 153); *Cremona*, CMLR 2001, S. 359 (S. 370).
[1043] So *Wetzig*, Einfluß der EG und der WTO, S. 34; *Streinz*, Europarecht, Rdn. 974.
[1044] *Eeckhout*, The European Internal Market, S. 284.
[1045] *Zipfel/Rathke*, Lebensmittelrecht, *Streinz*, Einführung B, Rdn. 55c.
[1046] So *Eeckhout*, The European Internal Market, S. 277.
[1047] In diesem Sinne wohl auch *Seidl-Hohenveldern/Loibl*, Das Recht der Recht der Internationalen Organisationen, Rdn. 0826.
[1048] So auch im Ergebnis *Herrmann*, in: *Bauschke* (Hrsg.), Pluralität des Rechts, S. 139 (S. 153).

der innereuropäische Abbau technischer Handelshemmnisse durch das Instrument der gegenseitigen Anerkennung im Ergebnis als WTO-konform zu beurteilen.

II. Abbau durch Harmonisierung

Neben der gegenseitigen Anerkennung kennt die EG ein zweites Instrument zur Herstellung des Binnenmarktes. Technische Handelshemmnisse können auch durch sekundärrechtliche Harmonisierung beseitigt werden, wobei diese in zwei Varianten, der vollständigen Harmonisierung und der Teilharmonisierung, vorkommt.
Durch eine Harmonisierung soll die Verringerung oder Abschaffung von Unterschieden zwischen den Rechts- und Verwaltungsvorschriften der Mitgliedstaaten erreicht werden, die sich auf die Errichtung oder das Funktionieren des Gemeinsamen Marktes bzw. des Binnenmarktes auswirken. Ausgehend von dieser Zielsetzung läßt sich der Begriff der Harmonisierung als ein Ersetzen von zumeist unterschiedlichen nationalen Rechtsvorschriften durch eine von den Gemeinschaftsorganen angeordnete Regelung umschreiben.[1049]
Hauptsächliche Instrumente zur Harmonisierung sind Verordnungen und Richtlinien. Auf welches Mittel die Gemeinschaft im Einzelfall zurückgreifen darf, ergibt sich aus der entsprechenden Ermächtigungsgrundlage. Im Bereich des Binnenmarktes, auf den es im Rahmen dieser Arbeit ausschließlich ankommt, kann die Gemeinschaft gemäß Art. 95 Abs. 1 S.2 EGV sowohl Richtlinien als auch Verordnungen erlassen. Der Unterschied zwischen Verordnung und Richtlinie ist jedoch nicht mehr so groß. Nach mittlerweile gefestigter Ansicht dürfen Richtlinien einen erheblichen Grad an Detailliertheit erreichen.[1050]
Wie bei der gegenseitigen Anerkennung stellt sich auch beim Instrument der Harmonisierung die Frage, wie der damit erreichte Abbau technischer Handelshemmnisse mit dem Welthandelsrecht zu vereinbaren ist, oder anders gefragt, ob eventuell gewährte Vergünstigungen innerhalb des EG-Binnenmarktes auch an dritte GATT-Partner weitergegeben werden müssen. Um die welthandelsrechtlichen Auswirkungen der sekundärrechtlichen Harmonisierung übersichtlicher darstellen zu können, wird im folgenden zwischen den beiden Harmonisierungsmethoden, der vollständigen Harmonisierung und der Teilharmonisierung, unterschieden.

1. Vollständige Harmonisierung

Von vollständiger Harmonisierung – auch bezeichnet als Vollharmonisierung, Totalharmonisierung oder absolute Harmonisierung – spricht man, wenn ein Mitgliedstaat innerhalb des Gegenstandsbereiches eines gemeinschaftlichen Rechtsaktes keinerlei abweichende Vorschriften erlassen darf, weder für den zwischenstaatlichen Verkehr

---

[1049] *Seidel*, EuR 1979, S. 171 (175).
[1050] So *Streinz*, Europarecht, Rdn. 387.

noch für reine Inlandssachverhalte.[1051] Die Mitgliedstaaten sind im vom Gegenstandsbereich gezogenen Rahmen nicht mehr befugt, andere als die im Rechtsakt genannten Voraussetzungen in ihre nationale Rechtsordnung aufzunehmen oder beizubehalten.[1052]

Ein Beispiel für eine Vollharmonisierung ist die bereits erwähnte EG-Verordnung Nr. 2136/89 der EWG über gemeinsame Vermarktungsnormen für Sardinenkonserven.[1053] Diese legte zum Zweck des Schutzes vor einer möglichen Irreführung der Verbraucher in Art. 2 fest, daß ausschließlich aus Fischen der Art *„Sardina pilchardus“* zubereitete Erzeugnisse in der Gemeinschaft als Sardinenkonserven vermarktet und bezeichnet werden dürfen.[1054]

Auch dem Hormonfleischfall lag eine vollständige Harmonisierung zugrunde. Die EG hatte im Interesse des Gesundheitsschutzes der Verbraucher mit einigen Richtlinien[1055] die Verwendung bestimmter Wachstumshormone für die Rinderaufzucht völlig verboten und ein Importverbot für entsprechendes Rindfleisch verhängt.[1056]

a) Anknüpfung an die EG oder ihre Mitgliedstaaten?

Zunächst ist bei der Beurteilung der WTO-Konformität einer Harmonisierungsmaßnahme die Frage nach dem richtigen Bezugsobjekt zu beantworten. Es könnten die EG-Mitgliedstaaten als Anknüpfungspunkte heranzuziehen sein, da sie im Falle des Ergehens einer Richtlinie diese in nationales Recht umsetzen müssen. Wählte man tatsächlich die EG-Mitgliedstaaten als Konfliktpartner, könnte Art. XXIV GATT als Rechtfertigung für die gemeinschaftlichen Vorschriften anzubringen sein. Die Harmonisierungsvorschriften wären dann Maßnahmen zur Verwirklichung des Integrationsraumes „EG“.

Eine solche Sichtweise ist jedoch aus zwei Gründen abzulehnen. Zum einen erfaßt Art. XXIV GATT gerade keine Zusammenschlüsse, die hinsichtlich des Integrationsniveaus über eine Zollunion oder Freihandelszone hinausgehen. Nicht zuletzt wegen des im Türkei-Textilfall entwickelten Notwendigkeitskriteriums des Appellate Body sind die durch den Abbau technischer Handelshemmnisse bedingten Verstöße gegen das Welthandelsrecht nicht über Art. XXIV GATT zu rechtfertigen.

Zum anderen ist aus den bereits bei der gegenseitigen Anerkennung angeführten Gründen im Sonderfall der EG nicht auf ihre Mitgliedstaaten, sondern auf die EG selbst als ausschlaggebende Vertragspartei abzustellen. Für den Fall der Vollharmonisierung ist dieses Ergebnis noch zwingender als bei der gegenseitigen Anerkennung.

[1051] *Streinz*, EUV/EGV, *Leible*, Art. 95 EGV, Rdn. 39; *Wagner*, Das Konzept der Mindestharmonisierung, S. 45 f.

[1052] *Slot*, ELRev. 1996, S. 378 (S. 382 f.); *Seidel*, Rechtsangleichung und Rechtsgestaltung, S. 23 f.

[1053] ABl. 1989 Nr. L 212, S. 79.

[1054] Der Sachverhalt findet sich so geschildert bei *Herrmann*, ZLR 2002, S. 537 (S. 537 f.).

[1055] Vgl. RL 96/23 über Kontrollmaßnahmen hinsichtlich bestimmter Stoffe und ihrer Rückstände in lebenden Tieren und tierischen Erzeugnissen, ABl. 1996 Nr. L 125, S. 10; ferner RL 80/146, ABl. 1980 Nr. L 70, S. 16 ff.; RL 96/22, ABl. 1996 Nr. L 125, S. 3.

[1056] Vgl. ausführlich zu dem zugrunde liegenden Sachverhalt und den Folgen des Urteils *Hilf/Eggers*, EuZW 1997, S. 559 (S. 559); *Wetzig*, Einfluß der EG und der WTO, S. 102 ff.; *Matsushita/Schoenbaum/Mavroidis*, The World Trade Organization, S. 495 ff.

Während bei einem Vorgehen im Wege der gegenseitigen Anerkennung die einzelnen Mitgliedstaaten selbst handeln und daher noch am ehesten daran zu denken wäre, auf diese abzustellen, geht eine vollständige Harmonisierung allein von der EG aus.
Im Falle einer Verordnung liegt dies auf der Hand. Verordnungen entfalten ihre Rechtswirkungen unmittelbar, also ohne jede Mitwirkung der Rechtssetzungsorgane der Mitgliedstaaten.[1057] Die nationalen Gesetzgebungsorgane werden nach dem Erlaß des Rechtsaktes auf Gemeinschaftsebene in keiner Weise mehr an dessen Bestätigung oder Umsetzung, sondern höchstens an dessen Vollzug beteiligt. Da bei einer vollständigen Harmonisierung auch kein materiell-inhaltlicher Umsetzungsspielraum der Mitgliedstaaten besteht, ist allein die EG für eine Regelung verantwortlich, was in hohem Maße dafür spricht, sie selbst als die verpflichtete Vertragspartei anzusehen.

Es kann aber keinen Unterschied machen, ob eine vollständige Harmonisierung auf einer Verordnung oder auf einer Richtlinie beruht. Eine solche formalistische Betrachtungsweise würde der Wirkungsstruktur von Richtlinien und der hohen Regelungsdichte, die diese heutzutage aufweisen, nicht gerecht.[1058] Auch Richtlinien sind im Falle der vollständigen Harmonisierung so ausgestaltet, daß inhaltlich keinerlei abweichende Vorschriften von einem Mitgliedstaat getroffen werden dürfen. Den Mitgliedstaaten ist die Befugnis genommen, andere als die im Rechtsakt genannten Voraussetzungen in ihre nationalen Rechtsordnungen aufzunehmen oder beizubehalten.[1059] Die von den Mitgliedstaaten in ihr innerstaatliches Recht umgesetzten Rechtsvorschriften bedeuten also kein „Mehr“ an potentieller Beeinflussung des internationalen Handels als in der Richtlinie vorgesehen.[1060] Selbst wenn es sich daher bei dem EG-Sekundärrechtsakt – wie regelmäßig – um eine Richtlinie handelt, die von den Mitgliedstaaten erst noch in einer nationalen Vorschrift umgesetzt werden muß, sind nicht die Mitgliedstaaten welthandelsrechtlich verpflichtet, sondern die EG selbst.

Für eine Anknüpfung an die WTO-Vertragspartei „Europäische Gemeinschaft“ spricht nicht zuletzt auch das Verständnis der übrigen WTO-Vertragsparteien und die Spruchpraxis der WTO-Streitbeilegungsorgane. Seit 1974 werden auf welthandelsrechtlicher Ebene nicht die EG-Mitgliedstaaten verklagt, wenn es die Rechtmäßigkeit einer sekundärrechtlich determinierten Maßnahme zu überprüfen gilt, sondern die Gemeinschaft selbst.[1061] Im Hormonfleischfall war dies der Fall, obwohl es sich um Richtlinien der EG handelte und es letztlich nationale Vorschriften waren, die zu einem Importverbot führten.

Aus diesen Gründen muß auch beim Abbau technischer Handelshemmnisse im Wege der vollständigen Harmonisierung die EG selbst und nicht ihre Mitgliedstaaten als Anknüpfungspunkt welthandelsrechtlicher Verpflichtungen gewählt werden.

[1057] *Beutler/Bieber/Pipkorn/Streil*, Die EU, Rdn. 390.
[1058] *Herrmann*, in: *Bauschke* (Hrsg.), Pluralität des Rechts, S. 139 (S. 154).
[1059] *Slot*, ELRev. 1996, S. 378 (S. 382 f.); *Seidel*, Rechtsangleichung und Rechtsgestaltung, S. 23 f.
[1060] *Eckert*, ZLR 1995, S. 363 (S. 390).
[1061] So auch *Eckert*, ZLR 1995, S. 363 (S. 390).

b) *Auswirkungen einer vollständigen Harmonisierung auf Drittstaaten*

Um die Frage nach möglichen welthandelsrechtlichen Spannungen beantworten zu können, muß zunächst untersucht werden, welche Auswirkungen ein Vorgehen der EG im Wege der vollständigen Harmonisierung auf Drittstaaten hat. Wie sich der Abbau technischer Handelshemmnisse im Innenverhältnis der EG-Mitgliedstaaten auswirkt, ist unerheblich, da auf die EG selbst abzustellen ist.
Scheiden die Mitgliedstaaten als Anknüpfungspunkte aus, müssen die Regelungen der EG selbst mit dem Welthandelsrecht vereinbar sein. Als eigenes Mitglied der WTO (vgl. Art. XI ÜWTO) unterliegt die EG den vollen welthandelsrechtlichen Verpflichtungen.[1062]
Bei einem Vorgehen im Wege der vollständigen Harmonisierung werden die zumeist unterschiedlichen nationalen Rechtsvorschriften durch eine von den Gemeinschaftsorganen angeordnete Regelung ersetzt. Nationale Regeln, Standards und technische Normen werden vereinheitlicht, um den Binnenmarkt zu verwirklichen. Dieses sekundärrechtliche Vorgehen der EG hat jedoch auch Außenwirkung. Die gegenüber Drittstaaten geltenden Standards der einzelnen EG-Mitgliedstaaten werden durch gemeinschaftliche Vorschriften geändert und ersetzt.[1063] Drittstaaten sehen sich nach einer erfolgten Rechtsvereinheitlichung in vielen Ländern anderen Anforderungen als zuvor ausgesetzt. Drittstaaten gegenüber stellen die sekundärrechtlichen Regelungen der EG folglich nichts anderes als neue technische Handelshemmnisse dar, die an den Vorgaben des Welthandelsrechts zu messen sind.

Es macht dabei keinen Unterschied, ob die EG durch Verordnungen oder durch Richtlinien harmonisierend tätig wird. Verordnungen ersetzen die nationalen Regeln unmittelbar, Art. 249 Abs. 2 S.2 EGV. Aber auch Richtlinien begründen direkt neue technische Handelshemmnisse, obwohl sie nach Art. 249 Abs. 3 EGV nur für die EG-Mitgliedstaaten verbindlich sind und ihnen daher eigentlich keine rechtliche Außenwirkung zukommt. Da bei einer vollständigen Harmonisierung die ins innerstaatliche Recht umgesetzten Regelungen inhaltlich exakt die Richtlinie wiedergeben, d.h. keinerlei inhaltliche Abweichungen treffen dürfen, ist unmittelbar auf die Richtlinie und nicht auf den nationalen Umsetzungsakt abzustellen. Hinzu kommt, daß die Gemeinschaft als „Verursacher“ auch dann in Anspruch genommen werden kann, wenn rein formal zwar eine nationale Regelung in Rede steht, mit dieser aber EG-Recht umgesetzt wird.[1064]

Die sekundärrechtliche Begründung neuer technischer Handelshemmnisse für den internationalen Handel wird sehr schön anhand der gewählten Beispiele deutlich. Vor Erlaß der Verordnung über gemeinsame Vermarktungsnormen für Sardinenkonserven

---

[1062] Als eigene Vertragspartei ist die EG gegenüber Drittstaaten völlig unzweifelhaft an die Vorgaben des Welthandelsrechts gebunden. Auf die Frage, welchen genauen Status das WTO-Recht in der innereuropäischen Rechtsordnung einnimmt, kommt es nicht an; vgl. dazu *Búrca/Scott*, in: *Búrca/Scott* (Hrsg.), The EU and the WTO, S. 1 (S. 5); *Búrca*, in: *Barnard/Scott* (Hrsg.), The Law of the Single European Market, S. 181 (S. 185).
[1063] *Seidel*, EuR 1979, S. 171 (175).
[1064] So *Eckert*, ZLR 1995, S. 363 (S. 390).

durften in einigen EWG-Mitgliedstaaten auch andere Fischsorten unter der Handelsbezeichnung „Sardinen“ unter Voranstellung ihres geographischen Herkunftsgebietes vermarktet werden.[1065] Nach der Rechtsvereinheitlichung mußten dieselben Fischarten andere, dem Verbraucher möglicherweise nicht oder weniger bekannte Bezeichnungen tragen. Drittstaaten gegenüber stellt dies ein neues technisches Handelshemmnis dar. Daneben führte die EG-Verordnung auch zu einer europaweiten Vereinheitlichung des Verbraucherleitbildes. Was zuvor noch unter einer Sardine verstanden wurde, unterfiel nun nicht mehr diesem Begriff. Dahingestellt bleiben kann an dieser Stelle, ob auch die vereinheitlichte Verbrauchererwartung selbst als neues technisches Handelshemmnis angesehen werden könnte.
Auch im Hormonfleischfall führte der harmonisierende Sekundärrechtsakt zu einem neuen technischen Handelshemmnis gegenüber Drittstaaten. Nach den EG-Richtlinien durften bestimmte Hormone im Tierbereich nicht mehr eingesetzt und schließlich hormonbelastetes Fleisch nicht mehr importiert werden.[1066]

c) Haftung der EG nach den Grundsätzen der völkerrechtlichen Verantwortlichkeit

Bevor auf mögliche Verletzung des Welthandelsrechts eingegangen werden kann, ist zu überprüfen, ob eine alleinige Haftung der EG überhaupt mit den Grundsätzen der völkerrechtlichen Verantwortlichkeit im Einklang steht oder ob danach nicht auch die EG-Mitgliedstaaten welthandelsrechtlich zur Verantwortung gezogen werden könnten.[1067]
Für die Begründung einer völkerrechtlichen Verantwortlichkeit einer internationalen Organisation sind zwei Kriterien entscheidend[1068]: Zunächst ist zu ermitteln, ob der internationalen Organisation Völkerrechtssubjektivität zukommt.[1069] Sodann ist festzustellen, ob ein Organverhalten vorliegt, das der Organisation als Völkerrechtssubjekt zurechenbar ist.
Bei einer internationalen Organisation ist zwischen der Völkerrechtsfähigkeit im Verhältnis zu ihren Mitgliedstaaten und zu Drittstaaten zu unterscheiden.[1070] Im Falle der EG ergibt sich erstere aus Art. 281 EGV, wonach die Gemeinschaft Rechtspersönlichkeit besitzt.[1071] Eine Völkerrechtssubjektivität gegenüber Drittstaaten läßt sich für die EG nach allgemeinem Völkerrecht nur durch eine direkte oder indirekte Anerkennung

---

[1065] Ausführlich zum Sachverhalt des Sardinenfalls *Herrmann*, ZLR 2002, S. 537 (S. 537 f.).
[1066] Siehe hierzu ausführlich *Hilf/Eggers*, EuZW 1997, S. 559 (S. 559); *Wetzig*, Einfluß der EG und der WTO, S. 102 ff.; *Matsushita/Schoenbaum/Mavroidis*, The World Trade Organization, S. 495 ff.
[1067] Ausführlich zum Begriff der völkerrechtlichen Verantwortlichkeit bzw. Haftung *Schmalenbach*, Die Haftung Internationaler Organisationen, S. 35 ff.
[1068] *Ipsen*, Völkerrecht, *Ipsen*, S. 657.
[1069] Zur Entstehung der Völkerrechtssubjektivität von internationalen Organisationen vgl. *Seidl-Hohenveldern/Loibl*, Das Recht der Internationalen Organisationen, Rdn. 301 ff.; *Vitzthum*, Völkerrecht, *Klein*, S. 283 ff.; *Nolte*, Die völkerrechtliche Vertragspraxis der EG, S. 44 ff.
[1070] *Schweitzer*, Staatsrecht III, Rdn. 692 ff.
[1071] Vgl. dazu *Streinz*, Europarecht, Rdn. 590.

begründen.[1072] Mit der namentlichen Nennung der EG in der Sondervorschrift des Art. XI Abs. 1 ÜWTO ist die Völkerrechtssubjektivität der EG im WTO-Übereinkommen ausdrücklich anerkannt. Gleichzeitig sind auch die EG-Mitgliedstaaten WTO-Vertragsparteien, ohne daß dadurch EG und EG-Mitgliedstaaten mehr Mitgliedsrechte als ein anderes WTO-Mitglied erhalten (Art. XIV ÜWTO). Es kommt zum Phänomen der parallelen Mitgliedschaft der EG und ihrer Mitgliedstaaten in einer internationalen Organisation.[1073] In einer solchen Situation wird die Mitgliedschaft der EG fast immer von einer sog. „*Kompetenzerklärung*" abhängig gemacht, die den anderen Vertragsparteien klarmacht, in welchen Sachbereichen die EG anstelle der Mitgliedstaaten Rechte ausübt.[1074] Bei Gründung der WTO wurde eine solche Erklärung von den übrigen Vertragsparteien jedoch nicht eingefordert.[1075]

Der Grund lag in der jahrzehntelangen de facto-Beteiligung der EG unter Geltung des GATT-1947. Das GATT, unterzeichnet am 30.10.1947 und seitdem provisorisch angewendet, bestand schon vor Gründung der Europäischen Gemeinschaften. Mit der Errichtung der Zollunion zum 1.7.1968 zwischen den damaligen EWG-Mitgliedstaaten ging die für die Mitwirkung im GATT wesentliche Kompetenz für die Außenhandelspolitik gemäß Art. 113 EWGV auf die EWG über. Als praktische Konsequenz trat daher die EWG-Kommission beim GATT als Verhandlungsführerin auf, obwohl die EWG selbst keinen förmlichen Mitgliedstatus hatte.[1076] Aus Sicht des GATT war sie lediglich de facto-Mitglied, während die Mitgliedstaaten der EWG de jure-Mitglieder blieben.[1077]
Gemeinschaftsrechtlich bestätigte der EuGH diese Einschätzung: Im Verfahren „*International Fruit Company*" stellte er fest, daß die EWG in die mitgliedstaatlichen Verpflichtungen aus dem GATT eingerückt sei und dieses daher für die EWG verbindliche Wirkung entfalte.[1078] Im Rahmen der Uruguay-Runde des GATT wurde die de facto-Stellung der EG dann rechtlich festgeschrieben.[1079] Da bei Gründung der WTO zwischen den Mitgliedstaaten und der EG keine Einigung über den Umfang und die Exklusivität der EG-Kompetenzen erzielt werden konnte, sah das WTO-Abkommen in Art. XI Abs. 1 die Möglichkeit der Mitgliedschaft sowohl der EG als auch ihrer Mitgliedstaaten als ursprüngliche Mitglieder der WTO vor.[1080] Der Kompetenzkonflikt wurde vom EuGH im *Gutachten 1/94* zugunsten einer gemischten Kompetenz der EG und ihrer Mitgliedstaaten für die Bereiche des Handels mit Dienstleistungen und des

---

[1072] Ausführlich dazu *Hartwig*, Die Haftung der Mitgliedstaaten für Internationale Organisationen, S. 38 ff.; *Schmalenbach*, Die Haftung Internationaler Organisationen, S. 58 ff.; *Nolte*, Die völkerrechtliche Vertragspraxis der EG, S. 136.

[1073] Eingehend zu dieser Problematik *Herrmann*, in: *Bauschke* (Hrsg.), Pluralität des Rechts, S. 139 (S. 140 ff.).

[1074] Ein Beispiel hierfür findet sich im Anhang II des Beschlusses zur Seerechtskonvention, ABl. 1998 Nr. L 179, S. 129 ff.

[1075] Ausführlich dazu *Frid*, The Relations between the EC and International Organizations, S. 325 ff.

[1076] Dazu *Conze*, Die völkerrechtliche Haftung der Europäischen Gemeinschaft, S. 87.

[1077] Vgl. hierzu ausführlich *Berrisch*, Der völkerrechtliche Status der Europäischen Wirtschaftsgemeinschaft im GATT, S. 85 ff.

[1078] EuGH, verb. Rs. 24-27/72, *International Fruit Company*, Slg 1972, S. 1219 ff.

[1079] *Sack*, ZEuS 2001, S. 267 (S. 275).

[1080] Vgl. dazu *Herrmann*, in: *Bauschke* (Hrsg.), Pluralität des Rechts, S. 139 (S. 146 f.).

Schutzes des geistigen Eigentums entschieden.[1081] Da das WTO-Abkommen aber GATT, GATS und TRIPS als gemeinsamen und einheitlichen Mindestpflichtenkatalog (*single undertaking approach*) ausgestaltet hat, war das WTO-Abkommen insgesamt als sog. „*gemischtes Abkommen*" durch die Gemeinschaft abzuschließen.[1082]

Mit der Völkerrechtsfähigkeit der EG liegt eine Voraussetzung für ihre Haftung vor. Es stellt sich aber die Frage, ob der EG auch das Handeln ihrer Mitgliedstaaten zurechenbar ist oder anders gefragt, ob die eigene Völkerrechtspersönlichkeit der EG eine konkurrierende oder subsidiäre Haftung der Mitgliedstaaten ausschließt. Unzweifelhaft können sowohl die Gemeinschaft als auch die EG-Mitgliedstaaten durch ihr Handeln gegen das WTO-Recht verstoßen, auch wenn hinsichtlich der GATT-Verpflichtungen inhaltlich nur an die EG anzuknüpfen ist.[1083] Dies ist nicht mehr als die logische Konsequenz der Dominanz mitgliedstaatlicher Vollziehung des Gemeinschaftsrechts.[1084] Die Frage nach dem richtigen Haftungssubjekt ist außerordentlich umstritten. Die Bandbreite reicht von der parallelen Haftung von Mitgliedstaaten und Organisation und der subsidiären Haftung der Mitgliedstaaten über die Einzelfallbetrachtung bis zum völligen Haftungsausschluß der Mitgliedstaaten.[1085] Auch die ILC beschäftigte sich mit der Problematik und entschied, das Thema „Responsibility of international organizations" in ihr Langzeitarbeitsprogramm aufzunehmen, bis jetzt aber ohne erwähnenswerte Ergebnisse.[1086] Die Spruchpraxis internationaler Gerichte und die Völkerrechtslehre tendieren zum Grundsatz einer Alleinhaftung der Organisation.[1087] Die völkerrechtliche Verselbständigung internationaler Organisationen soll die Mitglieder regelmäßig vor einer eigenen Haftung schützen.[1088]

Eine Ausnahme wird von vielen Stimmen in der Literatur für die EG gemacht und zwar vor allem dann, wenn sie sich zum Abschluß eines völkerrechtlichen Vertrages eines gemischten Abkommens bedienen muß. Wie im Fall des WTO-Abkommens soll dann eine gemeinschaftliche Haftung der EG und ihrer Mitgliedstaaten eingreifen.[1089] Als Argument wird unter anderem angeführt, daß bei einem gemischten Abkommen für einen Drittstaat die gemeinschaftsinterne Zuständigkeitsverteilung nicht ohne weiteres erkennbar sei. Ein Drittstaat sei nicht verpflichtet, den jeweiligen Stand der Kompetenzverteilung zu ermitteln und bei der Befolgung eines völkerrechtlichen Anspruchs den Anspruchsgegner dementsprechend zu bestimmen.

[1081] EuGH, *Gutachten 1/94*, Slg 1994, S. I-5267 ff.

[1082] Vgl. Art. II Abs. 2 ÜWTO; siehe dazu auch *Meng*, in: *Müller-Graff* (Hrsg.), Die Europäische Gemeinschaft in der Welthandelsorganisation, S. 63 ff.

[1083] So auch *Herrmann*, in: *Bauschke* (Hrsg.), Pluralität des Rechts, S. 139 (S. 154 f.).

[1084] Vgl. hierzu *Streinz*, Europarecht, Rdn. 464 ff.; *Weiß/Herrmann*, Welthandelsrecht, Rdn. 135.

[1085] Ein Überblick findet sich bei *Haltern*, ZVglRWiss 1994, S. 221 (S. 226).

[1086] Siehe dazu ILC Report 2002, Rdn. 458; eingehend auch *Vitzthum*, Völkerrecht, *Klein*, S. 287; *Nolte*, Die völkerrechtliche Vertragspraxis der EG, S. 106 ff.

[1087] Vgl. dazu *Herdegen*, Völkerrecht, § 10, Rdn. 20; *Vitzthum*, Völkerrecht, *Klein*, S. 287; *Ipsen*, Völkerrecht, *Ipsen*, S. 462.

[1088] *Nolte*, Die völkerrechtliche Vertragspraxis der EG, S. 140 f.

[1089] So *Petersmann*, in: *Müller-Graff* (Hrsg.), Die Europäische Gemeinschaft in der Welthandelsorganisation, S. 81 (S. 82); *Bleckmann*, EuR 1976, S. 301 (S. 301 ff.); *Ott*, GATT und WTO im Gemeinschaftsrecht, S. 212; *Herrmann*, in: *Bauschke* (Hrsg.), Pluralität des Rechts, S. 139 (S. 157 f.).

Im Bereich des Güterhandels, auf den sich diese Arbeit beschränkt, kann diese Argumentation jedoch nicht überzeugen. Richtig ist zwar, daß die EG im Falle der WTO keine Kompetenzerklärung abgegeben hat. Dennoch ist es für Drittstaaten völlig klar, daß im Bereich des Außenhandels mit Waren allein die EG zuständig ist. Bereits unter Geltung des GATT-1947 hatten die Mitgliedstaaten ihre Außenwirtschaftskompetenz zunehmend an die EWG abgegeben. Die gemeinsame Handelspolitik im Wirtschaftsverkehr mit Drittstaaten wurde durch Art. 113 EWGV, nunmehr Art. 133 EGV, zur alleinigen Kompetenz der EWG bzw. EG. Diese an sich keine Außenwirkung entfaltende innereuropäische Zuständigkeitsverschiebung wurde von den Handelspartnern akzeptiert und der EG der Status einer GATT-Vertragspartei eingeräumt.[1090] Ein Ignorieren der innereuropäischen Kompetenzverteilung hätte bedeutet, mit Vertragsparteien zu verhandeln, die keine Kompetenz mehr haben, das Vereinbarte umzusetzen.[1091] Wegen der ausschließlichen Zuständigkeit für die gemeinsame Handelspolitik wurde die EG in der Uruguay-Runde als Mitglied der WTO zugelassen. Im Gutachten 1/94 legte der EuGH die Gemeinschaftskompetenzen im WTO-Bereich dahingehend aus, daß Art. 133 EGV für den Güterhandel eine ausschließliche Gemeinschaftskompetenz begründet.[1092] Spätestens ab diesem Zeitpunkt war die gemeinschaftsinterne Zuständigkeitsverteilung im Bereich des Warenhandels für alle Drittstaaten ohne weiteres erkennbar. Auch ohne ausdrückliche Kompetenzerklärung müssen sich Drittstaaten nunmehr die innereuropäische Kompetenzverteilung entgegenhalten lassen. Gegenüber anderen WTO-Vertragsparteien haftet also allein die EG, wenn sie intern nach Art. 133 EGV ausschließlich zuständig ist und zwar auch dann, wenn innergemeinschaftlich letztlich doch die EG-Mitgliedstaaten für die Umsetzung einer Verpflichtung verantwortlich sind.

Zwar wird die gemeinsame Handelspolitik nach Art. 133 EGV im EGV nicht ausdrücklich definiert, deutlich wird aber, daß es sich dabei um die Handelsbeziehungen der Gemeinschaft mit dritten Staaten, also Nicht-EG-Staaten handelt.[1093] Da ein Vorgehen der Gemeinschaft im Wege der Vollharmonisierung – wie dargestellt – immer Auswirkungen auf die Handelsbeziehungen mit Drittstaaten hat, wird die Gemeinschaft in diesen Fällen stets nach Art. 133 Abs. 1 EGV ausschließlich zuständig. Die bis dahin bestehenden Kompetenzen der EG-Mitgliedstaaten für die betreffende Sachmaterie entfallen.[1094] Im Bereich des Warenhandels ist dies für Drittstaaten ersichtlich, so daß kein Bedürfnis besteht, neben der EG auch ihre Mitgliedstaaten völkerrechtlich haften zu lassen. Die mitgliedstaatlichen Vorschriften zur Umsetzung der sekundärrechtlichen Vorgaben sind vielmehr der EG zuzurechnen. Sie ist also auch nach völkerrechtlichen Grundsätzen alleiniges Haftungsobjekt.[1095]

[1090] In diesem Zusammenhang ist von einer Funktionsnachfolge der EG in die Mitgliedschaftsstellung der EG-Mitgliedstaaten die Rede, so EuGH, verb. Rs. 24-27/72, *International Fruit Company*, Slg 1972, S. 1219 (S. 1227 ff.); dazu *Streinz*, Europarecht, Rdn. 598.

[1091] So auch *Sack*, ZEuS 2001, S. 267 (S. 275).

[1092] EuGH, *Gutachten 1/94*, Slg 1994, S. I-5267 (S. 5276 ff.).

[1093] *Bleckmann*, Europarecht, *Pieper*, Rdn. 1424.

[1094] Daher ist in diesem Zusammenhang von einer Ähnlichkeit zu einer konkurrierenden Gemeinschaftszuständigkeit die Rede, nach der die Mitgliedstaaten so lange zuständig sind, bis die EG selbst Rechtsakte erläßt, vgl. dazu *Streinz*, Europarecht, Rdn. 132.

[1095] So auch im Ergebnis *Conze*, Die völkerrechtliche Haftung der Europäischen Gemeinschaft, S. 75.

d) Konflikte mit dem Welthandelsrecht

Die Errichtung neuer technischer Handelshemmnisse durch das sekundärrechtliche Vorgehen der EG unterliegt in vollem Umfang den welthandelsrechtlichen Vorgaben. Maßstab sind, wie schon bei der gegenseitigen Anerkennung, die Art. I, III und XI GATT sowie die Vorschriften des SPS- und TBT-Abkommens.

aa) Art. I Abs. 1 GATT

Im Unterschied zur gegenseitigen Anerkennung führt ein Vorgehen im Wege der vollständigen Harmonisierung zu keinen Konflikten mit dem Meistbegünstigungsgrundsatz. Die Sekundärrechtsakte der EG betreffen alle Produkte gleichermaßen. Es kommt gerade zu keinen Ausnahmen für bestimmte Staaten, was bei der gegenseitigen Anerkennung der Auslöser für ein Eingreifen des Art. I Abs. 1 GATT war. Die Vorgehensweise der EG im Bereich sekundärrechtlicher Harmonisierung kommt in der Entscheidung des Rates vom 15.1.1980 über Bestimmungen zur Festlegung und Anwendung technischer Vorschriften und Normen sehr deutlich zum Ausdruck.
Dort heißt es in Art. 1 Abs. 1:

„Die in den Richtlinien zur Beseitigung der technischen Hemmnisse im innergemeinschaftlichen Handel vorgesehenen technischen Regelungen, Normen und Bescheinigungs- und Kontrollsysteme sind entsprechend den gegebenenfalls in diesen Richtlinien festgelegten besonderen Bedingungen auf alle Erzeugnisse im Gemeinsamen Markt anwendbar, und zwar unabhängig von ihrem Ursprung [...]".[1096]

Sekundärrechtliche Vorgaben dürfen demnach niemals diskriminierend ausgestaltet werden. Sie haben alle Produkte zu erfassen, die in der Gemeinschaft in den Verkehr gebracht werden, ohne danach zu unterscheiden, ob die Waren in der Gemeinschaft selbst produziert oder aus Drittstaaten importiert wurden.[1097] Diese Vorgehensweise verhindert Ungleichbehandlungen zwischen einzelnen Drittstaaten, womit der Meistbegünstigungsverpflichtung des Art. I Abs. 1 i.V.m. Art. III Abs. 4 GATT genüge getan ist.

bb) Art. III Abs. 4 GATT

Der Inländergleichbehandlungsgrundsatz nach Art. III Abs. 4 GATT ist verletzt, wenn der Anwendungsbereich des Art. III Abs. 4 GATT in Abgrenzung zu Art. XI Abs. 1 GATT eröffnet ist und in vergleichbaren Sachverhalten eingeführte Waren tatsächlich ungleich behandelt werden.
Bei technischen Handelshemmnissen ist in der Regel nur das Diskriminierungsverbot des Art. III GATT zu beachten, es sei denn, die nationale Regelung differenziert zwischen inländischen und ausländischen Waren und besteht in einem direkten Einfuhrverbot, welches bereits im Zeitpunkt des Grenzübertrittes bzw. der Zollabfertigung

---

[1096] ABl. 1980 Nr. L 14, S. 36.
[1097] Vgl. dazu auch *Eeckhout*, The European Internal Market, S. 270 f.

durchgesetzt wird. Zu dieser speziellen Konstellation kommt es bei europäischen Harmonisierungstätigkeiten aber nicht, da sekundärrechtliche Vorgaben formal keine Unterschiede zwischen in- und ausländischen Produkten machen. Für Richtlinien ergibt sich dies ausdrücklich aus der Entscheidung des Rates vom 15.1.1980 über Bestimmungen zur Festlegung und Anwendung technischer Vorschriften und Normen. Der Anwendungsbereich des Art. III Abs. 4 GATT ist damit stets eröffnet.

Die entscheidende Frage lautet sodann, ob sich die unterschiedslos anwendbaren Vorschriften tatsächlich auch nicht-diskriminierend auswirken. Ist dies der Fall, so verbleibt den WTO-Mitgliedstaaten ein gewisser Spielraum für die einzelstaatliche Interessensverfolgung. Dies folgt aus der Beschränkung des GATT auf ein Diskriminierungsverbot. Daher ist ein vollständig harmonisierender Sekundärrechtsakt immer dann als WTO-konform einzustufen, wenn sich seine Zulässigkeit nur nach dem GATT und nicht nach den Sonderabkommen bemißt und sich die Regelung unterschiedslos auf in- und ausländische Produkte auswirkt.
Genau aus diesem Grund hatte sich die EG im Hormonfleischfall auf ihr souveränes Recht berufen, über die Hormonverwendung selbst entscheiden zu dürfen.[1098] Sie behauptete, GATT-rechtlich nur durch das Nichtdiskriminierungsgebot in Art. III GATT eingeschränkt zu sein. Dies aber lasse ein unterschiedslos anwendbares Hormonverbot für heimische und importierte Ware zu.

Nach Sinn und Zweck des Art. III Abs. 4 GATT liegt eine Schlechterbehandlung vor, wenn sich eine hoheitliche Maßnahme, sei es tatsächlich oder potentiell, innerhalb einer nationalen Volkswirtschaft negativ auf die Wettbewerbschancen einer eingeführten Ware im Verhältnis zu gleichartigen inländischen Waren auswirkt.[1099] Dies ist immer dann der Fall, wenn eingeführten Waren nicht in wirksamer Weise die gleichen Wettbewerbsmöglichkeiten eingeräumt werden wie gleichartigen inländischen Waren.[1100]
Ein Beispiel für eine Ungleichbehandlung i.S.d. Art. III Abs. 4 GATT bietet der Sardinenfall. Das Panel und der Appellate Body gingen in ihren Berichten auf eine Verletzung des Art. III GATT nicht ein, da sie sich auf eine Prüfung des spezielleren TBT-Abkommens beschränkten. Zur Verdeutlichung soll dennoch die GATT-Konformität der EG-Verordnung über gemeinsame Vermarktungsnormen für Sardinenkonserven untersucht werden.

Als Sardinenkonserven durften nach der EG-Verordnung allein Erzeugnisse aus Fischen der Art *Sardina pilchardus* vermarktet und bezeichnet werden. Diese Spezies ist unter anderem im Nordost-Atlantik, also in europäischen Fischgründen, beheimatet. Fischen der Art *Sardinops sagax,* wie sie überwiegend vor den Küsten Perus vorkommen, war der Vertrieb unter der Bezeichnung „Sardine" hingegen verwehrt. Geht man zu Recht davon aus, daß Produkte aus beiden Fischarten gleichartig sind[1101], liegt eine

[1098] Vgl. hierzu *Hilf/Eggers*, EuZW 1997, S. 559 (S. 560).
[1099] Mit einer lesenswerten Herleitung *Tietje*, Normative Grundstrukturen, S. 242.
[1100] *Prieß/Berrisch*, WTO-Handbuch, *Berrisch*, S. 95.
[1101] Allein aus dem protektionistischen Charakter der EG-rechtlichen Regelung ergibt sich wohl schon die Gleichartigkeit der Produkte, so *Tietje*, Normative Grundstrukturen, S. 236; *Prieß/Berrisch*, WTO-Handbuch, *Berrisch*, S. 88 f.

Verletzung des Art. III Abs. 4 GATT vor. Durch die sekundärrechtliche Regelung verschlechterten sich die Wettbewerbschancen peruanischer Fischkonserven in der EG erheblich. Die EG-Verordnung machte es peruanischen Anbietern unmöglich, Konserven unter der Bezeichnung „Sardinen" in die EG einführen, da es in ihren Fischgründen keine Fische der Art Sardina pilchardus gab. Peruanische Erzeugnisse konnten auf dem „Markt der Sardinen" nicht mehr in direkten Wettbewerb zu europäischen Produkten treten.

cc) Art. XI Abs. 1 GATT

Konflikte mit Art. XI Abs.1 GATT treten beim innereuropäischen Abbau technischer Handelshemmnisse im Wege der Vollharmonisierung nicht auf. In Abgrenzung zu Art. III Abs. 4 GATT ist der Anwendungsbereich des Art. XI Abs. 1 GATT nur eröffnet, wenn eine Maßnahme zwischen inländischen und eingeführten Waren differenziert und tatsächlich der Marktzugang geregelt, also direkt beim Import angesetzt wird. Da sekundärrechtliche Vorgaben der EG formal keine Unterschiede zwischen in- und ausländischen Produkten machen, findet Art. XI Abs. 1 GATT keine Anwendung.

dd) Verpflichtungen des SPS- und TBT-Abkommens

Nach der Konzeption des GATT dürfen WTO-Mitgliedstaaten jede ordnungspolitische Maßnahme ergreifen, die sich unterschiedslos auf inländische und eingeführte Produkte auswirkt.[1102] Insoweit verbleibt den Vertragsparteien ein gewisser Spielraum zur einzelstaatlichen Interessensverfolgung. Wegen dieser Schwäche des GATT kamen die Vertragsparteien in der Uruguay-Runde überein, neue und strengere Regeln zur Kontrolle technischer Handelshemmnisse zu erlassen. Mit dem TBT- und SPS-Abkommen sollte ein befriedigender Schutz vor technischen Handelshemmnissen geschaffen werden.[1103] Insbesondere sollte den Vertragsparteien die Möglichkeit genommen werden, ihren einzelstaatlichen Spielraum zu protektionistischen Zwecken einzusetzen. Dazu wurden im TBT- und SPS-Abkommen spezifische Anforderungen aufgestellt, die technische Handelshemmnisse auch dann zu erfüllen haben, wenn sie sich unterschiedslos auf in- und ausländische Produkte auswirken. Für die von ihnen umfaßten Bereiche beinhalten beide Sonderabkommen ein Beschränkungsverbot.

Beim innereuropäischen Abbau technischer Handelshemmnisse im Wege der vollständigen Harmonisierung sind also nicht nur die Vorschriften des GATT, sondern auch die des TBT- und SPS-Abkommens zu beachten, sobald der sachliche Anwendungsbereich der Sonderabkommen eröffnet ist.

Wie die Sonderabkommen die nach dem GATT vorgesehene ordnungspolitische Handlungsfreiheit der WTO-Mitglieder einschränken, wurde ganz besonders im Hormonfleischfall deutlich. In seinem Bericht stellte der Appellate Body trotz der nichtdiskriminierenden Ausgestaltung der europäischen Richtlinien einen Verstoß der EG

[1102] So auch *Bourgois*, CMLR 1982, S. 5 (S. 8); *Prieß/Berrisch*, WTO-Handbuch, *Tietje*, S. 300; *Tietje*, Normative Grundstrukturen, S. 244.

[1103] *Meng*, RIW 1989, S. 544 (S. 550).

gegen die Pflicht zur Risikoabschätzung aus Art. 5.1 ÜSPS fest.[1104] International akzeptierte Grenzwerte hatten nur eine geringere Belastung mit den entsprechenden Hormonen zugelassen. Zwar gab der Appellate Body den WTO-Mitgliedern mehr Freiheit bei der Risikoabschätzung als zuvor das Panel, dennoch hatte die EG die für ein Abweichen notwendige Risikoabschätzung wissenschaftlich nicht hinreichend belegt.[1105]
Auch im Sardinenfall war ein Sonderabkommen ausschlaggebend. In seinem Bericht folgte der Appellate Body dem Panel[1106] und kam zu dem Ergebnis, daß die EG-Verordnung gegen Art. 2.4 ÜTBT verstoße.[1107] Die Verordnung hatte dazu geführt, daß bestimmte Fischarten nicht mehr unter der Handelsbezeichnung Sardinen unter Voranstellung ihres geographischen Herkunftsgebietes vermarktet werden durften und nunmehr andere, dem Verbraucher möglicherweise nicht oder weniger bekannte Bezeichnungen tragen mußten. Auch im Sardinenfall existierten aber internationale Standards, die ein Inverkehrbringen bei Anfügung einer Herkunftsbezeichnung ermöglichten und von denen die EG ohne hinreichende Rechtfertigung abgewichen war.[1108]

Ein Verstoß gegen die Sonderabkommen hat zur Folge, daß sekundärrechtlich determinierte Regelungen in Erfüllung völkervertraglicher Pflichten bezüglich der Außenwirtschaft verändert werden müssen. Höhere EG-Standards können Drittstaatenprodukten nicht mehr entgegengehalten werden. Die im Binnenmarkt ansässigen Produzenten können aber weiterhin den höheren Anforderungen unterworfen werden.[1109]
Das Welthandelsrecht hat damit zur Folge, daß Drittlandswaren niedrigere Anforderungen erfüllen müssen als europäische Produkte. Es tritt im Verhältnis EG-Recht zum Welthandelsrecht die aus dem Verhältnis EG-Recht zum nationalen Recht bekannte Problematik der Inländerdiskriminierung auf. Werden EG-Mitgliedstaaten schlechter gestellt als Drittstaaten, spricht man in diesem Zusammenhang von einer sog. EU-Inländerdiskriminierung.[1110] Deren Zulässigkeit ist aber keine Frage des Welthandelsrechts, sondern des EG-Rechts.[1111]

2. Mindestharmonisierung

Die EG ist nicht auf das Instrument der Vollharmonisierung beschränkt. Sie kann auch teilweise harmonisierend tätig werden. Von teilweiser Harmonisierung – gleichbedeutend mit den Begriffen der unvollständigen oder partiellen Harmonisierung – spricht man, wenn die Kriterien für eine Vollharmonisierung nicht erfüllt sind. Dies ist zum einen der Fall, wenn sich aus dem Text des Rechtsaktes ergibt, daß für inländische

---

[1104] Appellate Body, *EC - Measures Concerning Meat and Meat Products*, WT/DS48/AB/R, WT/DS26/AB/R, Rdn. 208.
[1105] Vgl. dazu ausführlich *Eggers*, EuZW 1998, S. 147 (S. 149).
[1106] Panel, *EC – Trade Description of Sardines*, WT/DS231/R, Rdn. 7.103 ff.
[1107] Appellate Body, *EC – Trade Description of Sardines*, WT/DS231/AB/R, Rdn. 196 ff.
[1108] Ausführlich zum Sardinenfall *Herrmann*, ZLR 2002, S. 537 (S. 537 ff.) und S. 794 (S. 796 ff.).
[1109] So auch *Weiß/Herrmann*, Welthandelsrecht, Rdn. 149.
[1110] So *Weiß*, EuR 1999, S. 499 (S. 504).
[1111] Vgl. dazu ausführlich *Wetzig*, Einfluß der EG und der WTO, S. 109 ff.

Waren abweichende Vorschriften zulässig sein sollen. Die Standardregeln des Rechtsaktes müssen dann nur auf importierte Produkte angewendet werden (sog. *„optionelle Harmonisierung“*). Daneben können sich im Text des Rechtsaktes auch Öffnungsklauseln für den zwischenstaatlichen Verkehr der EG-Mitglieder befinden (sog. *„Mindestharmonisierung“*).[1112] Eine Mindestharmonisierung zeichnet sich durch das Aufstellen von Minimalstandards aus, die von den nationalen Rechtsordnungen übernommen werden müssen, während es den Mitgliedstaaten freigestellt bleibt, im nationalen Recht strengere Vorschriften sowohl für die heimische als auch für die Importproduktion beizubehalten oder zu treffen.[1113]

Von welthandelsrechtlichem Interesse ist allein der Abbau technischer Handelshemmnisse im Wege der Mindestharmonisierung, da nur sie Auswirkungen auf Drittstaaten haben kann. Bei der optionellen Harmonisierung ist ein Drittstaatenbezug nicht möglich, da sie nur für rein inländische Sachverhalte abweichende Standards zuläßt.[1114] Zur Verdeutlichung der welthandelsrechtlichen Auswirkungen einer Mindestharmonisierung bietet sich ein häufig diskutiertes Beispiel an:

Am 5.6.2001 wurde die auf Art. 95 und 133 EGV gestützte Richtlinie 2001/37/EG des Europäischen Parlaments und des Rates zur Angleichung der Rechts- und Verwaltungsvorschriften der Mitgliedstaaten über die Herstellung, die Aufmachung und den Verkauf von Tabakerzeugnissen (nachfolgend *„Tabakrichtlinie“*) unterzeichnet.[1115] Welche Überlegungen der Richtlinie zugrunde lagen, läßt sich ihrer zweiten und dritten Begründungserwägung entnehmen. Danach sollen durch die Tabakrichtlinie die Handelshemmnisse beseitigt werden, die sich aus den wesentlichen Unterschieden der Rechts- und Verwaltungsvorschriften der Mitgliedstaaten für die Herstellung, die Aufmachung und den Verkauf von Tabakerzeugnissen ergeben und die das Funktionieren des Binnenmarktes behindern. Zu diesem Zweck sollen die einschlägigen Vorschriften der EG-Mitgliedstaaten, etwa zur Größe gesundheitsrelevanter Warnhinweise auf Zigarettenpackungen, angeglichen werden, wobei von einem hohen Gesundheitsschutzniveau auszugehen ist.[1116]

Der Tabakrichtlinie ging die Richtlinie über das totale Tabakwerbeverbot[1117] voraus, die den Binnenmarkt im Bereich der Tabakwerbung schlichtweg abschaffte und in der Folge vom EuGH aufgehoben wurde.[1118] Mit der Tabakrichtlinie wurden die älteren

---

[1112] *Nentwich*, Das Lebensmittelrecht der Europäischen Union, S. 221.

[1113] *Slot*, ELRev. 1996, S. 378 (S. 384 ff.); *Bleckmann*, Europarecht, *Eiden*, Rdn. 2171; *Eiden*, Rechtsangleichung, S. 69 f.; *Wagner*, Das Konzept der Mindestharmonisierung, S. 53.

[1114] *Bleckmann*, Europarecht, *Eiden*, Rdn. 2163; *Seidel*, in: *Everling/Roth* (Hrsg.), Mindestharmonisierung im Europäischen Binnenmarkt, S. 39 (S. 44 f.).

[1115] ABl. 2001 Nr. L 194, S. 26 ff.; eine Auseinandersetzung mit den Kompetenzgrundlagen findet sich bei *Schroeder*, EuZW 2001, S. 489 (S. 490 ff.).

[1116] Vgl. auch Art. 1 der Richtlinie 2001/37/EG, ABl. 2001 Nr. L 194, S. 28.

[1117] Vgl. die Richtlinie 98/43/EG vom 6.7.1998 zur Angleichung der Rechts- und Verwaltungsvorschriften der Mitgliedstaaten über Werbung und Sponsoring zu Gunsten von Tabakerzeugnissen, ABl. 1998 Nr. L 213, S. 9 ff.

[1118] EuGH, Rs. C-376/98, *Deutschland/Europäisches Parlament und Rat*, Slg 2000, S. I-8419 ff.

Richtlinien 89/622/EWG[1119] und 90/239/EWG[1120] über den Umgang mit Tabakerzeugnissen ersetzt. Im Vergleich zu ihren Vorgängern brachte die Tabakrichtlinie eine drastische Verschärfung und Vergrößerung der gesundheitlichen Warnhinweise, weitreichende Vorschriften über Inhaltsstoffe sowie ein Verbot bestimmter Bezeichnungen („mild", „ultraleicht") mit sich.
Mindestharmonisierend wurde unter anderem bei den Anforderungen an die Etikettierung vorgegangen. So heißt es in Art. 5 Abs. 5 der Tabakrichtlinie:

„Der allgemeine Warnhinweis nach Absatz 2 Buchstabe a) bzw. der Warnhinweis für nicht zum Rauchen bestimmte Tabakerzeugnisse und Tabakerzeugnisse zum oralen Gebrauch nach Absatz 4 muß mindestens 30 % der Außenfläche der entsprechenden Breitseite der Packung des Tabakerzeugnisses einnehmen, auf der er aufdruckt ist. [...] Der zusätzliche Warnhinweis nach Absatz 2 Buchstabe b) muß mindestens 40 % der Außenfläche der entsprechenden Breitseite der Packung einnehmen, auf der er aufgedruckt ist."[1121]

Nach der Richtlinie können die einzelnen EG-Mitgliedstaaten also auch größere Flächen für die auf Zigarettenpackungen vorzusehenden Warnhinweise vorschreiben. Deutschland hat davon keinen Gebrauch gemacht.[1122] England jedoch nahm die Möglichkeit wahr und sah noch unter Geltung der alten Richtlinie 89/622/EWG, die insoweit inhaltsgleiche Mindestvorgaben traf, statt 40 % der Breitseite eine Fläche von mindestens 60 % für die Warnhinweise vor.[1123]

Andere gemeinschaftsrechtliche Regelungen mit Mindestanforderungen sind Art. 3a der Zusatzstoff-Rahmen-Richtlinie[1124], wonach es Mitgliedstaaten überlassen bleibt, bei der Herstellung als traditionell geltender Lebensmittel bestimmte Zusatzstoffe zu verwenden und Art. 3 Abs. 1 und 2 der Richtlinie über die Etikettierung und Aufmachung von für den Endverbraucher bestimmten Lebensmitteln sowie die Werbung hierfür[1125]. Die beiden Absätze des Art. 3 schreiben nur wenige zwingende Angaben bei der Etikettierung vor und gestehen den Mitgliedstaaten strengere Vorschriften zu.
Vorrangiges Ziel des Abbaus technischer Handelshemmnisse ist die Sicherstellung des gemeinschaftsweiten Freiverkehrs. Da gemeinschaftsrechtliche Mindestvorschriften

---

[1119] Richtlinie des Rates zur Angleichung der Rechts- und Verwaltungsvorschriften der Mitgliedstaaten über die Etikettierung von Tabakerzeugnissen sowie zum Verbot bestimmter Tabake zum oralen Gebrauch, ABl. 1989 Nr. L 359, S. 1; geändert durch die Richtlinie 92/41/EWG des Rates vom 15.5. 1992, ABl. 1992 Nr. L 158, S. 30.
[1120] Richtlinie des Rates zur Angleichung der Rechts- und Verwaltungsvorschriften der Mitgliedstaaten über den höchstzulässigen Teergehalt von Zigaretten, ABl. 1990 Nr. L 137, S. 36.
[1121] Art. 5 Abs. 5 der Richtlinie 2001/37/EG, ABl. 2001 Nr. L 194, S. 30.
[1122] So gibt § 8 Abs. 2 der Tabakprodukt-VO (Textsammlung LMR Nr. 8080) lediglich den Wortlaut der Richtlinie wieder und enthält keine darüber hinausgehenden Anforderungen.
[1123] Der genaue Sachverhalt findet sich beschrieben bei EuGH, Rs. C-11/92, *The Queen/Secretary of State for Health*, Slg 1993, S. I-3545 (S. 3546 ff.); vgl. dazu auch *Wagner*, Das Konzept der Mindestharmonisierung, S. 149.
[1124] Richtlinie 94/34/EG vom 30.6.1994, ABl. 1994 Nr. L 237, S. 1, zur Änderung der Richtlinie 87/107/EWG.
[1125] Richtlinie 79/112/EWG des Rates vom 18.12.1978, ABl. 1979 Nr. L 43, S. 1, geändert durch die Richtlinie 97/4/EG vom 27.1.1997, ABl. 1997 Nr. L 43, S. 21.

jedoch gerade unterschiedliche Regelungsniveaus in den einzelnen Mitgliedstaaten ermöglichen, behindern sie eigentlich den freien Güterverkehr zwischen den EG-Mitgliedern. Gelöst wird das Problem durch sog. „*Freiverkehrsklauseln*". Dabei werden die EG-Mitgliedstaaten in dem betreffenden Harmonisierungsakt selbst dazu verpflichtet, auf grenzüberschreitende Sachverhalte nur die in der Richtlinie festgelegten Mindestnormen anzuwenden.[1126] In der Tabakrichtlinie findet sich die Freiverkehrsklausel in Art. 13 Abs. 1. Sie lautet:

„Die Mitgliedstaaten dürfen die Einfuhr, den Verkauf und den Konsum von Tabakerzeugnissen, die dieser Richtlinie entsprechen, nicht aus Gründen untersagen oder beschränken, die mit der Begrenzung des Teer-, Nikotin- oder Kohlenmonoxidgehalts von Zigaretten, den gesundheitsrelevanten Warnhinweisen oder anderen Erfordernissen dieser Richtlinie zusammenhängen [...]".[1127]

a) Auswirkungen einer Mindestharmonisierung auf Drittstaaten

Eine Harmonisierung durch das Aufstellen von Mindeststandards erfolgt in aller Regel durch Richtlinien. Die Vorgaben der Gemeinschaft müssen daher noch in nationales Recht umgesetzt werden. Im Rahmen dieses Vorgangs haben die EG-Mitgliedstaaten die Möglichkeit, über die Mindestanforderungen hinauszugehen und für ihr Hoheitsgebiet strengere Produktstandards zu fordern. Die Umsetzung in nationales Recht vollzieht sich nach der üblichen Regelungstechnik. Die Mitgliedstaaten treffen für ihr Hoheitsgebiet generelle Bestimmungen dahingehend, welche Anforderungen ein Produkt zu erfüllen hat, damit es in dem jeweiligen Staat verkehrsfähig ist. Generell bedeutet, daß sich die nationalen Normen auf alle Sachverhalte (inländische und ausländische) gleichermaßen beziehen und nicht nach dem Ursprung der Produkte differenzieren. Eine Unterscheidung nach der Herkunft der Ware wäre kompetenzrechtlich auch nicht zulässig.[1128]

Produkten aus anderen EG-Mitgliedstaaten dürfen die nationalen Anforderungen jedoch nicht entgegengehalten werden. Die Harmonisierungsrechtsakte mit den Mindestvorgaben sollen ja gerade die freie Verkehrsfähigkeit der in ihren Anwendungsbereich fallenden Produkte absichern und keine neuen Handelshemmnisse schaffen. Daher sind Mindestvorschriften im produktbezogenen Bereich nur dann mit den Ermächtigungsgrundlagen des EG-Vertrages vereinbar, wenn sie mit dem Konzept der gegenseitigen Anerkennung verbunden oder die Mitgliedstaaten in dem gemeinschaftlichen Harmonisierungsakt selbst per Freiverkehrsklausel verpflichtet werden, auf grenzüberschreitende innereuropäische Sachverhalte nur die festgelegten Mindestnormen anzuwenden.[1129]

Von Interesse für die welthandelsrechtliche Beurteilung der Mindestharmonisierung ist jedoch nicht so sehr die innereuropäische Komponente, sondern vielmehr die Frage,

---

[1126] *Wagner*, Das Konzept der Mindestharmonisierung, S. 211.

[1127] Art. 13 Abs. 1 der Richtlinie 2001/37/EG, ABl. 2001 Nr. L 194, S. 32.

[1128] Vgl. dazu ausführlich *Cremona*, in: *Barnard/Scott* (Hrsg.), The Law of the Single European Market, S. 351 (S. 364 ff.); *Cremona*, in: *Búrca/Scott* (Hrsg.), The EU and the WTO, S. 151 (S. 163 f.).

[1129] *Wagner*, Das Konzept der Mindestharmonisierung, S. 147.

wie Drittstaatenprodukte behandelt werden.[1130] Für den Fall, daß Ausnahmen im Wege der gegenseitigen Anerkennung zu gewähren sind, ist die Frage bereits beantwortet. Nach der Cassis-Rechtsprechung des EuGH ist nur für Produkte aus anderen EG-Mitgliedstaaten eine Ausnahme zu machen. Auf die Inlandsproduktion sowie auf Erzeugnisse aus Drittstaaten finden die nationalen Normen weiterhin uneingeschränkt Anwendung.
Sieht eine Richtlinie hingegen ausdrücklich eine Freiverkehrsklausel vor, könnten dieser auch Drittstaatenprodukte unterfallen. Dies hätte zur Folge, daß auch Drittstaatenprodukte in den EG-Mitgliedstaaten verkehrsfähig wären, wenn sie die in dem Gemeinschaftsrechtsakt festgelegten Mindestanforderungen erfüllen.

Wie im Beispiel der Tabakrichtlinie lassen sich den Freiverkehrsklauseln selbst zumeist keine Anhaltspunkte entnehmen. Der Wortlaut des Art. 13 Abs. 1 der Tabakrichtlinie ist allgemein gehalten und verlangt, daß Mitgliedstaaten generell die Einfuhr, den Verkauf und den Konsum von den Tabakerzeugnissen weder untersagen noch beschränken, die dieser Richtlinie entsprechen.[1131] Danach könnten auch Drittstaatenprodukte der Freiverkehrsklausel unterfallen.

Hilft der Wortlaut nicht weiter, muß auf Sinn und Zweck von Freiverkehrsklauseln zurückgegriffen werden. Eine Freiverkehrsklausel ist Teil einer Richtlinie, die den EG-Mitgliedstaaten nur Mindestanforderungen vorgibt. Richtlinien dieser Art dienen der Harmonisierung: Zur Herstellung des Binnenmarktes sollen durch Sekundärrechtsakte Handelshemmnisse zwischen den EG-Mitgliedstaaten beseitigt werden.[1132] Freiverkehrsklauseln stellen sicher, daß nationale Regelungen, die über das Mindestniveau hinausgehen, nicht zu Handelshemmnissen im innergemeinschaftlichen Verkehr werden können.[1133] Sie geben eigentlich nur wieder, wozu die Mitgliedstaaten nach der Warenverkehrsfreiheit ohnehin verpflichtet sind. Ohne Freiverkehrsklauseln würden die nationalen Normen als Maßnahmen gleicher Wirkung wie mengenmäßige Beschränkungen der Verbotsnorm des Art. 28 EGV unterfallen.[1134] Läge keine Rechtfertigungsmöglichkeit vor, würde die Cassis-Philosophie zum Tragen kommen. Eine Freiverkehrsklausel ist damit eine Art kodifizierte gegenseitige Anerkennung.

In den Genuß einer gegenseitigen Anerkennung der Gleichwertigkeit nationaler Vorschriften kommen aber nur EG-Mitgliedstaaten. Art. 28 EGV gewährleistet einen freien Warenverkehr nur für europäische Produkte oder solche Drittlandsprodukte, die bereits rechtmäßig in der EG in den Verkehr gebracht wurden. Direkte Importe aus Drittstaaten haben nach dem EGV hingegen keinen Anspruch auf unbeschränkte Verkehrsfähigkeit.[1135] Es ist kein Grund ersichtlich, warum dies bei einer Freiverkehrsklausel

---

[1130] In anderer Form stellt diese Frage auch *Cremona*, in: *Barnard/Scott* (Hrsg.), The Law of the Single European Market, S. 351 (S. 367).

[1131] Art. 13 Abs. 1 der Richtlinie 2001/37/EG, ABl. 2001 Nr. L 194, S. 32.

[1132] Siehe dazu ausführlich *Keßler*, System der Warenverkehrsfreiheit, S. 317; *Ipsen*, Europäisches Gemeinschaftsrecht, S. 847 f.

[1133] *Wagner*, Das Konzept der Mindestharmonisierung, S. 147.

[1134] Vgl. dazu die Ausführungen im vierten Teil unter Punkt C.

[1135] In diesem Sinne auch *Cremona*, in: *Barnard/Scott* (Hrsg.), The Law of the Single European Market, S. 351 (S. 369).

anders sein sollte. Auch sie soll nur einen freien Warenverkehr innerhalb des EG-Binnenmarktes ermöglichen.
Würden auch Drittstaatenprodukte der Freiverkehrsklausel unterfallen und nur die Mindeststandards erfüllen müssen, wären die Mitgliedstaaten bei einem Vorgehen im Wege der Mindestharmonisierung schlechter gestellt als bei gar keiner Harmonisierung. Dann wären sie nur den Verpflichtungen der Cassis-Rechtsprechung unterworfen und dürften Drittstaatenprodukten ihre nationalen Standards entgegenhalten. Dies kann im Ergebnis nicht richtig sein. Mindestharmonisierung und gegenseitige Anerkennung verfolgen denselben Zweck: Beide Instrumente dienen dem Abbau technischer Handelshemmnisse und sind nach der „neuen Strategie" einer vollständigen Harmonisierung vorzuziehen. Beide Vorgehensweisen tragen dem Subsidiaritätsgedanken Rechnung und ermöglichen eine Anpassung an die jeweiligen nationalen Verhältnisse. Auf eine Mindestharmonisierung wird in manchen Fällen nur deshalb zurückgegriffen, um eine Nivellierung auf den jeweils niedrigsten Stand („*race to the Bottom*") zu vermeiden. Ansonsten gleichen sich die beiden Instrumente. Wie bei der gegenseitigen Anerkennung sind daher auch bei Freiverkehrsklauseln nur für die übrigen EG-Mitgliedstaaten Ausnahmen zu machen. Gegenüber Drittstaaten bleiben die strengeren nationalen Regelungen unverändert anwendbar.

Auch der EuGH scheint in diese Richtung zu tendieren. In seiner Entscheidung ging es um die bereits erwähnte Richtlinie über die Etikettierung von Tabakerzeugnissen, die Vorgängerin der Tabakrichtlinie. Auch sie enthielt in Art. 8 eine Freiverkehrsklausel, die Art. 13 Abs. 1 der Tabakrichtlinie sehr ähnlich war. Der EuGH nahm zu ihrer Anwendbarkeit wie folgt Stellung:

„Die Mitgliedstaaten, die von den Befugnissen Gebrauch gemacht haben, die in den Mindestvorschriften enthaltenen Bestimmungen eingeräumt werden, dürfen nach Artikel 8 der Richtlinie in ihrem Hoheitsgebiet den Handel mit aus anderen Mitgliedstaaten eingeführten Erzeugnissen, die den Anforderungen der Richtlinie entsprechen, weder untersagen noch einschränken".[1136]

Der EuGH spricht nur von Erzeugnissen aus anderen EG-Mitgliedstaaten, die der Freiverkehrsklausel unterfallen. Von Drittstaatenprodukten ist in seiner Entscheidung keine Rede. Nicht zuletzt aus diesem Grund können sich Drittstaatenprodukte nicht auf Freiverkehrsklauseln berufen, es sei denn, dies ist ausdrücklich vorgesehen.[1137]

b) Doppelnatur der Mindestharmonisierung

Auch die Mindestharmonisierung führt damit zu einer ausschließlich innereuropäischen Handelsliberalisierung. Technische Handelshemmnisse werden nur zwischen den EG-Mitgliedstaaten abgebaut. Während strengere nationale Regelungen auf Drittstaatenprodukte weiterhin Anwendung finden, ist für Erzeugnisse aus anderen EG-Mitgliedstaaten entweder über Freiverkehrsklauseln oder über eine Kombination mit

---

[1136] EuGH, Rs. C-11/92, *The Queen/Secretary of State for Health*, Slg 1993, I-3545 (S. 3564).
[1137] So im Ergebnis auch *Herrmann*, EuR 2004, Beiheft 3, S. 175 (S. 182).

dem Konzept der gegenseitigen Anerkennung eine Ausnahme zu machen. Insoweit gleicht eine Mindestharmonisierung dem Instrument der gegenseitigen Anerkennung. Es bestehen aber auch Unterschiede zwischen den beiden Vorgehensweisen. Im Gegensatz zur gegenseitigen Anerkennung existiert bei der Mindestharmonisierung ein Gemeinschaftsrechtsakt. Dieser schreibt den EG-Mitgliedstaaten vor, welche Mindestanforderungen sie zwingend einzuhalten und wie sie mit Produkten aus anderen Mitgliedstaaten umzugehen haben.[1138] Insoweit entspricht die Mindestharmonisierung der vollständigen Harmonisierung.

Die Mindestharmonisierung hat folglich eine Doppelnatur. Zum Teil ist sie bestimmt durch einen Sekundärrechtsakt, der den handelnden Mitgliedstaat bindet. Darüber hinaus können die einzelnen EG-Mitgliedstaaten strengere Regelungen treffen oder beibehalten. Dann ist jedoch Produkten aus anderen EG-Mitgliedstaaten entweder direkt über eine gegenseitige Anerkennung oder durch Freiverkehrsklauseln eine Ausnahme zu gewähren.

Von entscheidender Bedeutung ist daher, ob der Mitgliedstaat der EG, in den Drittstaatprodukte importiert werden sollen, nur die Mindestanforderungen einer Richtlinie übernommen oder auch Verschärfungen vorgenommen hat. Unkomplizierter ist die welthandelrechtliche Beurteilung der erstgenannten Konstellation. Ist ein Mitgliedstaat nicht über das in der Richtlinie vorgesehene Mindestschutzniveau hinausgegangen, lassen sich die zur Vollharmonisierung entwickelten Grundsätze eins zu eins übertragen. Anknüpfungspunkt welthandelsrechtlicher Verpflichtungen ist allein die EG. Zur Beseitigung technischer Handelshemmnisse wurden von ihr gewisse Mindestanforderungen in der Richtlinie festgesetzt. Hinsichtlich der Einhaltung der Mindeststandards dürfen von den EG-Mitgliedstaaten keinerlei abweichende Vorschriften getroffen werden.[1139] Den Mitgliedstaaten ist die Befugnis genommen, niedrigere Anforderungen aufzustellen. Mit Erlaß des Sekundärrechtsaktes ist also allein die EG für den Inhalt der nationalen Regelung verantwortlich. Daher ist auf sie als maßgebliche Vertragspartei abzustellen. Als eigenes WTO-Mitglied hat sie dafür Sorge zu tragen, daß ihr Sekundärrechtsakt mit den welthandelsrechtlichen Vorgaben vereinbar ist.[1140]
Zur Verdeutlichung kann das Tabakrichtlinien-Beispiel herangezogen werden. Ein amerikanischer Hersteller muß seine Verpackungen mit mindestens 40 % Warnhinweisen versehen, um seine Zigaretten nach Deutschland einführen zu dürfen. Da die in Deutschland vorgesehenen 40 % direkt der Richtlinie entstammen, ähnelt die Konstellation einer vollständigen Harmonisierung. Der Sekundärrechtsakt selbst muß den welthandelhandelsrechtlichen Vorgaben entsprechen. Nach dem GATT ist nur das Diskriminierungsverbot des Art. III Abs. 4 GATT zu beachten. Weiterhin müssen die Vorgaben des TBT- und SPS-Abkommens eingehalten sein. Da es sich bei Beschriftungsanforderungen um technische Vorschriften handelt, ist im Tabakrichtlinien-Beispiel das ÜTBT ausschlaggebend.[1141]

[1138] Dazu *Slot*, ELRev. 1996, S. 378 (S. 384 ff.); *Bleckmann*, Europarecht, *Eiden*, Rdn. 2171.
[1139] *Wagner*, Das Konzept der Mindestharmonisierung, S. 53.
[1140] In diesem Sinne auch *Búrca*, in: *Barnard/Scott* (Hrsg.), The Law of the Single European Market, S. 181 (S. 185); *Búrca/Scott*, in: *Búrca/Scott* (Hrsg.), The EU and the WTO, S. 1 (S. 5).
[1141] Vgl. ausführlich zum ÜTBT im dritten Teil unter Punkt E.

Welthandelsrechtlich interessanter ist die Fallgestaltung, in der sich ein Drittstaat einer nationalen Vorschrift ausgesetzt sieht, die über die Mindestanforderungen hinausgeht. Im Gegensatz zur Vollharmonisierung kommt es durch die mitgliedstaatliche Umsetzung zu einem „Mehr" an Handelsbeschränkungen, als dies im Gemeinschaftsrechtsakt zwingend vorgeschrieben ist. Während die strengeren nationalen Vorschriften Waren aus anderen EG-Mitgliedstaaten nicht entgegengehalten werden dürfen, finden sie auf Drittstaatenprodukte uneingeschränkt Anwendung. Der Abbau technischer Handelshemmnisse ist auf den EG-Binnenhandel beschränkt. Welthandelsrechtlich kommt es daher bei mitgliedstaatlichen Verschärfungen zu einer ähnlichen Fragestellung wie beim Instrument der gegenseitigen Anerkennung: Können Drittstaaten über die Meistbegünstigungsverpflichtung die Weitergabe der Vergünstigungen verlangen, die sich EG-Mitgliedstaaten dadurch gewähren, daß in grenzüberschreitenden innereuropäischen Sachverhalten nur die in der Richtlinie vorgesehenen Mindestanforderungen erfüllt werden müssen?
Möchte ein amerikanischer Hersteller seine Zigaretten nicht nach Deutschland, sondern nach England exportieren, müssen seine Verpackungen mit einem Warnaufdruck von mindestens 60 % versehen sein. Deutsche Zigaretten sind in England über die Freiverkehrsklausel auch mit Warnhinweisen von 40 % verkehrsfähig. Neben dem Diskriminierungsverbot des Art. III Abs. 4 GATT, das auch in dieser Konstellation zu beachten ist, wäre an eine Verletzung des Art. I Abs. 1 i.V.m. Art. III Abs. 4 GATT bzw. der entsprechenden Vorschrift aus dem TBT-Abkommen (Art. 2.1 ÜTBT) zu denken.

c) Anknüpfung an die EG oder ihre Mitgliedstaaten?

Fraglich ist, ob eine derart differenzierende Betrachtung überhaupt angebracht ist. Vielmehr könnte die EG stets als alleiniges Anknüpfungsobjekt anzusehen sein, selbst dann, wenn EG-Mitgliedstaaten von den Mindestvorgaben einer Richtlinie abweichen. Dies hätte zur Folge, daß die im Zuge der Mindestharmonisierung gewährten Erleichterungen im Binnenhandel keine präferenzielle Behandlung eines anderen WTO-Mitgliedes darstellen würden und deshalb per se nicht an Art. I Abs. 1 i.V.m. Art. III Abs. 4 GATT zu messen wären.[1142] Auf eine Rechtfertigung nach Art. XXIV GATT käme es nicht mehr an, die aber ohnehin aus den benannten Gründen scheitern würde. Insbesondere kann ein Abbau technischer Handelshemmnisse niemals dem Notwendigkeitskriterium des Appellate Body genügen.[1143]
Finden sich nur die in der Richtlinie vorgeschriebenen Mindestanforderungen in den nationalen Vorschriften wieder, ist aufgrund der Parallelität zur Vollharmonisierung unzweifelhaft auf die EG als allein verpflichtete Vertragspartei abzustellen. Doch was gilt, wenn mitgliedstaatliche Regelungen über das in der Richtlinie festgeschriebene

---

[1142] So findet sich die Fragestellung auch bei *Herrmann*, in: *Bauschke* (Hrsg.), Pluralität des Rechts, S. 139 (S. 153).

[1143] Vgl. Appellate Body, *Turkey – Restrictions on Imports of Textile and Clothing Products*, WT/DS34/AB/R, Rdn. 58; dazu *Cremona*, CMLR 2001, S. 359 (S. 368); *Mathis*, Regional Trade Agreements, S. 252.

Mindestniveau hinausgehen? Ist an die EG selbst anzuknüpfen oder unterliegen auch die EG-Mitgliedstaaten der Meistbegünstigungsverpflichtung?

Schon aus der Doppelnatur der Mindestharmonisierung ergibt sich, daß auch bei nationalen Verschärfungen allein die EG als Anknüpfungspunkt zu wählen ist. Das Instrument der Mindestharmonisierung setzt sich quasi aus zwei Bestandteilen zusammen: Ein Element ähnelt der Vollharmonisierung, das andere der gegenseitigen Anerkennung. So ergeht einerseits ein Sekundärrechtsakt, der hinsichtlich der Mindestanforderungen für die Mitgliedstaaten bindend ist und einer vollständigen Harmonisierung entspricht. Andererseits gleichen die Verschärfungen, die Mitgliedstaaten im Zuge einer Mindestharmonisierung vornehmen können, der bei der gegenseitigen Anerkennung beschriebenen Konstellation. Die Mitgliedstaaten der EG können ihr Schutzniveau selbst bestimmen und ausformen. Anderen EG-Mitgliedstaaten sind jedoch Ausnahmen von nationalen Produktstandards zu gewähren. Bei beiden Instrumenten zum Abbau technischer Handelshemmnisse, der vollständigen Harmonisierung und der gegenseitigen Anerkennung, ist allein auf die EG als Anknüpfungsobjekt abzustellen. Es ist kein Grund ersichtlich, warum dies bei einem Vorgehen im Wege der Mindestharmonisierung, die sich sozusagen aus beiden zusammensetzt, anders sein sollte.

Ganz im Gegenteil: Im Vergleich zur gegenseitigen Anerkennung ist dieses Ergebnis bei der Mindestharmonisierung zwingender. Nicht nur sprechen auch hier die fehlende außenwirtschaftliche Kompetenz der EG-Mitgliedstaaten im Bereich des Warenverkehrs und das Urteil des EuGH im Falle Italiens gegen den Rat für eine Anknüpfung an die EG selbst.[1144] Hinzu kommt, daß nationale Vorschriften im Falle einer Mindestharmonisierung wesentlich „gemeinschaftsgeprägter" sind. Beim Abbau technischer Handelshemmnisse durch das Instrument der gegenseitigen Anerkennung behalten die Mitgliedstaaten ihre nationalen Vorschriften zumeist unverändert bei. Es bestehen keinerlei gemeinschaftsrechtliche Vorgaben, die in nationales Recht umgesetzt werden müßten.[1145] Lediglich die Rechtsprechung des EuGH zwingt einen Mitgliedstaat dazu, Ausnahmen für Produkte aus anderen EG-Mitgliedstaaten zuzulassen.
Bei einer Mindestharmonisierung hingegen ergeht ein Rechtsakt seitens des Gemeinschaftsgesetzgebers. Auch wenn durch ihn nur Mindestanforderungen zwingend vorgegeben werden, ist es dennoch der Sekundärrechtsakt selbst, der es den Mitgliedstaaten ermöglicht, strengere Regelungen zu treffen. In der Tabakrichtlinie wird erst mit der Formulierung „mindestens" in Art. 5 Abs. 5[1146] die Möglichkeit eröffnet, größere Flächen für Warnhinweise in nationalen Regelungen festzuschreiben. Ist schon im Fall der gegenseitigen Anerkennung, in dem keinerlei gemeinschaftsrechtliche Vorgaben bestehen und die Mitgliedstaaten ihre unterschiedlichen Standards einfach beibehalten,

---

[1144] Vgl. hierzu *Weiß/Herrmann*, Welthandelsrecht, Rdn. 117 ff.; *Calliess/Ruffert*, EU/EG-Kommentar, *Hahn*, Art. 133, Rdn. 21 ff.; *Streinz*, Europarecht, Rdn. 624 ff.; *Grabitz/v. Bogdandy/Nettesheim*, Außenwirtschaftsrecht, S. 14 f.; EuGH, Rs. C-352/96, *Italien/Rat*, Slg 1998, S. I-6937 ff.; *Herrmann*, in: *Bauschke* (Hrsg.), Pluralität des Rechts, S. 139 (S. 153); *Cremona*, CMLR 2001, S. 359 (S. 370).
[1145] So schon EuGH, Rs 120/78, *Rewe/Bundesmonopolverwaltung für Branntwein*, Slg. 1979, S. 649 (S. 662); dazu ausführlich *Cremona*, in: *Barnard/Scott* (Hrsg.), The Law of the Single European Market, S. 351 (S. 364 ff.); *Cremona*, in: *Búrca/Scott* (Hrsg.), The EU and the WTO, S. 151 (S. 163 f.).
[1146] ABl. 2001 Nr. L 194, S. 30.

auf die EG selbst abzustellen, muß dies erst Recht dann gelten, wenn strengere nationale Vorschriften erst durch einen Gemeinschaftsrechtsakt ermöglicht werden.

d) Konflikte mit dem Welthandelsrecht

Folglich ist auch bei der Mindestharmonisierung an die Europäische Gemeinschaft selbst anzuknüpfen. Der Abbau technischer Handelshemmnisse ist damit auch bei dieser Harmonisierungsvariante nicht an der Meistbegünstigungsklausel des Art. I Abs. 1 i.V.m. Art. III Abs. 4 GATT bzw. an den entsprechenden Vorschriften in den Sonderabkommen zu messen. Maßnahmen zur Errichtung und Vollendung des Binnenmarktes sind somit generell nicht als präferenzielle Maßnahmen der einzelnen EG-Mitgliedstaaten untereinander zu werten.[1147] Der amerikanische Importeur von Zigaretten kann sich also bei einem Export nach England nicht auf eine Verletzung der Meistbegünstigungsklausel berufen, um auch in den Genuß der Vergünstigungen zu gelangen, die deutschen Tabakprodukten nach der Freiverkehrsklausel gewährt werden.

Dies bedeutet jedoch nicht, daß es bei einem Vorgehen im Wege der Mindestharmonisierung zu keinen Konflikten mit dem Welthandelsrecht kommen kann. Zwar ist nicht auf die einzelnen EG-Mitgliedstaaten abzustellen, jedoch unterliegt die EG als eigene WTO-Vertragspartei sämtlichen welthandelsrechtlichen Bindungen.[1148] Sie ist aber nicht nur für ihren eigenen Sekundärrechtsakt mit den darin enthaltenen Mindestanforderungen welthandelsrechtlich verantwortlich, sondern auch für die mitgliedstaatlichen Verschärfungen.
Neben den Mindestvorgaben enthalten Mindestharmonisierungsrichtlinien stets Bestimmungen dahingehend, wie grenzüberschreitende innereuropäische Sachverhalte zu behandeln sind, wenn Mitgliedstaaten tatsächlich von ihrem Gestaltungsspielraum Gebrauch machen.[1149] Da der Gemeinschaftsgesetzgeber also fest davon ausgeht, daß es tatsächlich zu Verschärfungen durch die Mitgliedstaaten kommen wird, muß er sich auch das „Mehr" an Handelsbeschränkungen zurechnen lassen. Eine verschärfte nationale Vorschrift ist daher wie ein entsprechender Sekundärrechtsakt am Welthandelsrecht zu messen. Die EG ist so zu behandeln, als hätte der Gemeinschaftsgesetzgeber selbst einen inhaltsgleichen Rechtsakt erlassen.
Im Beispiel der Tabakrichtlinie ist der EG also die strengere englische Regelung zuzurechnen. Für die welthandelrechtliche Beurteilung der Verschärfung in England ist zu unterstellen, die EG selbst hätte in ihrem Sekundärrechtsakt – quasi wie bei einer Vollharmonisierung – eine Warnhinweisfläche von 60 % gefordert.

Für dieses Ergebnis spricht nicht zuletzt auch folgende Überlegung: Der Gemeinschaftsgesetzgeber hat sich in den Fällen der Mindestharmonisierung aus Subsidiaritätsgründen entschlossen, den Mitgliedstaaten einen Gestaltungsspielraum zu belassen. Kompetenzrechtlich hätte er auch die Möglichkeit gehabt, die entsprechende Materie vollständig zu harmonisieren. Im Bereich der Herstellung des Binnenmarktes ist als

---

[1147] Im Ergebnis wohl auch *Herrmann*, in: *Bauschke* (Hrsg.), Pluralität des Rechts, S. 139 (S. 154).
[1148] So auch *Búrca*, in: *Barnard/Scott* (Hrsg), The Law of the Single European Market, S. 181 (S. 185).
[1149] *Wagner*, Das Konzept der Mindestharmonisierung, S. 147.

Ermächtigungsgrundlage zumeist Art. 95 Abs. 1 EGV einschlägig.[1150] Dieser erlaubt ein Vorgehen sowohl im Wege der vollständigen Harmonisierung als auch in dem der Mindestharmonisierung. Müßte eine Mindestharmonisierung im Ergebnis nicht wie eine Vollharmonisierung behandelt werden, wären die durch EG-Mitgliedstaaten vorgenommenen Verschärfungen welthandelsrechtlich nicht überprüfbar. Auf den handelnden Mitgliedstaat könnte nicht abgestellt werden, da dieser insoweit nicht den welthandelsrechtlichen Verpflichtungen unterliegt. Die EG selbst hätte im Gemeinschaftsrechtsakt nur die Mindestanforderungen ausdrücklich geregelt, so daß nur diese am Maßstab des Welthandelsrechts überprüft werden müßten. Allein durch die Wahl der Harmonisierungsmethode dürfen jedoch Drittstaaten welthandelsrechtlich nicht schlechter gestellt werden. Die Gemeinschaft ist harmonisierend tätig geworden und hat mit ihrer Richtlinie die Ursache für die Verschärfungen in den Mitgliedstaaten gesetzt. Um sich nicht ihrer welthandelsrechtlichen Verpflichtungen entziehen zu können, ist die EG daher so zu behandeln, als hätte sie selbst und nicht ein Mitgliedstaat die verschärften Anforderungen festgesetzt.

Dieses Ergebnis stimmt auch mit den Grundsätzen der völkerrechtlichen Verantwortlichkeit überein. Mit Erlaß des Sekundärrechtsaktes ist die bis dahin bestehende Zuständigkeit der Mitgliedstaaten für die betreffenden Sachmaterien entfallen. Durch die mit der Mindestharmonisierung einhergehenden handelspolitischen Auswirkungen auf Drittstaaten wird die EG gem. Art. 133 EGV allein zuständig. Abgesehen von einem Überschreiten der Mindestanforderungen sind die EG-Mitgliedstaaten nicht mehr befugt, abweichende Vorschriften auf dem geregelten Gebiet zu erlassen. Dies ist für Drittstaaten auch ersichtlich, so daß allein die Europäische Gemeinschaft nach völkerrechtlichen Grundsätzen haftet.

Um nicht gegen das Welthandelsrecht zu verstoßen, sollte die EG daher beim Erlaß einer Mindestharmonisierungsrichtlinie antizipieren, welchen Inhalt die Mitgliedstaaten ihren nationalen Umsetzungsvorschriften geben könnten. Sie hat den harmonisierenden Sekundärrechtsakt so ausgestalten, daß alle auf die Richtlinie gestützten nationalen Vorschriften mit dem GATT bzw. den Sonderabkommen vereinbar sind.[1151]

C. Zusammenfassung

Durch den Abbau technischer Handelshemmnisse innerhalb eines regionalen Zusammenschlusses schaffen die teilnehmenden Staaten einen Wirtschaftsraum, dessen Integrationsniveau das von Zollunionen und Freihandelszonen übersteigt. Die Frage

---

[1150] Vgl. eingehend hierzu *Streinz*, EUV/EGV, *Leible*, Art. 95 EGV, Rdn. 5 ff.; *Wagner*, Das Konzept der Mindestharmonisierung, S. 26 ff.; *Streinz*, Europarecht, Rdn. 957 ff.; *Beutler/Bieber/Pipkorn/Streil*, Die EU, Rdn. 703 ff.

[1151] Hilfreich könnte es dabei sein, Drittstaaten bereits beim Setzen der gemeinschaftlichen Standards zu beteiligen; siehe zu dieser Möglichkeit *Eeckhout*, The European Internal Market, S. 278 f.; *Langhammer*, in: *Zippel* (Hrsg.), Ökonomische Grundlagen der europäischen Integration, S. 41 (S. 56 f.).

nach der Vereinbarkeit einer derart vertieften wirtschaftlichen Integration mit dem Welthandelsrecht ist nicht pauschal zu beantworten. Zur Beseitigung technischer Handelshemmnisse bedienen sich Integrationsgemeinschaften mehrerer Vorgehensweisen, die sich in ihren Auswirkungen auf das Welthandelsrecht unterscheiden. Die verschiedenen Methoden zum Abbau technischer Handelshemmnisse lassen sich sehr schön am Beispiel des EG-Binnenmarktes studieren.

In der EG werden technische Handelshemmnisse hauptsächlich durch das Instrument der gegenseitigen Anerkennung beseitigt. Nach der „Cassis-Philosophie" sind EG-Mitgliedstaaten dazu verpflichtet, in einem anderen EG-Mitgliedstaat rechtmäßig hergestellte und in den Verkehr gebrachte Erzeugnisse grundsätzlich auch in ihrem Hoheitsgebiet zuzulassen.[1152] Ausländischen Waren können nationale Produktanforderungen nicht mehr entgegengehalten werden und zwar auch dann nicht, wenn die nationalen Regelungen keine Unterschiede zwischen inländischen und eingeführten Produkten machen. Das Beschränkungsverbot des Art. 28 EGV gilt jedoch grundsätzlich nur für Produkte aus anderen EG-Mitgliedstaaten. Auf Drittstaatenprodukte finden die Vorschriften des Importlandes weiterhin uneingeschränkt Anwendung. Mit einer gegenseitigen Anerkennung werden damit technische Handelshemmnisse nur zwischen den einzelnen EG-Mitgliedstaaten beseitigt.
Eine auf den EG-Binnenmarkt beschränkte präferenzielle Behandlung widerspricht aber dem Meistbegünstigungsgrundsatz, der die EG-Mitgliedstaaten grundsätzlich zur Gleichbehandlung verpflichtet. Nach Art. I Abs. 1 i.V.m. Art. III Abs. 4 GATT bzw. nach den entsprechenden Vorschriften im TBT- und SPS-Abkommen müßten also auch Drittstaaten in den Genuß der durch die gegenseitige Anerkennung gewährten Vergünstigungen kommen.

Eine Rechtfertigung der im Rahmen der gegenseitigen Anerkennung auftretenden Ungleichbehandlungen ist über Art. XXIV GATT nicht möglich. Insbesondere kann ein Abbau technischer Handelshemmnisse niemals dem im Türkei-Textilfall aufgestellten Notwendigkeitskriterium des Appellate Body genügen.[1153] Art. XXIV GATT findet daher keine Anwendung auf Zusammenschlüsse, die hinsichtlich ihres Integrationsniveaus über eine Zollunion oder Freihandelszone hinausgehen. Aus der Unbrauchbarkeit des Art. XXIV GATT kann aber nicht der Schluß gezogen werden, daß weitergehende Integrationsformen generell nicht mit dem Welthandelsrecht zu vereinbaren sind. Verschiedene neuere Vorschriften der WTO-Rechtsordnung sprechen dafür, daß auch der präferenzielle Abbau technischer Handelshemmnisse zulässig sein muß. Die Art. 4 ÜSPS sowie 2.7 ÜTBT enthalten Vorschriften über Abkommen zur gegenseitigen Anerkennung von SPS-Maßnahmen sowie technischen Standards. Sie ergeben nur dann Sinn, wenn die bei einer gegenseitigen Anerkennung auftretenden Verletzungen der Meistbegünstigungsverpflichtung im Ergebnis gerechtfertigt sind. Aus den genannten Vorschriften wird aber auch deutlich, daß eine gegenseitige Anerkennung

---

[1152] *Jiménez/Santiago*, in: *Demaret/Bellis/Jiménez* (Hrsg.), Regionalism and Multilateralism, S. 631 (S. 640); *Oppermann*, Europarecht, Rdn. 1299; *Zacker/Wernicke*, Examinatorium Europarecht, S. 153 f.

[1153] Vgl. Appellate Body, *Turkey – Restrictions on Imports of Textile and Clothing Products*, WT/DS34/AB/R, Rdn. 58; dazu *Cremona*, CMLR 2001, S. 359 (S. 368); *Mathis*, Regional Trade Agreements, S. 252.

grundsätzlich nur dann als WTO-konform einzustufen ist, wenn sie für Drittstaaten offen ist. Durch die Einhaltung entsprechender Anforderungen müssen auch andere WTO-Mitglieder an den im Rahmen der gegenseitigen Anerkennung gewährten Vergünstigungen teilnehmen können.[1154]

Eine Ausnahme ist allerdings für die EG zu machen. In ihrem Fall ist auch eine nicht offene gegenseitige Anerkennung mit dem Welthandelsrecht vereinbar. Insbesondere die eigene WTO-Mitgliedschaft der EG spricht dafür, Ungleichbehandlungen gegenüber Drittstaaten nicht mehr am Meistbegünstigungsgrundsatz zu messen.[1155] Bei einem Vorgehen im Wege der gegenseitigen Anerkennung ist vielmehr die EG selbst als die allein verpflichtete Vertragspartei anzusehen, so daß es auf eine Meistbegünstigung zwischen ihren Mitgliedern nicht mehr ankommt.[1156] Die EG-Mitgliedstaaten sind daher zum Abbau technischer Handelshemmnisse im gegenseitigen Handel berechtigt, ohne diese Vorteile an Drittstaaten weitergeben zu müssen.

Neben der gegenseitigen Anerkennung werden technische Handelshemmnisse im EG-Binnenmarkt auch durch das Instrument der sekundärrechtlichen Harmonisierung beseitigt. Welche welthandelsrechtlichen Probleme hierbei auftreten, hängt davon ab, ob im Wege der vollständigen oder teilweisen Harmonisierung vorgegangen wird. Bei einer vollständigen Harmonisierung werden die zumeist unterschiedlichen Regelungen der Mitgliedstaaten durch einen Gemeinschaftsrechtsakt ersetzt.[1157] Auch in diesem Fall ist die EG selbst – und nicht ihre Mitgliedstaaten – als Anknüpfungspunkt welthandelsrechtlicher Verpflichtungen zu wählen.
Drittstaaten sehen sich nach einer vollständigen Harmonisierung in vielen EG-Mitgliedstaaten anderen Anforderungen als zuvor ausgesetzt; ihnen gegenüber führt der harmonisierende Rechtsakt zu einem neuen technischen Handelshemmnis, das in vollem Umfang den welthandelsrechtlichen Verpflichtungen unterliegt. Verletzungen der Meistbegünstigungsverpflichtung kommen im Gegensatz zur gegenseitigen Anerkennung nicht in Betracht, da Gemeinschaftsrechtsakte alle Produkte gleichermaßen betreffen.

Werden technische Handelshemmnisse im Wege der Mindestharmonisierung beseitigt, ist zu unterscheiden: Beläßt es ein EG-Mitgliedstaat bei den in der Richtlinie vorgesehenen Mindestanforderungen, kommt es zu denselben welthandelsrechtlichen Auswirkungen wie bei einer Vollharmonisierung. Treffen die Mitgliedstaaten hingegen über das Mindestniveau hinausgehende Regelungen, ähnelt die Situation der gegenseitigen Anerkennung. Während für Produkte aus anderen EG-Mitgliedstaaten eine Ausnahme zu machen ist, unterliegen Drittstaatenprodukte den strengeren nationalen Vorschriften. Dies widerspricht dem Meistbegünstigungsgrundsatz. Nach Art. I Abs. 1 i.V.m. Art. III Abs. 4 GATT bzw. den entsprechenden Vorschriften in den Sonderabkommen

---

[1154] Vgl. zum Problemkreis der offenen gegenseitigen Anerkennung *Eeckhout*, The European Internal Market, S. 342 ff.; *Sacerdoti*, in: *Demaret/Bellis/Jiménez* (Hrsg.), Regionalism and Multilateralism, S. 613 (S. 627).
[1155] Im Ergebnis auch *Eeckhout*, The European Internal Market, S. 277.
[1156] So auch *Weiß/Herrmann*, Welthandelsrecht, Rdn. 627.
[1157] *Seidel*, EuR 1979, S. 171 (175).

sind die EG-Mitgliedstaaten eigentlich verpflichtet, auch von Drittstaatenprodukten nur die Einhaltung der Mindestanforderungen zu verlangen. Jedoch ist auch bei der Mindestharmonisierung nicht auf die einzelnen Mitgliedstaaten, sondern auf die EG als Anknüpfungspunkt der Meistbegünstigungsverpflichtung abzustellen. Die EG ist als die „richtige" Vertragspartei anzusehen und die Mitgliedstaaten materiell-rechtlich für Fragen des GATT nur noch als regionale Untergliederungen derselben.[1158]

Maßnahmen zur Errichtung und Vollendung des EG-Binnenmarktes durch den Abbau technischer Handelshemmnisse stellen damit generell keine präferenzielle Behandlung eines anderen EG-Mitgliedstaates mehr dar.[1159] Die WTO-Konformität des Binnenmarktes ist, ganz gleich welcher Vorgehensweise sich die EG bedient, nicht an der Meistbegünstigungsverpflichtung nach Art. I Abs. 1 GATT zu messen.

Zu Verstößen gegen das Welthandelsrecht kann es beim innereuropäischen Abbau technischer Handelshemmnisse nur dann kommen, wenn die Gemeinschaft harmonisierend tätig wird. Auch nach den Grundsätzen der völkerrechtlichen Verantwortlichkeit ist hier die EG als alleiniger Anknüpfungspunkt zu wählen. Als eigenes Mitglied der WTO unterliegt sie den vollen welthandelsrechtlichen Verpflichtungen.[1160] Ihre Sekundärrechtsakte müssen mit den Vorgaben des GATT, insbesondere mit Art. III Abs. 4 GATT, sowie den Anforderungen des TBT- und SPS-Abkommens im Einklang stehen. Im Falle der Mindestharmonisierung ist die EG dabei nicht nur für ihre Mindestvorgaben welthandelsrechtlich verantwortlich, sondern auch für Verschärfungen, die EG-Mitgliedstaaten in Umsetzung der Richtlinien vornehmen.

[1158] In diesem Sinne auch *Seidl-Hohenveldern/Loibl*, Das Recht der Recht der Internationalen Organisationen, Rdn. 0826.

[1159] So auch *Herrmann*, in: *Bauschke* (Hrsg.), Pluralität des Rechts, S. 139 (S. 153).

[1160] Vgl. dazu *Búrca*, in: *Barnard/Scott* (Hrsg.), The Law of the Single European Market, S. 181 (S. 185); *Búrca/Scott*, in: *Búrca/Scott* (Hrsg.), The EU and the WTO, S. 1 (S. 5).

Gesamtergebnis

Durch die neue, am 1.1.1995 in Kraft getretene WTO-Satzung und die durch sie erfaßten Zusatzübereinkommen hat das Welthandelsrecht eine institutionelle und materiellrechtliche Erneuerung erfahren, die viele Probleme der Undurchsichtigkeit und Verstreutheit des ursprünglichen GATT-1947 behoben hat. Die WTO bildet nunmehr den gemeinsamen institutionellen Rahmen für die Wahrnehmung der Handelsbeziehungen zwischen ihren Mitgliedern. Sie baut dabei bewußt auf den erfolgreichen Grundprinzipien des GATT-1947 auf. Auch dem neuen WTO-Welthandelssystem liegen die Kernprinzipien der Nichtdiskriminierung (Meistbegünstigung und Inländergleichbehandlung), des Verbotes mengenmäßiger Handelsbeschränkungen und der Reziprozität zugrunde. Während die Meistbegünstigungsklausel nach Art. I Abs. 1 GATT für eine Gleichbehandlung ausländischer Waren untereinander beim Zugang zu den nationalen Märkten sorgt, bewirkt der Inländergleichbehandlungsgrundsatz des Art. III GATT eine Gleichstellung ausländischer Produkte mit ihrer inländischen Konkurrenz und verhindert damit, daß die beim Marktzugang gewährte Gleichbehandlung durch innerstaatliche Differenzierungen konterkariert wird.

Von einer weltweiten Gleichbehandlung, wie sie die WTO bzw. das GATT beabsichtigen, kann aber keine Rede sein, wenn sich ein großer Teil des Welthandels im Rahmen präferenzieller Integrationsabkommen abspielt. Von den Schöpfern des GATT in Art. XXIV GATT als eng begrenzte Ausnahme konzipiert, droht eine regionale Integration in Form von Zollunionen und Freihandelszonen zur übermächtigen Regel zu werden. Art. XXIV GATT läßt Abweichungen von GATT-rechtlichen Verpflichtungen zu, wenn eine Zollunion bzw. Freihandelszone dem multilateralen Handelssystem förderlich ist, d.h. wenn die von einer regionalen Integrationszone ausgehenden handelsschaffenden Wirkungen die handelsumlenkenden überwiegen. Zu rechtfertigen sind nicht nur Verletzungen des Art. I GATT, sondern auch Abweichungen von anderen Bestimmungen des GATT. Voraussetzung für ein Eingreifen des Art. XXIV GATT ist jedoch immer das Bestehen des im Türkei-Textilfall entwickelten Notwendigkeitstests.
Allein die in Art. XXIV Abs. 5 bis 8 GATT aufgestellten Voraussetzungen können wegen ihres unbestimmten Wortlautes nicht sicherstellen, daß ein Regionalabkommen im Ergebnis nicht doch negative Auswirkungen auf das Welthandelssystem hat. Der Schlüssel zu einer konstruktiven Beurteilung der GATT-Konformität von Zollunionen und Freihandelszonen ist vielmehr in der Vorschrift des Art. XXIV Abs. 4 GATT zu suchen. Indem der Appellate Body im Türkei-Textilfall die besondere Bedeutung des

Art. XXIV Abs. 4 GATT unterstrich, machte er deutlich, daß in Zukunft eine wirtschaftliche Betrachtung bei der Beurteilung eines Regionalabkommens im Vordergrund stehen soll. Nur durch eine solche Sichtweise ist gewährleistet, daß ein Regionalabkommen im Ergebnis tatsächlich zu einem „GATT-plus" und nicht zu einem „GATT-minus" führt.

Art. XXIV GATT beantwortet nur die Frage nach der WTO-Konformität von Zollunionen und Freihandelszonen. In modernen Regionalzusammenschlüssen wird aber insbesondere durch den Abbau technischer Handelshemmnisse eine Integrationstiefe erreicht, die über eine Zollunion oder Freihandelszone hinausgeht. Einen ersten normativen Untersuchungsrahmen für die Vereinbarkeit technischer Handelshemmnisse mit dem Welthandelsrecht bildet das GATT. Es enthält mit den Art. I, III, XI und XX einige grundlegende Vorschriften zur rechtlichen Behandlung technischer Handelshemmnisse, die aufgrund ihrer allgemeinen Anwendbarkeit als Generalklauseln bezeichnet werden können. Mit der zunehmenden Bedeutung technischer Handelshemmnisse stellte sich allerdings heraus, daß die allgemeinen Vorgaben des GATT nicht ausreichen, um einen wirksamen Schutz vor versteckten Handelsdiskriminierungen zu bieten. So dürfen WTO-Vertragsparteien nach der Konzeption des GATT jedes technische Handelshemmnis ergreifen, das sich unterschiedslos auf inländische und ausländische Produkte auswirkt. Gem. Art. III Abs. 4 GATT beschränkt sich das GATT auf ein Diskriminierungsverbot. Damit wird den WTO-Mitgliedern ein gewisser Spielraum zur Verfolgung nationaler Schutzinteressen eröffnet, den die Vertragsparteien jedoch nicht selten zu protektionistischen Zwecken ausnutzen.
Auf die Schwäche des GATT im Umgang mit technischen Handelshemmnissen wurde in der Uruguay-Runde mit dem TBT- und SPS-Abkommen reagiert. Basierend auf den Grundsätzen des GATT begründen die Sonderabkommen weitergehende Verpflichtungen der WTO-Mitglieder, die eine stärkere Kontrolle innerstaatlicher Maßnahmen im Hinblick auf versteckte Handelsdiskriminierungen ermöglichen. Im Gegensatz zum GATT beinhalten beide Sonderabkommen ein Beschränkungsverbot. Technische Handelshemmnisse unterliegen danach auch dann den spezifischen Anforderungen des TBT- und SPS-Abkommens, wenn sie keine Unterschiede zwischen in- und ausländischen Produkten machen.

Eine Vertiefung der wirtschaftlichen Integration durch den Abbau technischer Handelshemmnisse läßt sich sehr schön im EG-Binnenmarkt beobachten. In der Europäischen Gemeinschaft werden technische Handelshemmnisse im Wege der gegenseitigen Anerkennung und der sekundärrechtlichen Harmonisierung beseitigt. Nach der neuen Strategie bildet die gegenseitige Anerkennung das Hauptinstrument zur Verwirklichung des Binnenmarktes. Harmonisiert werden muß nur noch dort, wo das vertragliche Verbot von Handelshemmnissen (Art. 28 EGV) an seine Grenzen stößt, etwa wenn eine vertraglich zugelassene Ausnahme nach Art. 30 EGV vorliegt oder die mitgliedstaatliche Regelung durch zwingende Erfordernisse i.S.d. Cassis-Formel gerechtfertigt ist.
Einen effektiven Abbau technischer Handelshemmnisse hat in erster Linie die Rechtsprechung des EuGH ermöglicht. Mit seinen zwei Urteilen „Dassonville" und „Cassis de Dijon" hat der EuGH die ursprünglich nur als Diskriminierungsverbot wirkende

Warenverkehrsfreiheit zu einem allgemeinen Beschränkungsverbot weiterentwickelt. Technische Handelshemmnisse unterfallen damit auch dann dem Verbot der Maßnahmen gleicher Wirkung nach Art. 28 EGV, wenn sie diskriminierungsfrei gegenüber ausländischen Waren wirken.

Bei der Frage nach der Vereinbarkeit der vertieften europäischen Integration mit dem Welthandelsrecht ist danach zu unterscheiden, welcher Vorgehensweise sich die EG zum Abbau technischer Handelshemmnisse bedient. Zu Verstößen gegen das Welthandelsrecht kann es im Ergebnis nur kommen, wenn die Gemeinschaft harmonisierend tätig wird. Drittstaaten gegenüber führt die sekundärrechtliche Harmonisierung zu neuen technischen Handelshemmnissen, die in vollem Unfang an den welthandelsrechtlichen Vorgaben zu messen sind. Daher hat die EG als eigenes Mitglied der WTO dafür zu sorgen, daß ihre Sekundärrechtsakte mit den Verpflichtungen des GATT, insbesondere mit Art. III Abs. 4 GATT, sowie den Anforderungen des TBT- und SPS-Abkommens im Einklang stehen. Im Fall der Mindestharmonisierung gilt dies auch für Verschärfungen, die EG-Mitgliedstaaten in Umsetzung der Richtlinien vornehmen.

Im übrigen ist die Errichtung des EG-Binnenmarktes als WTO-konform einzustufen. Obwohl technische Handelshemmnisse im Binnenmarkt nur zwischen den einzelnen EG-Mitgliedstaaten beseitigt werden, scheiden Verletzungen des Meistbegünstigungsgrundsatzes nach Art. I Abs. 1 i.V.m. Art. III Abs. 4 GATT aus. Da die EG selbst – und nicht ihre Mitgliedstaaten – als Anknüpfungspunkt der Meistbegünstigungsverpflichtung zu wählen ist, stellen Maßnahmen zur Errichtung und Vollendung des Binnenmarktes generell keine präferenzielle Behandlung eines anderen EG-Mitgliedstaates dar. Auf eine Rechtfertigung nach Art. XXIV GATT kommt es nicht mehr an.

Literaturverzeichnis

Abbott, Frederick: Law and Policy of Regional Integration, 1995, zit.: *Abbott*, Law and Policy, S.

Ackermann, Thomas: Warenverkehrsfreiheit und "Verkaufsmodalitäten", in: RIW 1994, 189, zit.: *Ackermann*, RIW 1994, S.

Ahn, Dukgeun: Linkages between International Financial and Trade Institutions – IMF, World Bank and WTO, in: JWT 2000, 1, zit.: *Ahn*, JWT 2000, S.

ders.: Comparative Analysis of the SPS and the TBT Agreements, in: ITLR 2002, 85, zit.: *Ahn*, ITLR 2002, S.

Anselmann, Norbert: Technische Vorschriften und Normen in Europa, 1991, zit.: *Anselmann*, Technische Vorschriften, S.

Arndt, Hans-Wolfgang: Warenverkehrsfreiheit innerhalb der Europäischen Union: der Fall „Keck" – EuGH, NJW 1994, 121, in: JuS 1994, 469, zit.: *Arndt*, JuS 1994, S.

Backes, Peter: Die neuen Streitbeilegungsregeln der Welthandelsorganisation (WTO), in: RIW 1995, 916, zit.: *Backes*, RIW 1995, S.

Bail, Christoph: Die gescheiterte Ministerkonferenz der Uruguay-Runde: Heilsame Krise oder verpaßte Chance für die Reform des Welthandelssystems, in: EuZW 1991, 33, zit.: *Bail*, EuZW 1991, S.

ders.: Das Profil einer neuen Welthandelsordnung: Was bringt die Uruguay-Runde?, in EuZW 1990, 433, 465, zit.: *Bail*, EuZW 1990.

Baldwin, Robert: Trade Policy in a Changing World Economy, 1988, zit.: *Baldwin*, Trade Policy, *S.*

ders.: Nontariff Distortions of International Trade, 1970, zit.: *Baldwin*, Nontariff Distortions of International Trade, S.

Barents, René: The Internal Market Unlimited: Some Oberservations on the Legal Basis of Community Legislation, in: CMLR 1993, 85, zit.: *Barents*, CMLR 1993, S.

Bast, Joachim; Schmidt, Andrea: Das GATT-Streitschlichtungsverfahren, in: RIW 1991, 929, zit.: *Bast/Schmidt*, RIW 1991, S.

Baur, J.F.: Der Europäische Binnenmarkt – normative Grundlagen, in: JA 1992, 65 und 97, zit.: *Baur*, JA 1992, S.

Becker, Ulrich: Der Gestaltungsspielraum der EG-Mitgliedstaaten im Spannungsfeld zwischen Umweltschutz und freiem Warenverkehr, 1991, zit.: *Becker*, Gestaltungsspielraum der Mitgliedstaaten, S.

ders.: Von „Dassonville“ über „Cassis“ zu „Keck“ – Der Begriff der Maßnahmen gleicher Wirkung in Art. 30 EGV, in: EuR 1994, 162, zit.: *Becker*, EuR 1994, S.

ders.: Das Verbot tarifärer und nichttarifärer Hemmnisse des EU-Warenverkehrs, in: JA 1997, 65, zit.: *Becker*, JA 1997, S.

Behrens, Peter: Integrationstheorie, in: RabelsZ 1981, 8, zit.: *Behrens*, RabelsZ 1981, S.

ders.: Die Konvergenz der wirtschaftlichen Freiheiten im europäischen Gemeinschaftsrecht, in: EuR 1992, 145, zit.: *Behrens*, EuR 1992, S.

Beise, Marc: Die Welthandelsorganisation (WTO), 2000, zit.: *Beise*, WTO, S.

Benedek, Wolfgang: Die Welthandelsorganisation (WTO) – alle Texte einschließlich GATT (1994), GATS und TRIPS, 1998, zit.: *Benedek*, Textsammlung der WTO, S.

ders.: Die Rechtsordnung des GATT aus völkerrechtlicher Sicht, 1990, zit.: *Benedek*, Rechtsordnung des GATT, S.

Berg, Hartmut: Europäische Integration: Ziele – Methoden – Erfahrungen – Perspektiven, in: *Berg, Hartmut; Meissner, Hans Günther; Schünemann, Wolfgang* (Herausgeber): Märkte in Europa, 1990, 1, zit.: *Berg*, in: *Berg/Meissner/Schünemann* (Hrsg.), Märkte in Europa, S.

Berrisch, Georg: Der völkerrechtliche Status der Europäischen Wirtschaftsgemeinschaft im GATT, 1992, zit.: *Berrisch*, Der völkerrechtliche Status der Europäischen Wirtschaftsgemeinschaft im GATT, S.

Beutler, Bengt; Bieber, Roland; Pipkorn, Jörg; Streil, Jochen: Die Europäische Union, 5. Auflage 2001, zit.: *Beutler/Bieber/Pipkorn/Streil*, Die EU, Rdn.

Bhagwati, Jagdish: Regionalism versus Multilateralism, 1992, zit.: *Bhagwati*, Regionalism versus Multilateralism, S.

ders.: The World Trading System at Risk, 1991, zit.: *Bhagwati*, The World Trading System at Risk, S.

ders.: Free Trade: Old and New Challenges, in: The Economic Journal 1994, 231, zit.: *Bhagwati*, The Economic Journal 1994, S.

ders.: The Global Age: From a Sceptical South to a Fearful North, in: The World Economy 1997, 259, zit.: *Bhagwati*, World Economy 1997, S.

Bhala, Raj; Kennedy, Kevin: World Trade Law, 1998, zit.: *Bhala/Kennedy*, World Trade Law, Bearbeiter, S.

Blackhurst, Richard: The Capacity of the WTO to Fulfill Its Mandate, in: *Krueger, Anne* (Herausgeber): The WTO as an International Organisation, 1998, 31, zit.: *Blackhurst*, in: *Krueger* (Hrsg.), The WTO as an International Organisation, S.

Bleckmann, Albert: Europarecht, 6. Auflage, 1997, zit.: *Bleckmann*, Europarecht, Bearbeiter, Rdn.

ders.: Der gemischte Vertrag im Europarecht, in: EuR 1976, 301, zit.: *Bleckmann*, EuR 1976, S.

Böttcher, Winfried; Dauses, Manfred; Dorner, Klaus; Hammerich, Kurt: Zur Umsetzung von EG-Recht, 1994, zit.: *Böttcher/Dauses/Dorner/Hammerich*, Zur Umsetzung von EG-Recht, Bearbeiter, S.

Bogdandy, Armin von: Eine Ordnung für das GATT, in: RIW 1991, 55, zit.: *v. Bogdandy*, RIW 1991, S.

Bogdandy, Armin von; Makatsch, Tilman: Kollision, Koexistenz oder Kooperation?, in: EuZW 2000, 261, zit.: *v. Bogdandy/Makatsch*, EuZW 2000, S.

Bogdandy, Armin von; Nettesheim, Martin: Strukturen des gemeinschaftlichen Außenhandelsrechts, in: EuZW 1993, 465, zit.: *v. Bogdandy/Nettesheim*, EuZW 1993, S.

Borchert, Manfred: Außenwirtschaftslehre – Theorie und Politik, 7. Auflage, 2001, zit.: *Borchert*, Außenwirtschaftslehre, S.

Borrmann, Axel; Koopmann, Georg: Regionalisierung und Regionalismus im Welthandel, in: Wirtschaftsdienst 1994, 365, zit.: *Borrmann/Koopmann*, Wirtschaftsdienst 1994, S.

Bourgeois, J.: The Tokyo Round Agreements on Techniclal Barriers and the Government Procurement in the International ans EEC Perspective, in: CMLR 1982, 5, zit.: *Bourgeois*, CMLR 1982, S.

Bratschi, Peter: Allgemeines Zoll- und Handelsabkommen (GATT), Handbuch für den Praktiker, 1973, zit.: *Bratschi*, GATT, S.

Bruha, Thomas: Rechtsangleichung in der Europäischen Wirtschaftsgemeinschaft, Deregulierung durch die Neue Strategie?, in: ZaöRV 1986, 1, zit.: *Bruha*, ZaöRV 1986, S.

Búrca, Gráinne de: Unpacking the Concept of Discrimination in EC and International Trade Law, in: *Barnard, Catherine; Scott, Joanne* (Herausgeber): The Law of the Single European Market – Unpacking the Premises, 2002, 181, zit.: *Búrca*, in: *Barnard/Scott* (Hrsg.), The Law of the Single European Market, S.

Búrca, Gráinne de; Scott, Joanne: The Impact of the WTO on EU Decision-making, in: *Búrca, Gráinne de; Scott,* Joanne (Herausgeber): The EU and the WTO – Legal and Constitutional Issues, 2001, 1, zit.: *Búrca/Scott*, in: *Búrca/Scott* (Hrsg.), The EU and the WTO, S.

Burmeister, Frank; Miersch, Gerald: Gemeinschaftliche Sprachenregelung und deutsches Lebensmittelrecht, in: EuZW 1995, 273, zit.: *Burmeister/Miersch*, EuZW 1995, S.

Calliess, Christian; Ruffert, Matthias (Herausgeber): Kommentar zu EU-Vertrag und EG-Vertrag, 2002, zit.: *Callies/Ruffert*, EU/EG-Kommentar, Bearbeiter, Art., Rdn.

Conze, Albrecht: Die völkerrechtliche Haftung der Europäischen Gemeinschaft, 1987, zit.: *Conze,* Die völkerrechtliche Haftung der Europäischen Gemeinschaft, S.

Cottier, Thomas; Evtimov, Erik: Präferenzielle Abkommen der EG, in: ZEuS 2000, 477, zit.: *Cottier/Evtimov*, ZEuS 2000, S.

Cottier, Thomas: The Challenge of Regionalization and Preferential Relations in World Trade Law and Policy, in: EFAR 1996, 149, zit.: *Cottier*, EFAR 1996, S.

Cremona, Marise: Neutrality or Discrimination? The WTO, the EU and External Trade, in: *Búrca, Gráinne de; Scott, Joanne* (Herausgeber): The EU and the WTO – Legal and Constitutional Issues, 2001, 151, zit.: *Cremona*, in: *Búrca/Scott* (Hrsg.), The EU and the WTO, S.

dies.: The External Dimension of the Single Market: Building (on) the Foundations, in: *Barnard, Catherine; Scott, Joanne* (Herausgeber): The Law of the Single European Market – Unpacking the Premises, 2002, 351, zit.: *Cremona*, in: *Barnard/Scott* (Hrsg.), The Law of the Single European Market, S.

dies.: Rhetoric and Reticence: EU External Commercial Policy in a Multilateral Context, in: CMLR 2001, 359, zit.: *Cremona*, CMLR 2001, S.

Croome, John: Reshaping The World Trading System – A History of the Uruguay-Round, World Trading Organization, 1995, zit.: *Croome*, Reshaping The World Trading System, S.

Curzon, Gerard; Curzon, Victoria: Hidden Barriers to International Trade, 1970, zit.: *Curzon/Curzon*, Hidden Barriers to International Trade, S.

dies.: Global Assault on Non-Tariff Trade Barriers, 1972, zit.: *Curzon/Curzon*, Global Assault on Non-Tariff Trade Barriers, S.

Dam, Kenneth: The GATT: Law and International Economic Organization, 1977, zit.: *Dam*, GATT, S.

Dauses, Manfred: Die rechtliche Dimension des Binnenmarktes, in: EuZW 1990, 9, zit.: *Dauses*, EuZW 1990, S.

Dauses, Manfred; Roth, Tilman: Neuere Entwicklungen in der Rechtsprechung des EuGH zur Warenverkehrsfreiheit in der EU, in: ZLR 1996, 507, zit.: *Dauses/Roth*, ZLR 1996, S.

Deckert, Martina: Zu Harmonisierungsbedarf und Harmonisierungsgrenzen im Europäischen Gesellschaftsrecht, in: RabelsZ 2000, 478, zit.: *Deckert*, RabelsZ 2000, S.

Desmedt, Axel: Proportionality in WTO law, in: JIEL 2001, 441, zit.: *Desmedt*, JIEL 2001, S.

Devos, Serge: The Multilateral Rules and the New Dimension of Regional Integration: Weakness, Need and Scope for more Disciplines, in: *Demaret, Paul; Bellis, Jean-Francois; Jiménez, García* (Herausgeber): Regionalism and Multilateralism after the Uruguay Round, 1997, 725, zit.: *Devos*, in: *Demaret/Bellis/Jiménez* (Hrsg.), Regionalism and Multilateralism, S.

Dörr, Oliver: Die Warenverkehrsfreiheit nach Art. 30 EWG-Vertrag – doch bloß ein Diskriminierungsverbot?, in: RabelsZ 1990, 677, zit.: *Dörr*, RabelsZ 1990, S.

Drexl, Josef: Entwicklungsmöglichkeiten des Urheberrechts im Rahmen des GATT, 1990, zit.: *Drexl*, Entwicklungsmöglichkeiten des Urheberrechts, S.

Dubach, Alexander: Freier Warenverkehr in der EU: Der Gerichtshof auf neuen Pfaden?, in: DVBl. 1995, 595, zit.: *Dubach*, DVBl. 1995, S.

Dunker, Jörg: Regionale Integration im System des liberalisierten Welthandels, 2002, zit.: *Dunker*, Regionale Integration, S.

Eckert, Dieter: Die neue Welthandelsordnung und ihre Bedeutung für den internationalen Verkehr mit Lebensmitteln, in: ZLR 1995, 363, zit.: *Eckert*, ZLR 1995, S.

ders.: Zur Harmonisierung des Lebensmittelrechts, Teil 1: Bilanz der letzten 10 Jahre, in: ZLR 1984, 1, zit.: *Eckert*, ZLR 1984, S.

ders.: Zur Harmonisierung des Lebensmittelrechts, Teil 2: Entwicklungslinien und Perspektiven der Harmonisierungspolitik, in: ZLR 1984, 113, zit.: *Eckert*, ZLR 1984, S.

Eeckhout, Peter: The European Internal Market and International Trade, 1994, zit.: *Eeckhout*, The European Internal Market, S.

Eggers, Barbara: Die Entscheidung des WTO Appellate Body im Hormonfall, in: EuZW 1998, 147, zit.: *Eggers*, EuZW 1998, S.

Ehlermann, Claus-Dieter: The Internal Market Following the Single European Act, in: CMLR 1987, 361, zit.: *Ehlermann*, CMLR 1987, S.

Eiden, Christoph: Die Rechtsangleichung gemäß Art. 100 des EWG-Vertrages, 1984, zit.: *Eiden*, Rechtsangleichung, S.

Eilmansberger, Thomas: Zur Reichweite der Grundfreiheiten des Binnenmarktes, in: JBl. 1999, 345 und 434, zit.: *Eilmansberger*, JBl. 1999, S.

El-Agraa, Ali: International Economic Integration, 1982, zit.: *El-Agraa*, International Economic Integration, S.

Epiney, Astrid: Welthandel und Umwelt – Ein Beitrag zur Dogmatik der Art. III, XI, XX GATT, in: DVBl. 2000, 77, zit.: *Epiney*, DVBl. 2000, S.

dies.: Gemeinschaftsrechtlicher Umweltschutz und Verwirklichung des Binnenmarktes – „Harmonisierung" auch der Rechtsgrundlagen?, in: JZ 1992, 564, zit.: *Epiney*, JZ 1992, S.

dies.: Umgekehrte Diskriminierungen im Lebensmittelrecht: Zwischen Binnenmarkt und autonomer Politikgestaltung, in: ZLR 1996, 259, zit.: *Epiney*, ZLR 1996, S.

Erler, Georg: Grundprobleme des internationalen Wirtschaftsrechts, 1956, zit.: *Erler*, Grundprobleme des internationalen Wirtschaftsrechts, S.

Esser, Michael: Die Reform des GATT und des Streitschlichtungsverfahrens in den Verhandlungen der Uruguay-Runde, in: ZVglRWiss 1992, 365, zit.: *Esser*, ZVglRWiss 1992, S.

Everling, Ulrich: Probleme der Rechtsangleichung zur Verwirklichung des europäischen Binnenmarktes, in: Festschrift für Ernst Steindorff, 1990, 1155, zit.: *Everling*, FS für Steindorff, S.

Evtimov, Erik: Rechtsprobleme der Assoziierung der Mittel- und Osteuropäischen Länder und der Voraussetzungen für ihren Beitritt zur Europäischen Union, 1999, zit.: *Evtimov*, Rechtsprobleme, S.

Fikentscher, Wolfgang: GATT Grundsätze, Property Rights und der Schutz des freien und lauteren Wettbewerbs, in: Festschrift für Rudolf Lukes zum 65. Geburtstag, 1989, 375, zit.: *Fikentscher*, in: FS für Lukes, S.

ders.: Wirtschaftsrecht, Band I, 1983, zit.: *Fikentscher*, Wirtschaftsrecht, S.

Fischer, Hans Georg: Europarecht, 3. Auflage 2001, zit.: *Fischer*, Europarecht, §, Rdn.

Fischer, Peter; Köck, Heribert Franz: Europarecht, 3. Auflage 1997, zit.: *Fischer/Köck*, Europarecht, S.

Forwood, Nicholas; Clough, Mark: The Single European Act and Free Movement, in: ELRev. 1986, 383, zit.: *Forwood/Clough*, ELRev. 1986, S.

Frey, Bruno: Internationale Politische Ökonomie, 1985, zit.: *Frey*, Internationale Politische Ökonomie, S.

Freytag, Christiane: Parallelimporte nach EG- und WTO-Recht, 2001, zit.: *Freytag*, Parallelimporte, S.

Frid, Rachel: The Relations between the EC and International Organizations, 1995, zit.: *Frid*, The Relations between the EC and International Organizations, S.

Fuchs, Lars; Herrmann, Christoph: Die Regulierung genetisch veränderter Lebensmittel im Lichte aktueller Entwicklungen auf europäischer und internationaler Ebene, in: ZLR 2001, 789, zit.: *Fuchs/Herrmann*, ZLR 2001, S.

Geiger, Rudolf: Kommentar zum EUV/EGV, 4. Auflage, 2004, zit.: *Geiger*, Kommentar zum EUV/EGV, Art., Rdn.

Glaesner, Hans-Joachim: Die Einheitliche Europäische Akte, in: EuR 1986, 119, zit.: *Glaesner*, EuR 1986, S.

Grabitz, Eberhard; Hilf, Meinhard: Das Recht der Europäischen Union - Kommentar, 4 Bde., Loseblatt, (Stand Januar 2004), zit.: *Grabitz/Hilf*, Das Recht der EU, Bearbeiter, Art., Rdn.

Grabitz, Eberhard; von Bogdandy, Armin: Vom Gemeinsamen Markt zum Binnenmarkt – Statik und Dynamik des Europäischen Marktes, in: JuS 1990, 170, zit.: *Grabitz/v. Bogdandy*, JuS 1990, S.

Grabitz, Eberhard; von Bogdandy, Armin; Nettesheim, Martin: Europäisches Außenwirtschaftsrecht. Der Zugang zum Binnenmarkt: Primärrecht, Handelsschutzrecht und Außenaspekte der Binnenmarktharmonisierung, 1994, zit.: *Grabitz/v. Bogdandy/Nettesheim*, Außenwirtschaftsrecht, S.

Grabitz, Eberhard: Die Einheitliche Europäische Akte: Rechtliche Bewertung, in: Integration 1986, 95, zit.: *Grabitz*, Integration 1986, S.

Graser, Alexander: Eine Wende im Bereich der Inländerdiskriminierung? Zur Entscheidung des EuGH in der Rechtssache Lancry, in: EuR 1998, 571, zit.: *Graser*, EuR 1998, S.

Groeben, Hans von der; Thiesing, Jochen; Ehlermann, Claus-Dieter: Kommentar zum EU-/EG-Vertrag, 5. Auflage 1997, zit.: *Groeben/Thiesing/Ehlermann*, EU/EG-Kommentar, Bearbeiter, Art., Rdn.

Gros Espiell, Hector: The Most-Favoured Nation Clause – Ist Present Significance in GATT, in: JWTL 1971, 29, zit.: *Gros Espiell*, JWTL 1971, S.

Grube, Claudia: Verbraucherschutz durch Lebensmittelkennzeichnung? Eine Analyse des deutschen und europäischen Lebensmittelkennzeichnungsrechts, 1997, zit.: *Grube*, Verbraucherschutz durch Lebensmittelkennzeichnung?, S.

Haberler, Gottfried: Der internationale Handel, 1933, zit.: *Haberler*, Der internationale Handel, S.

Haight, Frank: Customs Unions and Free-Trade Areas under GATT, in: JWTL 1972, 391, zit.: *Haight*, JWTL 1972, S.

Hailbronner, Kay: Europarechtliche Aspekte der Vergabe öffentlicher Aufträge, in: RIW 1992, 553, zit.: *Hailbronner*, RIW 1992, S.

Hailbronner, Kay; Bierwagen, Rainer: Das GATT – Die Magna Charta des Welthandels, in: JA 1988, 318, zit.: *Hailbronner/Bierwagen*, JA 1988, S.

Haller, Arnd: MERCOSUR – Rechtliche Würdigung der außenwirtschaftlichen Beziehungen und Vereinbarkeit mit dem Welthandelssystem, 2001, zit.: *Haller*, MERCOSUR, S.

Hallström, Pär: The GATT Panels and the Formation of International Trade Law, 1994, zit.: *Hallström*, The GATT Panels and the Formation of International Trade Law, S.

Haltern, Ulrich: Internationales Recht zwischen Dynamik und Paralyse, in: ZVglRWiss 1992, 1, zit.: *Haltern*, ZVglRWiss 1992, S.

ders.: Die Haftung von Mitgliedstaaten für Verbindlichkeiten Internationaler Organisationen – Zugleich ein Beitrag zur non liquet-Situation im Völkerrecht, in: ZVglRWiss 1994, 221, zit.: *Haltern*, ZVglRWiss 1994, S.

Hammerl, Christoph: Inländerdiskriminierung, 1997, zit.: *Hammerl*, Inländerdiskriminierung, S.

Hanel, Reiner: Vom GATT zur WTO, in: ZfZ 1996, 104, 138 und 174, zit.: *Hanel*, ZfZ 1996, S.

Hartler, Christina; Laird, Sam: The EU Model and Turkey, in: JWT 3/1999, 147, zit.: *Hartler/Laird*, JWT 1999, S.

Hartwig, Matthias: Die Haftung der Mitgliedstaaten für Internationale Organisationen, 1993, zit.: *Hartwig*, Die Haftung der Mitgliedstaaten für Internationale Organisationen, S.

Hasenpflug, Hajo: Nicht-tarifäre Handelshemmnisse, 1977, zit.: *Hasenpflug*, Nicht-tarifäre Handelshemmnisse, S.

Hauser, Heinz; Schanz, Kai-Uwe: Das neue GATT, 1995, zit.: *Hauser/Schanz*, Das neue GATT, S.

Hayder, Roberto: Neue Wege der europäischen Rechtsangleichung?, in: RabelsZ 1989, 622, zit.: *Hayder*, RabelsZ 1989, S.

Herdegen, Matthias: Völkerrecht, 3. Auflage 2004, zit.: *Herdegen*, Völkerrecht, §, Rdn.

ders.: Internationales Wirtschaftsrecht, 4. Auflage, 2003, zit.: *Herdegen*, Internationales Wirtschaftsrecht, §, Rdn.

ders.: Europarecht, 5. Auflage, 2003, zit.: *Herdegen*, Europarecht, Rdn.

Herrmann, Christoph: Richtlinienumsetzung durch die Rechtsprechung, 2003, zit.: *Herrmann*, Richtlinienumsetzung durch die Rechtsprechung, S.

ders.: Grundzüge der Welthandelsordnung – Institutionen, Strukturen und Bezüge zum Europäischen Gemeinschaftsrecht, in: ZEuS 2001, 453, zit.: *Herrmann*, ZEuS 2001, S.

ders.: Rechtsprobleme der parallelen Mitgliedschaft von Völkerrechtssubjekten in Internationalen Organisationen, in: Bauschke, Gabriele (Herausgeber): Pluralität des Rechts – Regulierung im Spannungsfeld der Rechtsebenen, 2002, 139, zit.: *Herrmann*, in: *Bauschke* (Hrsg.), Pluralität des Rechts, S.

ders.: Paralleleinfuhren und Erschöpfungsregeln im Recht der WTO, in: *Nettesheim, Martin; Sander, Gerald* (Herausgeber): WTO-Recht und Globalisierung, 2003, 145, zit.: *Herrmann*, in: *Nettesheim/Sander* (Hrsg.), WTO-Recht und Globalisierung, S.

ders.: WTO-Panel verurteilt EG wegen Kennzeichnungsregelung für Sardinen, in: ZLR 2002, 537, zit.: *Herrmann*, ZLR 2002, S.

ders.: Irreführungsschutz im Welthandelsrecht – WTO-Berufungsgremium bestätigt Verurteilung der EG im Sardinenfall, in: ZLR 2002, 794, zit.: *Herrmann*, ZLR 2002, S.

ders.: Die Außenhandelsdimension des Binnenmarktes im Verfassungsentwurf – von der Zoll- zur Weltordnungspolitik, in: EuR 2004, Beiheft 3, 175, zit.: *Herrmann*, EuR 2004, Beiheft 3, S.

Heselhaus, Sebastian: Die Welthandelsorganisation, in: JA 1999, 76, zit.: *Heselhaus*, JA 1999, S.

Hilf, Meinhard; Eggers, Barbara: Der WTO-Panelbericht im EG/USA Hormonstreit, in: EuZW 1997, 559, zit.: *Hilf/Eggers*, EuZW 1997, S.

Hilpold, Peter: Die EU im GATT/WTO-System, 1999, zit.: *Hilpold*, Die EU im GATT/WTO-System, S.

ders.: Die Uruguay-Runde – eine Bestandsaufnahme, in: ZVglRWiss 1994, 419, zit.: *Hilpold*, ZVglRWiss 1994, S.

ders.: Regional Integration According to Article XXIV GATT – Between Law and Politics, in: Max Planck Yearbook of United Nations Law 2003, 219, zit.: *Hilpold*, Max Planck Yearbook of United Nations Law 2003, S.

ders.: Regionale Integrationszonen und GATT, in: RIW 1993, 657, zit.: *Hilpold*, RIW 1993, S.

ders.: Wirtschaftlicher Regionalismus – Koordination und Wettbewerb der Integrationszonen, in: Integration 1996, 224, zit.: *Hilpold*, Integration 1996, S.

Hine, R.C.: International Economic Integration, in: *Greenaway, David* (Herausgeber): Surveys in international Trade, 1994, 234, zit.: *Hine*, in: Greenaway (Hrsg.), Surveys in international Trade, S.

Hochstrate, Hans Joachim; Zeppernick, Ralf: Störungen des Welthandels – neuere Entwicklungen, in: Wirtschaftsdienst 1988, 500, zit.: *Hochstrate/Zeppernick*, Wirtschaftsdienst 1988, S.

Hoekman, Bernard; Kostecki, Michel: The Political Economy of the World Trading System – From GATT to WTO, 1995, zit.: *Hoekman/Kostecki*: The Political Economy of the World Trading System, S.

Horst; Matthias: Verbraucherinformationen bei verpackten Lebensmitteln, 1988, zit.: *Horst*, Verbraucherinformationen bei verpackten Lebensmitteln, S.

Huber, Jürgen: The Past, Present and Future ACP-EC Trade Regime and the WTO, in: EJIL 2000, 427, zit.: *Huber*, EJIL 2000, S.

ders.: The practice of GATT in examining regional arrangements under article XXIV, in: JCMS 1981, 281, zit.: *Huber*, JCMS 1981, S.

ders.: Die Präferenziellen Abkommen der EG mit dritten Staaten und die Frage ihrer Vereinbarkeit mit dem GATT, 1981, zit.: *Huber*, Präferenzielle Abkommen, S.

Huber, Peter M.: Recht der Europäischen Integration, 1996, zit.: *Huber*, Recht der Europäischen Integration, S.

Hudec, Robert: The GATT legal system and the world trade diplomacy, 1975, zit.: *Hudec*, The GATT legal system, S.

Hulle, Karel van: Aktuelle Entwicklungen im europäischen Gesellschaftsrecht, in: EWS 2000, 521, zit.: *Van Hulle*, EWS 2000, S.

Hummer, Waldemar; Simma, Bruno; Vedder Christoph: Europarecht in Fällen, 3. Auflage, 1999, zit.: *Hummer/Simma/Vedder*, Europarecht in Fällen, S.

Hyder, Khursid: Equality of Treatment and Trade Discrimination in International Law, 1968, zit.: *Hyder*, Equality of Treatment, S.

Imhoff, Ludwig: Kommentar zum GATT, 1952, zit.: *Imhoff*, GATT, Art., S.

Immenga, Ulrich: Binnenmarkt durch europäisches Gemeinschaftsrecht, in: JA 1993, 257, zit.: *Immenga*, JA 1993, S.

Ipsen, Hans Peter: Europäisches Gemeinschaftsrecht, 1972, zit.: *Ipsen*, Europäisches Gemeinschaftsrecht, S.

Ipsen, Knut: Völkerrecht, 5. Auflage, 2004, zit.: *Ipsen*, Völkerrecht, Bearbeiter, S.

Ipsen, Knut; Haltern, Ulrich: Rule of Law in den internationalen Wirtschaftsbeziehungen: die Welthandelsorganisation, in: RIW 1994, 717, zit.: *Ipsen/Haltern*, RIW 1994, S.

Jackson, John H.: The World Trading System – Law and Policy of International Economic Relations, 2. Auflage, 2000, zit.: *Jackson*, The World Trading System, S.

ders.: World Trade and the Law of GATT, 1969, zit.: *Jackson*, World Trade and the Law of GATT, S.

ders.: The World Trade Organisation – Constitution and Jurisprudence, 1998, zit.: *Jackson*, WTO – Constitution and Jurisprudence, S.

ders.: The Jurisprudence of GATT and the WTO, 2000, zit.: *Jackson*, Jurisprudence of GATT, S.

ders.: Regional Trade Blocs and the GATT, in: The World Economy 1993, 121, zit.: *Jackson*, World Economy 1993, S.

ders.: The Uruguay Round and the Launch of the WTO, in: *Stewart, Terence* (Herausgeber): The World Trade Organization, 1996, 1, zit.: *Jackson*, in: *Steward* (Hrsg.), The World Trade Organization, S.

ders.: Restructuring the GATT System, 1990, zit.: *Jackson*, Restructuring the GATT System, S.

ders.: From GATT to the World Trade Organization: Implications for the World Trading System, in: *Cottier, Thomas* (Herausgeber): GATT-Uruguay Round, 1995, 29, zit.: *Jackson*, in: *Cottier* (Hrsg.), GATT-Uruguay-Round, S.

ders.: Managing the Trading System: The World Trading Organization and the Post-Uruguay Round GATT Agenda, in: *Kenen, Peter* (Herausgeber): Managing the World Economy – Fifty Years after Bretton Woods, 1994, 205, zit.: *Jackson*, in: *Kenen* (Hrsg.), Managing the World Economy, S.

ders.: The Puzzle of GATT, Legal Aspects of a Surprising Institution, in: JWTL 1967, 131, zit.: *Jackson*, JWTL 1967, S.

Jaeger, Franz: GATT, EWG und EFTA: Die Vereinbarkeit von EWG- und EFTA-Recht mit dem GATT-Statut, 1970, zit.: *Jaeger*, GATT, EWG und EFTA, S.

Jäger, Thomas: Streitbeilegung und Überwachung als Mittel zur Durchführung des GATT, 1992, zit.: *Jäger*, Streitbeilegung, S.

Jaenicke, Günther: Das Allgemeine Zoll- und Handelsabkommen, in AVR 1958/1959, 371, zit.: *Jaenicke*, AVR 1958/59, S.

Jansen, Bernhard: Die neue Welthandelsorganisation (World Trade Organization – WTO), in: EuZW 1994, 333, zit.: *Jansen*, EuZW 1994, S.

Jiménez, García; Santiago, Gardenes: Technical Standards in a Context of Regional Integration Agreements, in: *Demaret, Paul; Bellis, Jean-Francois; Jiménez, García* (Herausgeber): Regionalism and Multilateralism after the Uruguay Round, 1997, 631, zit.: *Jiménez/Santiago*, in: *Demaret/Bellis/Jiménez* (Hrsg.), Regionalism and Multilateralism, S.

Jovanovic, Miroslav: International Economic Integration, 1992, zit.: *Jovanovic*, International Economic Integration, S.

Keßler, Jutta: Das System der Warenverkehrsfreiheit im Gemeinschaftsrecht, 1997, zit.: *Keßler*, System der Warenverkehrsfreiheit, S.

Kewenig, Wilhelm: Der Grundsatz der Nichtdiskriminierung im Völkerrecht der internationalen Handelsbeziehungen, Band 1: Der Begriff der Diskriminierung, 1972, zit.: *Kewenig*, Der Grundsatz der Nichtdiskriminierung, S.

Kingreen, Thorsten: Die Struktur der Grundfreiheiten des Europäischen Gemeinschaftsrechts, 1999, zit.: *Kingreen*, Struktur der Grundfreiheiten, S.

König, Doris: Das Problem der Inländerdiskriminierung – Abschied von Reinheitsgebot, Nachtbackverbot und Meisterprüfung?, in: AöR 1993, 591, zit.: *König*, AöR 1993, S.

Köpernik, Gerhard: Internationale Wirtschaftsorganisationen, in: JuS 1976, 779, zit.: *Köpernik*, JuS 1976, S.

Kramer, Stefan: Die Meistbegünstigung, in: RIW 1989, 473, zit.: *Kramer*, RIW 1989, S.

Krugmann, Paul; Obstfeld, Maurice: International Economics, 5. Auflage 2000, zit.: *Krugmann/Obstfeld*, International Economics, S.

Laird, Sam; Yeats, Alexander: Trends in Non-Tariff Barriers and Developed Countries, 1966-1986, in: Weltwirtschaftliches Archiv 1990, 299, zit.: *Laird/Yeats*, Weltwirtschaftliches Archiv 1990, S.

Lang, Joachim: Die Freiheit des Warenverkehrs – Kontinuität und Wandel in der Rechtsprechung des EuGH, 1997, zit.: *Lang*, Freiheit des Warenverkehrs, S.

Langer, Stefan: Grundlagen einer internationalen Wirtschaftsverfassung – Strukturprinzipien, Typik und Perspektiven anhand von Europäischer Union und Welthandelsorganisation, 1995, zit.: *Langer*, Grundlagen einer internationalen Wirtschaftsverfassung, S.

Langhammer, Rolf: Wirtschaftstheoretische und ordnungspolitische Aspekte nichttarifärer Handelshemmnisse am Beispiel der EG und ihres Binnenmarktprogramms, in: *Zippel, Wulfdiether* (Hrsg.): Ökonomische Grundlagen der europäischen Integration – Eine Einführung in ausgewählten Teilbereichen der Gemeinschaftspolitiken, 1993, 41, zit.: *Langhammer*, in: *Zippel* (Hrsg.), Ökonomische Grundlagen der europäischen Integration, S.

Lawrence, Robert: Regionalism, Multilateralism, and Deeper Integration, 1996, zit.: *Lawrence*, Regionalism, S.

Leier, Klaus-Peter: Fortentwicklung und weitere Bewährung: Zur derzeitigen Überprüfung des Streitbeilegungsverfahrens in der WTO, in: EuZW 1999, 204, zit.: *Leier*, EuZW 1999, S.

Lenz, Carl-Otto: EG-Vertrag Kommentar, 2. Auflage 1999, zit.: *Lenz*, EG-Kommentar, Bearbeiter, Art., Rdn.

ders.: Immanente Grenzen des Gemeinschaftsrechts, in: EuGRZ 1993, 57, zit.: *Lenz*, EuGRZ 1993, S.

Lips, Peter: Wegweiser durch das Lebensmittelrecht, 4. Auflage 1993, zit.: *Lips*, Wegweiser durch das Lebensmittelrecht, S.

Lipsey, Richard: The Theorie of Customs Unions: a General Survey, in: Economic Journal 1960, 496, zit.: *Lipsey*, Economic Journal 1960, S.

Lloyd, Peter: Regionalisation and World Trade, in: OECD Economic Studies 1992 (18), 7, zit.: *Lloyd*, OECD Economic Studies 1992, S.

Lortie, Pierre: Economic Integration and the law of GATT, 1975, zit.: *Lortie*, Economic Integration, S.

Lüder, Tilman: Die Grenzen der Keck-Rechtsprechung, in: EuZW 1996, 615, zit.: *Lüder*, EuZW 1996, S.

Magiera, Siegfried: Die Beseitigung der Personenkontrollen an den Binnengrenzen der Europäischen Union, in: Festschrift für Klaus Stern, 1997, 1317, zit.: *Magiera*, FS-Stern, S.

Marceau, Gabrielle: Transition from GATT to WTO – A Most Pragmatic Operation, in: JWT 1995, 147, zit.: *Marceau*, JWT 1995, S.

Marceau, Gabrielle; Reiman, Cornelis: When and How is a Regional Trade Agreement Compatible with the WTO?, in: LIEI 2001, 297, zit.: *Marceau/Reiman*, LIEI 2001, S.

Mathijsen, Petrus: A Guide to European Law, 6. Auflage, 1995, zit.: *Mathijsen*, European Law, S.

Mathis, James: Regional Trade Agreements in the GATT/WTO, 2002, zit.: *Mathis*, Regional Trade Agreements, S.

ders.: Mutual Recognition Agreements – Transatlantic Parties and the Limits to Non-tariff Barrier Regionalism in the WTO, in: JWT 1998, 5, zit.: *Mathis*, JWT 1998, S.

Matsushita, Mitsuo; Schoenbaum, Thomas J.; Mavroidis, Petros C.: The World Trade Organization, 2003, zit.: *Matsushita/Schoenbaum/Mavroidis*, The World Trade Organization, S.

May, Bernhard: Der erfolgreiche GATT-Abschluß – ein Pyrrhussieg?, in: EA 1994, 33, zit.: *May*, EA 1994, S.

Meng, Werner: Hormonstreit zwischen der EG und den USA im Rahmen des GATT, in: RIW 1989, 544, zit.: *Meng*, RIW 1989, S.

ders.: Das Vertragssystem der Welthandelsorganisation, in: *Müller-Graff, Peter-Christian* (Herausgeber): Die Europäische Gemeinschaft in der Welthandelsorganisation, 2000, 63, zit.: *Meng*, in: *Müller-Graff* (Hrsg.), Die Europäische Gemeinschaft in der Welthandelsorganisation, S.

Mestmäcker, Ernst-Joachim: Wirtschaftsrecht, in: RabelsZ 1994, 409, zit.: *Mestmäcker*, RabelZ 1990, S.

Michaelis, Lars Oliver: Der Weg zur Währungsunion nach dem Vertrag von Maastricht, in: JA 1996, 987, zit.: *Michaelis*, JA 1996, S.

Middleton, R.W.: The GATT Standards Code, in: JWTL 1980, 201, zit.: *Middleton*, JWTL 1980, S.

Monti, Mario: Der Binnenmarkt und das Europa von morgen, 1997, zit.: *Monti*, Der Binnenmarkt und das Europa von morgen, S.

Morgenthaler, Gerd: Der Euro, in: JuS 1997, 673, zit.: *Morgenthaler*, JuS 1997, S.

Mortelmans, Kamiel: The common market, the internal market and the single market, what's in a market?, in: CMLR 1998, 101, zit.: *Mortelmans*, CMLR 1998, S.

Möschel, Wernhard: Kehrtwende in der Rechtsprechung des EuGH zur Warenverkehrsfreiheit, in: NJW 1994, 429, zit.: *Möschel*, NJW 1994, S.

Müller-Graff, Peter-Christian: Binnenmarktauftrag und Subsidiaritätsprinzip?, in: ZHR 1995, 34, zit.: *Müller-Graff*, ZHR 1995, S.

ders.: Die Rechtsangleichung zur Verwirklichung des Binnenmarktes, in: EuR 1989, 107, zit.: *Müller-Graff*, EuR 1989, S.

Münch, Ingo; Kunig, Philip: Grundgesetz-Kommentar, Band 1, 5.Auflage 2000, zit.: *Münch/Kunig*, Grundgesetz-Kommentar, Bearbeiter, Art., Rdn.

Nagarajan, Nigel: Regionalism and the WTO: New Rules for the Game?, in: Economic Papers 1998, 1, zit.: *Nagarajan*, Economic Papers 1998, S.

Nentwich, Michael: Das Lebensmittelrecht der Europäischen Union, 1994, zit.: *Nentwich*, Das Lebensmittelrecht der Europäischen Union, S.

Nettesheim, Martin: Das Umweltrecht der Europäischen Gemeinschaften, in: Jura 1994, 337, zit.: *Nettesheim*, Jura 1994, S.

Neumann, Jan; Türk, Elisabeth: Necessity Revisted: Proportionality in World Trade Organization Law After Korea-Beef; EC-Asbestos and EC-Sardines, in: JWT 2003, 199, zit.: *Neumann/Türk*, JWT 2003, S.

Nicolaysen, Gert: Europarecht II – Das Wirtschaftsrecht im Binnenmarkt, 1996, zit.: *Nicolaysen*, Europarecht II, S.

ders.: Autonome Handelspolitik der Europäischen Wirtschaftsgemeinschaft, in: Festschrift für Hans-Jürgen Schlochauer, 1981, 855, zit.: *Nicolaysen*, in: FS für Schlochauer, S.

Nolte, Jeanette: Die völkerrechtliche Vertragspraxis der EG und die Haftung der Mitgliedstaaten am Beispiel der Fischereipolitik, 2004, zit.: *Nolte,* Die völkerrechtliche Vertragspraxis der EG, S.

Nowak, Carsten; Schnitzler, Jörg: Erweiterte Rechtfertigungsmöglichkeiten für mitgliedstaatliche Beschränkungen der EG-Grundfreiheiten, in: EuZW 2000, 627, zit.: *Nowak/Schnitzler*, EuZW 2000, S.

Nunnenkamp, Peter: Technische Handelshemmnisse: Formen, Effekte und Harmonisierungsbestrebungen, 1983, zit.: *Nunnenkamp*, Technische Handelshemmnisse, S.

Obwexer, Walter; Happacher, Brezinka: Diplomanerkennung in der EU, in: ZÖR 2001, 465, zit.: *Obwexer/Happacher*, ZÖR 2001, S.

OECD, Indicators of Tariff and Non-tariff Trade Barriers, 1996, zit.: *OECD*, Indicators of Tariff and Non-tariff Trade Barriers, S.

Ohlinger, Hans: Die Relevanz nicht-tarifärer Handelshemmnisse im internationalen Handel und ihre Wirkungen auf die Integration der Entwicklungsländer in der Weltwirtschaft, 1986, zit.: *Ohlinger*, Die Relevanz nicht-tarifärer Handelshemmnisse, S.

Oliver, Peter: Free movement of goods in the European Community, 3. Auflage 1996, zit.: *Oliver*, Free movement of goods, S.

Oppermann, Thomas: Europarecht, 2. Aufl., 1999, zit.: *Oppermann*, Europarecht, Rdn.

ders.: Die Europäische Gemeinschaft und Union in der Welthandelsorganisation (WTO), in: RIW 1995, 919, zit.: *Oppermann*, RIW 1995, S.

Ott, Andrea: GATT und WTO im Gemeinschaftsrecht, 1997, zit.: *Ott*, GATT und WTO, S.

Pauwelyn, Joost: The WTO Agreement on Sanitary and Phytosanitary (SPS) Measures as Applied in the First Three SPS Disputes, in: JIEL 1999, 641, zit.: *Pauwelyn*, JIEL 1999, S.

ders.: Cross-Agreement Complaints before the Appellate Body: a Case Study of the EC-Asbestos Dispute, in: WTR 2002, 63, zit.: *Pauwelyn*, WTR 2002, S.

Pescatore, Pierre: Die „Einheitliche Europäische Akte“ – Eine erste Gefahr für den Gemeinsamen Markt, in EuR 1986, 153, zit.: *Pescatore*, EuR 1986, S.

Petersmann, Ernst-Ulrich: Allgemeines Zoll- und Handelsabkommen (GATT), in: Handbuch des Europäischen Rechts, 1984, zit.: *Petersmann*, Handbuch des Europäischen Rechts, S.

ders.: EWG als GATT-Mitglied – Rechtskonflikte zwischen GATT-Recht und Europäischem Gemeinschaftsrecht, in: *Hilf, Meinhard; Petersmann, Ernst-Ulrich* (Herausgeber): GATT und Europäische Gemeinschaft, 1986, 119, zit.: *Petersmann*, in: *Hilf/Petersmann* (Hrsg.), GATT und Europäische Gemeinschaft, S.

ders.: The Dispute Settlement System of the World Trade Organization and the Evolution of the GATT Dispute Settlement System since 1948, in: CMLR 1994, 1157, zit.: *Petersmann*, CMLR 1994, S.

ders.: Grey-Area Trade Policy and the Rule of Law, in: JWTL 1988, 23, zit.: *Petersmann*, JWTL 1988, S.

ders.: International Trade Law and International Environmental Law, in: JWT 1993, 43, zit.: *Petersmann*, JWT 1993, S.

ders.: Protektionismus als Ordnungsproblem und Rechtsproblem, in: RabelsZ 1983, 478, zit.: *Petersmann*, RabelsZ 1983, S.

ders.: Dreißig Jahre Allgemeines Zoll- und Handelsabkommen, in: AVR 1980, 23, zit.: *Petersmann*, AVR 1980, S.

ders.: Constitutional Functions and Constitutional Problems of International Economic Law, 1991, zit.: *Petersmann*, Constitutional Functions and Constitutional Problems, S.

ders.: Grundfragen der Beteiligung der Europäischen Gemeinschaft an der Welthandelsorganisation, in: *Müller-Graff, Peter-Christian* (Herausgeber): Die Europäische Gemeinschaft in der Welthandelsorganisation, 2000, 81, zit.: *Petersmann*, in: *Müller-Graff* (Hrsg.), Die Europäische Gemeinschaft in der Welthandelsorganisation, S.

Petschke, Matthias: Die Warenverkehrsfreiheit in der neuesten Rechtsprechung des EuGH, in: EuZW 1994, 107, zit.: *Petschke*, EuZW 1994, S.

Pomfret, Richard: The Theory of Preferential Trading Agreements, in: Weltwirtschaftliches Archiv 1986, 439, zit.: *Pomfret*, Weltwirtschaftliches Archiv 1986, S.

Prieß, Hans-Joachim; Berrisch, Georg: WTO-Handbuch, 2003, zit.: *Prieß/Berrisch*, WTO-Handbuch, Bearbeiter, S.

Quambusch, Liesel: Nicht-tarifäre Handelshemmnisse; ein Beitrag zu ihrer Systematisierung, Anwendung und Beseitigung, 1976, zit.: *Quambusch*, Nicht-tarifäre Handelshemmnisse, S.

Quick, R.; Blüthner, A.: Has the Appellate Body Erred? An Appraisal and Criticism of the Ruling in the WTO Hormones Case, in: JIEL 1999, 603, zit.: *Quick/Blüthner*, JIEL 1999, S.

Rabe, Hans-Jürgen: Freier Warenverkehr für Lebensmittel nach dem Bier-Urteil des EuGH, in: EuR 1987, 253, zit.: *Rabe*, EuR 1987, S.

Rege, Vinot: GATT Law and Environment-Related Issues Affecting the Trade of Developing Countries, in: JWT 1994, 95, zit.: *Rege*, JWT 1994, S.

Reich, Norbert: Binnenmarkt als Rechtsbegriff, in: EuZW 1991, 203, zit.: *Reich*, EuZW 1991, S.

Ricardo, David: Über die Grundsätze der politischen Ökonomie und der Besteuerung, 1994, zit.: *Ricardo*, Grundsätze der politischen Ökonomie und der Besteuerung, S.

Richter, Stefan: Die Assoziierung osteuropäischer Staaten durch die Europäischen Gemeinschaften, 1993, zit.: *Richter*, Assoziierung osteuropäischer Staaten durch die EG, S.

Riedel, Richard: Die Meistbegünstigung in den europäischen Handelsverträgen, 1928, zit.: *Riedel*, Die Meistbegünstigung in den europäischen Handelsverträgen, S.

Ritter, Markus: Das WTO-Übereinkommen und seine Auswirkungen auf das Deutsche und Europäische Lebensmittelrecht, in: EuZW 1997, 133, zit.: *Ritter*, EuZW 1997, S.

Roberts, Michael; Wehrheim, Peter: Regional Trade Agreements and WTO Accession of CIS Countries, in: Intereconomics 2001, 313, zit.: *Roberts/Wehrheim*, Intereconomics 2001, S.

Robson, Peter: The Economics of International Integration, 4. Auflage 1998, zit.: *Robson*, Economics of International Integration, S.

Roessler, Frieder: The relationship betwenn regional integration agreements and the multilateral trade order, 1992, zit.: Roessler, Relationship betwenn RIAs and the multilateral trade order, S.

ders.: The Scope, Limits ans Function of the GATT Legal System, in: The World Economy 1985, 187, zit.: *Roessler*, World Economy 1985, S.

ders.: Selective Balance-of-Payments Adjustment Measures Affecting Trade: The Roles of the GATT and the IMF, in: JWTL 1975, 629, zit.: *Roessler*, JWTL 1975, S.

ders.: The Competence of GATT, in: JWTL 1987, 73, zit.: *Roessler*, JWTL 1987, S.

Rose, Klaus; Sauernheimer, Karlhans: Theorie der Außenwirtschaft, 13. Auflage 1999, zit.: *Rose/Sauernheimer*, Theorie der Außenwirtschaft, S.

Roselieb, Gerhard: Die rechtliche Stellung der europäischen Wirtschaftszusammenschlüsse (Montan-Union, EWG und EFTA) zum GATT, in: ÖZöR 1961, 27, zit.: *Roselieb*, ÖZöR 1961, S.

Ruyt, Franz de: L'Acte Unique Européen – Commentaire, 1987, zit.: *De Ruyt*, Commentaire, S.

Sacerdoti, Giorgio: Standards of Treatment, Harmonization and Mutual Recognition: A Comparison between Regional Areas and the Global Trading System, in: *Demaret, Paul; Bellis, Jean-Francois; Jiménez, García* (Herausgeber): Regionalism and Multilateralism after the Uruguay Round, 1997, 613, zit.: *Sacerdoti*, in: *Demaret/Bellis/Jiménez* (Hrsg.), Regionalism and Multilateralism, S.

Sack, Jörn: Die Europäische Union in den Internationalen Organisationen, in: ZEuS 2001, 267, zit.: *Sack*, ZEuS 2001, S.

Salvatore, Dominick: Trade protectionism and welfare in the United States, in: *Salvatore, Dominick* (Herausgeber): Protectionism and world welfare, 1, 1993, zit.: *Salvatore*, in: *Salvatore* (Hrsg.), Protectionism and world welfare, S.

Scheibach, Ralf: Importrelevante Investitionsauflagen und das GATT, 1992, zit.: *Scheibach*, Importrelevante Investitionsauflagen und das GATT, S.

Schilling, Theodor: Gleichheitssatz und Inländerdiskriminierung, in: JZ 1994, 8, zit.: *Schilling*, JZ 1994, S.

ders.: Rechtsfragen zu Art. 30 EGV, in: EuR 1994, 50, zit.: *Schilling*, EuR 1994, S.

Schmalenbach, Kirsten: Die Haftung Internationaler Organisationen, 2004, zit.: *Schmalenbach,* Die Haftung Internationaler Organisationen, S.

Schmeder, Winfried: Die Rechtsangleichung als Integrationsmittel der Europäischen Gemeinschaft, 1978, zit.: *Schmeder*, Die Rechtsangleichung als Integrationsmittel, S.

Schmidhuber, Peter: Perspektiven zum europäischen Binnenmarkt, in: WuW 1992, 981, zit.: *Schmidhuber*, WuW 1992, S.

Schmidhuber, Peter; Hitzler, Gerhard: Binnenmarkt und Subsidiaritätsprinzip, in: EuZW 1993, 8, zit.: *Schmidhuber/Hitzler*, EuZW 1993, S.

Schroeder, Werner: Vom Brüsseler Kampf gegen den Tabakrauch – 2. Teil, in: EuZW 2001, 489, zit.: *Schroeder*, EuZW 2001, S.

Schubert, Thure: Der Gemeinsame Markt als Rechtsbegriff, 1999, zit.: *Schubert*, Der Gemeinsame Markt als Rechtsbegriff, S.

Schwarze, Jürgen: EU-Kommentar, 2000, zit.: *Schwarze*, EU-Kommentar, Bearbeiter, Art., Rdn.

Schweitzer, Michael: Staatsrecht III – Staatsrecht, Völkerrecht, Europarecht, 8. Auflage, 2004, zit.: *Schweitzer*, Staatsrecht III, Rdn.

Schweitzer, Michael; Hummer, Waldemar: Europarecht, 5. Auflage, 1996, zit.: *Schweitzer/Hummer*, Europarecht, Rdn.

Schwintowski, Hans-Peter: Staatlich veranlasste Wettbewerbsbeschränkungen auf europäischen und internationalen Märkten, in: RabelsZ 1994, 232, zit.: *Schwintowski*, RabelsZ 1994, S.

Scott, Joanne: Mandatory or Imperative Requirements in the EU and the WTO, in: *Barnard, Catherine; Scott, Joanne* (Herausgeber): The Law of the Single European Market – Unpacking the Premises, 2002, 285, zit.: *Scott*, in: *Barnard/Scott* (Hrsg.), The Law of the Single European Market, S.

Sedemund, Joachim: „Cassis de Dijon" und das neue Harmonisierungskonzept der Kommission zur Vollendung des Binnenmarktes, in: *Schwarze, Jürgen* (Herausgeber): Der Gemeinsame Markt, Bestand und Zukunft in wirtschaftsrechtlicher Perspektive, 1987, 37, zit.: *Sedemund*, in: *Schwarze* (Hrsg.), Der Gemeinsame Markt, S.

Seidel, Martin: Rechtsangleichung und Rechtsgestaltung in der Europäischen Gemeinschaft, 1990, zit.: *Seidel*, Rechtsangleichung und Rechtsgestaltung, S.

ders.: Mindestharmonisierung im Binnenmarkt – Stellungnahme, in: *Everling, Ulrich; Roth, Wulf-Henning* (Herausgeber): Mindestharmonisierung im Europäischen Binnenmarkt, 1997, 39, zit.: *Seidel*, in: *Everling/Roth* (Hrsg.), Mindestharmonisierung im Europäischen Binnenmarkt, S.

ders.: Ziele und Ausmaß der Rechtsangleichung in der EWG – Zur britischen Auffassung –, in: EuR 1979, 171, zit.: *Seidel*, EuR 1979, S.

Seidl-Hohenveldern, Ignaz; Loibl, Gerhard: Das Recht der Internationalen Organisationen einschließlich der Supranationalen Gemeinschaften, 7. Auflage, 2000, zit.: *Seidl-Hohenveldern/Loibl*, Das Recht der Internationalen Organisationen, Rdn.

Seidl-Hohenveldern, Ignaz; Stein, Torsten: Völkerrecht, 10. Auflage, 2000, zit.: *Seidl-Hohenveldern/Stein*, Völkerrecht, Rdn.

Selling, Heinz-Jürgen: Steuerharmonisierung im Europäischen Binnenmarkt, in: IStR 2000, 417, zit.: *Selling*, IStR 2000, S.

Senti, Richard: WTO – System und Funktionsweise der Welthandelsordnung, 2000, zit.: *Senti*, WTO, Rdn.

ders.: GATT–WTO – Die neue Welthandelsordnung nach der Uruguay-Runde, 1994, zit.: *Senti*, GATT-WTO, S.

ders.: Die Integration als Gefahr für das GATT, in: Aussenwirtschaft 1994, 131, zit.: *Senti*, Aussenwirtschaft 1994, S.

ders.: Präferenzzölle und Entwicklungspolitik, in: Aussenwirtschaft 1968, 416, zit.: *Senti*, Aussenwirtschaft 1968, S.

ders.: GATT – Allgemeines Zoll- und Handelsabkommen als System der Welthandelsordnung, 1986, zit.: *Senti*, GATT, S.

ders.: Die Welthandelsordnung im Spannungsfeld der regionalen Integration, in: Festschrift für Zäch, 1999, 115, zit.: *Senti*, FS für Zäch, S.

Siebold, Dagmar: Die Welthandelsorganisation und die Europäische Gemeinschaft, 2002, zit.: *Siebold*, Die Welthandelsorganisation, S.

Sittmann, Jörg: Das Streitbeilegungsverfahren der World Trade Organization (WTO), in: RIW 1997, 749, zit.: *Sittmann*, RIW 1997, S.

Slot, Piet Jan: Harmonisation, in: ELRev. 1996, 378, zit.: *Slot*, ELRev. 1996, S.

Smith, Adam: The Inquiry into the Nature and Causes of the Wealth of Nations, 1985, zit.: *Smith*, The Inquiry into the Nature, S.

Spennemann, Christoph: Die markenrechtliche Beurteilung von Parallelimporten im EG-Recht, in: ZEuS 2001, 499, zit.: *Spennemann*, ZEuS 2001, S.

Speyer, Bernhard: The WTO Dispute Settlement Mechanism – A New Era for the World Economy?, in: Aussenwirtschaft 1998, 129, zit.: *Speyer*, Aussenwirtschaft 1998, S.

Stadler, Christoph: Die Liberalisierung des Dienstleistungshandels am Beispiel der Versicherungen, 1992, zit.: *Stadler*, Die Liberalisierung des Dienstleistungshandels, S.

Steinberger, Helmut: GATT und regionale Wirtschaftszusammenschlüsse, 1963, zit.: *Steinberger*, GATT und regionale Wirtschaftszusammenschlüsse, S.

Steindorff, Ernst: Probleme des Art. 30 EWG-Vertrag, in: ZHR 1984, 338, zit.: *Steindorff*, ZHR 1984, S.

Stephenson, Sherry: GATS and Regional Integration, in: *Sauvé, Pierre; Stern, Robert* (Herausgeber): GATS 2000, 2000, 509, zit.: *Stephenson*, in: *Sauvé/Stern* (Hrsg.), GATS 2000, S.

Stewart, Terence: The GATT Uruguay Round – A Negotiating History (1986-1992), 1. Band, 1993, zit.: *Stewart*, The GATT Uruguay Round, Bearbeiter, S.

Stobbe, Erhard: Die 8. Verhandlungsrunde des GATT (Uruguay-Runde) – Vom GATT zur WTO, in: ZfZ 2000, 223, zit.: *Stobbe*, ZfZ 2000, S.

Stoll, Peter-Tobias: Die WTO: Neue Welthandelsorganisation, neue Welthandelsordnung, in: ZaöRV 1994, 241, zit.: *Stoll*, ZaöRV 1994, S.

Stoll, Peter-Tobias; Schorkopf, Frank: WTO – Welthandelsordnung und Welthandelsrecht, 2002, zit.: *Stoll/Schorkopf*, WTO, Rdn.

Streinz, Rudolf: Europarecht, 6. Auflage, 2003, zit.: *Streinz*, Europarecht, Rdn.

ders: EUV/EGV – Vertrag über die Europäische Union und Vertrag zur Gründung der Europäischen Gemeinschaft, 2003, zit.: *Streinz*, EUV/EGV, Bearbeiter, Art., Rdn.

ders.: Aufbau, Struktur und Inhalt des Vertrages von Amsterdam, in: *Hummer, Waldemar* (Herausgeber): Die Europäische Union nach dem Vertrag von Amsterdam, 1998, 47, zit.: *Streinz*, in: *Hummer* (Hrsg.), Die EU nach dem Vertrag von Amsterdam, S.

ders.: Mindestharmonisierung im Binnenmarkt, in: *Everling, Ulrich/Roth, Wulf-Henning* (Herausgeber): Mindestharmonisierung im Europäischen Binnenmarkt, 1997, 9, zit.: *Streinz*, in: *Everling/Roth* (Hrsg.), Mindestharmonisierung im Europäischen Binnenmarkt, S.

ders.: Der Vertrag von Amsterdam – Einführung in die Reform des Unionsvertrages von Maastricht und erste Bewertung der Ergebnisse, in: EuZW 1998, 137, zit.: *Streinz*, EuZW 1998, S.

ders.: Freier Warenverkehr – Diskriminierende Verkaufsmodalitäten, in: JuS 2000, 809, zit.: *Streinz*. JuS 2000, S.

ders.: Der Vertrag von Amsterdam – Die institutionellen Voraussetzungen für die Europäische Union und die Europäischen Gemeinschaft, in: Jura 1998, 57, zit.: *Streinz*, Jura 1998, S.

ders.: Die Europäische Union nach dem Vertrag von Maastricht, in: ZfRV 1995, 1, zit.: *Streinz*, ZfRV 1995, S.

ders.: Das Problem „umgekehrter Diskriminierungen" im Bereich des Lebensmittelrechts, in: ZLR 1990, 487, zit.: *Streinz*, ZLR 1990, S.

ders.: Gibt es eine europäische Verkehrsauffassung?, in: ZLR 1991, 242, zit.: *Streinz*, ZLR 1991, S.

ders.: Entwicklung und Stand der Herstellung des Binnenmarktes im Bereich des Lebensmittelrechts, in: ZLR 1992, 233, zit.: *Streinz*, ZLR 1992, S.

ders.: Das Prinzip der gegenseitigen Anerkennung und seine Auswirkungen auf die nationalen Lebensmittelrechte, in: ZLR 1993, 31, zit.: *Streinz*, ZLR 1993, S.

ders.: Die demokratische Legitimation der Europäischen Gemeinschaft nach dem Vertrag von Maastricht und ihre Bedeutung für das Lebensmittelrecht, in: ZLR 1994, 537, zit.: *Streinz*, ZLR 1994, S.

ders.: Die Herstellung des Binnenmarktes im Bereich des Lebensmittelrechts. Rechtsangleichung und gegenseitige Anerkennung als ergänzende Instrumente, in: ZfRV 1991, 357, zit.: *Streinz*, ZfRV 1991, S.

ders.: Diskriminierungsverbot – Anwendungsvorrang des Gemeinschaftsrechts, in: JuS 1999,1222, zit.: *Streinz*, JuS 1999, S.

ders.: Das Verbot des Apothekenversandhandels mit Arzneimitteln, in: EuZW 2003, 37, zit.: *Streinz*, EuZW 2003, S.

Thiel, Ernst: Die EU und die NAFTA: Regionale Integration und transatlantische Beziehungen, in: Aussenpolitik 1997, 58, zit.: *Thiel*, Aussenpolitik 1997, S.

Tietje, Christian: Normative Grundstrukturen der Behandlung nichttarifärer Handelshemmnisse in der WTO/GATT Rechtsordnung, 1998, zit.: *Tietje*, Normative Grundstrukturen, S.

ders.: Voluntary Eco-Labelling Programmes and Questions of State Responsibility in the WTO/GATT Legal System, in: JWT 1995, 123, zit.: *Tietje*, JWT 1995, S.

ders.: Die Meistbegünstigungsverpflichtung im Gemeinschaftsrecht, in: EuR 1995, 398, zit.: *Tietje*, EuR 1995, S.

Tietmeyer, Hans: Die Europäische Wirtschafts- und Währungsunion – eine deutsche Sicht, 1992, zit.: *Tietmeyer*, Die Europäische Wirtschafts- und Währungsunion, S.

Trachtmann, Joel P.: Toward Open Recognition – Stanardization and Regional Integration under Article XXIV of GATT, in: JIEL 2003, 459, zit.: *Trachtmann*, JIEL 2003, S.

Trebilcock, Michael; Howse, Robert: The Regulation of International Trade, 2. Auflage 2000, zit.: *Trebilcock/Howse*, Regulation of International Trade, S.

UNCTAD, Non-Tariff Barriers Affecting the Trade of Developing Countries and Transparency in World Trading Conditions: The Inventory of Non-Tariff Barriers, 1983, zit.: *UNCTAD*, The Inventory of Non-Tariff Barriers, S.

Vahlens Großes Wirtschaftslexikon, Band 1, 2. Auflage 1993, zit.: *Vahlens Großes Wirtschaftslexikon*, S.

Viner, Jakob: The Customs Union Issue, 1950, zit.: *Viner*, The Customs Union Issue, 1950, S.

ders.: The Customs Union Issue, 1983, zit.: *Viner*, The Customs Union Issue, 1983, S.

Vitzthum, Wolfgang Graf: Völkerrecht, 3. Auflage 2004, zit.: *Vitzthum*, Völkerrecht, Bearbeiter, S.

Wagner, Matthias: Das Konzept der Mindestharmonisierung, 2001, zit.: *Wagner*, Das Konzept der Mindestharmonisierung, S.

Weber, Albrecht: Geschichte der internationalen Wirtschaftsorganisationen, 1983, zit.: *Weber*, Geschichte der internationalen Wirtschaftsorganisationen, S.

Weber, Manfred: Europa auf dem Weg zur Währungsunion, 1991, zit.: *Weber*, Europa auf dem Weg zur Währungsunion, S.

Weiß, Wolfgang: Nationales Steuerrecht und Niederlassungsfreiheit, in: EuZW 1999, 493, zit.: *Weiß*, EuZW 1999, S.

ders.: Gibt es eine EU-Inländerdiskriminierung? – Zur Kollision von Gemeinschaftsrecht mit Welthandelsrecht und Assoziationsrecht, in: EuR 1999, 499, zit.: *Weiß*, EuR 1999, S.

Weiß, Wolfgang; Herrmann, Christoph: Welthandelsrecht, 2003, zit.: *Weiß/Herrmann*, Welthandelsrecht, Rdn.

Wetzig, Wolfram: Einfluß der EG und der WTO auf das Lebensmittelrecht, 2000, zit.: *Wetzig*, Einfluß der EG und der WTO, S.

Weyer, Hartmut: Freier Warenverkehr und nationale Regelungsgewalt in der Europäischen Union, 1997, zit.: *Weyer*, Freier Warenverkehr, S.

ders.: Freier Warenverkehr, rein innerstaatliche Sachverhalte und umgekehrte Diskriminierung, in: EuR 1998, 435, zit.: *Weyer*, EuR 1998, S.

Wilcox, Clair: A Charter for World Trade, 1949, zit.: *Wilcox*, A Charter for World Trade, S.

Wolfrum, Rüdiger: Das internationale Recht für den Austausch von Waren und Dienstleistungen, in: *Schmidt, Reiner* (Hrsg.): Öffentliches Wirtschaftsrecht – Besonderer Teil 2, 1996, 535, zit.: *Wolfrum*, in: *Schmidt*, (Hrsg.), Öffentliches Wirtschaftsrecht, S.

WTO: Mapping of Regional Trade Agreements, WT/REG/W/41, 2000, zit.: *WTO*, Mapping, Rdn.

dies.: Synopsis of „Systemic" Issues Related to Regional Trade Agreements, WT/REG/W/37, 2000, zit.: *WTO*, Synopsis, S.

dies.: Compendium of Issues Related to Regional Trade Agreements, TN/RL/W/8/Rev. 1, 2002, zit.: *WTO*, Compendium, S.

dies.: Basic Information on Regional Trade Agreements, WT/REG/W/44, 2002, zit.: *WTO*, Basic Information on Regional Trade Agreements, S.

dies.: Report (2004) of the Committee on Regional Trade Agreements to the General Council, WT/REG/14, 2004, zit.: *WTO*, Report (2004), S.

Yüksel, Ali Sait: Welthandelsorganisation WTO (GATT), 2001, zit.: *Yüksel*, WTO, S.

Zacker, Christian: Binnenmarkt und Gemeinsamer Markt, in: RIW 1989, 489, zit.: *Zacker*, RIW 1989, S.

Zacker, Christian; Wernicke, Stephan: Examinatorium Europarecht, 2. Auflage 2000, zit.: *Zacker/Wernicke*, Examinatorium Europarecht, S.

Zedalis, Rex: Labeling of Genetically Modified Foods – The Limits of GATT Rules, in: JWT 2001, 301, zit.: *Zedalis*, JWT 2001, S.

Zeller, Willy: Die Welthandelsorganisation (WTO), in: *Thürer, Daniel; Kux, Stephan* (Herausgeber): GATT 94 und die Welthandelsorganisation – Herausforderungen für die Schweiz und Europa, 1996, 35, zit.: *Zeller*, in: *Thürer/Kux* (Hrsg.): GATT 94 und die Welthandelsorganisation, S.

Zimmermann, Ralf: Regionale Integration und multilaterale Handelsordnung, 1999, zit.: *Zimmermann*, Regionale Integration und multilaterale Handelsordnung, S.

Zipfel, Walter; Rathke, Kurt-Dietrich: Lebensmittelrecht – Kommentar der gesamten lebensmittel- und weinrechtlichen Vorschriften sowie des Arzneimittelrechts, Band II, Stand: 1.8.1996, zit.: *Zipfel/Rathke*, Lebensmittelrecht, Bearbeiter, §, Rdn.

FSC
www.fsc.org
MIX
Papier | Fördert gute Waldnutzung
FSC® C083411

Kolibri 360 GmbH
Ferdinand-Jühlke-Straße 7
99095 Erfurt, Deutschland
produktsicherheit@kolibri360.de

Druck:
CPI Druckdienstleistungen GmbH
im Auftrag der
Kolibri 360 GmbH
Ferdinand-Jühlke-Str. 7
99095 Erfurt